21世纪高职高专经管类专业立体化规划教材

# 机电设备评估基础项目化教程

刘　然　成　文　费　娥　主　编

吴凌霞　陈子君　李志月　副主编

清华大学出版社

北　京

## 内容简介

本书共分九个项目，内容为机电设备概述、机电设备设计制造基础、金属切削机床、其他常见机电设备、交通运输类机电设备、机电设备的经济管理、机电设备的寿命估算、机电设备的故障诊断与质量评定、机电设备评估方法。本书内容注重实用性，力求将理论与实践相结合，每个项目都直接点明了知识目标与技能目标，且在项目后都附有练习题，可以帮助读者巩固知识。

本书结合了资产评估师考试科目之一“机电设备评估基础”的知识点，可以作为高等职业院校、成人教育等领域资产评估专业的机电设备评估教学用书，也可作为广大机电技术人员的自学参考用书。



图书在版编目(CIP)数据

机电设备评估基础项目化教程/刘然，成文，费娥主编. --北京：清华大学出版社，2018（2024.8重印）

(21 世纪高职高专经管类专业立体化规划教材)

ISBN 978-7-302-49797-4

Ⅰ. ①机…　Ⅱ. ①刘…　②成…　③费…　Ⅲ. ①机电设备—资产评估—高等职业教育—教材　Ⅳ. ①F407.616.4

中国版本图书馆 CIP 数据核字(2018)第 037067 号

**责任编辑：** 孟　攀
**装帧设计：** 杨玉兰
**责任校对：** 周剑云
**责任印制：** 曹婉颖

**出版发行：** 清华大学出版社
网　址：https://www.tup.com.cn, https://www.wqxuetang.com
地　址：北京清华大学学研大厦 A 座　　邮　编：100084
社 总 机：010-83470000　　邮　购：010-62786544
投稿与读者服务：010-62776969, c-service@tup.tsinghua.edu.cn
质量反馈：010-62772015, zhiliang@tup.tsinghua.edu.cn
课件下载：https://www.tup.com.cn, 010-62791865

印 装 者：三河市君旺印务有限公司
经　销：全国新华书店
开　本：185mm×260mm　　印　张：21　　字　数：509 千字
版　次：2018 年 9 月第 1 版　　印　次：2024 年 8 月第 6 次印刷
定　价：59.00 元

---

产品编号：073248-01

# 前　言

随着我国社会经济的不断发展，资产评估作为重要的中介服务行业在市场经济运行中已具有不可替代的地位，越来越多的机电设备需要评估。资产评估师的队伍必将继续扩大，而且市场对了解或掌握机电设备评估理论的人士需求也越来越多，另外，到目前为止，还没有针对高职教育的相关机电设备评估基础教材。

基于此，我们编写了本书，由多位既具有多年教学经验又具有实践经验的人员组成编写队伍。坚持实用性、针对性的原则，多次修改完善教材编写提纲，结合行业发展前沿和当前机电设备评估的特点把最新最实用的知识纳入其中，通过任务学习来引导学生掌握基本知识与技能。项目一到项目五重点介绍了机电设备的组成、特点及技术参数指标，并配有对应图片帮助读者理解；针对目前机电设备评估的实践操作性编写了项目六到项目九，重点介绍了机电设备评估过程中的寿命估算，质量的评定、市场法、成本法和收益法的具体评估过程，实现了理论与实践的统一，并参考了《资产评估准则——机器设备》，使书稿内容与现行国家标准保持一致。

本书由刘然制定编写大纲，并承担了统稿、校稿、定稿、处理全书的图片及大部分章节的修改工作。各章节编写分工如下：项目一由吴凌霞撰写；项目二由成文撰写；项目三、项目五、项目七由刘然撰写；项目四由费娥撰写；项目六由李志月撰写；项目八由展得鑫撰写；项目九由陈子君撰写。刘彩霞教授主审。在本书的编写过程中，编者参阅了同行专家们的论著文献及相关网络资源，并得到了单位同仁们的大力支持，在此一并真诚致谢。

由于编者的学识水平和实践经验有限，书中有不妥之处难免，敬请专家和读者批评指正。

编　者

# 目　录

# 项目一

## 机电设备概述

### 知识目标

- 理解并熟悉机电设备的定义
- 掌握机电设备的组成及分类

### 技能目标

- 能够判断机电设备类型
- 能够说出不同机电设备的组成

# 任务一　机电设备的界定

【任务导读】

从自然科学角度来看，人对机电设备的定义是指人们利用机械原理制造的装置，以及将机械能转换为某种非机械能，或利用机械能来做一定工作的装备或器具。那么，在评估中，机电设备又该如何界定呢？

【任务提出】

- 机电设备的一般定义。
- 机电设备在评估中的界定。

【知识导航】

## 一、一般定义

从动力机械的角度来看，机电设备是指诸如内燃机、电动机、汽轮机、水轮机、风力机等这些将自然界中的能量转换为机械能而做功的机械装置；从能量变换机械的角度来看，机电设备是指诸如发电机、热泵、液压泵、压缩机等进行能量转换的机械装置；从工作机械的角度来看，机电设备是指诸如车床、刨床等利用自然界或动力机械所提供的机械能改变工作对象的物理状态、性质、结构、形状、位置的机械装置。

那么，到底怎样对机电设备进行界定呢？通常来说，设备是人们在生产和生活中所需要的机械、装置和设施等物质资料的总称，机电设备则是应用了机械、电子技术的设备。

## 二、评估学中的定义

从评估学的角度来看，机电设备是指人类利用机械原理以及其他科学原理制造的装置。它们是被特定主体拥有或控制的不动产以外的有形资产，包括机器、仪器、器械、装置，以及附属的特殊建筑物等资产。

评估学对机电设备的定义是从机电设备的自然属性和资产属性两个方面进行阐述的。从其自然属性来看，机电设备是指人类利用机械原理以及其他科学原理制造的装置；从其资产属性来看，机电设备是指被特定主体拥有或控制的，用于生产、经营或管理等目的的不动产以外的有形资产，泛指机电设备、电力设备、电子设备、仪器、仪表、容器、器具等。

此外，国际财务报表准则和国际评估准则也对机电设备进行了界定。国际财务报表准则中定义的机电设备是指财产、机械设备、有形资产，它们可用于生产或者提供商品或服务，或租赁给他人，或者用于管理，而且使用期限一般会超过一个会计期间。国际评估准则对机电设备的定义为，设备、机器和装备是用来为所有者提供收益的、不动产以外的有形资产。

# 任务二　机电设备的组成

**【任务导读】**

在日常生活和工程中经常见到的洗衣机、汽车、拖拉机、起重机、机床、机器人等，都被称为机器。那么在评估中，常见的机电设备都有哪些部分构成呢？

**【任务提出】**

机电设备的构成。

**【知识导航】**

## 一、按功能分析机器的组成

机器因用途不同，其组成也各不相同。但是，从功能角度分析，大部分机器都包含外界输入能量的动力部分、履行机器功能的工作部分(执行部分)、介于动力部分和工作部分之间的传动部分及控制部分，如图 1-1 所示。

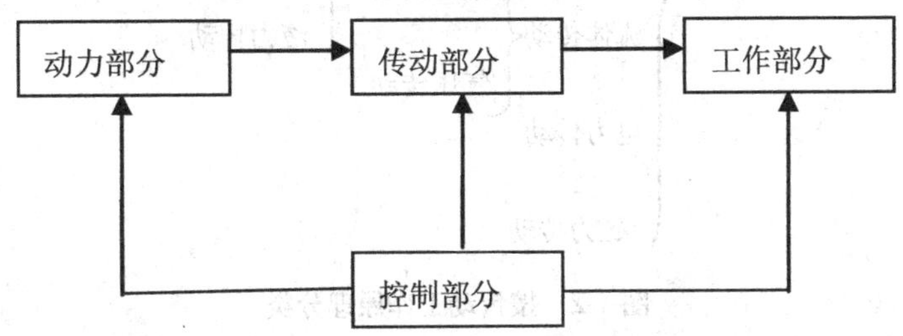


图 1-1　机器的组成按功能划分

### 1. 动力部分

动力部分是指原动机及其相应的配套装置。它的作用是将非机械能转换为机械能并给机器提供动力。

一次动力机是将自然界的一次能源直接转化为机械能，例如水轮机和内燃机等；二次动力机则是将二次能源转化为机械能，例如将电能转化为机械能的电动机等。

常用的动力机有电动机和内燃机。

电动机根据使用电源的不同，分为交流电动机和直流电动机。交流电动机又分为三相交流异步电动机和同步电动机。

常用的内燃机包括柴油机、汽油机、燃汽轮机等。

### 2. 传动部分

传动部分是指位于动力部分和工作部分之间的中间装置，其任务是将动力部分提供的机械能以动力和运动的形式，传递给工作部分。

1) 按传动工作原理分类

传动分为机械传动、流体传动、电力传动和磁力传动，如图 1-2 所示。

(1) 机械传动又分为以下几种：

摩擦传动：摩擦轮传动、带传动、绳传动等。

啮合传动：齿轮传动、蜗杆传动、链传动、螺旋传动等。

其他传动：连杆传动、凸轮传动、组合机构传动等。

(2) 流体传动分为液体传动和气压传动。

液体传动：液压传动、液力传动。

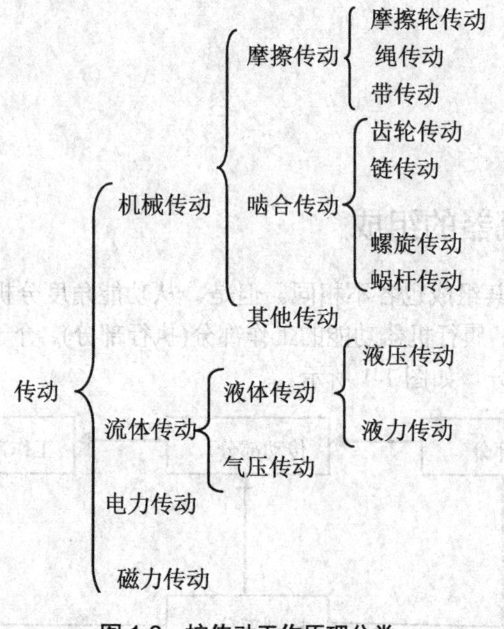


图 1-2　按传动工作原理分类

2) 按传动比变化的情况分类

按照传动比变化的情况分类分为定传动比传动和变传动比传动，如表 1-1 所示。

表 1-1　按传动比变化情况分类

| 传动分类 | | 说　明 | 传动举例 |
|---|---|---|---|
| 定传动比传动 | | 输入与输出转速对应，适用于工作机工况固定，或其工况与动力机工况对应变化的场合 | 带、链、摩擦轮传动，齿轮、蜗杆 |
| 变传动比传动 | 有级调速 | 一个输入转速对应若干个输出转速，且按某种数列排列，适用于动力机工况固定而工作机有若干种工况的场合，或用来扩大动力机的调速范围 | 齿轮变速箱、塔轮传动 |
| | 无级调速 | 一个输入转速对应于某一范围内无限多个输出转速，适用于工作机工况极多或最佳工况不明确的情况 | 各种机械无级调速器、液力耦合器及变矩器、电磁滑差离合器、流体粘性传动 |
| | 按周期性 | 输出角速度是输入角速度的周期性函数，用来实现函数传动及改善某些机构的动力特性 | 非圆齿轮、凸轮、连杆机构、组合机构 |

### 3. 工作部分

工作部分(执行部分)：直接完成机器的预定功能的部分。例如，车床的刀架；车辆的车厢；飞机的客、货舱等。

工作部分是机电设备区分和分类的依据。不同的机器，其动力部分和传动部分可能会相同，而工作部分不同。因此，动力部分、传动部分和控制部分都应该根据工作部分的功能要求在合理的动力参数范围内进行设计和选择。

### 4. 控制部分

控制部分：完成被控参数的调整。

以图 1-3 所示的工业加热炉为例，被控变量是炉温，而操纵变量是送入的煤气量。电动机通过传动装置带动加热炉中的齿轮转动，从而使链条上的工件向前移动；加热炉中有煤气通过喷嘴喷出并燃烧，加热工件。热电偶检查加热炉的温度并将它转换为电信号，送到比较器，使其与预先设定的温度值进行比较，然后将比较的差值放大并驱动执行机构，调节煤气阀门的开度，从而实现控制炉温的目的。

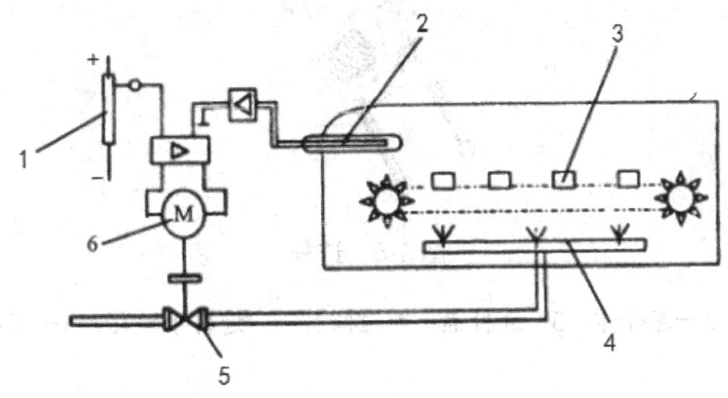


图 1-3　炉温自动控制系统原理图

1—给定电位计；2—热电偶；3—工件；4—加热炉；5—煤气阀门；6—电机

## 二、按结构分析机器的组成

机器的种类繁多，其构造、用途和性能虽然各不相同，但它们都是由许多零件、构件和机构组成的，如图 1-4 所示。

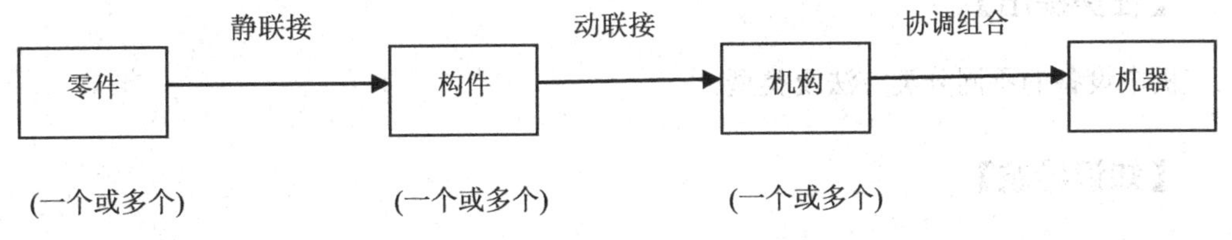


图 1-4　机器的组成(按结构分析划分)

零件是机器的制造单元，如螺丝钉、齿轮等。机器零件根据使用的范围又分为通用零件和专用零件两类。通用零件是指各种机器中常用的零件，而专用零件是指某种机器中特有的零件。

构件是机器的运动单元，或运动整体，构件可以是一个零件，也可以是几个零件的刚

性组合，如曲轴、连杆等。例如，内燃机的曲轴就是一个零件组成的构件，而连杆则是由连杆体、连杆盖、轴瓦、螺栓和螺母等多个零件所组成的构件。如图 1-5 所示

机构由许多构件组合而成，各构件之间具有确定的相对运动。机构在机器中起到传递运动或变换运动方式的作用。

机器由若干机构组合而成，能够实现能量的转换或代替人的劳动去做有用的机械功。

机械是机器和机构的总称，简单的机械只由少数零件组成，复杂的是由许多零件和部件组成的一台机器，成套机械则由许多不同的机器组成，以完成某些生产任务。

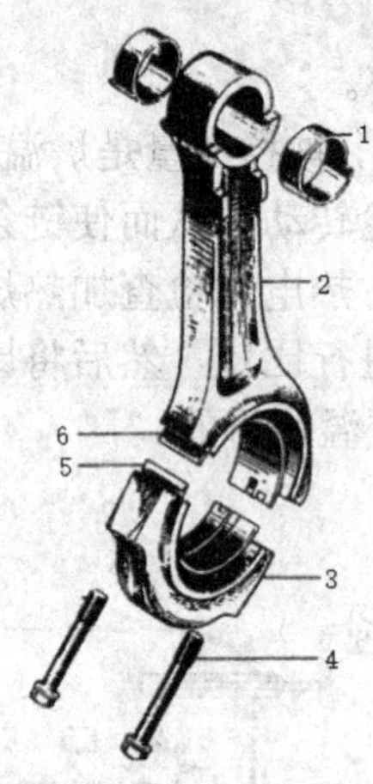


**图 1-5　连杆**

1—轴瓦；2—连杆体；3—连杆盖；4—螺栓；5—连杆下轴瓦；6—连杆上轴瓦

# 任务三　机电设备的分类

## 【任务导读】

机电设备种类繁多，分类方法也十分复杂，按不同的分类方式，机电设备可被分成不同的类别。那么机电设备具体有哪些类别呢？请认真学习下面的内容。

## 【任务提出】

机电设备的不同分类方法及类型。

## 【知识导航】

机电设备种类繁多，分类方法也十分复杂，例如，按工作原理可以分为热力机械、流体机械、蒸汽动力机械、往复机械等；按服务的行业可以分为冶金机械、矿山机械、纺织机械、化工机械、农业机械、发电设备等；按功能可分为起重机械、运输机械、动力机械、粉碎机械等。这些分类相互交叉、相互重叠，例如电站锅炉，按服务行业分类属于发电设备，按工作原理分类属于蒸汽动力机械，按功能分类又属于动力机械。

## 一、按国家固定资产分类标准分类

国家质量监督检验检疫总局在2011年1月10日颁发了《固定资产分类标准与代码(GB/T 14885—2010)》。标准中的编码方法采用四层七位数字代码表示，第一位表示门类，第二、三位表示大类，第四、五位表示中类，第六、七位表示小类。其分类结构如图1-6所示。

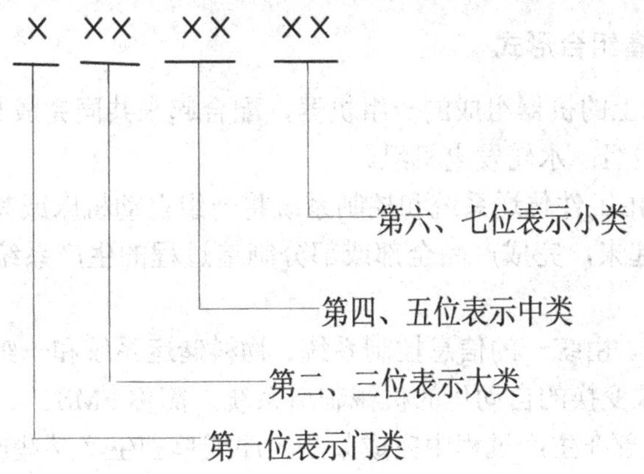


图1-6　按国家固定资产分类标准分类

固定资产分类代码的第一位所表示的六个门类如下：

(1) 土地、房屋及构筑物；
(2) 通用设备；
(3) 专用设备；
(4) 文物和陈列品；
(5) 图书、档案；
(6) 家具、用具、装具及动植物。

## 二、按会计核算中的分类方法分类

根据我国现行会计制度，机电设备按其使用性质分为六类，包括：

(1) 生产用机电设备；
(2) 非生产用机电设备；
(3) 租出机电设备；
(4) 未使用机电设备；
(5) 不需用机电设备；
(6) 融资租入机电设备。

生产用机电设备是指直接为生产经营服务的机电设备，包括生产工艺设备、辅助生产设备、动力能源设备等。非生产用机电设备是指在企业所属的福利部门、教育部门等使用的设备。租出机电设备是指企业出租给其他单位使用的机电设备。未使用机电设备是指企业尚未投入使用的新设备、库存的正常周转用设备、正在修理改造尚未投入使用的机电设备等。不需用机电设备是指已不适合本单位使用，待处理的机电设备。融资租入机电设备是指企业以融资租赁方式租入使用的机电设备。

机电设备作为资产价值与它的使用状态有关，一台正常使用的生产用机电设备是整个持续运营企业不可分割的一部分，它的价值是持续使用价值。同样的设备如果企业因工艺改变或产品调整而使其处于闲置状态，那么它可能只存在变现价值。使用状态是评估中应该特别关注的问题，设备的使用状态必须在评估报告中进行清晰的描述。

## 三、按机电设备的组合形式分类

### 1. 常见的机电设备组合形式

(1) 机组。两台以上的机器组成的一组机器，配合起来共同完成某项特定工作。例如，柴油发电机组；制冷机组；水轮发电机组。

(2) 自动生产线。由工件传送系统和控制系统将一组自动机床或其他工艺设备和辅助设备，按工艺顺序联合起来，完成产品全部或部分制造过程的生产系统。联接方式有柔性和刚性两种。

(3) 柔性制造系统。由统一的信息控制系统、物料储运系统和一组数字控制加工设备组成的，能适应加工对象变换的自动化的机械制造系统，简称 FMS。

(4) 车间。企业内部在生产过程中完成某些工序或单独生产某些产品的单位。

### 2. 在评估中的应用

在进行机电设备评估时，经常是以机电设备的组合作为评估对象。我国的机电设备评估准则中规定：机电设备的评估对象分为单台机电设备和机电设备组合。单台机电设备是指以独立形态存在、可以单独发挥作用或以单台的形式进行销售的机电设备。机电设备的组合是指为了实现特定功能，由若干台机电设备组成的有机整体。机电设备组合的价值不一定等于单台机电设备价值的简单相加。

在大多数情况下，需要多台机电设备组成一个具有特定功能的运营组合，机电设备组合的市场价值不一定等于组成该组合的各单台设备独立进行市场交易所能实现的市场价值之和。

组成该机电设备组合的每一台机电设备，都是以与其他机电设备一起继续使用为前提的，它们在机电设备组合中能够实现的价值取决于该机电设备对机电设备组合的贡献。在贬值形态上，除了要考虑单台设备自身的各种贬值外，还应该考虑各设备之间匹配性引起的功能性贬值等。

## 四、按可移动性分类

按不动产、动产以及无形资产等来划分资产，也是经常采用的资产分类方法。

机电设备有些属于动产，如电焊机、电冰箱等可以随意移动的机器；有些是不动产，如工业炉窑等无法随意移动的机器。另外很大一部分是介于两者之间的，称之为“固定装置”或“固置物”，是指“那些在资产分类中介于动产与不动产之间的资产。它曾经是动产，已采用一定的安装方式永久地或半永久地固定在不动产上，挪动这些资产将可能导致不同程度的损坏”。

我国的评估准则规定，评估师应当根据机电设备的预期用途，明确评估假设，包括是原地使用还是移地使用。在进行企业搬迁评估，以及被评估的设备在未来的使用中可能会

因工艺调整等因素发生移动，判断被评估的设备是否可以移动，以及移动资产可能会导致的损坏，是评估师必须考虑的因素。

# 练　习　题

## 一、单项选择题

1. 以下关于机器的说法，错误的是(　　)。
   A. 常用的动力机有电动机和内燃机
   B. 机器的传动部分是将原动机提供的机械能以动力的形式传递给工作部分
   C. 工作部分是机电设备区分和分类的依据
   D. 机器能够实现能量的转换或代替人的劳动去做有用的机械功，而机构没有这样的功能
2. (　　)是机器用途、性能综合体现的部分，是机电设备区分和分类的依据。
   A. 动力部分　B. 传动部分　C. 工作部分　D. 控制部分
3. 四冲程内燃机的活塞组由活塞、活塞环和活塞销等组成，所以活塞组是(　　)。
   A. 机构　B. 零件　C. 构件　D. 机械
4. 通常，“机械”一词是指(　　)的统称。
   A. 零件、构件、机器、机构　B. 零件、机构、机器
   C. 构件、机构、机器　D. 机构、机器

## 二、多项选择题

1. 从动能角度进行分析，机器由(　　)组成。
   A. 动力部分　B. 传动部分　C. 控制部分　D. 能量转换部分　E. 工作部分
2. 机器的传动有多种类型，按照工作原理可以分为(　　)几种。
   A. 机械传动　B. 水力传动　C. 流体传动　D. 电力传动　E. 磁力传动
3. 机器与机构的相同点在于(　　)。
   A. 能够实现其他形式能量和机械能的转换
   B. 各个组成部分之间具有确定的相对运动
   C. 能够实现运动和动力的传递
   D. 是一种人为的实物组合
   E. 代替人的劳动去做有用的机械功

## 三、简答题

1. 简述在评估中对机电设备的界定。
2. 机电设备是如何分类的？

# 项目二

## 机电设备设计制造基础

**知识目标：**

- 了解机电设备中常用的机械传动形式
- 熟悉各种传动形式的特点
- 了解机器的生产过程和制造工艺过程
- 掌握机电设备完好的主要评价内容

**技能目标：**

- 能熟练掌握机电设备完好的主要评价内容及指标的应用方法
- 具有使用机电设备评价指标评定机电设备质量的能力

# 任务一　机电设备设计基础

**【任务导读】**

生活中我们见过甚至使用过很多机电设备，如自行车、千斤顶、挖掘机、机器人等。一部机器是由很多零部件连接成的，那么这些零件之间是如何传递动力，改变运动速度和方向，改变运动形式，以更好地完成工作任务，发挥它的用途的呢？在这一学习任务里，我们将会学到常见的几种机械传动形式。

**【任务提出】**

- 机械传动的作用表现在哪些方面？
- 常见的机械传动形式有哪些？

**【知识导航】**

机器的设计过程，是根据使用要求对机器的工作原理、结构、运动方式、力和能量的传递方式、各个零件的材料和形状尺寸、润滑方法等进行构思、分析和计算并将其转化为具体的描述以作为制造依据的工作过程。

在传动装置中以机械传动的应用最为广泛。机械传动的作用主要表现在以下 3 个方面。

(1) 传递动力。传动装置的主要作用是为了将驱动力传递给工作部分以使机器做功。

(2) 改变运动速度和方向。一台机器为了更好地完成工作任务，其工作部分的运动速度往往在一定的范围内变动，其工作运动方向也往往是变化的，这种频繁的变速或换向要求由变速装置和换向机构来完成。

(3) 改变运动形式。一台机器工作机构的运动是根据机器的用途而设计的，所以要求其运动方式也是多样的，如工作机构可以产生转动、直线运动、摆动、间歇运动或沿任一轨迹运动。这些不同的运动方式的完成主要由传动部分的不同机构决定。

机电设备中常用的机械传动形式有螺旋传动、带传动、链传动、齿轮传动、蜗杆传动、连杆传动、凸轮传动等。

## 一、螺旋传动机构

螺旋传动机构是用内、外螺纹组成的螺旋副来传递运动和动力的装置。其工作原理主要是将回转运动变为直线运动，同时传递运动和动力。

螺纹按牙形剖面可分为三角形、矩形、梯形和锯齿形等。根据螺旋线的旋转方向，螺纹可分为右旋和左旋两种。当螺纹轴线垂直于水平面时，正面的螺旋向右上方倾斜上升为右旋螺纹，如图 2-1(a)和图 2-1(c)所示；反之为左旋螺纹，如图 2-1(b)所示。一般机器中大都采用右旋螺纹。根据螺旋线的数目，螺纹可分为单线、双线、三线和多线等几种。

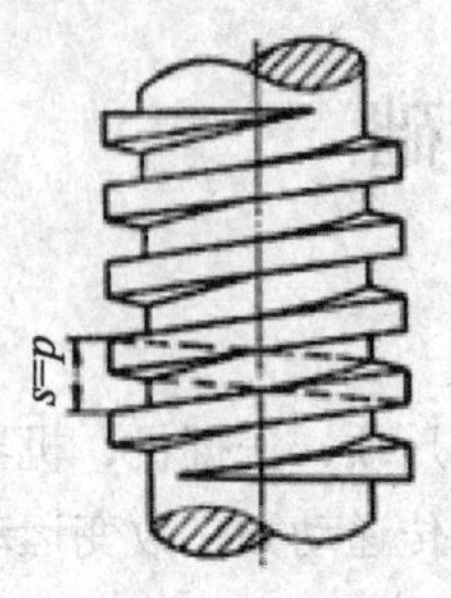


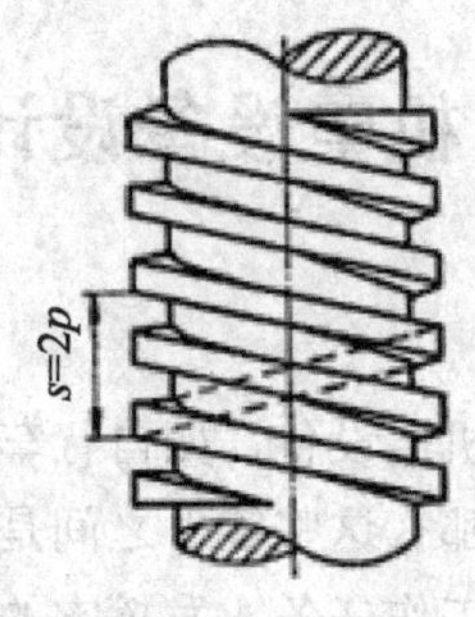


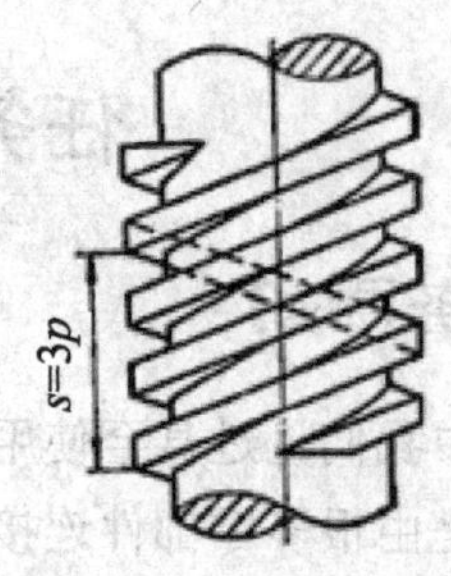


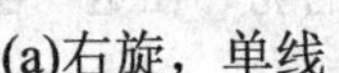

(a)右旋，单线　　(b)左旋，双线　　(c)右旋，三线

图 2-1　螺纹的旋向和三线

螺旋传动机构与其他将回转运动变为直线运动的机构相比具有以下特点：

(1) 结构简单，仅需内、外螺纹组成螺旋副即可。

(2) 降速比大，可以实现微调和降速传动。

(3) 省力，在主动件上作用一个不大的转矩，在从动件上能获得很大的推力，如千斤顶。

(4) 在普通螺旋传动中，无论轴向加多大力，只要不损坏螺牙，都不会产生轴向移动，这种现象叫自锁。螺旋传动能实现自锁是使用中的一个重要特点。

(5) 工作连续、平稳，无噪声。

由于普通螺旋传动螺旋副之间产生相对滑动，因而摩擦大、效率低。特别是当机构要求有自锁作用时，其效率低于 50%，这是螺旋机构的最大缺点。为了克服螺旋传动效率低的缺点，通常采用滚动摩擦代替滑动摩擦的滚珠螺旋传动。滚珠螺旋传动机构主要由丝杠、螺母、滚珠和反向器组成。在丝杠和螺母的螺纹滚道之间装入许多滚珠，可以将滑动摩擦变为滚动摩擦。当丝杠和螺母之间产生相对滚动时，滚珠沿螺纹滚道滚动，并沿反向器的通道返回，构成封闭循环，如图 2-2 所示。

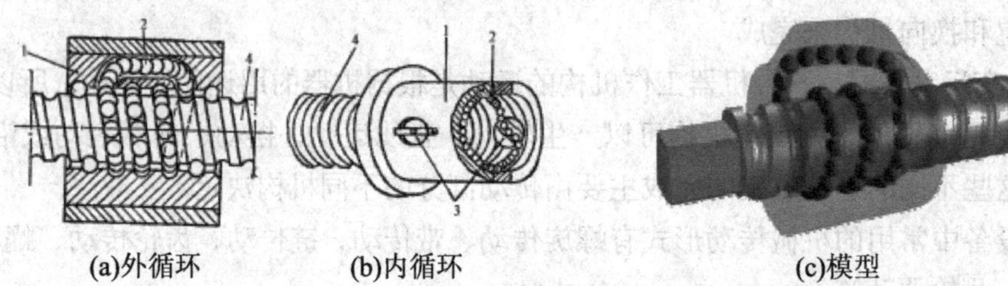

(a)外循环　　(b)内循环　　(c)模型

图 2-2　滚珠螺旋传动

1—螺母；2—滚珠；3—反向器；4—丝杠

与普通螺旋传动相比，滚珠螺旋传动具有以下特点：

(1) 传动效率高，摩擦损失小。滚珠螺旋传动机械效率 $\eta = 0.90 \sim 0.95$。

(2) 磨损小，能较长时间保持原始精度，使用寿命长。

(3) 由于摩擦阻力小，且摩擦力的大小几乎与运动速度无关，故起动转矩接近于运动转矩，传动灵敏、平稳。

(4) 给予适当的预紧，可消除螺杆与螺母螺纹间的间隙，因而有较高的传动精度和轴向刚度。

(5) 不能自锁，传动具有可逆性，故需采用防逆转措施。

(6) 制造工艺复杂，成本较高。

由于滚珠螺旋传动具有以上特点，所以在要求高效率、高精度的场合已被广泛应用，如数控机床、精密机床的进给机构；重型机械的升降机构及自动控制装置等。

## 二、带传动机构

带传动机构利用胶带与带轮之间的摩擦作用将主动带轮的转动传到另一个被动轮。根据传动带的截面形状，带传动分为平带传动、三角带传动、圆形带传动和齿形带传动，如图 2-3 所示。

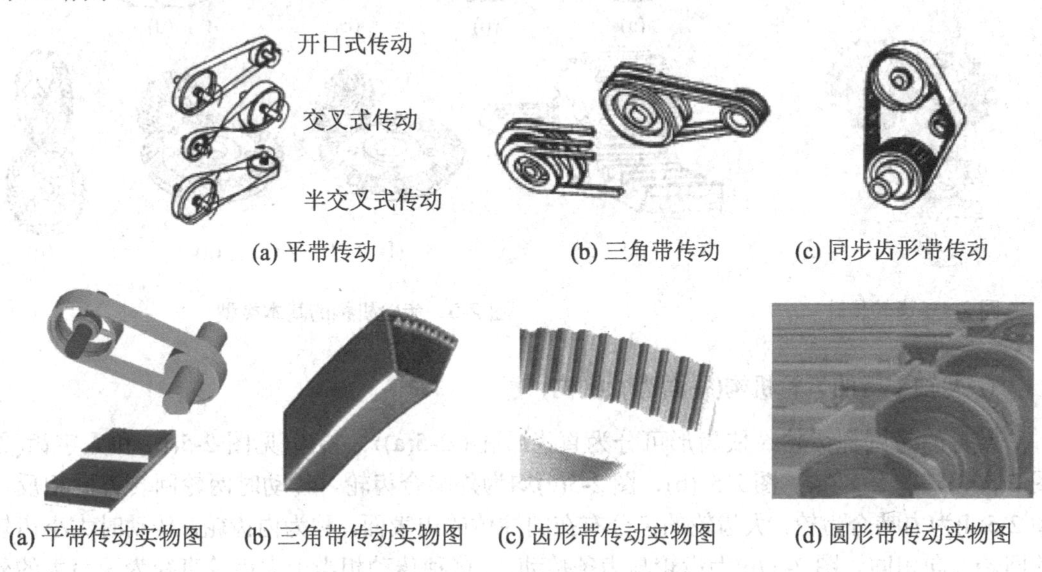


(a) 平带传动　(b) 三角带传动　(c) 同步齿形带传动

(a) 平带传动实物图　(b) 三角带传动实物图　(c) 齿形带传动实物图　(d) 圆形带传动实物图

**图 2-3　带传动**

由图 2-3(a)中可看出，平带传动有下列几种形式：

(1) 开口式传动，用于两轴轴线平行且旋转方向相同的场合。

(2) 交叉式传动，用于两轴轴线平行且旋转方向相反的场合。

(3) 半交叉式传动，用于两轴轴线互不平行且在空间交错的场合。

目前带传动中用的最多的是三角带，它是具有梯形截面的无接头胶带，通常几根同时使用。三角带与平带相比，主要是传动能力强(在相同条件下，约为平带的 3 倍)。因为平带的工作面是内表面，而三角带的工作面是两个侧面。

由于带传动是以传送带作为中间挠性件来传递运动和动力的，因而它具有以下特点：

(1) 运动平稳无噪声，可以缓冲冲击和吸收振动。

(2) 结构简单，传递距离远。

(3) 制造和安装简单，维护方便，不需润滑。

(4) 当机器发生过载时，传动带会发生打滑，对整机可起到保护作用。

(5) 外廓尺寸大，效率较低，传动带寿命较短，且传动精度不高。

## 三、齿轮传动机构

齿轮传动机构是机器中应用最广泛的传动机构之一。齿轮传动是一种啮合传动，如图 2-4 所示。当一对齿轮相互啮合而工作时，主动轮的轮齿通过力的作用逐个地推动从动轮的轮齿，使从动轮转动，因而将主动轴的动力和运动传递给从动轴。

齿轮传动的种类很多，按照两轴相对位置的不同，齿轮传动可分为两大类，如图 2-5 所示。

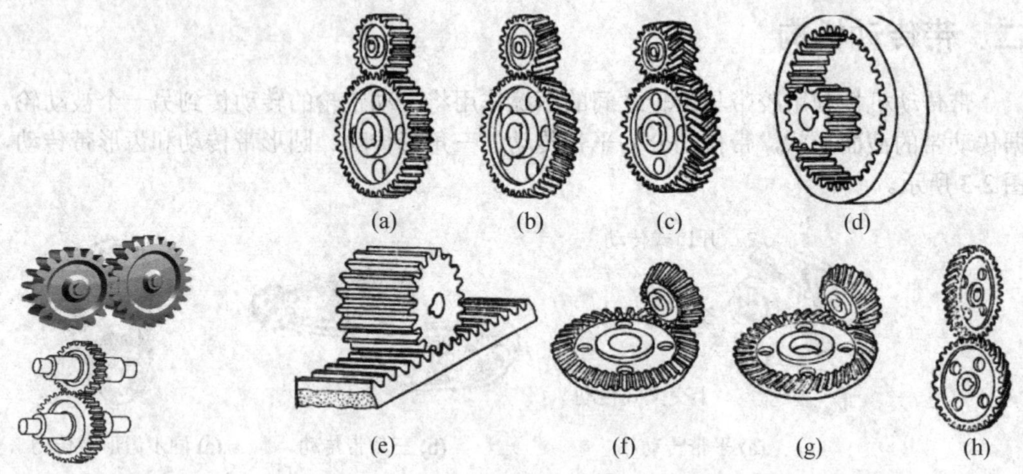


图 2-4　齿轮传动

图 2-5　齿轮机构的基本类型

### 1. 两轴平行的齿轮机构(平面齿轮机构)

常见的是圆柱齿轮，依齿形可分为直齿(见图 2-5(a))、斜齿(见图 2-5(b))和人字齿(见图 2-5(c))。图 2-5 (a)、图 2-5 (b)、图 2-5(c)均为外啮合齿轮，传动时两轮回转方向相反。图 2-5(d)为内啮合齿轮，大齿轮的齿分布在圆柱体的内表面，称为内齿轮。传动时大小齿轮的回转方向相同。图 2-5 (e)为齿轮与齿条传动， 这种传动相当于大齿轮直径为无穷大的外啮合圆柱齿轮。传动时，齿轮做回转运动，齿条做直线运动。

### 2. 两轴不平行的齿轮机构(空间齿轮机构)

两轴不平行的齿轮机构根据两轴空间位置的不同可分为两轴相交(多数为垂直相交)的圆锥齿轮传动(见图 2-5(f))、螺旋(曲线)圆锥齿轮传动(见图 2-5(g))和两轴相错的螺旋齿轮传动(见图 2-5(h))。

齿轮传动的主要优点：

(1) 传递运动可靠，瞬时传动比恒定。

(2) 适用的载荷和速度范围大，圆周速度可达 300m/s，功率可从几瓦到几十万千瓦。

(3) 使用效率高，寿命长，结构紧凑，外廓尺寸小。

(4) 可传递在空间任意配置的两轴之间的运动。

齿轮传动的主要缺点：

(1) 与螺旋传动、带传动相比，齿轮传动振动和噪声较大，且不可无级调速。

(2) 传动轴之间的距离不能过大。

(3) 加工复杂，制造成本高。

### 3. 轮系

前面介绍的齿轮传动机构仅由一对齿轮组成，是齿轮传动的最简单形式。实际上，在多数齿轮传动中，只用一对齿轮传动是不够的，如起重机的提升系统，就需要将电机的高速转动变为卷筒的低速转动；在机床中则要求将电机的转速变为主轴的多种转速；在汽车的后桥差速器中，可将发动机传来的一种转速分解为后轮的两种转速。因此，为满足机器工作的需要，通常在主动轴和从动轴之间采用一系列相互啮合的齿轮系统来传递运动。这种由一系列齿轮所组成的齿轮系统称为轮系。轮系的分类有多种，根据轮系中各齿轮的轴线在空间位置是否固定，将基本轮系分为定轴轮系和周转轮系。

1) 定轴轮系

当轮系运转时，若各齿轮几何轴线的位置都是固定不变的，则称为定轴轮系或普通轮系，如图 2-6 所示的变速器为定轴轮系。在图 2-6 中，虽然双联齿轮 2、齿轮 4 可做轴向移动，但其几何轴线仍然是固定的，故属于定轴轮系。

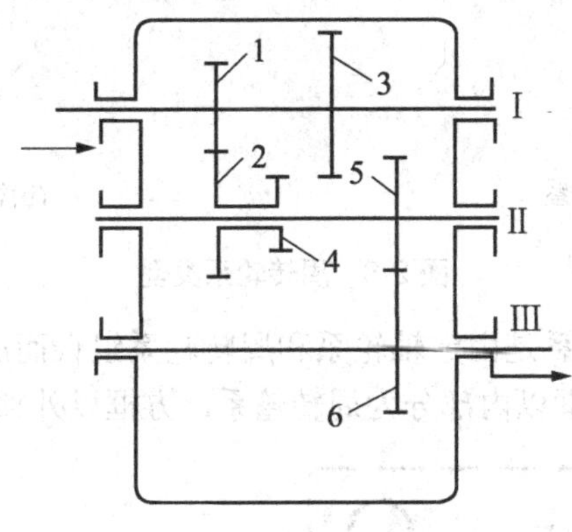


图 2-6　定轴轮系

2) 周转轮系

轮系运转时，其中至少有一个齿轮的几何轴线是绕另一齿轮的几何轴线转动的轮系，称为周转轮系。如图 2-7 所示为由外齿轮 1、齿轮 2 及内齿轮 3 和构件 $H$ 组成的周转轮系。当图示轮系运转时，空套在构件 $H$ 的心轴 $O_2$ 的齿轮 2 既绕自身几何轴线 $O_2$ 转动，又随构件 $H$ 绕齿轮 1 的轴线 $O_1$ 转动，就像行星一样兼做自转和公转，这种具有运动轴线的齿轮称为行星轮。其齿轮 1 和齿轮 3 绕定轴轴线 $O_1$ 转动，这种在周转轮系运转中轴线位置不变的齿轮称为中心轮或太阳轮。支承行星轮并使行星轮的轴线能绕中心轮轴线回转的支承件 $H$ 称为转臂(又称系杆或行星架)。所以周转轮系是由行星轮、中心轮及转臂组成的。

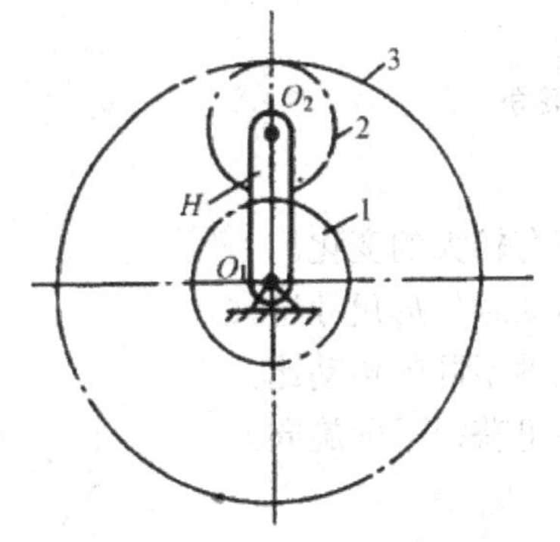

图 2-7　周转轮系

21世纪高职高专经管类专业立体化规划教材

周转轮系又分差动轮系和行星轮系两大类。若周转轮系中有一个中心轮是固定不动的，如图 2-8(b)所示的轮系中，中心轮 3 固定不动，这种轮系称为行星轮系。若周转轮系中没有固定的中心轮，如图 2 -8(a)所示的轮系，中心轮 1、中心轮 3 都能转动，这样的轮系称为差动轮系。

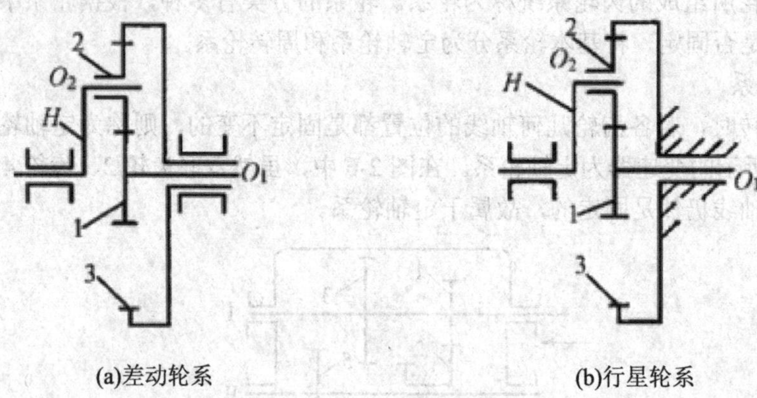


(a)差动轮系　　(b)行星轮系

图 2-8　周转轮系类型

在实际应用中，有的轮系是由定轴轮系和周转轮系组合而成的，这种轮系称为混合轮系。如图 2-9 所示，虚线方框以内部分为周转轮系，方框以外部分则为定轴轮系。

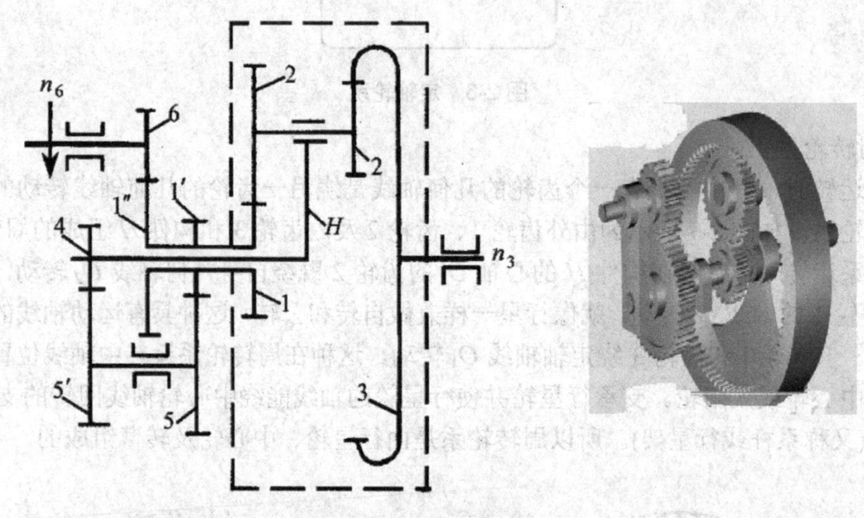


图 2-9　混合轮系

轮系的功用如下：

(1) 通过轮系可使主动轴与从动轴之间的速度有较大的变化。

(2) 可连接相距较远的两轴，从而避免单级传动时外形尺寸过大。

(3) 通过若干齿轮适当组合，从动轴可获得几种不同的传动比。

(4) 通过改变轮系中参加工作的轮数，从动轴可获得不同旋向。

(5) 实现运动的合成或分解。

## 四、链传动机构

链传动机构是由一个具有特殊齿形的主动链轮，通过闭合链条带动另一个与主动链轮具有相同齿形的从动链轮，进行传递运动和动力的机构，如图 2 -10 所示。典型的链传动机构如自行车的传动。

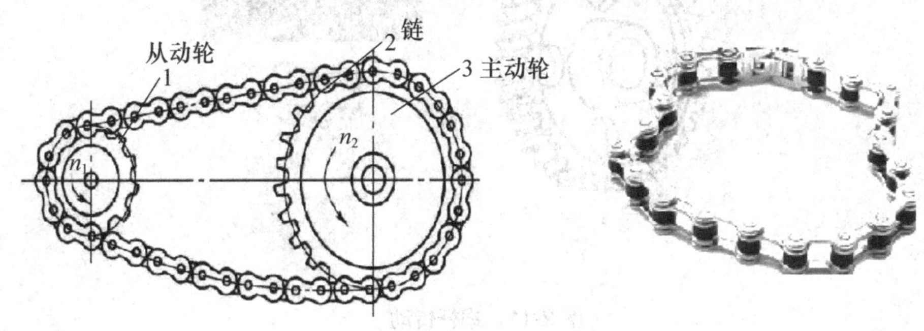


图 2-10 链传动的组成

链传动是啮合传动的一种，它利用挠性零件工作，有一定的缓冲吸振作用。与带传动和齿轮传动相比，它具有下列特点。

### 1. 优点

(1) 与带传动相比，能保持准确的平均传动比，比带传动的传动功率大，轮廓尺寸小。

(2) 与齿轮传动相比，可在中心距较大的情况下传动。

(3) 能在低速、重载和高温条件及尘土飞扬的不良环境下工作。

(4) 效率较高，一般为 0.95～0.98，最大可达 0.99。

### 2. 缺点

(1) 不能保持恒定的瞬时转速和瞬时传动比。

(2) 链的单位长度重量较大，工作时有周期性动载荷和啮合冲击，引起噪声。急速反向性能差，不能用于高速传动。

基于链传动的特点，在有上述工况要求而又不宜采用带传动和齿轮传动时，宜采用链传动。链传动广泛应用于轻工、农业、石油化工、起重运输等行业以及机床、摩托车、自行车等的机械传动领域。

## 五、蜗杆传动机构

蜗杆传动机构是通过蜗杆与蜗轮间的啮合传递运动和动力的机构。蜗杆传动如图 2-11 所示，主要由蜗杆和蜗轮组成。其两轴线在空间相错，既不平行，又不相交，最常见的是蜗杆与蜗轮的轴心线在空中互相垂直。蜗杆传动中，一般情况下蜗杆为主动件，蜗轮是从动件。

普通圆柱蜗杆传动可看作螺旋结构的演变。其中，蜗杆为一具有梯形截面或接近梯形截面的螺杆，它只能绕自身轴线转动，而不能沿轴向移动，蜗轮则为一个变形螺母。因此蜗杆与螺纹一样，有单线、多线、左旋、右旋之分。另外由齿轮啮合原理可知，螺杆传动

也可看作是由螺旋齿轮传动演变来的。

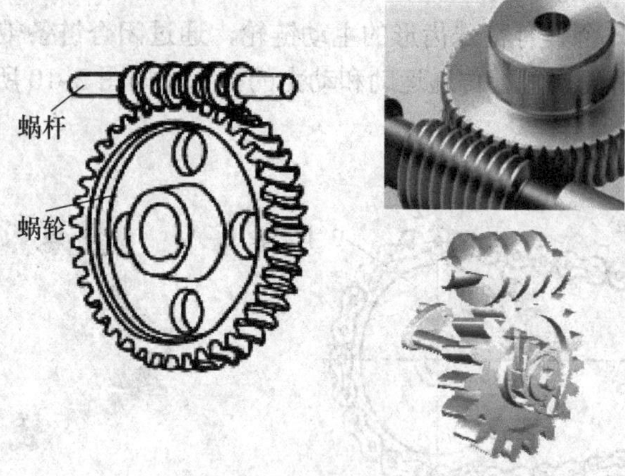


图 2-11　蜗杆传动

蜗杆传动的主要特点如下。

(1) 降速效果好。由于蜗杆传动中蜗杆线数可以小到 1，比蜗轮齿数少得多，因此蜗杆传动可获得较好的降速效果。但它的结构却很紧凑。

(2) 传动平稳。由于蜗杆的齿形是连续的螺旋形，故与蜗轮啮合时传动较为平稳。

(3) 有自锁作用。在蜗杆传动中，蜗杆外观如同螺杆，因此在一定条件下蜗杆传动可以自锁，即只能蜗杆带动蜗轮，蜗轮不能带动蜗杆。

(4) 效率低。蜗杆传动工作时，因蜗杆与蜗轮的齿面之间存在剧烈的滑动摩擦，所以发热严重，效率低。效率一般为 0.7～0.8，具有自锁时效率小于 0.5。这就限制了它传递的功率。连续工作时，要求有良好的润滑与散热。

## 六、平面连杆机构

连杆机构是用铰链、滑道等方式将构件相互联接而成的机构，用以实现运动变换和传递动力。连杆机构按各构件相对运动的性质，可分为空间连杆机构和平面连杆机构。平面连杆机构各构件间的相对运动均在同一平面或相互平行的平面内。平面连杆机构在各种机器中应用非常广泛，如各种原动机、工作机和操作装置中，特别是纺织、印刷等轻工机械中，都采用了不同的平面连杆机构。

平面连杆机构中各构件的形状大都是杆状，然而因实际结构及要求不同，并非都为杆状，但从运动原理来看，非杆状件可由等效的杆件代替，所以通称为连杆机构。

在平面连杆机构中，有一种由四个杆件相互用铰链联接而成的机构，简称四杆机构。图 2-12 所示破碎机的破碎机构就采用了四杆机构。当轮子绕固定中心转动时，通过轮子上的偏心销 *B* 和连杆 *BC*，使动腭板 *CD* 往复摆动。当动腭板摆向左方时，它与固定腭板间的空间变大，使矿石下落；当动腭板摆向右方时，矿石便在两板之间被轧碎。

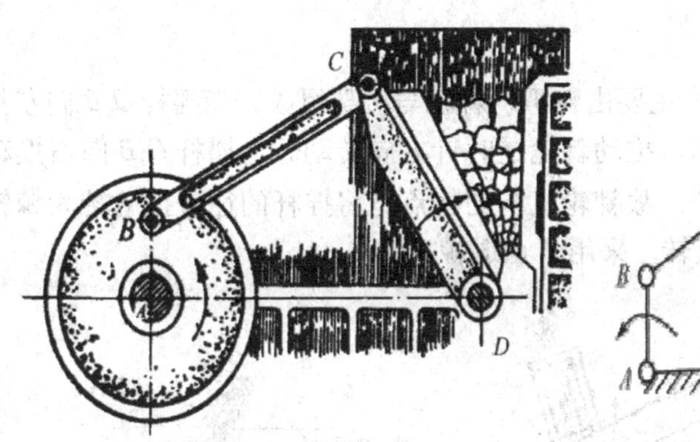

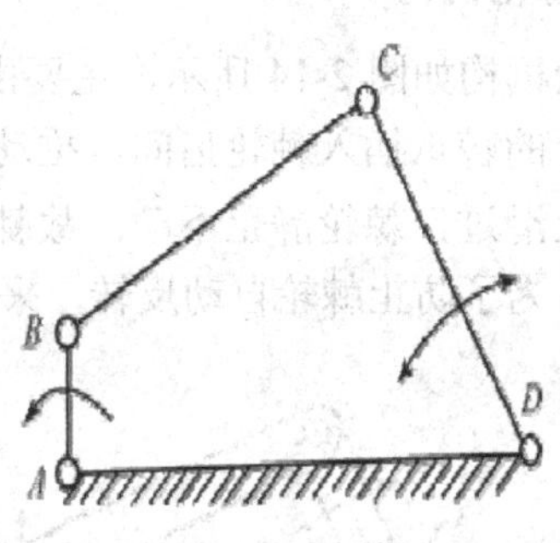


图 2-12　破碎机的破碎机构

## 七、凸轮机构

机器的原动机或主动轴通常是连续的等速转动，而机器上的某些工作机构却往往要求间歇地移动或摆动，在这种情况下，就可以采用凸轮机构。凸轮机构的作用是将凸轮(主动件)的连续转动转化成从动件的往复移动或摆动。凸轮机构广泛地应用于各种机器和自动机床。图 2-13 为内燃机配气机构。当凸轮按图示方向转动时，其轮廓迫使气阀往复移动，从而按预定的时间打开或关闭气门，完成配气动作。

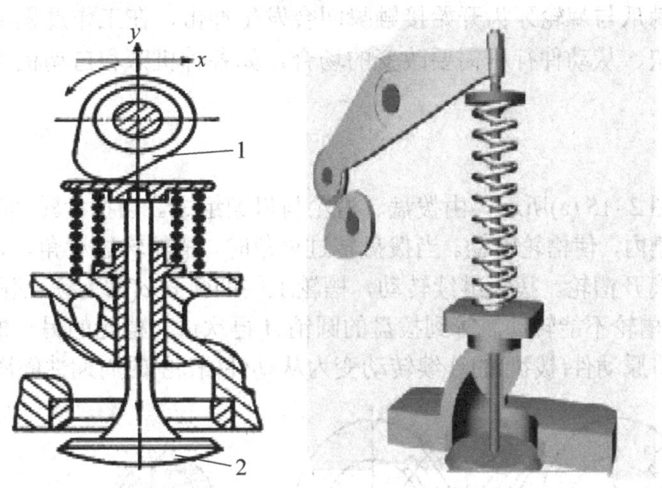


图 2-13　内燃机配气机构

1—凸轮；2—气阀

## 八、间歇运动机构

在生产和生活所使用的机器中，经常需要某些机构的主动件做连续运动时，从动件能产生“动作—停止—动作”的运动，我们把这种机构称为间歇运动机构。

实现间歇运动的机构种类很多，常见的有棘轮机构和槽轮机构两种。

### 1. 棘轮机构

棘轮机构如图 2-14 所示，主要由棘爪、棘轮与机架组成。当摇杆 $O_2B$ 向左摆动时，装在摇杆上的棘爪插入棘轮齿间，推动棘轮逆时针方向转动。当摇杆 $O_2B$ 向右摆动时，棘爪在齿背上滑过，棘轮静止不动。故棘轮机构的特点是将摇杆的往复摆动转为棘轮的单向间歇运动。为了防止棘轮自动反转，采用了止退棘爪。

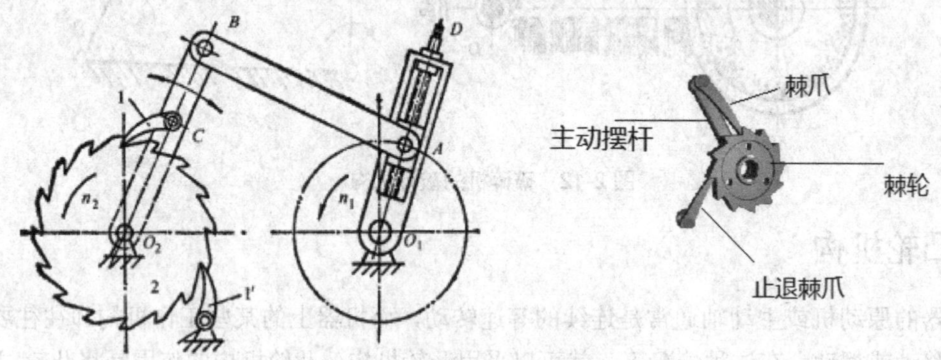


图 2-14　棘轮机构

1—棘爪；1'—止退棘爪；2—棘轮

棘轮机构的棘爪与棘轮牙齿开始接触瞬间会发生冲击，在工作过程中有噪声，一般用于主动件速度不快、从动件行程需要改变的场合，如各种机床和自动机械的进给机构、进料机械等。

### 2. 槽轮机构

槽轮机构如图 2 -15 (a)所示，由拨盘、槽轮与机架组成。当拨盘转动时，其上的圆销 $A$ 进入槽轮相应的槽内，使槽轮转动。当拨盘转过 $\varphi$ 角时，槽轮转过 $\alpha$ 角，如图 2 -15(b)所示，此时圆销 $A$ 开始离开槽轮。拨盘继续转动，槽轮上的凹弧 $abc$(称为锁止弧)与拨盘上的凸弧 $def$ 相接触，此时槽轮不能转动。等到拨盘的圆销 $A$ 再次进入槽轮的另一槽内时，槽轮又开始转动。这样就将原动件(拨盘)的连续转动变为从动件(槽轮)的周期性间歇转动。

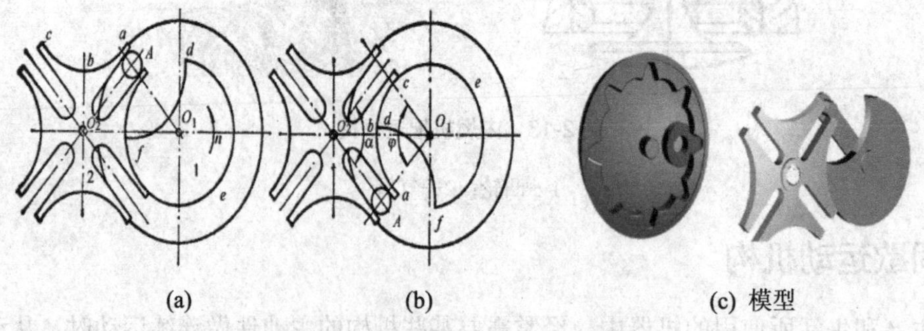


(a)　　(b)　　(c) 模型

图 2-15　槽轮机构

从图 2-15 可以看到，槽轮静止的时间长，如需将静止的时间缩短，则可增加拨盘上圆销的数目。

槽轮机构的结构简单，常用于自动机床的换刀装置、电影放映机的输片机构等。

# 任务二　机电设备制造基础

**【任务导读】**

机电设备已经成为我们生活和工作中必不可少的一部分，它改变了我们的生活方式，提高了我们的工作效率。在购买机电设备时，人们总是希望买到性能好，耐用的设备。虽然不同的机电设备具有不同的使用性质，帮我们完成了不同的工作任务，但是在考核设备的主要性能指标时，人们对设备的技术要求却是相同的，如生产性、可靠性、节能性、维修性、耐用性、环保性等。

**【任务提出】**

- 机器的生产过程和工艺过程是怎么样的？
- 零件加工质量的主要指标是什么？
- 机电设备完好的主要评价内容及应注意的问题是什么？

**【知识导航】**

## 一、机器的生产过程和工艺过程

### 1. 机器的生产过程

机器的生产过程是指将原材料转变为成品的全部过程。结构比较复杂的机械产品，其生产过程如下。

(1) 各种生产服务过程。包括原材料和半成品的供应、运输和保管，产品的包装和发运等。

(2) 生产技术准备过程。指产品投入生产前的各项生产和技术准备工作，如产品的试验研究和设计；工艺设计和专用工装设备的设计与制造；各种生产资料的准备以及生产组织方面的工作。

(3) 毛坯制造过程。如铸造、锻造、冲压、切割下料、焊接等。

(4) 零件的加工过程。如机械加工、焊接、热处理和其他表面处理等。

(5) 产品的装配过程。包括部件装配和总装配，调试、检验和油漆等。

一台机器往往由几十个、几百个甚至几千个零件组合而成。为了使产品达到优质、高产、低消耗，一台机械产品的生产过程往往由许多工厂联合完成。这样做有利于零部件的标准化和组织专业化生产。

下面我们以汽车的生产为例来说明机器设备的制造过程，如图 2-16 所示。

在实际生产中，汽车的生产是一个社会化的过程，是由若干不同的专业化生产厂(或车间)合作完成的。为了降低成本且高质量、高效率地提供汽车生产所需要的零部件，这些专业化工厂(车间)按照产品的协作原则组织生产、分工合作。

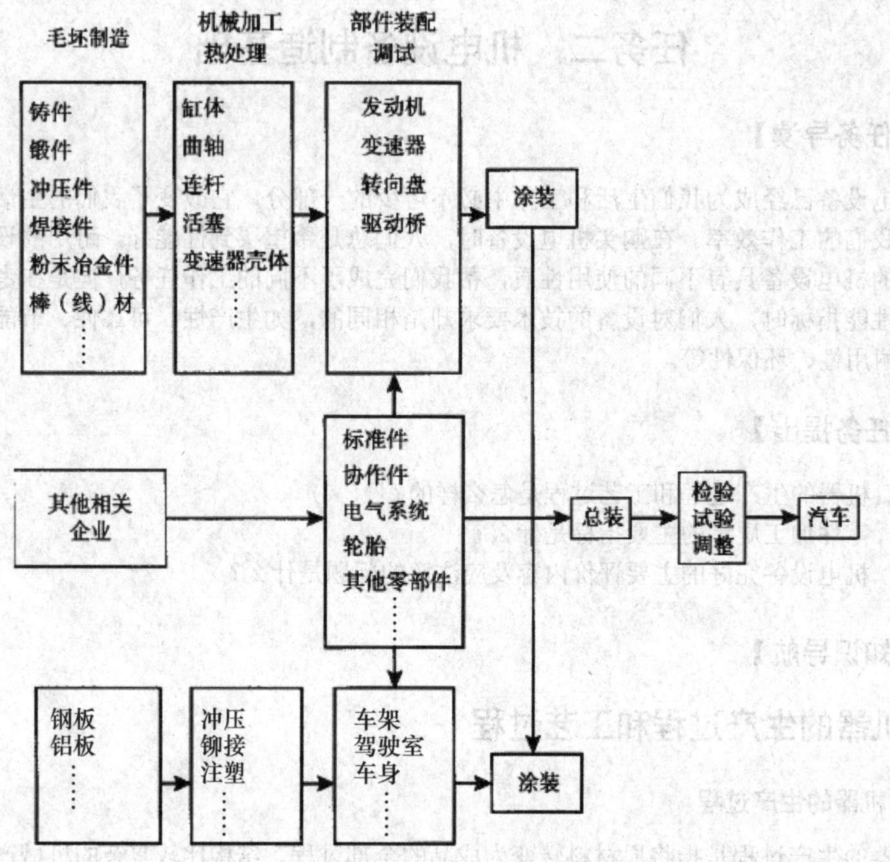


图 2-16 汽车的制造过程

例如，生产一台发动机，首先是在铸造车间和锻造车间，将各种特性不同的原材料加工制造成毛坯；然后经过机械加工车间、热处理车间制成合格的零件；再结合利用其他专业技术的产品，如火花塞(汽油机)、燃油泵(柴油机)等各种附件，在总装厂(车间)进行部件装配和总成装配；最后经过调试试验，达到要求的性能指标，成为一台质量合格的发动机。

而发动机再和底盘、车身、轮胎、电气系统等其他部分装配成汽车。一个完整的汽车生产过程，除了上述的生产厂(车间)外，还应该包括为生产准备和为生产服务的有关部门，如原材料和半成品供应，成品品质检测，工夹具和刀具的制造、管理和准备，设备维护等部门。

### 2. 机器的制造工艺过程

在产品生产过程中，按照一定顺序改变生产对象的形状、尺寸、相对位置或性质等使其成为成品或半成品的过程称为工艺过程。机械制造中的工艺过程包括毛坯制造、机械加工、热处理以及装配等过程。工艺过程是由一系列的工序组合而成的。工序是指一个或一组工人，在一个工作地点对同一个或同时对几个工件所连续完成的那一部分工艺过程。原材料依次通过这些工序变为成品。工序是工艺过程最基本的组成单位。在生产管理上，工序又是制定定额、计算劳动量、配备工人、核算生产能力、安排生产作业计划、进行质量检验和班组经济核算的基本单位。

一个零件往往可以采用不同的加工方法或不同的加工过程进行加工。工程技术人员可以从几个不同的方案中选择在具体生产条件下最合理的一个，并编制工艺文件，以表格或文字的形式确定下来，作为组织生产、指导生产、编制生产计划的依据。这一工艺文件即是该零件的加工工艺规程。工艺规程是组织车间生产的主要技术文件，是生产准备和计划调度的主要依据。工艺过程卡片是按工序填写的表格，用以说明零件各工序的加工内容、所需设备、加工车间及各工序的先后次序，其格式如表 2-1 所示。

表 2-1　工艺过程卡片

<table>
<tr><td rowspan="4">工厂</td><td rowspan="4">工艺过程卡片</td><td colspan="2">产品名称及型号</td><td></td><td colspan="2">零件名称</td><td></td><td colspan="2">零件图号</td><td colspan="2"></td></tr>
<tr><td rowspan="3">材料</td><td>名称</td><td></td><td rowspan="2">毛坯</td><td>种类</td><td></td><td rowspan="2">零件重量</td><td>毛重</td><td></td><td>第　页</td></tr>
<tr><td>牌号</td><td></td><td>尺寸</td><td></td><td>净重</td><td></td><td>共　页</td></tr>
<tr><td>性能</td><td colspan="3"></td><td colspan="2">每台件数</td><td></td><td>每批件数</td><td></td></tr>
<tr><td rowspan="2">工序号</td><td colspan="3" rowspan="2">工序内容</td><td rowspan="2">加工车间</td><td rowspan="2">设备名称及编号</td><td colspan="3">工艺装备名称及编号</td><td rowspan="2">技术等级</td><td colspan="2">时间定额</td></tr>
<tr><td>夹具</td><td>刀具</td><td>量具</td><td>单件</td><td>准备与终结</td></tr>
<tr><td></td><td colspan="3"></td><td></td><td></td><td></td><td></td><td></td><td></td><td></td><td></td></tr>
<tr><td>更改内容</td><td colspan="11"></td></tr>
<tr><td>编制</td><td></td><td></td><td>校对</td><td></td><td></td><td>审核</td><td></td><td></td><td>会签</td><td></td><td></td></tr>
</table>

有了工艺规程，在产品投入生产之前就可以进行一系列的准备工作，如原材料供应、机器的调整、专用工艺装备的设计与制造、生产作业计划的编排、劳动力的组织以及生产成本的核算等。在新建和扩建工厂、车间时，只有根据工艺规程和生产数量才能准确地确定生产所需机床的种类和数量、工厂或车间的面积、机床的平面布置、生产工人的工种、等级、数量以及各辅助部门的配备等。因此，了解了工艺规程就可以了解工厂生产的基本情况。

制定最佳的加工工艺规程应根据具体要求和具体条件选择适当的加工方法，合理安排加工顺序，因为它将直接影响成品的质量、成本和生产效率。

## 二、毛坯生产

根据零件或产品所需要的形状、工艺尺寸制成的，供进一步加工用的生产对象叫毛坯。铸造、压力加工及焊接是获得毛坯的主要手段。

### 1. 铸造

铸造是将熔化的液体金属浇注到和机械零件形状相似的铸型型腔中，经过凝固冷却之后，获得毛坯(或零件)的加工方法。铸造生产在工业中应用广泛。在一般机器中，铸件占整个机器重量的 40%～90%；在农业机械中为 40%～70%；在金属切削机床中为 70%～80%；在重型机械、矿山机械、水力发电设备中为 85%以上。

用于铸造的金属统称铸造合金。常用的铸造合金有铸铁、铸钢和铸造有色金属，其中铸铁，特别是灰口铸铁的使用最普遍。

铸造方法很多，但任何铸造方法都包括以下几步：

(1) 制造具有和零件形状相适应空腔的铸型。

(2) 制备成分、温度都合格的液态金属。

(3) 将液态金属注入铸型空腔内。

(4) 凝固后取出铸件并清理它的表面和内腔。

铸造中最常用的方法是砂型铸造，在砂型铸造过程中，除了使用砂箱等工具设备外，还经常使用用于型砂混制的混砂机。用于机器造型的造型机和熔化金属用的设备在铸造中必不可少，如用于铸铁熔化的冲天炉、工频电炉。在现代化工厂中广泛使用铸造生产自动线。

铸造是最常用的毛坯生产方法，它是液态成形，因此能生产从几克到数百吨、形状复杂的各类零件，对于一些要求耐磨、减振、承压、廉价的零件(如机床床身、机架、活塞环等)以及一些形状复杂、用其他方法难以成形的零件(如各类箱体、泵体等)，只能用铸造法取得毛坯。

一般铸件精度低，加工余量大，其力学性能特别是抗冲击性能较差。

### 2. 压力加工

压力加工是利用外力使金属材料产生永久变形，以制成所需形状和尺寸的毛坯或零件的加工方法。压力加工的主要生产方法有锻造和冲压。

(1) 锻造。锻造可分为自由锻造和模型锻造(简称模锻)两大类。锻造时金属材料需加热。钢的始锻温度为1200℃左右，终锻温度为800℃左右。

自由锻造是把加热好的金属坯料放在自由锻造设备的平砧之间，使其受锻击力或压力作用，而产生塑性变形的加工方法，如图 2-17(a)所示。模锻是把加热好的金属坯料放入锻模模膛内，由模腔限制金属变形，从而获得与模膛一致的锻件，如图 2-17(b)所示。

(2) 冲压。冲压是利用冲模对板料加压，使其产生分离或变形，从而获得所需零件的加工方法，如图 2 -17(c)所示。

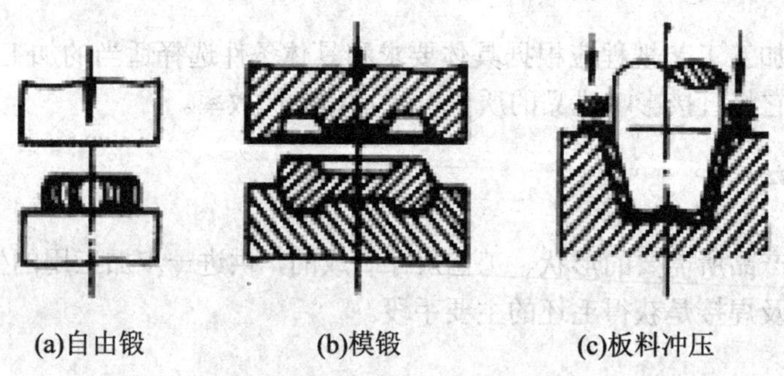

(a)自由锻　　(b)模锻　　(c)板料冲压

图 2-17　锻压生产主要类型

压力加工是机械行业中另一种常用的毛坯制造方法。由于用此方法获得的毛坯是塑性变形的结果，因而力学性能好，所以一些要求强度高、耐冲击、抗疲劳的重要零件大多采用压力加工方法制造毛坯。但它是在固态下塑性成形，难以获得复杂的形状，特别是一些复杂内膛的零件。

自由锻造精度低、生产率不高，适用于单件、小批量生产，形状简单的零件，如轴类零件、齿轮坯等。模锻可锻制比自由锻件形状复杂的零件，精度较高，加工余量小，生产率高。但由于受锻模的影响，只适用于生产大批量中小型锻件。

冲压件主要适用于塑性良好的板料、条料制品。冲压件可冲制出形状复杂、尺寸精度较高的薄壁件、空心件。其冲压精度高，一般不需机械加工即可使用。

### 3. 焊接

焊接是通过加热或加压(或两者并用)，使两个分离的物体借助于内部原子之间的扩散与结合作用连接成一个整体的加工方法。

焊接的分类方法很多，按结构特点可分成以下三大类。

(1) 熔焊。熔焊是将焊件接头处加热至熔化状态，不加压力，靠凝固后连接成为一个整体的焊接方法。

(2) 压焊。压焊是将焊件接头处加热(或不加热)，但一定要加压，使之紧密接触，连接成为一个整体的焊接方法。

(3) 钎焊。钎焊是将比被焊金属熔点低的金属(称为钎料)加热熔化，但被焊金属不熔化，钎料熔化后填满焊件连接处的缝隙，使焊件连接起来的焊接方法。

常用的焊接方法分类如图 2-18 所示。

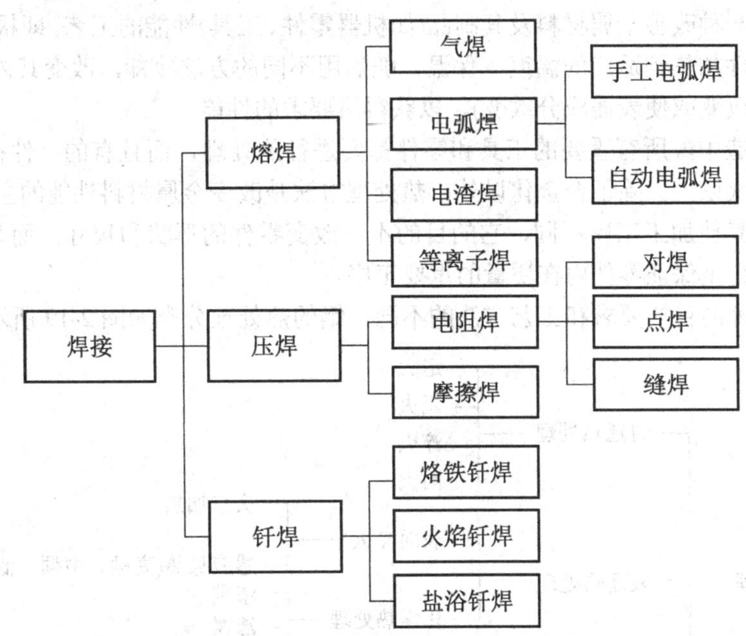


图 2-18　常用的焊接方法分类

用焊接方法制造的毛坯，其特点是可以以小拼大，气密性好，生产周期短，不需要重型和专用设备，可以生产有较好的强度和刚度，而且质量轻、材料利用率高的毛坯。其缺点是抗振性差，易变形。

## 三、切削加工

由于现代机器的性能要求较高，所以对组成机器各部分的零件的加工质量也相应地提出了很高的要求。目前，除了很少一部分零件是采用精密铸造或精密锻造方法直接获得以外，绝大部分零件要靠机械加工的方法来获得。

切削加工是用刀具从金属材料(毛坯)上切去多余的金属层，从而获得几何形状、尺寸精度和表面粗糙度都符合要求的零件的加工方法。它可分为钳工和机工两大部分。

钳工一般是由工人手持工具对工件进行加工，主要内容有划线、锯削、锉削、錾削、钻孔、铰孔、攻丝、套扣等。为了减轻劳动强度和提高生产率，钳工操作已逐渐向机械化方向发展。

机工是指由工人操纵机床对工件进行加工，常见的加工方法有车削、钻削、刨削、铣削、镗削、磨削及齿轮的齿形加工等。

随着科学技术的日益发展，对机电设备的要求不断提高，各种新材料不断出现，各种复杂形状的零件也日益增多，用通常的切削加工方法往往不能满足要求甚至无法加工，于是出现了特种加工，并且随着科学技术的发展而发展。特种加工实质上是直接利用电能、光能、声能、化学能和电化学能或与机械能组合等形式将坯料或工件上多余的材料去除的加工方法的总称，如电火花加工、电化学加工、激光加工和超声波加工等。这些加工方法在航空、电子、轻工业等部门以及电机、电器、仪表、汽车等行业已成为不可缺少的加工方法。

## 四、热处理

热处理是一种改善金属材料及其制品(如机器零件、工具)性能的工艺。即根据不同目的，将材料或其制件加热到适应的温度，保温，随后用不同的方法冷却，改变其内部组织(有时仅使表面组织改变或使表面成分改变)，以获得所要求的性能。

在机械制造中，所有重要的工具和零件都要进行热处理，而且有的零件在整个工艺过程中要处理两次以上。除了合金化以外，热处理方法是改变金属材料性能的主要途径。

热处理和其他加工工序不同，它的目的不是改变零件的形状和尺寸，而是改变其内部组织和性能。它是保证零件内在质量的重要工序。

根据热处理的目的要求和工艺方法的不同，钢的热处理分类如图 2-19 所示。

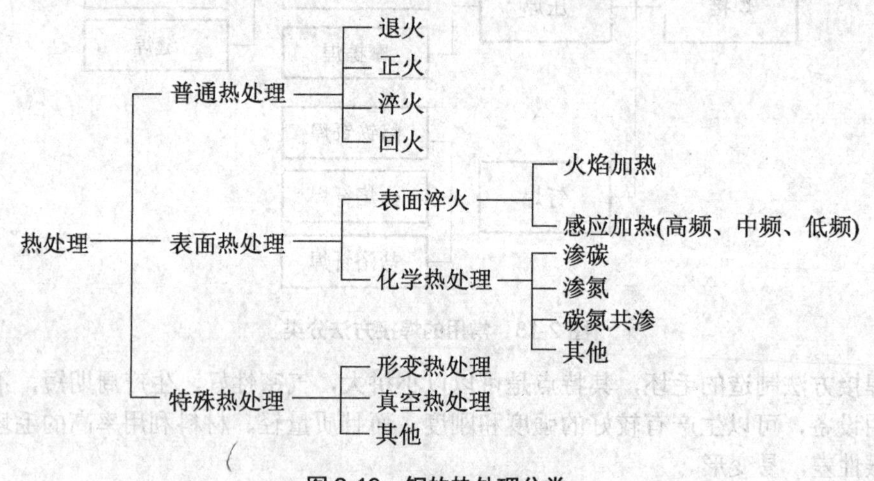


图 2-19　钢的热处理分类

下面介绍普通热处理和表面热处理的相关内容。

### 1. 普通热处理

(1) 退火。把钢加热到一定温度，保温一定时间，然后缓慢冷却(随炉冷、坑冷、砂冷、灰冷)的热处理工艺叫退火。

(2) 正火。把钢加热到相变温度以上 30～50℃，保温一定时间，然后在静止的空气中冷却的热处理工艺叫正火。

退火与正火主要用于钢的预先热处理，其目的是为了消除铸、锻、焊等工序所造成的组织缺陷与内应力，也为后续的机加工及热处理做好组织与性能上的准备。对于一般铸件、焊接件以及一些性能要求不高的工件，退火与正火也可以作为最终热处理。

正火与退火的区别是冷却速度不同：正火冷速较大，强度和硬度也较高；正火比退火生产周期短，设备利用率高，比较经济。

若零件尺寸较大或形状较复杂，正火可能会使零件产生较大的内应力和变形，甚至开裂。

(3) 淬火。淬火是指把钢加热到相变温度以上的某一温度，然后快速冷却至室温(油冷或水冷)，从而提高钢的硬度和耐磨性。

(4) 回火。将淬火后的工件加热至低于相变点某一温度，保持一段时间，然后冷却，使组织成为较稳定的状态称为回火。回火的目的是降低淬火钢的脆性，减少或消除内应力，防止工件变形和开裂。使不稳定的组织趋于稳定，以保持工件的形状尺寸精度，并获得所要求的组织和性能。

钢淬火后的硬度虽高，但脆性过大，组织不稳定，不宜直接使用。经过回火硬度下降，但韧性有较大改善。淬火和回火必须配合使用，单独进行任何一个操作都是没有意义的。

### 2. 表面热处理

(1) 表面淬火。有些零件在使用中须承受弯曲、扭转、摩擦或冲击载荷，一般要求其表面具有较高的强度、硬度、耐磨性及疲劳强度，而心部在保持一定强度、硬度下，具有足够的塑性和韧性。对这类零件进行表面淬火是满足上述性能要求的有效方法之一。

表面淬火指在不改变钢的化学成分及心部组织的情况下，利用快速加热将表面层奥氏体化后进行淬火，以强化零件表面的热处理方法。

目前生产中广为应用的是感应加热表面淬火和火焰加热表面淬火。

(2) 化学热处理。将钢件置于一定温度的特定介质中保温，使介质中的活性原子渗入钢件表层，从而改变表层的化学成分和组织来改变其性能的一种热处理工艺。

与表面淬火相比，化学热处理不仅改变表层组织，而且还改变其化学成分，因此能更有效地改变表层性能。化学热处理的方法有渗碳、渗氮、碳氮共渗、渗铬、渗铝、渗硼等。

目前生产中最常用的是渗碳、渗氮和碳氮共渗。

## 五、装配

机器的装配是整个机器制造过程中的最后一个过程，包括安装、调整、检验、试验、油漆及包装等。装配工作的好坏，对产品的质量起着决定性作用。若相配零件之间的配合精度不符合要求，相对位置不准确，将会影响机器的工作性能，严重时会使机器无法工作。若在装配过程中不重视清洁工作，粗心大意和不按工艺要求装配，也不可能装配出好的产品，而装配质量差的机器其精度低、性能差、功耗大且寿命短。机器装配过程一般分为组件装配、部件装配和总装配。

(1) 组件装配，指将两个以上的零件连接组合成为组件的过程。

(2) 部件装配，指将组件、零件连接组合成为独立部件的过程。

(3) 总装配，指将部件、组件、零件连接组合成为整台机器的过程。

机器装配后要进行调整、精度检验和试车。调整是指调节零件或机构的相对位置、配合间隙和结构松紧等。精度检验包括工作精度和几何精度检验。试车是指机器装配后，按

设计要求进行的运转试验，包括运转灵活性、工作时温升、密封性、转速、功率、振动和噪声等。最后进行油漆、涂油和装箱。

## 六、零件加工质量

一台机器的质量主要取决于组成机器的各个零件的加工质量和产品的装配质量；反之，零件加工的质量也反映了零件加工中的机器质量、工艺水平和工人技术水平。

应当如何来评定零件的加工质量呢？尽管机械零件的种类繁多，结构形状各异，但任何零件都是由一些具有一定尺寸和形状的简单表面(平面、圆柱面、圆锥面、成形面等)按一定相互位置关系构成的。零件表面的尺寸、形状和相互位置以及表面粗糙度反映了零件的几何特征；材料的强度、硬度、弹性、刚度等反映了零件的物理机械特征。在评定零件的加工质量时，应当全面考虑这些因素。现仅就零件的几何特征来阐述零件的加工质量。

零件加工质量的主要指标包括加工精度和表面粗糙度两个方面。

### 1. 加工精度

经机械加工后的零件，其实际几何参数(尺寸、形状和位置)与理想几何参数相符合的程度称为零件加工精度。由于加工过程中的种种原因，不可能把零件做得绝对准确并同理想的几何参数完全相符，实际上总会产生一些偏离，这种偏离就是“加工误差”。

事实上，在实际应用中，也没有必要把每个零件做得绝对准确。只要能保证零件在机器中的功用，把零件的加工误差控制在一定范围内是完全允许的，这个允许的误差范围就叫公差。国家给机械工业规定了各级精度和相应的公差标准。只要零件的加工误差不超过零件图上按零件的设计要求和公差标准所规定的偏差，就可以保证零件加工精度的要求。“加工精度”和“加工误差”这两个概念在评定零件几何参数中的作用是等同的。零件加工精度高，加工误差就小，零件加工质量好；反之，加工精度低，加工误差就大，零件加工质量差。

零件的加工精度包括以下三个方面。

1) 尺寸精度

尺寸精度指零件表面本身的尺寸(如圆柱面的直径)和表面间相互的距离尺寸(如各孔之间的距离)的精度。

2) 形状精度

零件的形状精度是指加工后零件表面实际测得的形状和理想形状的符合程度。理想形状是指几何意义上绝对正确的圆、直线、平面、圆柱面及其他成形表面等。按照国家标准规定，形状精度用形状公差等级表示。

3) 位置精度

位置精度是指加工后零件有关要素相互之间的实际位置和理想位置的符合程度。理想位置是指几何意义上绝对的平行、垂直、同轴和绝对准确的角度关系等。

零件表面的尺寸、形状、位置精度之间是有联系的。通常尺寸精度要求高，相应的形状、位置精度要求也高。对于特殊功用零件的某些表面，如检验用的平板，其几何形状精度要求可能更高，但其位置精度、尺寸精度并不一定要求高。零件加工表面的精度要求是根据设计要求及工艺经济指标等因素综合分析而确定的。

### 2. 表面粗糙度

表面粗糙度是指加工表面上具有较小间距的峰谷所组成的微观几何形状特性。表面粗糙度对机器零件的配合性质、耐磨性、工作精度、抗腐蚀性均有较大影响。

评定表面粗糙度的标准有六种。目前我国主要采用轮廓算术平均偏差 *Ra*，它是在一定的测量长度 *l* 范围内，轮廓上各点至中线距离绝对值的平均算术偏差。零件表面的 *Ra* 数值越小则表面越光洁，零件质量越高。*Ra* 的单位为微米(μm)。

通常，尺寸公差、表面形状公差小时，表面粗糙度参数值也小。但表面粗糙度参数值和尺寸公差、表面形状公差之间并不存在确定的函数关系。如手轮、手柄的尺寸公差值较大，但表面粗糙度参数值却较小。

### 3. 配合

1) 配合的基本概念

配合是指由零件组装成机器时，相互结合的零件形成一定的配合；配合的选择是否正确，对机器的质量和寿命有较大影响。以轴和孔的配合为例，基本尺寸相同、互相配合的轴与孔公差带之间的关系称为配合。根据使用要求的不同，配合有三种类型。

(1) 间隙配合。在孔与轴的配合中，孔的公差带在轴的公差带之上，任取加工合格的一对轴和孔相配合都具有间隙(包括最小间隙为 0)。

(2) 过盈配合。在孔与轴的配合中，孔的公差带在轴的公差带之下，任取加工合格的一对轴和孔相配合都具有过盈(包括最小过盈为 0)。

(3) 过渡配合。孔的公差带和轴的公差带互相交叠，任取加工合格的一对轴和孔相配合，可能具有间隙，也可能具有过盈的配合称为过渡配合。

以上三种情况如表 2-2 所示。

表 2-2　配合的种类

| 种　类 | 公差带图 |
|---|---|
| 间隙配合 | 孔公差带　最小间隙　最大间隙　轴公差带；孔公差带　最大间隙　轴公差带　最小间隙等于零 |
| 过盈配合 | 轴公差带　最大过盈　孔公差带　最小过盈；最小过盈等于零　轴公差带　最大过盈　孔公差带 |
| 过渡配合 | 最大过盈　孔公差带　最大间隙　轴公差带；最大过盈　孔公差带　最大间隙　轴公差带；最大过盈　轴公差带　最大间隙　孔公差带 |

2) 配合的选择

以轴和孔为例，两者之间的配合要求有以下三种情况。

(1) 轴和孔配合后有相对运动(转动或移动)的要求，应选用间隙配合。

用作滑动轴承的间隙配合，其间隙的大小与旋转速度、旋转精度、载荷大小、载荷特性、润滑方式、工作温度、材料、轴承结构、支撑距离、尺寸精度、形状位置精度以及表面粗糙度等许多因素有关。

用作导向或往复运动的间隙配合，其间隙大小取决于导向精度要求、往复运动频率以及速度等因素。

(2) 轴和孔靠配合面传递载荷时，应选用过盈配合。过盈的大小取决于最小过盈量能否承受所要传递的最大力矩。载荷增大或承受冲击载荷时，过盈量应该增大，但最大过盈应以零件承受的内应力不超过其屈服极限为准。

(3) 轴和孔配合后要求有定位精度，而且经常拆卸的，主要选用过渡配合，但也可以根据情况选用较小间隙的间隙配合或较小过盈的过盈配合。

## 七、机电设备完好的主要评价内容

### 1. 主要性能

机电设备的各项主要性能指标应符合技术要求。考核的主要性能指标有生产性、可靠性、节能性、维修性、耐用性、环保性等。

(1) 生产性。生产性是指机电设备的生产效率，又称为设备的生产率，通常表现为功率、行程、速率等一系列技术参数。效率高就是指机电设备在单位时间内能生产更多的产品或提供更多的服务。生产性是对机电设备的基本要求。

(2) 可靠性。可靠性是指机电设备在规定的条件下和规定的时间内，完成规定功能的能力。主要指设备的精度、准确度的保持性及零件的耐用性、安全可靠性等。

(3) 节能性。节能性是指机电设备节约能源的能力，节能性好的机电设备表现为热效率高，能源利用率高。一般以机电设备在单位时间内的能源消耗量来表示，如每小时耗电量、耗油量等，有的则以生产单位产品的能耗量来表示，如每吨合成氨的耗电量，汽车每吨百公里的耗油量等。

(4) 维修性。维修性是指设备维修的难易程度。设备维修的难易程度将直接影响设备维修工作量的多少和费用的高低。

(5) 耐用性。耐用性是指设备在使用过程中所经历的自然寿命时间。设备的使用寿命越长，则分摊到每年的折旧费就越少，有利于降低产品成本。但设备除有自然寿命外，还有技术寿命和经济寿命，因此，设备的自然寿命并非越长越好，应结合技术寿命和经济寿命综合考虑设备的耐用性。

(6) 环保性。机器的噪声影响正常的工作环境，危害人的身心健康。机器工作时的振动等因素会产生噪声，特别是现代化机器功率增大，自动化功能增多，其噪声污染问题越来越严重。此外，机器的油污、粉尘和腐蚀介质都是对人体有害的。考核机器质量时，机器的环保状况必须引起足够的重视。评定环保性可将 ISO 14000 环境管理标准作为衡量依据。

### 2. 精度要求

机电设备必须具有满足生产需要的综合精度，设备综合精度可用设备精度指数来衡量。

设备精度指数是将设备各项精度的检查实测值($T_P$)和规定的允差值($T_S$)在测定项数($n$)内通过以下公式计算而得：

$$T = \sqrt{\frac{\sum (T_P / T_S)^2}{n}} \tag{2-1}$$

式中：$T$——精度指数；

$T_P$——设备的单项实测值；

$T_S$——设备的单项允许值；

$n$——实测项目。

精度指数$T$是评价机电设备有形磨损造成各部件之间相互位置变动的一个重要数据，设备的精度指数$T$值越小，说明其精度越高。

精度指数的评价方法是在机床精度检查中运用数理统计方法求得的，故经常应用于机床设备评价中，对于其他设备，如果对所有技术质量要求都能定出定量标准，同样可利用此法评定。根据实践经验：

当$T \leqslant 0.5$时，可作为新设备验收条件之一；

当$0.5 < T \leqslant 1$时，可作为大修和重点修理后的验收标准；

当$1 < T \leqslant 2$时，设备仍可继续使用，但需注意调整；

当$2 < T \leqslant 2.5$时，设备需要重点修理或大修；

当$T > 2.5$时，设备需要大修或更新。

### 3. 运动系统

在规定的速度或载荷下机器运行平稳、无故障，噪声、振动和温升等不超过规定范围。

### 4. 操作系统

操作系统应灵活、可靠，手动操作机构的空程量，以及转动手轮、手柄所需的力不超过规定值。

### 5. 液压系统

(1) 液压、润滑、冷却系统完整、正常，油液清洁，管路畅通，油标醒目，压力表指示正确，应无明显泄漏现象，油质符合技术要求。

(2) 液压传动部分不发生振动，无显著噪声、冲击和停滞，各项主要精度和超程量应符合有关技术标准。

(3) 液压系统工作时的油温符合规定。

### 6. 电气系统

(1) 电气部分接触和绝缘良好，配线整齐，接地牢固，不受其他有害物的影响。

(2) 讯号、仪器和仪表指示正确，自动保护装置、监控系统动作准确可靠，定期进行各项预防性的试验和检查。

### 7. 动力系统

(1) 动力系统应安全可靠，其输出功率和效率应达到原设计标准。

(2) 燃料、油料等消耗正常，经济合理。

### 8. 环境保护和工业卫生

(1) 机电设备工作时无异常振动和较大噪声。

(2) 机电设备排放的废气、废渣、污水应配备相应的治理和配套工程。

(3) 机电设备的排放物不应污染环境和妨碍工业卫生。

#### 9. 安全可靠

(1) 各种保险、安全、防护装置应完整可靠。
(2) 制动装置操纵应灵活、安全可靠。
(3) 对高压容器、安全阀门等装置定期进行各项预防性试验。

#### 10. 维护保养

(1) 使用合理，定期开展良好的维护保养工作。
(2) 各导轨滑动表面不应有严重的腐蚀、碰伤、划伤、拉毛等现象。
(3) 机电设备内外整洁，无明显的积尘和油垢，应漆见本色，铁见光。

#### 11. 配套齐全

(1) 一般机电设备的随机附件齐全可用。
(2) 精密机电设备的全部附件完整无缺。
(3) 说明书和有关技术资料齐备。

## 八、机电设备质量评定中应注意的问题

在资产评估工作中遇到的机电设备大部分都是正在使用或已经使用的设备，由于作为固定资产的机电设备多次反复地进入生产过程，其实物状态与功能都已经发生了变化或正在发生变化，从而影响估价的因素十分复杂。在对这些设备进行质量评定过程中，除依据机电设备完好标准的主要内容对设备进行检查外，还要注意以下几个问题。

#### 1. 机电设备的主要质量指标劣化程度

在机电设备的主要质量指标中，输出参数是根据机电设备的用途对其提出的不同要求而制定的。输出参数确定了机电设备的状态，它可以是工作精度、运动参数、动力参数和经济指标。例如，内燃机的主要输出参数是功率、耗油率，机床的主要输出参数是精度，工艺设备的主要输出参数为质量和生产率。

机电设备在使用过程中，输出参数是变化的，但它容易检测，同时技术文件中又规定了其极限值。因此，输出参数是判断机电设备质量的重要依据之一。

#### 2. 机电设备的可靠度

如前所述，机电设备的可靠性是指机电设备在规定的条件下和规定的时间内，完成规定功能的能力。可靠性是体现机电设备耐用和可靠程度的一种性能。可靠性是一项时间性质量标准，随着时间的推移，设备的可靠性越来越低，设备只能在某一时限范围内是可靠的，不可能永远可靠，因此，在评估机电设备时应注意其时间性指标，如使用期、有效期、行驶里程、作用次数等。

可靠性是个定性概念，可用可靠度来定量表示。

机电设备的可靠度是指在规定的条件下和规定的时间 $T$ 内完成规定功能的概率，用 $R(T)$ 表示。

可靠度的最大值为 1，称为 100%可靠；最小值为 0，称为完全不可靠。由此可见，$0 \leqslant R(T) \leqslant 1$。可靠度也可理解为在规定的条件下和规定的时间内不发生任何故障的概率，所以，可靠度又可称为无故障工作概率。

机电设备可靠度的大小主要取决于设计、制造。此外，使用、维修、周围环境、运输和保管等因素也影响其可靠度。

由于机电设备种类繁多，用途各异，对可靠性要求又各不相同，因此，应根据不同机电设备的可靠度要求和实际无故障工作概率来考核机电设备的质量。

### 3. 机电设备的经济性指标

在评定机电设备质量时，应考虑其经济性指标，主要有：

(1) 机电设备在使用过程中是否能以最小的消耗获取尽可能大的效益；

(2) 机电设备在使用过程中维持费的高低。

## 练　习　题

### 一. 单项选择题

1. 机械传动不能起到(　　)的作用。

A. 传递动力　　B. 改变运动速度

C. 改变运动形式　　D. 提高机械效率

2. 下列关于螺旋传动的说法中，正确的是(　　)。

A. 螺旋传动可以将旋转运动转变为直线运动，也可以反过来将直线运动转变为旋转运动

B. 在螺距相等时，线数越多，则导程越大

C. 滚珠螺旋传动的一大特点是能够实现自锁

D. 按照牙型剖面的不同，螺纹分为三角形、矩形、梯形和齿形

3. 根据轮系中各齿轮的轴线在空间的位置是否固定，将基本轮系分为定轴轮系和(　　)。

A. 差动轮系　B. 行星轮系　C. 周转轮系　D. 变速轮系

4. 棘轮机构的从动件是(　　)。

A. 棘轮　B. 凸轮　C. 棘爪　D. 止退棘爪

5. 在槽轮机构中，如需静止的时间短一些，可以(　　)。

A. 增加槽轮中槽的数目　　B. 增加拨盘上凸弧的长度

C. 增加拨盘上圆销的数目　　D. 增加锁止弧的长度

6. 将原材料变为产品的全过程称为(　　)。

A. 生产过程　　B. 生产服务过程

C. 零件加工过程　　D. 生产工艺过程

7. 在生产管理上，(　　)是制定定额、计算劳动量、配备工人、核算生产能力、安排生产作业计划、进行质量检验和班组经济核算的基本单位。

A. 生产纲领　B. 生产过程　C. 工艺　D. 工序

8. 下列有关铸造的步骤和方法中错误的是(　　)。

A. 制造具有和零件形状相同空腔的铸型

B. 制备成分、温度都合格的液态金属

C. 将液态金属浇注入铸型空腔内

D. 凝固后取出铸件并清理它的表面和内腔

9. 将毛坯上的多余材料去除，从而获得几何形状、加工精度和表面粗糙度都符合要求的零件的加工方法称为(　　)。

A. 铸造　B. 锻造　C. 焊接　D. 切削加工

10. 被焊接金属本身不融化的焊接方法是(　　)。

A. 电弧焊　B. 电渣焊　C. 钎焊　D. 等离子焊

## 二、多项选择题

1. 螺旋传动按照牙型剖面的不同，包括(　　)几种。

A. 三角形　B. 齿形　C. 圆形　D. 梯形

E. 矩形

2. (　　)可以具有自锁性能。

A. 普通螺旋传动　B. 带传动

C. 链传动　D. 齿轮传动

E. 蜗杆传动

3. 下列关于工艺过程的说法中，正确的是(　　)。

A. 生产过程包含工艺过程

B. 工序是工艺过程最基本的组成单位

C. 工艺过程是计算劳动量、进行质量检验和班组经济核算的基本单位

D. 把工艺过程用表格或文字形式确定下来，形成组织、指导生产的文件就是工艺规程

E. 工艺过程包括生产服务、技术准备、毛坯制造、零件加工、产品装配等过程

4. 模锻与自由锻相比，具有(　　)特点。

A. 模锻件精度高　B. 模锻件形状简单

C. 生产率高　D. 可以锻造薄壁零件

E. 适于锻造大批量、中小型零件

5. 在焊接方法中，不属于熔焊的有(　　)。

A. 电阻焊　B. 电弧焊　C. 电渣焊　D. 气焊　E. 钎焊

6. 下列热处理工艺中，(　　)属于普通热处理。

A. 退火　B. 正火　C. 淬火　D. 回火　E. 渗碳、渗氮

## 三.简答题

1. 什么是带传动？传动带有哪几种主要类型？
2. 何谓机器的生产过程？何谓机器的工艺过程？
3. 获得毛坯的方法有哪些？
4. 何谓热处理？
5. 什么是表面粗糙度？表面粗糙度对机器零件的使用性能有哪些影响？

# 项目三

## 金属切削机床

### 知识目标

- 了解金属切削机床的用途及分类
- 掌握金属切削机床的型号的编制方法
- 掌握车床、钻床、镗床、刨床、插床、拉床、铣床、磨床、特种加工机床、数控机床、组合机床、工业机器人的基本结构及相关技术参数
- 了解车床、钻床、镗床、刨床、插床、拉床、铣床、磨床、特种加工机床、数控机床、组合机床、机械加工生产线的发展现状

### 技能目标

- 能熟练掌握车床、钻床、镗床、刨床、插床、拉床、铣床、磨床、特种加工机床、数控机床的基本结构及相关技术参数
- 能应用相关的技术参数判断该机电设备的性能等级

# 任务一 机 床 概 论

## 【任务导读】

小王同学去评估公司实习，参加了机电设备评估项目，现场勘察时发现每个机床上都有一个铭牌，上面写着机床型号及其他信息。其中一个机床上写的型号是CA6140，铭牌上写的是车床，但是6140没有标出是什么意思，同学们你们知道这个型号中的A表示什么含义吗？这个机床有哪些特性可以通过型号表示出来？只要认真学习下面的内容，就能找到答案。

## 【任务提出】

- 理解机床的概念及类型。
- 熟悉机床的经济指标。
- 掌握机床型号的编制方法。

## 【知识导航】

金属切削机床是一种用切削方法加工金属零件的工作机械，它是制造机器的机器，因此又称工作母机或工具机。在我国，习惯上常称机床。由于它是用切削的方法加工工件，以获得具有一定尺寸、形状和精度的零件，所以机床是机械制造系统中最重要的组成部分。一般在机器制造的装备中，金属切削机床约占机械行业所有技术装备总台数的60%～80%。

## 一、机床的技术经济指标

机床本身质量的优劣，直接影响所造机器的质量。衡量一台机床的质量是多方面的，但主要是要求工艺性好，系列化、通用化、标准化程度高，结构简单，重量轻，工作可靠，生产率高等。具体指标如下。

### 1. 工艺的可能性

工艺的可能性是指机床适应不同生产要求的能力。通用机床可以完成一定尺寸范围内各种零件多工序加工，工艺的可能性较宽，因而结构相对复杂，适应于单件小批生产。专用机床只能完成一个或几个零件的特定工序，其工艺的可能性较窄，适用于大批量生产，可以提高生产率，保证加工质量，简化机床结构，降低机床成本。

### 2. 加工精度和表面粗糙度

机床应保证所加工零件达到规定的精度和表面粗糙度。工件的精度和表面粗糙度是由机床、刀具、夹具、切削条件和操作者诸方面因素决定的。但就机床方面来说，要保证被加工零件的精度和表面粗糙度，机床本身必须具备一定的精度。也就是说，只有高精度机床才可能加工出尺寸精度、形状精度、位置精度高和表面粗糙度参数值小的零件。当然，精度高的机床其制造成本必然高。

### 3. 生产率

在保证加工质量的基础上，机床的生产率应尽可能提高。衡量生产率高低的方法很多，可用单位时间内机床所能加工的工件数表示。

$$Q=\frac{1}{T_{总}}=\frac{1}{T_{切削}+T_{辅助}+\dfrac{T_{准结}}{n}}(件/小时) \tag{3-1}$$

式中：$Q$—— 单位时间内机床生产产品的数量；

$T_{总}$—— 加工每一个工件的平均总时间；

$T_{切削}$—— 每个工件的切削加工时间；

$T_{辅助}$—— 每个工件的辅助时间，如上下料回程等；

$T_{准结}$—— 每批工件的准备和结束时间，如装卸工、夹具调整机床等；

$n$—— 每批工件的数量。

由公式(3-1)可看出，机床在单位时间内生产的产品数越多，机床的生产率就越高。要想提高机床的生产率，可以采取措施减少切削加工时间、每个工件的辅助时间和每批工件的准备和结束时间。如采用高速切削、多刀切削等措施，并且在机床结构上考虑减少加工的准备和结束时间的措施。

### 4. 系列化、通用化、标准化程度

系列化的目的是在选择一个合理的方案时确定同一类型机床应有哪些规格和型式来满足国民经济各部门的需要。机床部件通用化后，可以扩大零件制造批量，既便于生产管理，又可降低生产成本和缩短生产周期，还能提高结构的可靠性。机床零件标准化，有利于组织零件的集中成批或大批生产，在降低生产成本和缩短生产周期、提高材料的利用率等方面有着显著的经济、技术效果。机床的系列化、通用化和标准化是密切联系的，品种系列化是部件通用化和零件标准化的基础，而部件的通用化和零件的标准化又促进和推动品种系列化工作。

### 5. 机床的寿命

机床结构的可靠性和耐磨性是衡量机床寿命的主要指标。因此必须十分注意机床结构的可靠性和耐磨性。对于导轨、轴承、齿轮等易损零件，要根据使用条件合理地进行设计，并采取必要的工艺措施以增加、延长使用寿命。

## 二、机床的运动与传动

### 1. 机床的运动

机床加工的共性就是把刀具和工件安装在机床上，由机床使刀具和工件产生确定的相对运动，从而切削出合乎要求的零件。

运动分为工作运动和辅助运动，根据在切削过程中所起的作用来区分，工作运动分为主运动和进给运动。辅助运动是指准备、整理工作，如退刀、上料、下料、转位、排除切屑等均属辅助运动。

(1) 主运动是形成机床切削速度或消耗主要动力的工作运动。如车削工件时，工件的旋转；钻削、铣削和磨削时刀具的旋转；牛头刨床刨削时刀具的直线运动。

(2) 进给运动是使工件的多余材料不断地被去除的工作运动。如车削外圆时，刀具沿工

件轴向的直线移动；牛头刨床刨平面时，工件横向的直线运动。

注意：切削过程中，主运动只有一个，而进给运动可以多于一个，主运动和进给运动可以由刀具和工件分别完成，也可以由刀具单独完成。

### 2. 机床的传动

机床的传动是指机床的传动机构即传递运动和动力的机构。

按传动速度调节变化特点将传动分为有级传动和无级传动。

有级传动也叫有级调速，指的是在一定转速范围内，速度分为若干级而且每级速度的变化是不连续的。如某机床的主轴转速范围为 55.5～800r/min，固定有 55.5 r/min，98.5 r/min，165 r/min，269 r/min，476 r/min 和 800r/min，共分六级，每级之间不连续。

无级传动也叫无级调速，指的是在一定转速范围内，速度可以调节到其中任意一个数值的传动。

## 三、机床的分类

目前机床已有很多类型，其结构和应用范围也各有不同。为了便于使用和管理，必须对它们进行科学的分类。

下面介绍几种常用的分类方法。

### 1. 按机床加工性质和所用刀具分类

目前我国将机床分为十一大类，即车床、钻床、镗床、磨床、齿轮加工机床、螺纹加工机床、铣床、刨插床、拉床、锯床及其他机床。

### 2. 按机床工作精度分类

(1) 普通精度机床，指的是普通级别的机床，包括普通车床、钻床、镗床、铣床、刨插床等。

(2) 精密机床，主要包括磨床、齿轮加工机床、螺纹加工机床和其他各种精密机床。

(3) 高精度机床，主要包括坐标镗床、齿轮磨床、螺纹磨床、 高精度滚齿机、高精度刻线机和其他高精度机床等。

### 3. 按机床加工工件尺寸的大小和机床自身重量分类

按机床加工工件尺寸的大小和机床自身重量分类如表 3-1 所示。

表 3-1 按机床加工工件尺寸的大小和机床自身重量分类

| 类 别 | 机床本身重量/吨 |
|---|---|
| 中、小型机床(一般机床) | ＜10 |
| 大型机床 | 10～30 |
| 重型机床 | 30～100 |
| 特重型机床 | ＞100 |

4. 按机床通用性分类

(1) 通用机床(万能机床)。这类机床的加工范围广泛，可以加工多种零件的不同工序。由于其通用性范围较广，因此结构往往比较复杂，适用于单件、小批生产。例如，普通车床、卧式镗床、万能升降台铣床等均属于通用机床。

(2) 专门化机床(专门机床)。这类机床专门用于加工不同尺寸的一类或几类零件的某一特定工序，如精密丝杠车床，凸轮轴车床，曲轴、连杆轴颈车床等都属于专门化机床，它适用于成批大量的生产场合。

(3) 专用机床。专门用以加工某一种零件的特定工序的机床称为专用机床。专用机床加工范围小，被加工零件稍有一点变动就不能适应。结构较通用机床简单，但生产率高，机床自动化程度往往也比较高。所以，专用机床一般在成批大量生产中选用。

5. 按机床的自动化程度分类

按机床的自动化程度分类，有手动机床、机动机床、半自动机床和全自动机床。

## 四、机床型号的编制方法

机床型号是机床产品的代号，表示机床的类型、通用特性和结构特性、主要技术参数等。《金属切削机床型号编制方法(GB/T 15375—94)》规定，我国的机床型号由汉语拼音字母和阿拉伯数字按一定规律组合而成，适用于各类通用机床和专用机床(组合机床除外)。通用机床的型号由基本和辅助部分组成，中间用“/ ”隔开，读作“之”。基本部分统一管理，辅助部分纳入型号与否由生产厂家自定。型号的构成如图 3-1 所示。

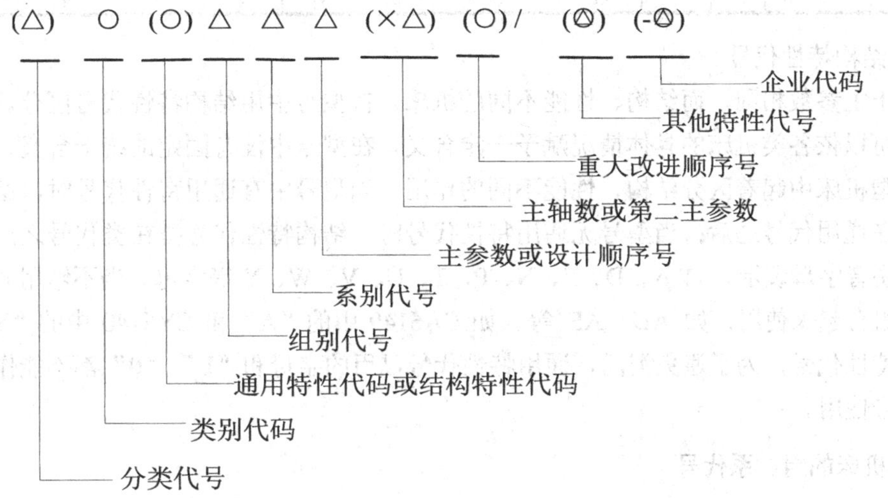


其中：“○”表示大写的汉语拼音字母；“△”表示阿拉伯数字；“◎”表示大写的汉语拼音字母，或阿拉伯数字，或两者兼有之；“()”表示可选项，在无内容时不表示，若有内容则不带括号。

图 3-1　机床型号的表示方法(GB/T 15375—94)

1. 机床的类代号

用大写的汉语拼音字母表示，并按相应的汉字字意读音。当需要时，每类又可分为若

干分类，分类代号用阿拉伯数字表示，放在类代号之前，但第一分类不予表示。目前在十一大类机床中只有磨床有分类代号。机床的类代号、分类代号及其读音如表 3-2 所示。

表 3-2　机床的类代号、分类代号及其读音

| 类别 | 车床 | 钻床 | 镗床 | 磨床 | | | 齿轮加工机床 | 螺纹加工机床 | 铣床 | 刨插床 | 拉床 | 锯床 | 其他机床 |
|---|---|---|---|---|---|---|---|---|---|---|---|---|---|
| 代号 | C | Z | T | M | 2M | 3M | Y | S | X | B | L | G | Q |
| 读音 | 车 | 钻 | 镗 | 磨 | 二磨 | 三磨 | 牙 | 丝 | 铣 | 刨 | 拉 | 割 | 其他 |

### 2. 机床通用特性、结构特性代号

1) 通用特性代号

通用特性代号位于类代号之后，用大写汉语拼音字母表示。当某种类型机床除有普通型外，还有某种通用特性时，则在类代号之后加上相应特性代号。如“CK”表示数控车床。如果同时具有两种通用特性时，则可按重要程度排列，用两个代号表示，如“MBG”表示半自动高精度磨床。通用特性代号如表 3-3 所示。

表 3-3　机床通用特性代号

| 通用特性 | 高精度 | 精密 | 自动 | 半自动 | 数控 | 加工中心(自动换刀) | 仿形 | 轻型 | 加重型 | 简式或经济型 | 柔性加工单元 | 数显 | 高速 |
|---|---|---|---|---|---|---|---|---|---|---|---|---|---|
| 代号 | G | M | Z | B | K | H | F | Q | C | J | R | X | S |
| 读音 | 高 | 密 | 自 | 半 | 控 | 换 | 仿 | 轻 | 重 | 简 | 柔 | 显 | 速 |

2) 结构特性代号

对于主参数相同，而结构、性能不同的机床，在型号中用结构特性代号区分。结构特性代号可以依各类机床的具体情况赋予一定含义，在型号中没有固定的统一含义，它只是在同类型机床中起着区分结构、性能不同的作用。当型号中有通用特性代号时，结构特性代号排在通用代号之后；当型号无通用特性代号时，结构特性代号排在类代号之后，用大写汉语拼音字母表示。如 A、D、E、N、P、T、U、V、W、Y 等字母。当不够用时可将两个字母组合起来使用，如 AD、AE 等。如 CA6140 中的“A”和 CY6140 中的“Y”，均为结构特性代号，为了避免混淆，通用特性代号已用的字母和“L”“0”都不能作为结构特性代号使用。

### 3. 机床的组、系代号

在同类机床中，主要布局和使用范围基本相同的机床即为一组；在同一组机床中，其主参数相同，主要结构及布局型式相同的机床即为同一系。每类机床分为 10 个组(用数字 0～9 表示)，每个组又分为 10 个系(系列)(用数字 0～9 表示)。机床的组用一位阿拉伯数字表示，位于类代号或通用特性代号之后；机床系用一位阿拉伯数字表示，位于组代号之后。 各类机床组的代号及划分如表 3-4 所示。

**表 3-4 金属切削机床类、组划分表**

| 类别＼级别 | | 0 | 1 | 2 | 3 | 4 | 5 | 6 | 7 | 8 | 9 |
|---|---|---|---|---|---|---|---|---|---|---|---|
| 车床 C | | 仪表车床 | 单轴自动车床 | 多轴自动、半自动车床 | 回轮、转塔车床 | 曲轴及凸轮轴车床 | 立式车床 | 落地及卧式车床 | 仿形及多刀车床 | 轮、轴、辊、锭及铲齿车床 | 其他车床 |
| 钻床 Z | | | 坐标镗钻床 | 深孔钻床 | 摇臂钻床 | 台式钻床 | 立式钻床 | 卧式钻床 | 铣钻床 | 中心孔钻床 | 其他钻床 |
| 镗床 T | | | | 深孔镗床 | | 坐标镗床 | 立式镗床 | 卧式铣镗床 | 精镗床 | 汽车、拖拉机修理用镗床 | 其他镗床 |
| 磨床 | M | 仪表磨床 | 外圆磨床 | 内圆磨床 | 砂轮机 | 坐标磨床 | 导轨磨床 | 刀具刃磨床 | 平面及端面磨床 | 曲轴、凸轮轴、花键轴及轧辊磨床 | 工具磨床 |
| | 2M | | 超精机 | 内圆珩磨机 | 外圆及其他珩磨机 | 抛光机 | 砂带抛光及磨削机床 | 刀具刃磨及研磨机床 | 可转位刀片磨削机床 | 研磨机 | 其他磨床 |
| | 3M | | 球轴承套圈沟磨床 | 滚子轴承套圈滚道磨床 | 轴承套圈超精机 | | 叶片磨削机床 | 滚子加工机床 | 钢球加工机床 | 气门、活塞及活塞环磨削机床 | 汽车、拖拉机修磨机床 |
| 齿轮加工机床 Y | | 仪表齿轮加工机 | | 锥齿轮加工机 | 滚齿机及铣齿机 | 剃齿及珩齿机 | 插齿机 | 花键轴铣床 | 齿轮磨齿机 | 其他齿轮加工机 | 齿轮倒角及检查机 |
| 螺纹加工机床 S | | | | | 套丝机 | 攻丝机 | | 螺纹铣床 | 螺纹磨床 | 螺纹车床 | |
| 铣床 X | | 仪表铣床 | 悬臂及滑枕铣床 | 龙门铣床 | 平面铣床 | 仿形铣床 | 立式升降台铣床 | 卧式升降台铣床 | 床身铣床 | 工具铣床 | 其他铣床 |
| 刨插床 B | | | 悬臂刨床 | 龙门刨床 | | | 插床 | 牛头刨床 | | 边缘及模具刨床 | 其他刨床 |

续表

| 类别 \ 级别 | 0 | 1 | 2 | 3 | 4 | 5 | 6 | 7 | 8 | 9 |
|---|---|---|---|---|---|---|---|---|---|---|
| 拉床 L | | | 侧拉床 | 卧式外拉床 | 连续拉床 | 立式内拉床 | 卧式内拉床 | 立式外拉床 | 键槽、轴瓦及螺拉床 | 其他拉床 |
| 锯床 G | | | 砂轮片锯床 | | 卧式带锯床 | 立式带锯床 | 圆锯床 | 弓锯床 | 锉锯床 | |
| 其他机床 Q | 其他仪表机床 | 管子加工机床 | 木螺钉加工机床 | | 刻线机床 | 切断机床 | 多功能机床 | | | |

### 4. 机床主参数的代号

机床主参数是表示机床规格大小的一种尺寸参数。在机床型号中，用阿拉伯数字给出主参数的折算值，放在机床组、系代号之后。折算系数一般是 1/10 或 1/100，也有少数是 1。例如，CA6140 型卧式机床中主参数的折算值为 40 (折算系数是 1/10)，其主参数表示在床身导轨面上能车削工件的最大回转直径为 400mm。常见机床的主参数及折算系数如表 3-5 所示。

表 3-5　常见机床主参数及折算系数

| 机床名称 | 主参数名称 | 主参数折算系数 |
|---|---|---|
| 普通车床(卧式车床) | 床身上最大工件回转直径 | 1/10 |
| 自动车床、六角车床 | 最大棒料直径或最大车削直径 | 1/1 |
| 立式车床 | 最大车削直径 | 1/100 |
| 立式钻床、摇臂钻床 | 最大钻孔直径 | 1/1 |
| 卧式镗床 | 主轴直径 | 1/10 |
| 坐标镗床 | 镗轴直径 | 1/10 |
| 牛头刨床、插床 | 最大刨削或插削长度 | 1/10 |
| 龙门刨床 | 工作台宽度 | 1/100 |
| 卧式及立式升降台铣床 | 工作台工作面宽度 | 1/10 |
| 龙门铣床 | 工作台工作面宽度 | 1/100 |
| 外圆磨床、内圆磨床 | 最大磨削外径或孔径 | 1/10 |
| 平面磨床 | 工作台工作面的宽度或直径 | 1/10 |
| 砂轮机 | 最大砂轮直径 | 1/10 |
| 齿轮加工机床 | (大多数是)最大工件直径 | 1/10 |
| 拉床 | 额定拉力(吨) | 1/1 |

### 5. 主轴数及第二主参数

机床主轴数应以实际数据列入型号，位于主参数之后，用乘号“×”分开。

第二主参数是对主参数的补充，如最大跨距、最大工件长度、最大模数、工作台工作面长度等，一般折算成两位数为宜。

注意：长度(跨距、行程)按 1/100 折算；宽度、直径、深度按 1/10 折算；厚度按实际值列入型号。

### 6. 机床的重大改进顺序号

当机床的结构、性能有重大改进和提高，并需按新产品重新设计、试制和鉴定时，才在机床型号之后按 A、B、C 等汉语拼音字母的顺序选用(但 I、O 两字母不得选用)，加入型号的尾部，以区别原机床型号。重大改进设计不同于完全的新设计，它是在原有的机床基础上进行改进设计，因此，重大改进后的产品应代替原来的产品。

### 7. 其他特性代号

其他特性代号置于辅助部分之首，其中同一型号机床的变型代号，一般应放在其他特性代号的首位。其他特性代号主要用以反映各类机床的特性。如对数控机床，可用它来反映不同的控制系统。对于一般机床，可以反映同一型号机床的变型等。其他特性代号可用汉语拼音字母表示，也可用阿拉伯数字表示，还可用两者组合表示。

### 8. 企业代号及其他表示方法

企业代号与其他特性代号的表示方法相同，位于机床型号的尾部，用“—”与其他特性代号分开，读作“至”。若机床型号中无其他特性代号，仅有企业代号时，则不加“—”，企业代号直接写在“/”的后面。

**【例 3-1】** CA6140 落地及卧式车床。

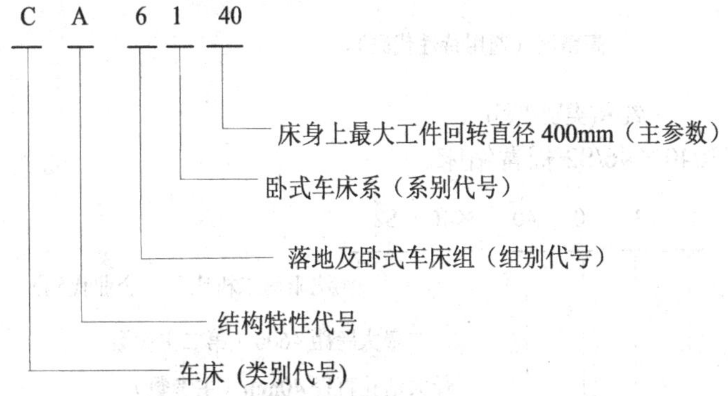


**【例 3-2】** MGA1432A 型高精度万能外圆磨床。

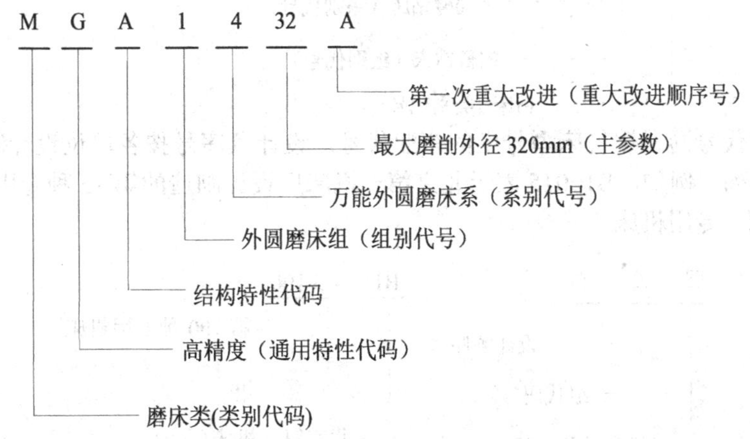

【例 3-3】 C2150×6 型多轴棒料自动车床。

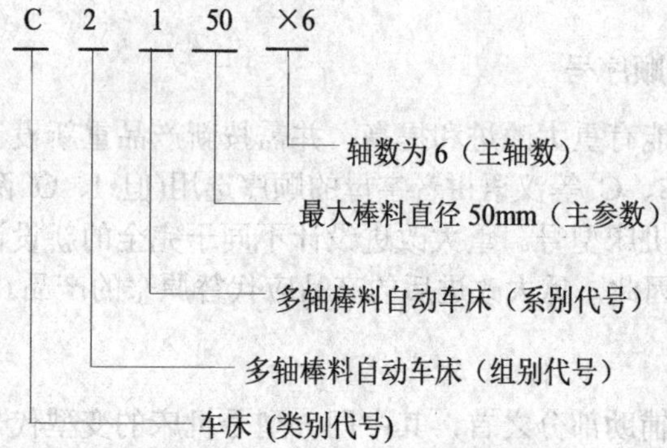


【例 3-4】 XGK5032C/JCS 高精度数控立式升降台铣床。

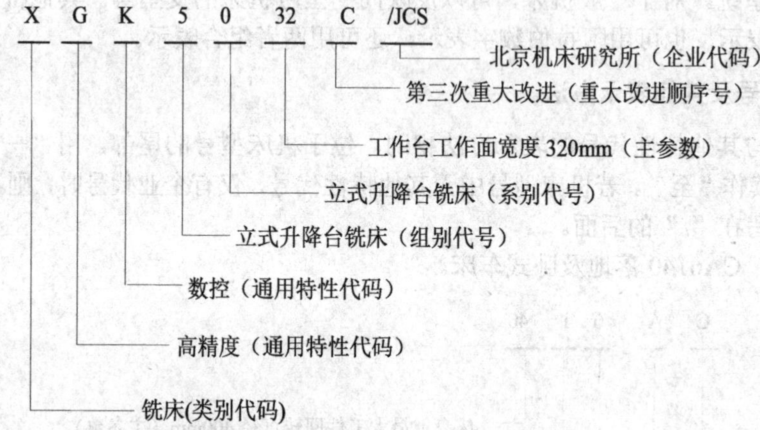


【例 3-5】 Z3040×46/S2 摇臂钻床。

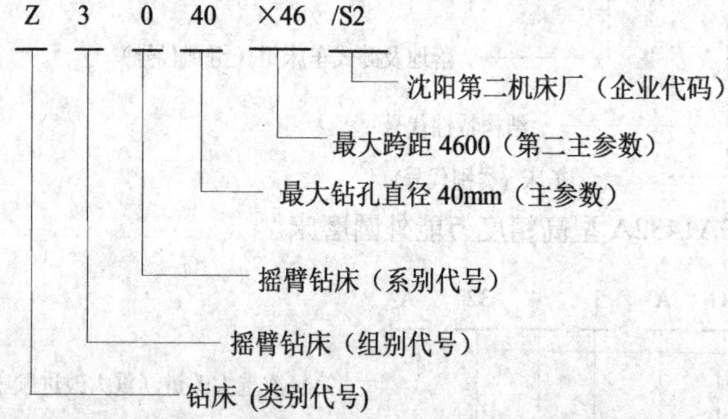


设计单位代号同通用机床型号中的企业代号。设计顺序号按各单位设计制造专用机床的先后顺序排列。例如，B1-015 表示北京第一机床厂设计制造的第 15 种专用机床。

【例 3-6】 专用机床。

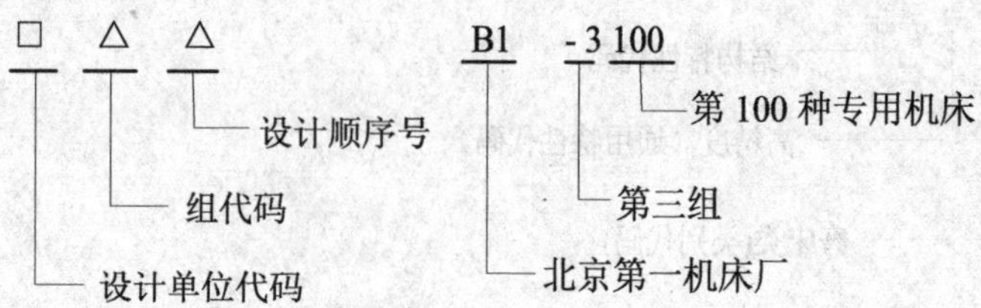

# 任务二　切削加工机床

## 【任务导读】

小王同学今天要去机械厂实习了，他很兴奋，第一次看到真实的机床。这里的机床各式各样，每一个机床上都装有刀具，刀具形状各异。他还发现有的机床上用刀具切削，有的机床上用砂轮切削，有的机床用计算机控制刀具来完成切削加工。小王正在好奇，他的指导老师走到他身边，详细地给他讲解了每种机床的用处、加工的范围及性能特点。同学们，你们想知道小王看到的切削加工机床有哪些类型吗？每一种类型的组成部分、加工范围及用处吗？请认真学习下面的内容。

## 【任务提出】

- 熟悉切削加工机床的类型。
- 掌握切削加工机床的组成及特点。
- 熟悉切削加工机床的工作运动及加工范围。

## 【知识导航】

刀具切削加工机床是利用刀具进行切削加工的机床。本任务主要介绍应用较广的车床、钻床、镗床、刨床、插床、拉床、铣床、磨床、数控机床、组合机床及加工生产线。

## 一、车床

车床类机床主要是指用车刀加工工件上旋转表面的机床。它是各类机床中生产历史最长、应用最广的一类机床，各类车床约占金属切削机床总数的一半左右，所以它是机械制造行业中最基本的常用机床。

工作原理：车削时工件装夹在与主轴相连的卡盘或顶尖上，由主轴带着卡盘或顶尖连同工件一起做旋转运动；车刀装在刀架上，由刀架的纵向或横向移动(平行于床身导轨方向为纵向，垂直于床身导轨方向为横向)，使车刀获得进给运动，从而对工件进行车削加工，如图 3-2 所示。

工作运动：主运动是工件的旋转，进给运动是车刀的移动。

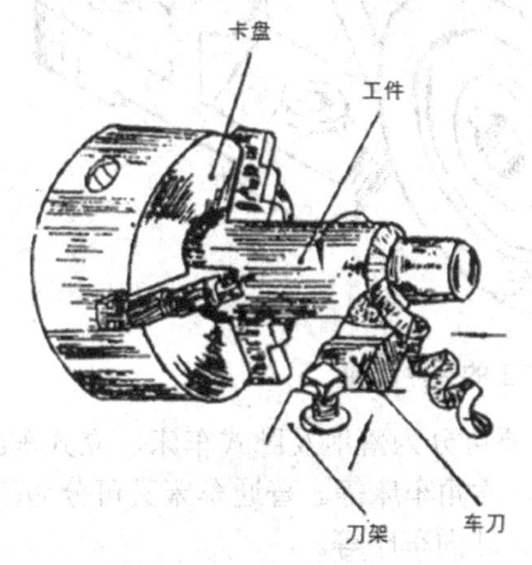

图 3-2　车削加工

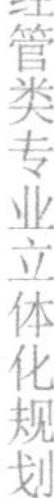

车床的加工范围较广。在车床上主要加工回转表面，包括车外圆、车端面、切槽、钻孔、镗孔、车锥面、车螺纹、车成型面、钻中心孔及滚花等。图 3-3 表示在车床上能完成的工作。图 3-4 表示适于在车床上加工的零件，

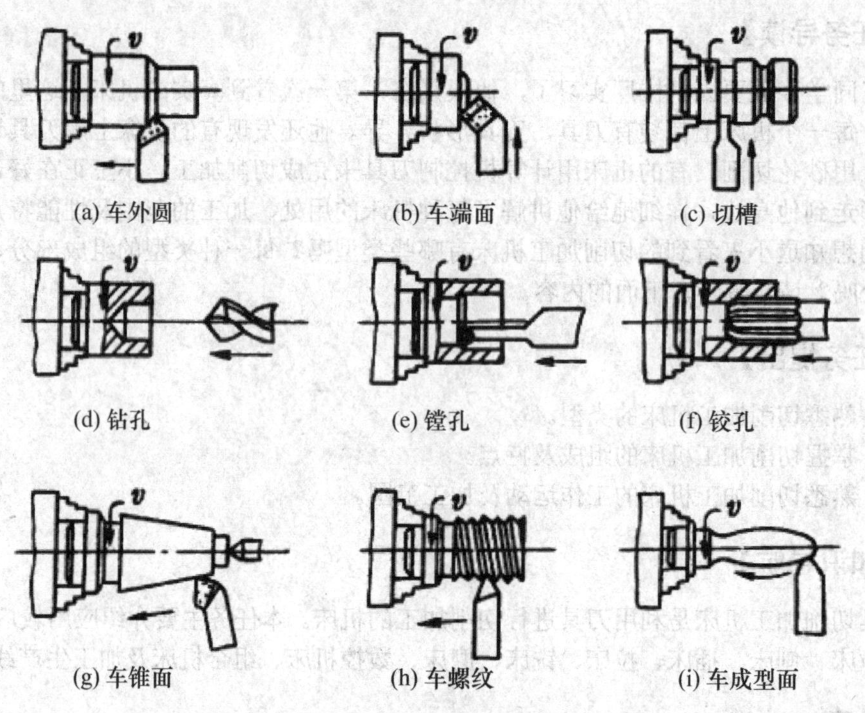


图 3-3　车床加工范围

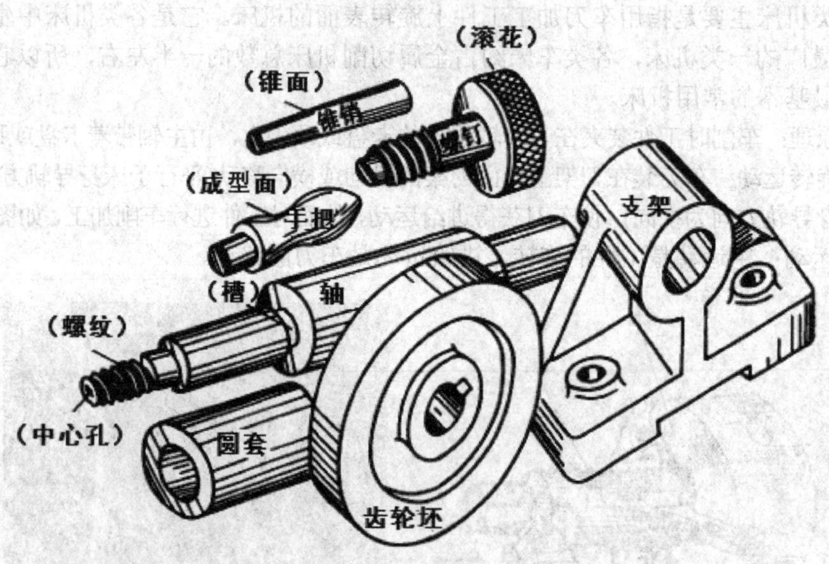


图 3-4　车床上加工的零件举例

车床的种类：按其用途和结构的不同，主要可分为落地及卧式车床、立式车床、仪表车床、单轴自动车床、多轴自动和半自动车床、六角车床等。普通车床又可分为落地车床、卧式车床、马鞍车床、无丝杠车床、卡盘车床、球面车床等。

一般车床的加工精度可达 IT7～IT10，表面粗糙度 *Ra* 值可达 1.6μm。

1. 普通车床

普通车床是车床中应用最广泛的一种，约占车床类总数的 65%，因其主轴以水平方式放置，故为卧式车床。CA6140 是比较典型的普通车床。CA6140 型卧式车床的通用性较强，但机床的结构复杂且自动化程度低，加工过程中辅助时间较长，适用于单件、小批量生产及修理车间，能加工各种回转表面，如车削内外圆柱面、圆锥面、环槽及成型回转面；车削端面及各种常用螺纹；还可以进行钻孔、扩孔、铰孔、滚花、攻螺纹和套螺纹等工作。

1) 普通车床的主要结构

CA6140 型普通车床的主要组成部件有主轴箱、进给箱、溜板箱、刀架、尾架、光杠、丝杠和床身，如图 3-5 所示。

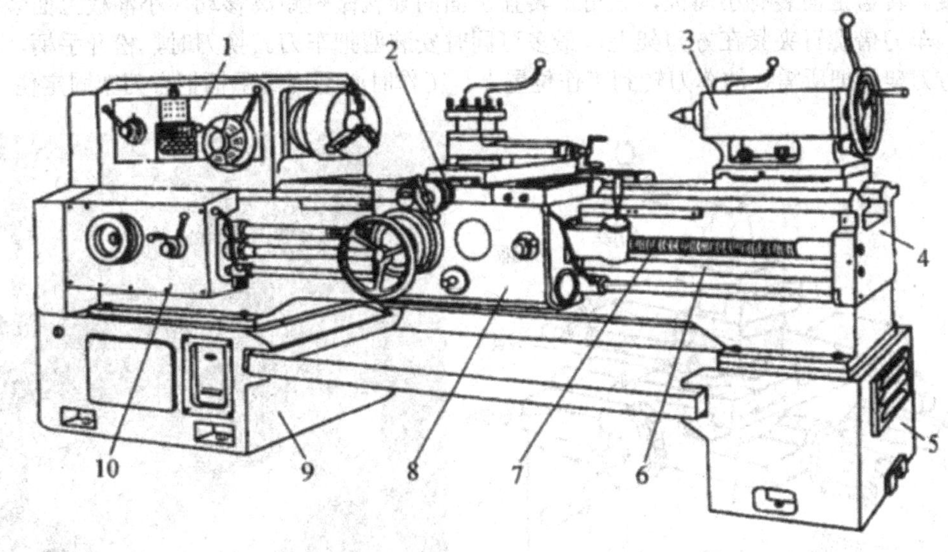


图 3-5　CA6140 型卧式车床的外形图

1—主轴箱；2—刀架；3—尾架；4—床身；5、9—床腿；6—光杠；7—丝杠；8—溜板箱；10—进给箱

(1) 主轴箱又称为床头箱，内装主轴和主轴变速机构，它的主要任务是将主电机传来的旋转运动经过一系列的变速机构使主轴得到所需要的正、反两种转向的不同转速。

工件由卡盘夹持或安装在顶尖上随主轴做旋转的主运动，以实现切削加工，同时主轴箱分出部分动力将运动传给进给箱。

主轴箱中的主轴是车床的关键零件，它支承在滚动轴承上，切削时承受切削力。要求主轴及其轴承应有很高的精度和刚性，一旦由于各种原因降低了车床主轴的旋转精度，则机床的使用价值就会降低。

(2) 进给箱又称为走刀箱。它固定在床身的左前侧，是为了适应不同的加工情况，合理地选择进给量或指定的螺距而设置的。

进给箱中装有进给运动的变速机构，调整变速机构，可得到所需的进给量或螺距，通过光杠或丝杠将运动传至溜板箱。

(3) 丝杠与光杠装在床身前侧，用以联接进给箱与溜板箱，并把进给箱的运动和动力传给溜板箱，使溜板箱获得纵向直线运动。

丝杠是专门用来车削各种螺纹而设置的，在进行工件的其他表面车削时，只用光杠，

不用丝杠。

(4) 溜板箱装在床身的前侧面，上面装有溜板。溜板箱实际上是车床进给运动的操纵箱，其内装有将丝杠和光杠的旋转运动变成刀架直线运动的机构，通过光杠传动实现刀架的纵向进给运动、横向进给运动和快速移动，通过丝杠带动刀架上的车刀做纵向直线移动，以便车削螺纹。

(5) 刀架，如图 3-6 所示。刀架是用来装夹车刀并使其做纵向、横向或斜向进给运动的。刀架分为三层。

最下层与溜板箱用螺钉紧固在一起，称为纵溜板，它可在床身导轨上做纵向移动。

第二层为横溜板，它可沿着纵溜板上的导轨，做垂直于床身导轨的横向移动。

第三层上装有转盘，用螺栓与横溜板紧固，当松开螺母后，它可以在水平面内旋转任意角度。转盘上面装有小溜板，它可沿转盘上面的导轨做短距离移动。小溜板上面装有方刀架，车刀借螺钉夹紧在方刀架上，最多可同时安装四把车刀。换刀时，松开手柄，即可转动方刀架，把所需要的车刀转到工作位置上。工作时必须旋紧手柄把方刀架固定住。

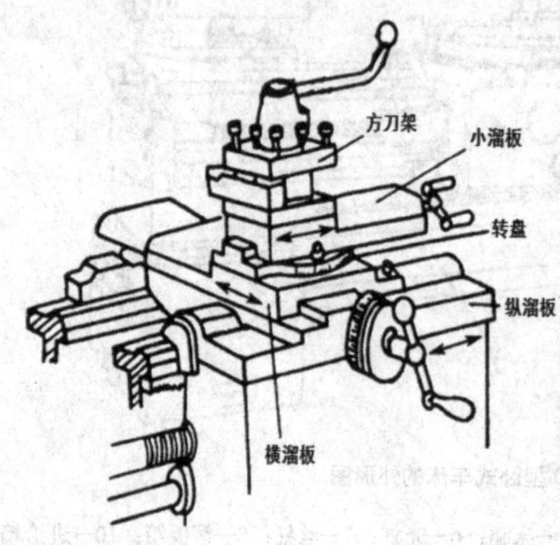

图 3-6　刀架

(6) 尾架又称尾座，它安装在床身右端导轨面上，其位置可以根据加工时的需要进行调节。它的主要用途是在加工细长工件时，在尾架内安装顶尖来支承工件的一端，若把顶尖拿掉，装上钻头或铰刀等孔加工工具，可实现车床上钻孔、扩孔、铰孔和攻螺纹等加工。

(7) 床身装在左右床腿上，共同构成了车床的基础，用以支承车床上的三箱(主轴箱、进给箱、溜板箱)、二杠(光杠、丝杠)、二架(刀架、尾架)。机床的左床腿内装有润滑油箱及驱动电机。右床腿有冷却液箱及冷却液泵。

2) 传动路线

动机—皮带—主轴箱 { 主轴—卡盘—工件；进给箱—丝杠、光杆—溜板箱—刀架—车刀 }

3) CA6140 型车床的技术规格

机床的技术规格是反映不同品种、不同类别机床的工作性能的技术资料，是选择机床的重要参考依据。

一般机床的技术规格由五部分组成。

(1) 技术参数，主要是反映机床加工能力的参数，包括主参数和第二主参数。

(2) 机床工作速度级数及调整范围，指的是机床主运动和进给运动的速度级数及调整范围。它包括机床主轴和刀架(或工作台)的工作运动速度级数及调整范围。

(3) 机床主电机功率，指机床动力部分的功率。

(4) 机床外形尺寸，指的是机床有关运动部件处于中间位置部分的长、宽、高的外形轮廓尺寸，不包括独立的电气柜、液压油箱及特殊附件等的机床最大轮廓尺寸。

(5) 机床的重量，指的是机床的总重量但不包括独立的电气柜、液压油箱及特殊附件的重量。CA6140 型机床的技术规格如表 3-6 所示。

**表 3-6　CA6140 型普通车床的主要技术性能**

| 序　号 | 项　目 |
|---|---|
| 1 | 床身上最大工件回转直径……400 毫米<br>中心高……205 毫米<br>最大工件长度……750 毫米、1000 毫米、1500 毫米、2000 毫米<br>主轴内孔直径……48 毫米<br>主轴前端锥度……莫氏 6 号 |
| 2 | 主轴转速正转 24 级……10～1400 转/分<br>反转 12 级……14～1580 转/分<br>进给量纵向(64 级)……0.028～6.33 毫米/转<br>横向(64 级)……0.014～3.16 毫米/转<br>溜板及刀架纵向快移速度……4 米/分 |
| 3 | 主电动机功率……7.5 千瓦<br>溜板快移电动机……0.37 千瓦 |
| 4 | 机床轮廓尺寸(长×宽×高，工件长为 1000 毫米时)……2668×1000×1267 毫米 |
| 5 | 机床重量(工件长度为 1000 毫米时)……2070 千克 |

为了更好地理解机床的主要技术规格，下面对表 3-6 中的一些名词进行说明。

(1) 床身上最大工件回转直径 $D$，指的是机床上允许装夹工件的最大回转尺寸，这是车床的主参数。CA6140 中的“40”表示最大工件回转直径为 400mm。

(2) 中心高 $H$，指的是主轴轴线至床身导轨平面的垂直距离，它也是决定在车床上能加工工件的最大直径。机床中心高 $H$ 与床身上最大工件回转直径 $D$ 的关系如下：

$$H=\frac{D}{2}+K$$

式中：$K$ 为系数，随机床类型、规格、大小不同而变化。

(3) 最大工件长度，指的是机床上允许装夹工件长度的最大尺寸。在普通车床上表示主轴顶尖到尾架顶尖之间的最大距离，它是车床的第二个主参数。

(4) 主轴内孔直径，指主轴通孔的最小直径。当在车床上加工工件的毛坯为棒料时，就能从此孔通过。它也是反映车床加工性能的一个指标。

(5) 主轴转速，指主轴每分钟的额定转速。

(6) 进给量。进给量指的是工件旋转一圈时，刀具的位移量。

2. 其他车床

1) 立式车床

立式车床的主要特征是主轴是直立的，工作台台面处于水平平面内，工件装夹在由主轴带做旋转运动的大工作台上。由于工件装在水平工作台上，所以装夹工件比较方便。工件的质量和切削力由工作台和底座间的回转导轨承受，减轻了主轴及其轴承的负荷，工作平稳性好，较易保证加工精度，可较长时间保证车床的工作精度。立式车床主要用于加工直径大、长度短的大型和重型工件的外圆柱面、端面、圆锥面、圆柱孔或圆锥孔等。它可借助辅助装置完成车螺纹、车球面、仿形、铣削和磨削等加工。

立式车床分单柱式和双柱式两类，如图 3-7 所示。单柱式立式车床的加工直径较小(最大直径小于 1600mm)；双柱式立式车床的加工直径较大(最大的立式车床加工直径超过 2500mm)，可装夹 80T 重的重型工件。

工件装在工作台上，由主轴带动做主运动。进给运动由垂直刀架和侧刀架来实现。

立式车床的主要特点如下：

(1) 工作台在水平面内，工件的安装调整比较方便，而且安全。

(2) 工作台由导轨支承，刚性好，切削平稳，主轴的受力情况好。

(3) 有几个刀架，可用多刀切削，并能快速换刀，立式车床的加工精度可达 IT7～IT8，表面粗糙度 *Ra* 的值可达 0.8～1.6μm。

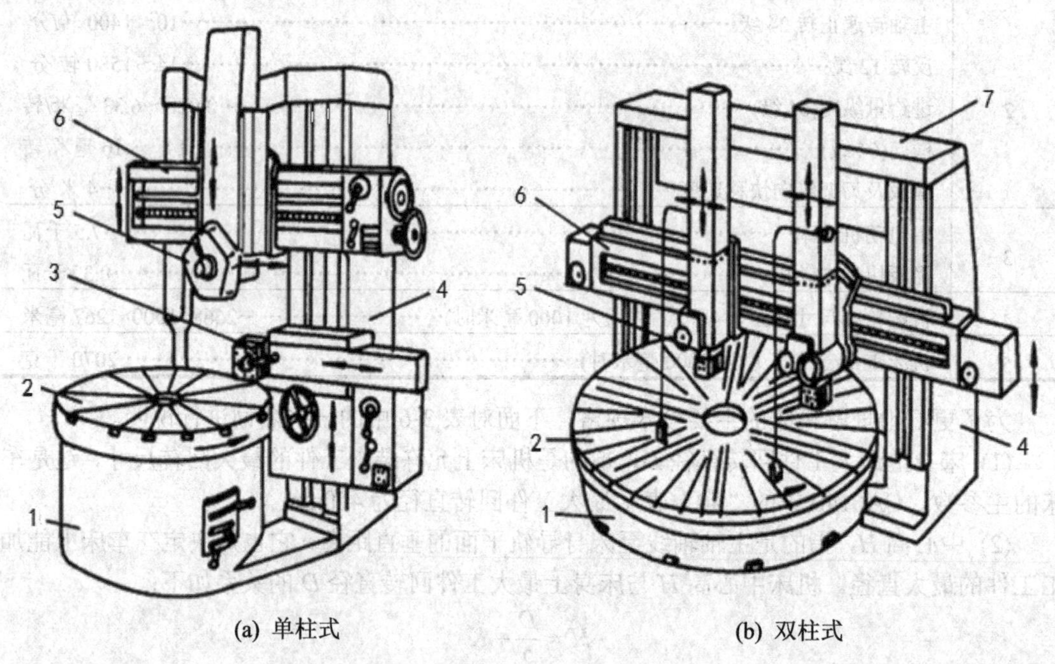


(a) 单柱式　　(b) 双柱式

图 3-7　立式车床

1—底座；2—工作台；3—侧刀架；4—立柱；5—垂直刀架；6—横梁；7—顶梁

2) 六角车床

六角车床与普通车床相似，它由床身、主轴箱和溜板箱等组成，不同的是它没有丝杠和尾架，而是多装一个转塔刀架(六角刀架)。

这种机床弥补了普通车床安装刀具较少的缺点，在加工形状复杂的工件时，尤其在加工孔时，需用多把刀具顺次进行切削。普通车床则需经常装卸刀具，影响车床的生产效率。

在六角车床上，可以根据工件的加工工艺规定预先将所用的全部刀具依次安装在车床上，并调整其位置尺寸，每组刀具的行程终点位置可由机床床身上的挡块加以控制。机床调整完毕后，加工每个工件时，不必再反复地装卸刀具、调整刀具位置及测量工件尺寸。

六角车床操作方便、迅速，可节约辅助时间，生产率较高，用于成批大量生产。

根据六角车床六角刀架形式的不同，将六角车床分为两大类：立式转塔车床和回轮车床。转塔刀架的轴线大多垂直于机床主轴，可沿床身导轨做纵向进给。一般大、中型转塔车床是滑鞍式的，转塔溜板直接在床身上移动，如图 3-8 所示。

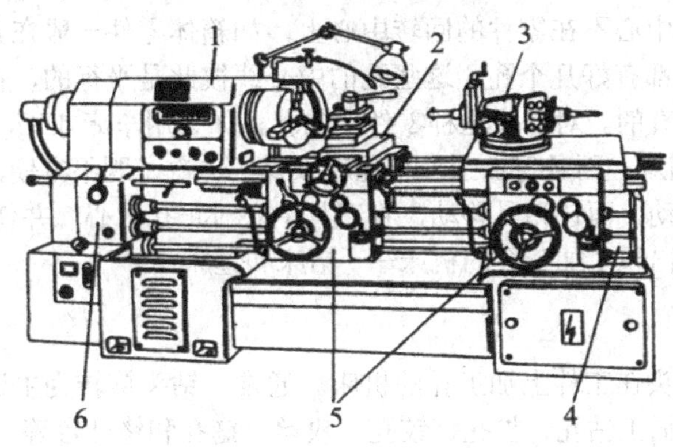


图 3-8　立式转塔车床

1—主轴箱；2—前刀架；3—转塔刀架；4—床身；5—溜板箱；6—进给箱

回轮车床中没有前刀架，只有一个轴线与主轴中心线平行的回轮刀架，如图 3-9 所示。在回轮刀架的端面上，有许多安装刀具的孔，通常有 12 个或 16 个。当刀具孔转到最上端位置时，与主轴中心线正好同轴。回轮刀架可沿床身导轨做纵向进给运动。机床进行成形切削、车槽及切断工件时，需做横向进给。横向进给是由回轮刀架缓慢转动来实现的。在横向进给过程中，刀尖的运动轨迹是圆弧，刀具的前角和后角是变化的。但由于工件的直径较小，而回刀架的回转直径相对大得多，所以刀具前、后角的变化较小，对切削过程的影响不大。回轮车床主要用于加工直径较小的工件，它所用的毛坯通常为棒料。

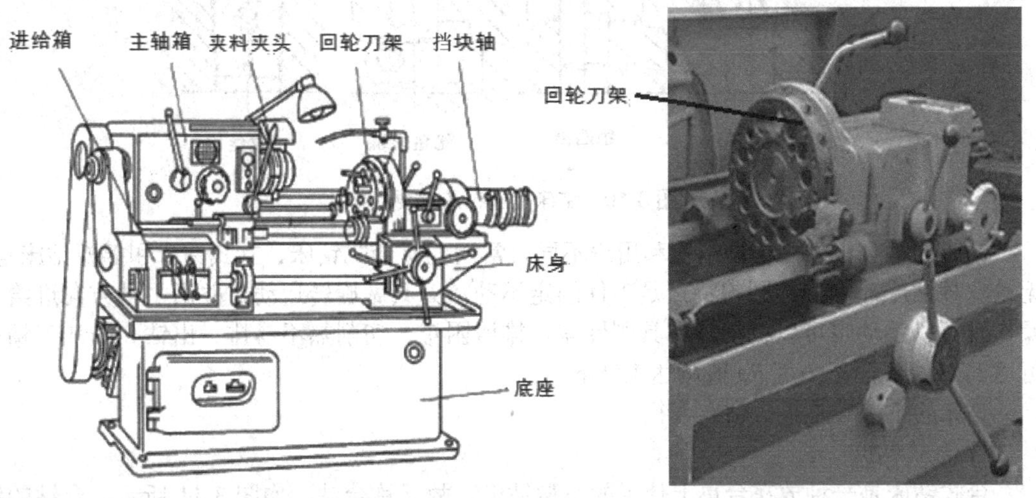


图 3-9　回轮车床

加工精度：六角车床加工外圆时，精度可达到 IT8～IT11，表面粗糙度 *Ra* 值可达 1.6～3.2μm，加工孔时，精度可达到 IT7，表面粗糙度 *Ra* 值可达 0.8μm。

## 二、钻床、镗床

大多数机器零件都要进行孔加工，孔加工的常用方法是用钻头钻孔，用扩孔钻扩孔，用铰刀铰孔和用镗刀镗孔。我们在前面讲过，在车床上可对零件进行钻孔、扩孔、铰孔和镗孔的加工。但这样要求所加工孔的中心线必与工件旋转中心(即机床主轴中心线)相重合。而机器零件中很多孔中心不在零件的回转中心上，如箱体零件一般在其四壁上都有孔，而且在每一面壁上往往都有好几个孔，这些孔的中心线彼此是平行的，在相邻两壁上孔的中心线又往往是互相垂直的。对于像这种零件上的孔，如果用车床加工，其装夹、找正(刀具中心对孔中心)都很困难，而且每加工一个孔就须找正一次，既不方便，又浪费时间。如果在孔加工中使工件不动，而让刀具移动，将刀具中心对正孔中心，并使刀具转动(主运动)，也可加工孔。这样就出现了加工孔的机床——钻床和镗床。

### 1. 钻床

钻床主要是用钻头在工件上加工孔的机床。通常，钻头旋转为主运动，钻头轴向移动为进给运动。钻床可加工钻孔、扩孔、铰孔、攻丝、锪孔和锪凸台等，如图 3-10 所示。

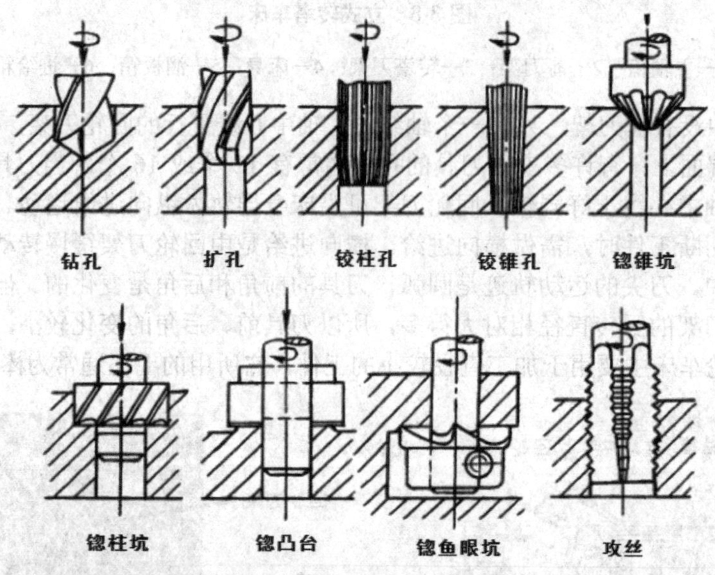


图 3-10　钻床上进行的主要工作

钻床的种类很多，根据结构和用途不同，常用的有台式钻床、立式钻床和摇臂钻床等。无论哪种钻床，它们共同的特点是工件固定不动，刀具做旋转运动，并沿主轴方向进给，操作既可以手动也可以机动，刀具刚性差，排屑困难，切削热不易排。出钻孔的加工精度可达 IT12，表面粗糙度 *Ra* 值可达 12.5μm。

钻床的主参数是最大钻孔直径。

1) 台式钻床

台式钻床是一种放在台桌上使用的小型钻床，故又称台钻，如图 3-11 所示。台钻的钻孔直径一般在 13mm 以下，最小可加工 0.1mm 的孔，台钻小巧灵活，使用方便，是钻小直径孔的主要设备，其主轴变速是通过改变三角带在塔形带轮上的位置来实现的。主轴进给是手动的，为适应不同工件尺寸的要求，在松开锁紧手柄后，主轴架可以沿立柱上下移动。

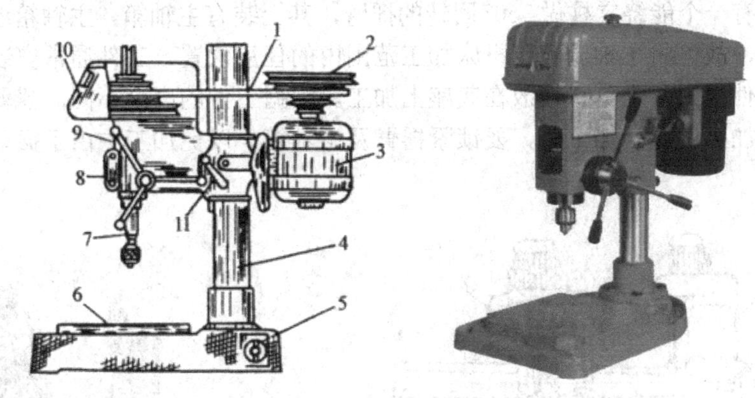


图 3-11　台式钻床

1—三角胶带；2—塔形带轮；3—电动机；4—立柱；5—底座；6—工作台；7—主轴；8—主轴架；9—钻头进给手柄；10—带罩；11—锁紧手柄

2) 立式钻床

立式钻床的组成如图 3-12 所示，它由主轴、主轴变速箱、进给箱、立柱、工作台和底座等部件组成。主轴变速箱和进给箱的传动是由电动机经带轮传动，通过主轴变速箱使主轴旋转，并获得需要的各种转速。一般钻小孔时，选用较高转速；钻大孔时，转速较低。主轴是在主轴套筒内做旋转运动，同时通过进给箱，驱动主轴套筒做直线运动，从而使主轴一边旋转，一边随主轴套筒按所选的进给量，自动做轴向进给。或利用手柄实现手动轴向进给。进给箱和工作台可沿立柱上的导轨调整上下位置，以适应不同高度工件的加工。立式钻床的主轴不能在垂直其轴线的平面内移动，钻孔时要使钻头与工件孔的中心重合，就必须移动工件。因此，立式钻床只适于加工中小型工件。

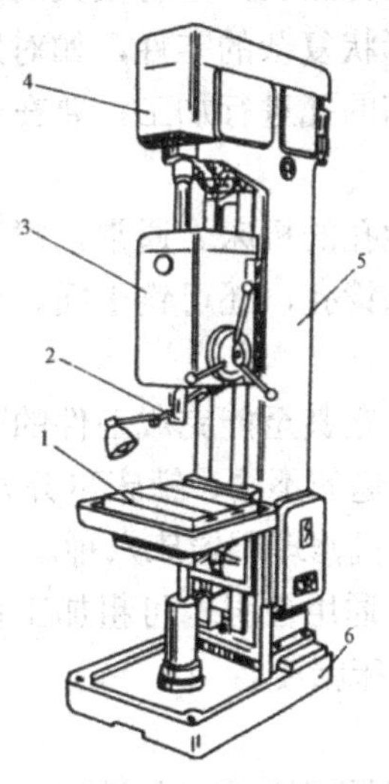


图 3-12　立式钻床

1—工作台；2—主轴；3—进给箱；4—主轴变速箱；5—立柱；6—底座

3) 摇臂钻床

摇臂钻床与立式钻床比较，适用于加工大型工件和多孔工件，如图 3-13 所示。

摇臂钻床有一个能绕立柱做360°回转的摇臂，其上装有主轴箱，主轴箱还可沿摇臂的水平导轨移动，故可将主轴调整到机床加工范围内的任意位置。工件通常安装在工作台上加工，如果工件很大，也可直接放在底座上加工。根据工件的高度不同，摇臂可沿立柱上下移动来调整加工位置。加工时，要锁紧摇臂及主轴箱，以免加工中由于振动而影响零件加工质量。

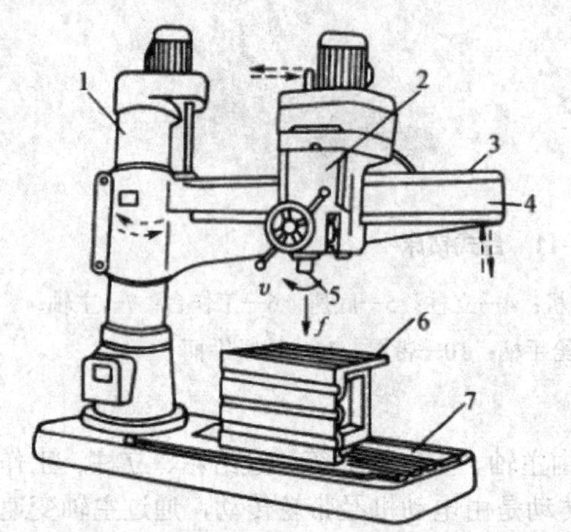

图 3-13 摇臂钻床

1—立柱；2—主轴箱；3—水平导轨；4—摇臂；5—主轴；6—工作台；7—底座

## 2. 镗床

在钻床上虽然可以进行零件的孔加工，但有很大局限性，并且加工精度和表面质量不高。特别是对一些箱体类零件和形状复杂的零件，如对发动机缸体、机床变速箱等上面孔数较多、孔径较大、精度要求较高的孔进行加工，要在一般机床上完成是比较困难的，而用镗床加工则比较容易。

镗床主要是用镗刀在工件上镗孔的机床。通常，镗刀旋转为主运动，镗刀或工件的移动为进给运动。在镗床上不仅可以镗孔，还可铣平面、沟槽、钻、扩、铰孔和车端面、外圆、内外环形槽以及车螺纹等。

由于这种机床的万能性较强，它甚至能完成工件的全部加工，因此镗床是加工大型箱体零件的主要设备。按照结构和用途的不同，镗床可分为深孔镗床、坐标镗床、立式镗床、卧式镗床、金刚镗床和汽车、拖拉机修理用镗床六种。

镗削的特点：刀具结构简单，通用性强，可粗加工也可半精加工和精加工，适用于批量较小的加工，镗孔质量取决于机床精度。

1) 卧式镗床

卧式镗床是镗床类机床中应用最广泛的一种机床。它主要是加工孔，特别是箱体零件上的许多大孔、同心孔和平行孔等。

用镗孔方法可以保证这些孔的尺寸精度和位置精度，镗孔精度可达 IT7，表面粗糙 *Ra* 的值为 0.8～1.6μm。

常见的卧式镗床由主轴和平旋盘、工作台、主轴箱、前立柱、机身、后立柱、尾架等几部分组成，如图 3-14 所示。

加工时，刀具装在主轴或平旋盘上，由主轴箱获得各种转速和进给量。主轴箱可沿立柱上的导轨上下移动。工件安装在工作台上，可与工作台一起随下滑座或上滑座做纵向或横向移动，并可随工作台一起绕工作台下面的圆形导轨旋转至所需要的角度以便加工成一定角度的孔或平面。由于镗床的运动部件很多，为了保证工作可靠性和加工精度，各运动部件都设有夹紧机构。

卧式镗床的主参数为主轴直径。

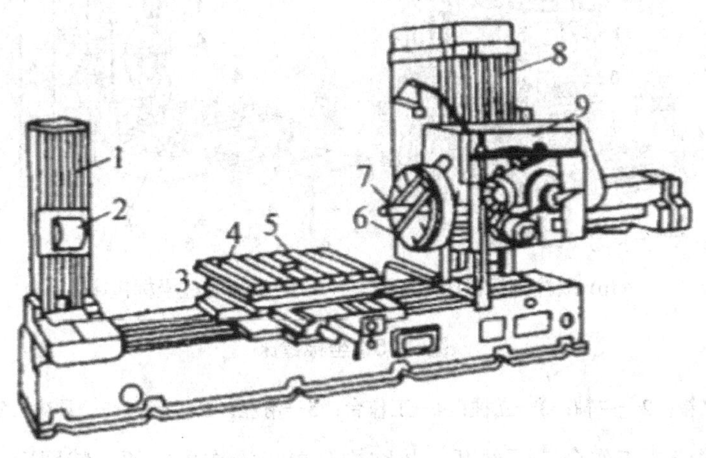


图 3-14　卧式镗床

1—后立柱；2—尾架；3—下滑座；4—上滑座；5—工作台；6—平旋盘；7—主轴；8—前立柱；9—主轴箱

2) 坐标镗床

坐标镗床是高精度机床的一种，随着科学技术的发展，特别是国防、宇航、控制技术、自动化技术的发展，对孔的加工精度要求越来越高。这些孔除本身的精度之外，孔与孔之间的中心距或者孔的中心到某一基准面的距离也要求非常精确。这时用普通镗床就不能满足上述要求，于是出现了坐标镗床。坐标镗床的结构特点是具有坐标位置的精密测量装置。例如，精密刻线尺——光屏读数器定位测量装置，光栅尺——数码显示器定位测量装置，激光干涉仪定位测量装置等。机床本身的制造精度很高，并要在恒温条件下装配和使用，所以它主要用于镗削精密孔，此外还可以进行钻孔、扩孔、铰孔、刮端面、切槽、精铣平面以及精密刻度、样板的精密刻线等工作，还可当作测量设备检验其他机床加工工件的坐标尺寸。

坐标镗床按总体布局不同分为单柱坐标镗床、双柱坐标镗床和卧式坐标镗床。

(1) 单柱坐标镗床。单柱坐标镗床指的是镗刀主轴垂直放置，只有一个立柱的坐标镗床，它主要由床身、立柱、主轴箱、工作台和滑座等部分组成，如图 3-15(a)所示。

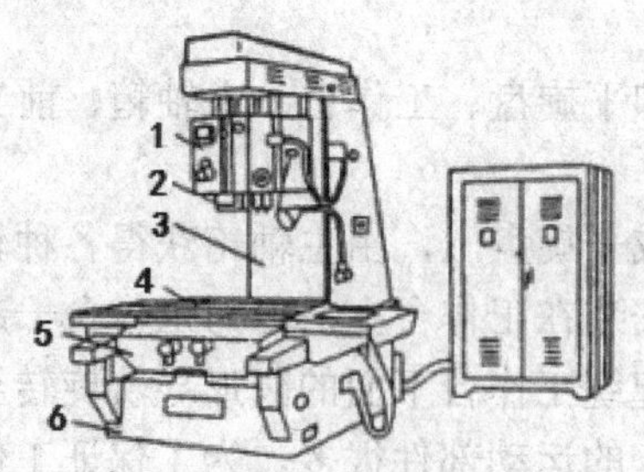


(a) 单柱坐标镗床

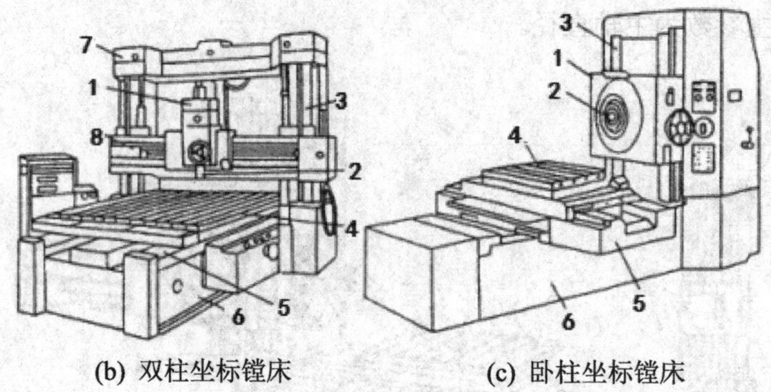


(b) 双柱坐标镗床　　(c) 卧柱坐标镗床

**图 3-15　坐标镗床**

1—主轴箱；2—主轴；3—立柱；4—工作台；5—滑座；6—床身；7—顶梁；8—横梁

单柱坐标镗床的工作台三面敞开，故结构简单，操作也方便，特别适宜加工板状零件的精密孔，但它的刚度较差，所以这种结构只用于中、小型坐标镗床。

(2) 双柱坐标镗床。双柱坐标镗床指的是镗刀主轴垂直放置，且有两根立柱的坐标镗床。它主要由床身、工作台、横梁、主轴箱、左右立柱和顶梁等部分组成，如图 3-15(b)所示。主轴箱安装在横梁上，横梁可沿立柱导轨上下移动，主轴箱可沿横梁导轨左右移动，主轴上安装刀具做主运动，工件安装在工作台上随工作台沿床身导轨做纵向直线运动。双柱坐标镗床由于是双柱框架式(顶梁、左右立柱和横梁组成)结构，所以刚性好，目前大型坐标镗床都采用这种结构。

(3) 卧式坐标镗床。卧式坐标镗床指的是主轴为水平放置的坐标镗床。它由床身、工作台、立柱、主轴箱等组成，如图 3-15(c)所示。

工作时由主轴带动刀具做旋转的主运动。两个坐标方向的运动分别靠工作台横向移动和主轴箱沿立柱上下移动来实现，工作台还能在水平面内做旋转运动。进给运动可以由工作台纵向移动或主轴轴向移动来实现。因为它的主轴为水平放置，所以能在一次装夹中很方便地加工箱体零件四周壁上的孔，加工精度较高。

综上所述，坐标镗床具有以下几个特点：

(1) 结构刚性好，能在实体工件上钻、镗精密孔。

(2) 主轴转速高，进给量小。

(3) 设有纵、横向可移动的工作台，它们的微调整量可达 1μm，并有精确坐标测量系统，所以适用于加工孔距误差小的孔系。

3) 金刚镗床

金刚镗床是一种高速镗床，因以前采用金刚石镗刀而得名，其特点是以很小的进给量

和很高的切削速度进行加工，因而加工出的工件具有较高的尺寸精度 IT6，表面粗糙度 *Ra* 可达 0.2μm。金刚镗床有卧式和立式、单轴和多轴之分。图 3-16 为卧式双面金刚镗床。

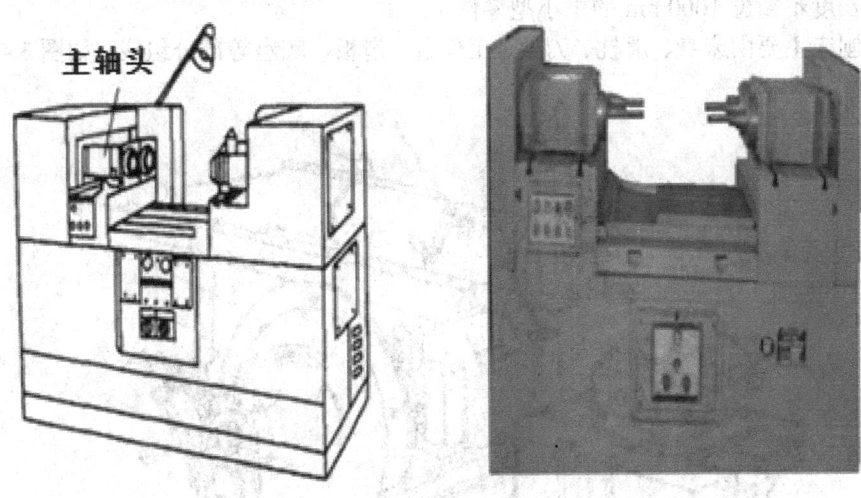


图 3-16　卧式金刚镗床

卧式金刚镗床的主参数是工作台面宽度、立式金刚镗床的主参数是最大镗孔直径。

## 三、刨床、插床和拉床

刨床、插床和拉床的共同特点是主运动都是直线运动，因此又把这三类机床称为“直线运动机床”。

### 1. 刨床

平面是组成零件主要表面之一，加工平面的方法多种多样。在车床上加工平面是由工件做旋转的主运动，由刀具做横向的进给运动来完成的。在刨床上加工平面则是由刀具或工件做往复直线的主运动，由工件和刀具做垂直于主运动方向的间歇进给运动来完成。在车床上主要加工旋转体如轴类、盘类等零件的端面及台阶等平面，而在刨床上则主要加工非旋转体如板类、箱体类及机座等平面，此外在刨床上还可加工斜面沟槽等，如图 3-17 所示。

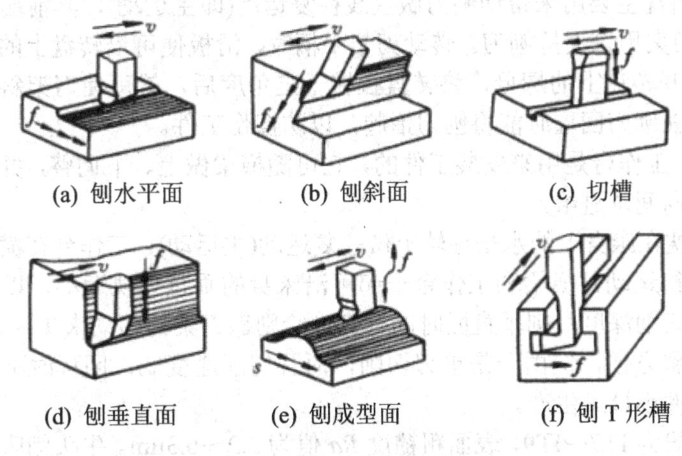

(a) 刨水平面　(b) 刨斜面　(c) 切槽

(d) 刨垂直面　(e) 刨成型面　(f) 刨 T 形槽

图 3-17　刨床的加工范围

1) 牛头刨床

牛头刨床是刨削类机床中应用较为广泛的一种，因其滑枕、刀架形似牛头而得名。它适于刨削长度不超过 1000mm 的中小型零件。

牛头刨床主要由床身、滑枕、刀架、工作台、滑板、底座等部分组成，如图 3 -18 所示。

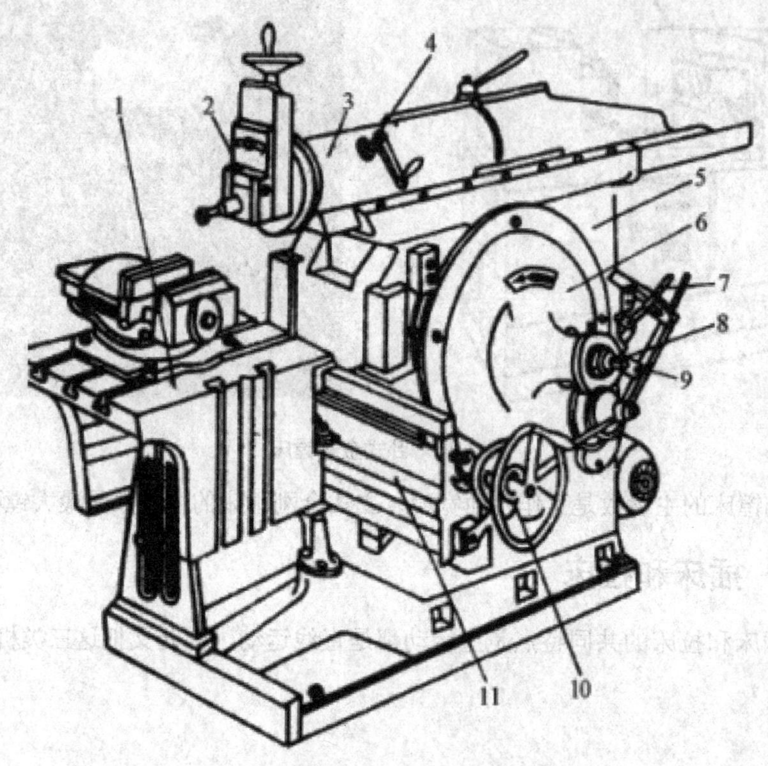


图 3-18　牛头刨床

1—工作台；2—刀架；3—滑枕；4—行程位置调整手柄；5—床身；6—摆杆机构；7—变速手柄；8—行程长度；9—调整方榫；10—进给机构；11—横梁

(1) 床身。床身用来支承和联接刨床各部件。

(2) 滑枕。滑枕主要用来带动刨刀做直线往复运动(即主运动)，其前端有刀架。

(3) 刀架。刀架用以夹持刨刀。转动刀架手柄时，滑板便可沿转盘上的导轨带动刨刀做上、下移动。松开转盘上的螺母，将转盘扳转一定角度后，就可使刀架斜向进给。刀架上还装有抬刀板，在刨刀回程时能将刨刀抬起，以防擦伤工件。

(4) 工作台。工作台是用来安装工件的，它可随横梁做上、下调整，并可沿横梁做水平方向移动或做横向间歇进给。

工作时，滑枕在床身上的水平导轨上做往复运动(主运动)，工作台在横梁的导轨上做水平横向的间歇进给运动，横梁和工作台一起可沿床身的垂直导轨运动，以适应不同厚度工件的加工，调整切削深度，刨垂直面时的垂直进给则靠刀架的移动来实现。

牛头刨床调整方便，但由于是单刃切削，而且切削速度低，回程时不工作，所以生产率低，适用于单件小批量生产。

刨削精度一般为 IT7～IT9，表面粗糙度 *Ra* 值为 3.2～6.3μm。牛头刨床的主参数为最大刨削长度。

2) 龙门刨床

龙门刨床主要加工大型工件或同时加工多个工件。它因有一个“龙门”式框架结构而得名。龙门刨床和牛头刨床相比，从结构上看，龙门刨床形体大，结构复杂，刚性好；从机床运动上看，龙门刨床的主运动是工作台的直线往复运动，而进给运动则是刨刀的横向或垂直间歇运动，这刚好与牛头刨床的运动相反。

龙门刨床主要由床身、工作台、立柱、顶梁、横梁、垂直刀架、侧刀架等组成，如图 3-19 所示。

龙门刨床的工作台沿床身水平导轨做往复运动，它由直流电机带动，并可进行无级调速，运动平稳。为防止切入时撞击刨刀和切出时损坏工件边缘，工作台的往复运动是按下述程序自动进行的：工作台向前，带动工件慢速接近刨刀，刨刀切入工件后，工作台增速到规定的切削速度；在工件离开刨刀前，工作台又降低速度，切出工件后，工作台快速返回。两个垂直刀架由一台电动机带动，它既可在横梁上做横向进给，也可沿垂直刀架本身向导轨做垂直进给，并能旋转一定角度做斜向进给。

侧刀架由单独电动机带动，能沿立柱导轨做垂直进给，也可沿侧刀架本身导轨做水平进给。横梁可沿立柱垂直升降以适应加工不同高度的工件。

龙门刨床主要用来加工大平面，尤其是长而窄的平面，一般龙门刨床可刨削的工件宽度达 1m，长度在 3m 以上，还可用来加工沟槽。应用龙门刨床进行精刨，可得到较高的尺寸精度和良好的表面粗糙度。

龙门刨床的主参数是工作台宽度。

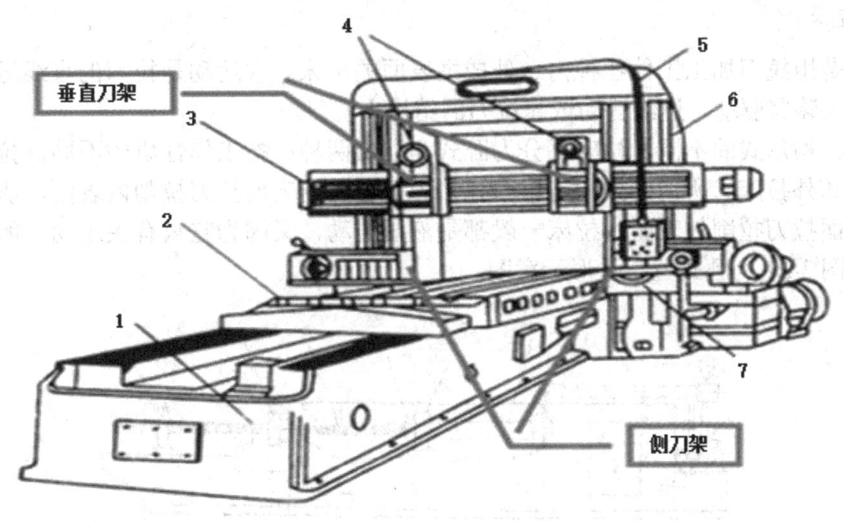


图 3-19　龙门刨床

1—床身；2—工作台；3—横梁；4—垂直刀架；5—顶梁；6—立柱；7—侧刀架

## 2. 插床

插床实际上是一种立式刨床，如图 3 -20 所示。插床在结构原理上与牛头刨床同属一类。插床主要由床身、下滑座、工作台、滑枕和立柱等组成。

主运动：插刀随滑枕在垂直方向做往复直线运动。进给运动：工件在纵向、横向以及圆周方向做间歇运动。

插床主要用于加工内孔，特别是方孔、矩形孔以及多边形孔。

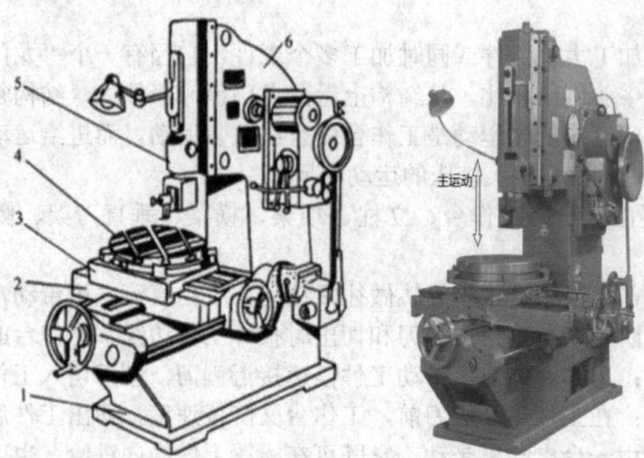


图 3-20 插床

1—床身；2—下滑座；3—上滑座；4—圆工作台；5—滑枕；6—立柱

插床的主要用途是加工工件的内部表面，如方孔、长方孔、各种多边形孔和内键槽等。生产效率较低。加工表面粗糙度 *Ra* 值为 1.6μm～6.3μm，加工面的垂直度为 0.025/300mm。

插床的主参数是最大插削长度，如插床型号为 B5020，则 B 为刨削类机床的代号；50 为表示插床；20 为最大插削长度的 1/10，即最大插削长度为 200mm。

### 3. 拉床

拉床是用拉刀加工工件各种内、外成型表面的机床。主运动是拉刀的直线运动，由拉床上的液压装置驱动。进给运动依靠拉刀的结构来实现。

按照结构形式的不同，拉床可分为卧式和立式两种；按工作性质的不同，拉床又可分为内拉床和外拉床。所谓内拉床是用内孔拉刀等各种内表面拉刀拉削内表面，所谓外拉床是用外表面拉刀拉削外表面。拉床一般都是液压传动，又因为它只有主运动，所以结构比较简单。图 3-21 为卧式拉床外形示意图。

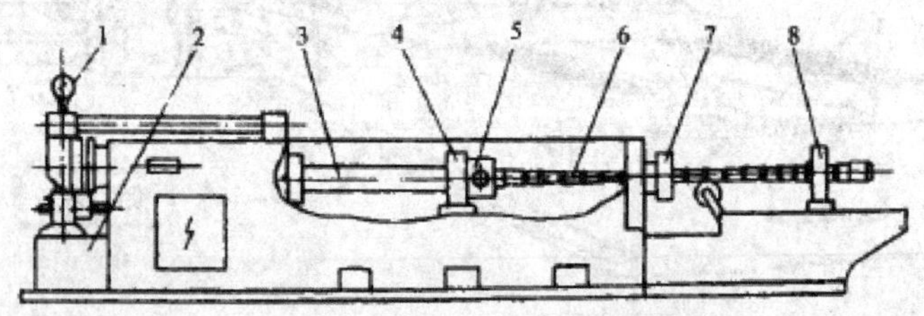


图 3-21 卧式拉床示意图

1—压力表；2—液压部件；3—活塞拉杆；4—随动支架

5—刀架；6—拉刀；7—工件；8—随动刀架

液压拉床的优点是：运动平稳，无冲击振动，拉削速度可无级调节，拉力可通过液压系统压力来控制。

在拉床上可以加工各种孔(内拉)，也可以加工平面、半圆弧面以及一些不规则表面(外拉)。拉削孔径一般为 10～100mm，它不能加工台阶孔、不通孔和特大孔。孔的深度一般不超过孔径的 3～5 倍。图 3-22 列出了适合于拉削的各种孔形。

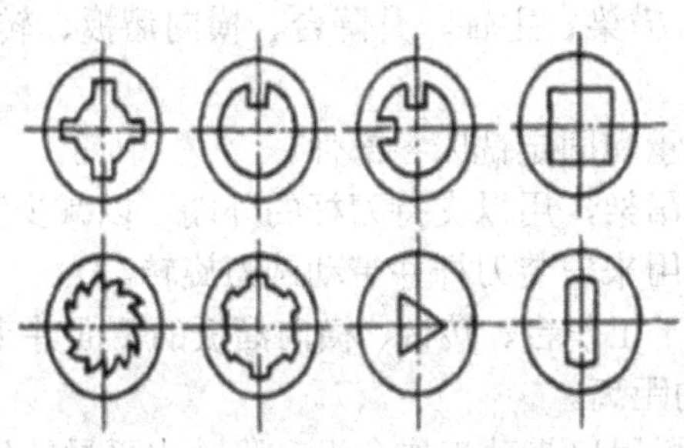

图 3-22　适合拉削的各种孔形

用拉床进行拉削加工时，生产率高，加工质量好，加工精度为 IT7～IT9，表面粗糙度 *Ra* 为 0.8～1.6μm。由于一把拉刀只能加工一种尺寸表面，且拉刀较昂贵，故拉床主要用于批量生产。

拉床的主参数是额定拉力。

### 4. 铣床

铣床是利用铣刀在工件上加工各种表面的机床。铣刀旋转为主运动，工件或(和)铣刀的移动为进给运动。

铣床的加工范围很广，可以加工水平面、垂直面、斜面、各种沟槽或成型面，如果再配备一些附件(如分度头)还可加工螺旋槽、凸轮、成型面等。

铣床的加工范围与刨床相近，但比刨床加工范围广，因此在很大程度上取代了刨床。用铣床进行铣削加工具有以下特点：铣刀是一种多齿刀具，铣削时，有几个刀齿同时参加铣削，铣刀上的每个刀齿是间歇地参加工作的，因而使得刀齿冷却条件好，刀具耐用度高，切削速度也可以提高，所以有较高的生产率。因此，在单件小批和成批大量生产中，铣削都得到广泛的应用。其加工精度为 IT7～IT9，表面粗糙度 *Ra* 为 1.6～6.3μm

铣床的种类很多，主要类型有卧式铣床、立式铣床、圆工作台及工作台不升降铣床、龙门铣床及双柱铣床、工具铣床等。

1) 卧式万能铣床

卧式万能铣床是铣床中应用最多的一种，其外形如图 3-23 所示，它的特点是主轴为水平布置。

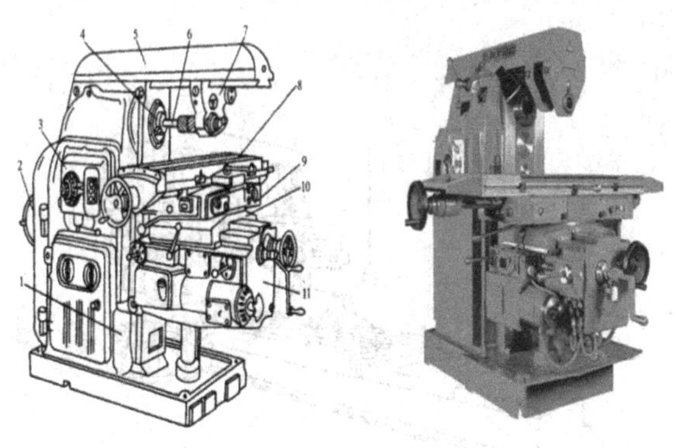


图 3-23　卧式万能铣床

1—床身；2—电动机；3—主轴变速机构；4—主轴；5—横梁；6—刀杆；7—吊架；8—工作台；9—转台；10—横向溜板；11—升降台

卧式万能铣床由床身、横梁、主轴、升降台、横向溜板、转台(没有转台的铣床叫作卧式铣床)、工作台组成。

(1) 床身。床身用来支承和固定铣床各部件。

(2) 横梁。横梁上装有吊架，用以支持刀杆的外端，以减少刀杆的弯曲和颤动。

(3) 主轴。铣床的主轴用来安装刀杆并带动铣刀旋转。

(4) 升降台。升降台位于工作台、转台、横向溜板的下面并带动它们沿床身垂直导轨移动，以调整台面到铣刀间的距离。

(5) 横向溜板。横向溜板用以带动工作台沿升降台水平导轨做横向移动，调整工件与铣刀间的横向位置。

(6) 转台。转台上面有水平导轨，供工作台做纵向移动，下面与横向溜板用螺钉相连。松开螺钉，可以使转台带动工作台在水平面内旋转一个角度以使工作台做斜向移动。

(7) 工作台。工作台用来安装工件和夹具。工作台的下部有一根传动丝杠，通过它使工作台带动工件做纵向进给运动。加工时工件安装在工作台上，铣刀装在主轴上，铣刀旋转为主运动，工件随工作台做纵向或横向进给运动，升降台沿床身导轨升降使工件做垂直方向运动。卧式万能铣床用途较广，若安装上立铣头附件也能当作立式铣床使用。卧式铣床的主参数为工作台面宽度。

2) 立式铣床

立式铣床与卧式铣床比较，其主要区别是主轴垂直布置，如图 3-24 所示。

立式铣床安装主轴的部分称为铣头。铣头与床身连成整体的称为整体立式铣床，其主要特点是刚性好。铣头与床身分为两部分，中间靠转盘相连的称为回转式立式铣床。其主要特点是根据加工需要，可将铣头主轴相对于工作台台面扳转一定的角度，使用灵活方便，应用较为广泛。立式铣床的其他部分的结构与万能铣床基本相同，其工作原理与卧式铣床也相同。

图 3-24 立式铣床

立式铣床适合于加工较大平面及利用各种带柄铣刀加工沟槽及台阶平面，生产率要比卧式铣床高。

立式铣床的主参数为工作台面宽度。

3) 龙门铣床

龙门铣床与龙门刨床的外形相似，其区别在于它的横梁和立柱上装的不是刨刀架，而是带有主轴箱的铣刀架。龙门铣床的纵向工作台的往复运动不是主运动，而是进给运动；而铣刀的旋转运动是主运动。龙门铣床的外形如图 3-25 所示。

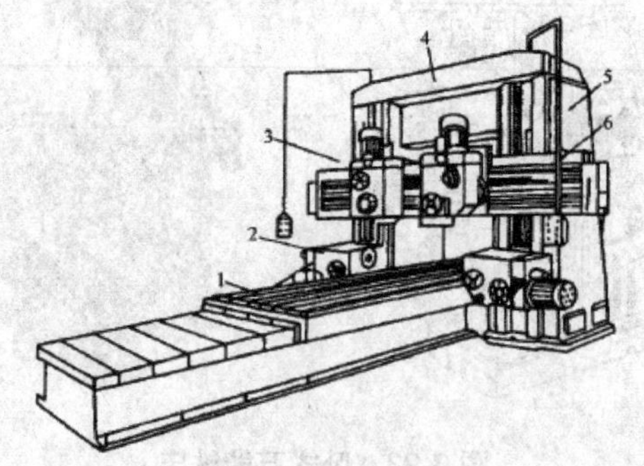


图 3-25 龙门铣床示意图

1—工作台；2—水平主轴铣头；3—垂直主轴铣头；4—顶梁；5—立柱；6—横梁

常用的龙门铣床一般有3～4个铣头，每个铣头都有单独的驱动电动机变速机构、传动机构、操纵机构和主轴等部分。加工时工作台带动工件做纵向进给运动，横梁可沿立柱导轨上下移动。在龙门铣床上可以用多把铣刀同时加工几个表面。所以龙门铣床的生产率比较高，适用于成批和单件生产，用以加工中型和大型工件。

龙门铣床的主参数为工作台面宽度。

## 四、磨床

磨床是为了适应工件的精密加工而出现的一种机床，它是精密加工机床的一种。前面所讲的车床、钻床、刨床、铣床都是用金属刀具对工件进行车削、钻削、刨削、铣削，而磨床是用非金属的磨具或磨料加工工件各种表面的机床。通常磨具旋转为主运动，工件的旋转与移动或磨具的移动为进给运动。

常用的磨具有砂轮、砂带、油石、研磨料等。磨料有氧化铝、碳化硅等磨粒。通常把使用砂轮加工的机床称为磨床，如外圆磨床、平面磨床；而把用油石、研磨料作为切削工具的机床称为“精磨机床”(超精加工机床、抛光机等)。

一般(普通)磨削后的精度可达IT6，表面粗糙度*Ra*值为0.2～0.8μm。

精密磨削后的精度可达IT5～IT6，表面粗糙度*Ra*值可达0.08～0.1μm。

高精度(超精磨和镜面磨)磨削后精度可达IT5以上，表面粗糙度*Ra*值可达0.01～0.04μm。

### 1. 磨床的特点

由于磨床使用了砂轮(或砂带)作为切削工具，因此具有其他机床所没有的特点。

(1) 切削工具砂轮是由无数细小、坚硬、锋利的非金属颗粒黏结而成的多刃工具，并且做高速旋转的主运动(一般砂轮的线速度在35m/s左右)。

(2) 万能性更强，适应性更广。它能加工其他机床不能加工的材料和零件，如能磨削特硬材料和经过热处理后变硬的零件。

(3) 磨床的种类多，范围广，能适应磨削各种加工表面、工件形状及生产批量的要求。

(4) 磨削加工余量小，生产效率高，容易实现自动化和半自动化，可广泛应用于流水线和自动线中。

(5) 磨削加工精度高，表面质量高，可进行一般普通精度磨削，也可进行精密磨削和高精度级磨削。

### 2. 磨床的分类

(1) 普通磨床，主要用砂轮进行磨削加工的磨床也是普通常用的磨床，如外圆磨床、内圆磨床、平面磨床、无心磨床、工具磨床等。

(2) 精加工磨床，主要用油石或研磨料进行精密或高精度加工的磨床，如超精加工磨床、无心磨床、工具磨床等。

(3) 专门化磨床，专门磨削某一类零件的磨床，如曲轴磨床、花键轴磨床、叶片磨床等。

### 3. 外圆磨床

外圆磨床分为普通外圆磨床和万能外圆磨床。在普通外圆磨床上可磨削工件的外圆柱面和外圆锥面；在万能外圆磨床上不仅能磨削外圆柱面和外圆锥面，而且能磨内圆柱面、内圆锥面及端面。外圆磨床由床身、工作台、头架、尾架和砂轮架以及液压操纵系统组成，如图 3-26 所示。

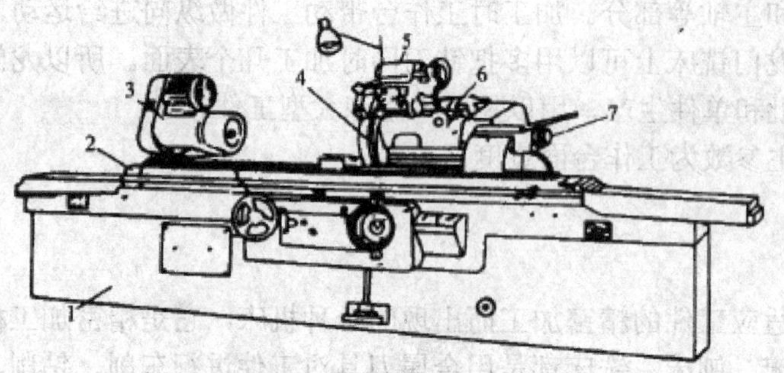


图 3-26　万能外圆磨床

1—床身；2—工作台；3—头架；4—砂轮；5—内圆磨头；6—砂轮架；7—尾架

万能外圆磨床与普通外圆磨床基本相同，所不同的是它的砂轮架上、头架上和工作台上都装有转盘，能回转一定角度，并增加了内圆磨具等附件，因此在它上面还可以磨削内圆柱面及锥度较大的内外圆锥面。

外圆磨床的主参数为最大磨削直径。

### 4. 内圆磨床

内圆磨床主要用于磨削内圆柱面、内圆锥面及端面等。内圆磨床的主要类型有普通内圆磨床、行星式内圆磨床、坐标磨床及专门用途内圆磨床等。普通内圆磨床由床身、工作台、头架、砂轮架、滑台组成，如图 3-27 所示。

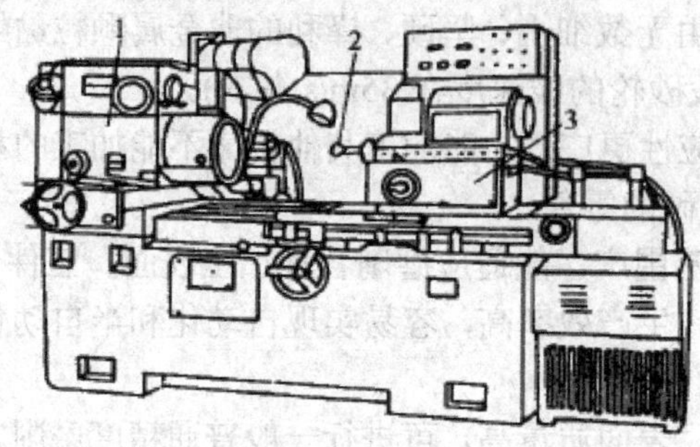


图 3-27　内圆磨床

1—头架；2—砂轮；3—砂轮架

内圆磨床的砂轮直径受工件孔径的限制，为了达到有利磨削的线速度，其砂轮主轴转数较高，一般为 1 万～2 万转/分钟。

内圆磨床的主参数为最大磨削孔径。

### 5. 平面磨床

平面磨床主要由床身、工作台、立柱、滑座、砂轮架等部件组成。平面磨床用于磨削工件的平面，它的工作原理与内、外圆磨床相似，工件一般安放在电磁工作台上，靠电磁吸引力吸住工件。根据工作台的形状不同，平面磨床又可分为矩形工作台和圆形工作台两类，如图 3-28 和图 3-29 所示，每类又可分为卧轴、立轴两种形式。矩台平面磨床的主参数为工作台面宽度。圆台平面磨床的主参数为工作台面直径。

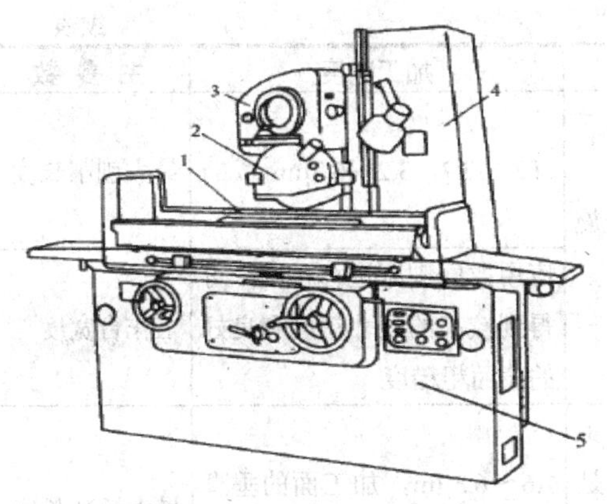


图 3-28　卧轴矩台平面磨床

1—矩形电源工作台；2—砂轮架；3—滑座；4—立柱；5—床身

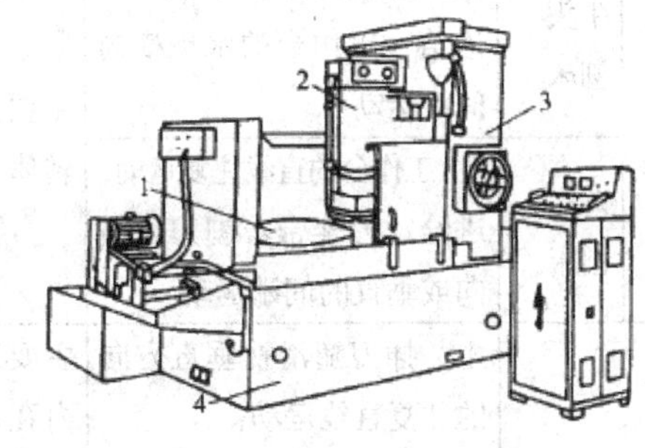


图 3-29　立轴圆台平面磨床

1—圆工作台；2—砂轮架；3—立柱；4—床身

平面磨床的特点如下：

(1) 工艺范围宽，通用效果较好，主要用于磨削工件的圆柱形和圆锥形的外圆和内孔。

(2) 生产效率较低，适合于单件小批生产、工具车间和机修车间。

(3) 自动化程度低。

规律：

(1) 除车床、龙门刨床外，其他机床的主运动均为刀具的运动。

(2) 卧式金刚镗床、龙门刨床、卧式万能铣床、平面磨床的主参数为工作台面；拉床的主参数为额定拉力。

各类机床的比较如表 3-7 所示。

表 3-7　各类机床相关知识比较表

| 机床 | | | 工作运动 | 适用情况 | 加工精度 | 主参数 |
|---|---|---|---|---|---|---|
| 车床 | 普通车床 | | 主：工件的旋转运动；进给：刀具的移动 | 加工范围广泛，主要加工回转表面，也可以加工孔 | | 最大工件回转直径 |
| | 立式车床 | | | | IT7～IT8，0.8～1.6μm | 最大车削直径 |
| | 六角车床 | | | | 加工外圆：IT8～IT11，1.6～3.2μm<br>加工孔：IT7，0.8μm | |
| 钻、镗床 | 钻床 | | 主：钻头的旋转运动；进给：钻头轴向移动 | 加工孔 | IT12，12.5μm | 最大钻孔直径 |
| | 镗床 | 卧式 | 主：镗刀的旋转运动；进给：镗刀或工件的移动 | 万能性较强，甚至能完成工件的全部加工 | IT7，1.6～0.8μm | 主轴直径 |
| | | 坐标 | | | 微调整量可达 1μm | |
| | | 金刚 | | | IT6，0.2μm | 卧式：工作台面宽度<br>立式：最大镗孔直径 |

续表

| 机床 | | 工作运动 | 适用情况 | 加工精度 | 主 参 数 |
|---|---|---|---|---|---|
| 刨床 | 牛头刨床 | 主：滑枕的往复运动；<br>进给：工作台的水平横向间歇运动 | 主要加工非旋转体 | IT7～IT9，3.2～6.3μm | 最大刨削长度 |
| | 龙门刨床 | 主:工作台的直线往复运动；<br>进给：刀架带着刨刀作横向或垂直的间歇运动 | | 应用龙门刨床进行精刨，可得到较高的尺寸精度和良好的表面粗糙度 | 工作台宽度 |
| 插床 | | 主：插刀随滑枕垂直方向的往复直线运动；<br>进给：工件在纵向、横向以及圆周方向的间歇运动 | 主要用于加工内孔，特别是方孔、矩形孔以及多边形孔 | 1.6～6.3μm，加工面的垂直度为 0.025/300mm | 最大插削长度 |
| 拉床 | | 主：拉刀的直线运动；<br>进给：依靠拉刀的结构来实现 | | IT7～IT9，<br>0.8～1.6μm | 额定拉力 |
| 铣床 | 卧式万能铣床 | 主：铣刀旋转；<br>进给：工件或铣刀的移动 | 加工范围与刨床相近，但比刨床广。很大程度上可取代刨床 | IT7～IT9，<br>1.6～6.3μm | 工作台面宽度 |
| | 立式铣床 | | | | |
| 磨床 | 外圆磨床 | 主：磨具旋转为主运动；<br>进给：工件的旋转与移动以及磨具的移动为进给运动 | | 一般(普通)磨削：IT6，0.2～0.8μm；<br>精密磨削：IT5～IT6，0.08～0.1μm；<br>高精度：IT5，0.01～0.04μm | 最大磨削直径 |
| | 内圆磨床 | | | | 最大磨削孔径 |
| | 平面磨床 | | | | 矩形工作台：工作台宽度<br>圆形工作台：工作台直径 |

## 五、数控机床

数控机床(Numerical Control Machine Tool)是用数字化信号对机床的运动及其加工过程进行控制的机床，或者说是装备了数控系统的机床。它是一种技术密集度及自动化程度很高的机电一体化加工设备，是数控技术与机床相结合的产物。

我国的数控机床行业起步于 1958 年。到了 1985 年，我国数控机床的品种累计达 80 多种，数控机床进入了实用阶段。1991 年以来，我国一方面从日本、德国、美国等国家购进计算机数控系统；另一方面积极开发、设计、制造具有自主版权的中、高档计算机数控系统，并取得了可喜的成果。我国的数控产品覆盖了车、铣(包括仿型铣)、镗 铣、钻、磨、加工中心及齿轮机床、折弯机、火焰切割机、柔性制造单元等，品种达 300 多种。中、低档计算机数控系统已达到批量生产能力。

### 1. 数控机床的加工原理

用数控机床加工零件是将加工过程所需要的各种操作(如主轴的起停、换向及变速，工件或刀具的送进、刀具选择、冷却液供给等)以及零件的形状、尺寸按规定的编码方式写成数控加工程序，输入到数控装置中。再由数控装置对这些输入的信息进行处理和运算，并控制伺服驱动系统，使坐标轴协调移动，从而实现刀具与工件间的相对运动，完成零件的加工。当被加工工件改变时，除了重新装夹工件和更换刀具外，还需更换零件加工程序。

由上述可知，要实现数控加工，数控机床必须包括：

(1) 能够接受加工零件所需要的各种信息，并能进行运算和各种必要的处理，实时发出各种控制命令及坐标轴控制指令的数控装置。

(2) 能够快速响应并具有足够功率的伺服驱动装置。

(3) 能够满足加工要求的机床主机、辅助装置及刀具等。

### 2. 数控机床的特点

(1) 适应性强。适合加工单件或小批量复杂零件。数控机床特别适合单件、小批量、形状复杂的工件加工以及试制新产品零件的加工。

(2) 加工精度高，产品质量稳定。数控机床的脉冲当量普遍可达 0.001mm/P，传动系统和机床结构都具有很高的刚度和热稳定性，进给系统采用消除间隙措施，并对反向间隙与丝杠螺距误差等由数控系统实现自动补偿，所以加工精度高。特别是因为数控机床加工完全是自动进行的，使同一批工件的尺寸一致性好，加工质量十分稳定。

(3) 生产率高。工件加工所需时间包括机动时间和辅助时间。数控机床能有效地减少这两部分时间。数控机床主轴的转速和进给量的调速范围大，机床刚性好，快速移动和停止采用了加速、减速措施，有效地降低了加工时间。

(4) 减轻劳动强度、改善劳动条件。数控机床加工是自动进行的，工件加工过程不需要人的干预，加工完毕后自动停车，这就使工人的劳动条件大为改善。

(5) 良好的经济效益。工件加工前不用划线工序，工件安装、调整、加工和检验所花费的时间少，不需要设计制造专用工装夹具，加工精度稳定，废品率低，减少了调度环节等，所以总体成本下降，可获得良好的经济效益。

(6) 有利于生产管理的现代化。数控机床使用数字信息与标准代码处理、传递信息，特别是在数控机床上使用计算机控制，为计算机辅助设计、制造以及实现生产过程与控制奠定了基础。

由表 3-8 可以看出，数控机床的前期投资费用以及维修(技术)费用比较高，对管理及操作人员素质的要求也比较高。但是采用数控机床不仅节约劳动力，提高劳动生产率，还可以提高产品质量，对开发新产品和促进老产品更新换代，加速流动资金周转和缩短交货期都有很大作用。合理选用数控机床可以降低企业的生产成本，提高企业的经济效益与竞争力。因此，普通机床正在逐步被数控机床取代。数控机床已经是现代工业生产必不可少的设备。采用数控机床，提高机械工业的数控化率是当前机械制造业技术改造和技术更新的必由之路。

表 3-8　数控机床与普通机床的性能比较表

| 序　号 | 项　目 | 数控机床 | 普通机床 |
|---|---|---|---|
| 1 | 加工异型复杂零件的能力 | 强 | 弱 |
| 2 | 改变加工对象的柔性程度 | 高 | 低 |
| 3 | 加工零件质量和加工精度 | 高 | 低 |
| 4 | 加工效率 | 高 | 低 |
| 5 | 设备利用率 | 高 | 低 |
| 6 | 产品优化设计与 CAD(计算机辅助设计)连接功能 | 高 | 低 |
| 7 | 前期投资 | 高 | 低 |
| 8 | 对操作人员素质的要求 | 高 | 低 |
| 9 | 对生产计划、生产准备和生产调度的要求 | 高 | 低 |
| 10 | 运行费 | 低 | 高 |
| 11 | 维修技术与维修费 | 高 | 低 |
| 12 | 对不合格产品再加工(即回用)的费用 | 低 | 高 |

## 3. 数控机床的组成

如图 3-30 所示为数控机床的组成框图。数控机床可被分成三部分，即 CNC 系统、机床本体(包括辅助装置)及反馈系统。

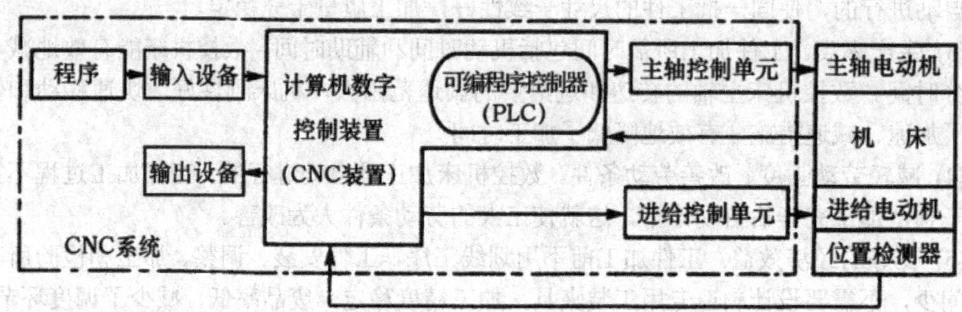


图 3-30　数控机床组成框图

1) CNC 系统

CNC 系统由程序、输入输出设备、CNC 装置及主轴、进给控制单元组成。

(1) 程序。数控机床工作时，不需要工人直接去操作机床，要对数控机床进行控制，必须编制加工程序。加工程序存储着加工零件所需的全部操作信息和刀具相对工件的位移信息等。数控机床是按照预先编写好的零件加工程序进行自动加工的。

(2) 输入输出设备。输入输出设备包括显示器、键盘、磁光盘机、通用网络接口等，与普通计算机用的输入输出设备基本相同。输入设备的作用是将控制介质上的数控代码变成相应的电脉冲信号，传递并存入数控系统内。

(3) CNC 装置。CNC 装置是 CNC 系统的核心部件，它由三部分组成，即计算机(包括硬件和软件)、可编程序控制器(PLC)和接口电路。

CNC 装置中 PLC 部分的作用是：接收来自零件加工程序的开关信息、机床操作面板及机床侧的开关信号，进行逻辑处理，完成输出控制，实现各功能及操作方式的连锁。即按

照预先规定的逻辑顺序对诸如机床电器设备的启动、停止，主轴的转速、转向及启停，刀具的更换，工件的夹紧、松开，液压、气动、冷却、润滑系统的运行，倍率开关等进行控制，并实现各种状态指示、故障报警以及通信、附加轴控制。

(4) 伺服系统。主轴控制单元和进给控制单元由伺服电机和伺服驱动器组成，通常统称为伺服系统(Servo SysTem)。伺服系统是把微小功率的控制信号精确地放大成大功率的机械运动的系统。它包括伺服电机和伺服驱动器，在数控系统中，伺服系统的任务是将数控装置输出的控制信号转化成机床的主运动和进给运动。数控机床的每一个轴都需要连接一个单独的伺服系统。伺服电机是数控系统中关键的部件之一，它一方面像普通电机一样是将电能转换为机械能的能量转换元件；另一方面也是将控制信号转化为机械运动的控制元件。因此它在性能方面的要求也远高于普通电动机，市场价格也比普通电机高得多。用于数控机床的伺服电机包括步进电机、永磁直流伺服电机、永磁同步型交流伺服电机及感应异步型交流伺服电机等。伺服驱动器是一种纯电子装置，伺服控制的核心技术主要包含在伺服驱动器中。不同种类的伺服电机必须配备不同种类的伺服驱动器，同一品种，生产厂家不同、或型号不同、或规格不同的伺服电机，驱动器一般也不能互换使用。因此，绝大部分的伺服电机和伺服驱动器都是配套销售的。

2) 机床本体

与传统的机床相比较，数控机床本体仍然由主传动装置、进给传动装置、床身及工作台以及辅助运动装置、液压气动系统、润滑系统、冷却装置等组成。但数控机床本体的整体布局、外观造型、传动系统、刀具系统等的结构以及操纵机构发生了很大的改变，这种变化的目的是为了满足数控机床高精度、高速度、高效率以及高柔性的要求。

3) 辅助装置

辅助装置是保证数控机床功能充分发挥所需要的配套部件，包括电器、液压、气动元件及系统；冷却、排屑、防护、润滑、照明、储运等装置；交换工作台；数控转台；数控分度头；刀具及其监控检测装置等。

辅助装置的主要作用是接收数控装置输出的主运动换向、变速、启停、刀具的选择和更换，以及其他辅助装置动作等指令信号，经过必要的编译、逻辑判别和运算，经过功率放大后直接驱动相应的电器，带动机床的机械部件、液压装置、气动装置等辅助装置完成指令规定的动作。

4) 反馈系统

测量元件将数控机床各坐标轴的位移指令值检测出来并经反馈系统输入到机床的数控装置中，数控装置对反馈回来的实际位移值与设定值进行比较，并向伺服系统输出达到设定值所需的位移量指令。

### 4. 数控机床的分类

数控机床的种类很多，为了便于了解和研究，可以从不同的角度对其进行分类。

1) 按控制运动的方式分类

(1) 点位控制(或位置控制)数控机床。这类机床只控制移动刀具或部件从一个位置到另一个位置的精确定位，而不管从一点到另一点按照什么轨迹运动，同时在移动和定位过程中刀具不进行任何加工。

典型机床主要有数控钻床、数控坐标镗床、数控冲床、数控点焊机、数控三坐标测量机等。

这类数控机床工作台(或刀具)的运动轨迹控制示意图如图 3-31 所示。

(2) 点位直线控制数控机床。点位直线控制数控机床不仅能控制刀具或移动部件，从一个位置到另一个位置的精确移动，而且能以给定的速度，实现平行于坐标轴方向的直线切削加工运动。

典型的属于这种类型的机床有数控车床、数控磨床、数控镗铣床等。

这类数控机床工作台(或刀具)的运动轨迹控制示意图如图 3-32 所示。

(3) 轮廓控制数控机床。轮廓控制数控机床是对两个或两个以上坐标轴同时进行控制。轮廓控制又称连续控制，它不仅要控制机床移动部件的起点和终点坐标，而且要控制加工过程中每一点的速度、方向和位移量。因而能够加工直线、曲线(或曲面)。属于这类数控机床的有数控车床、铣床、磨床、电加工机床和加工中心等。这类数控机床工作台(或刀具)的运动轨迹控制示意图如图 3-33 所示。

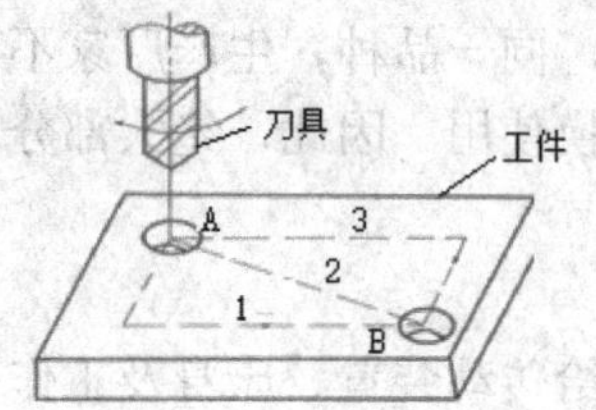


图 3-31　点位控制示意图

图 3-32　点位直线控制示意图

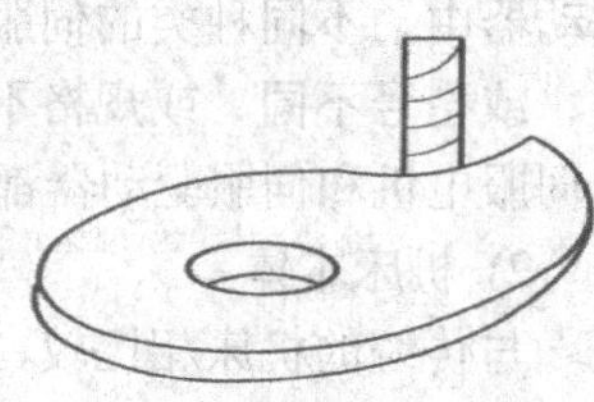

图 3-33　轮廓控制示意图

2) 按照伺服驱动系统控制方式的不同分类

(1) 闭环控制数控机床。这类数控机床带有位置检测反馈装置。位置检测装置安装在机床工作台上，用以检测机床工作台的实际运行位置，并与 CNC 装置的指令位置进行比较，用差值进行控制，其控制示意图如图 3-34 所示。

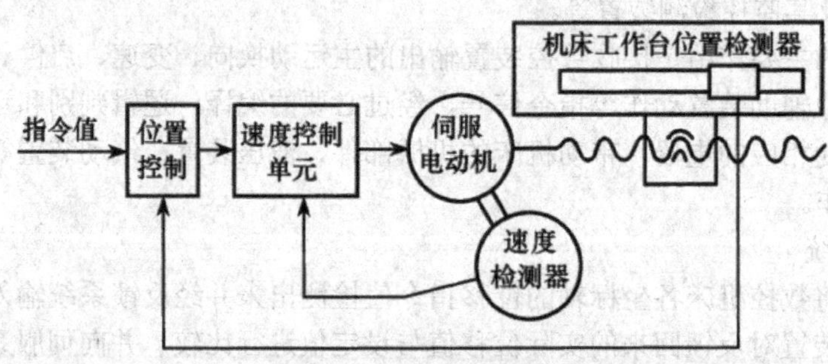


图 3-34　闭环控制数控机床示意图

采用闭环控制的数控机床可以消除由于传动部件的机械误差对加工精度的影响，可以获得很高的加工精度。闭环系统的设计和调整都有很大的难度，造价高，通常用于精度和速度都要求较高的精密大型数控机床。如果不是精度要求很高的数控机床，一般不采用这种控制方式。

(2) 半闭环控制数控机床。

位置检测装置安装于驱动电动机轴端或安装在传动丝杠端部，间接地测量移动部件(工作台)的实际位置或位移。其精度高于开环系统，低于闭环系统。由于半闭环伺服系统的性能价格比较好，目前广泛用于中小型数控机床中，如图 3-35 所示。

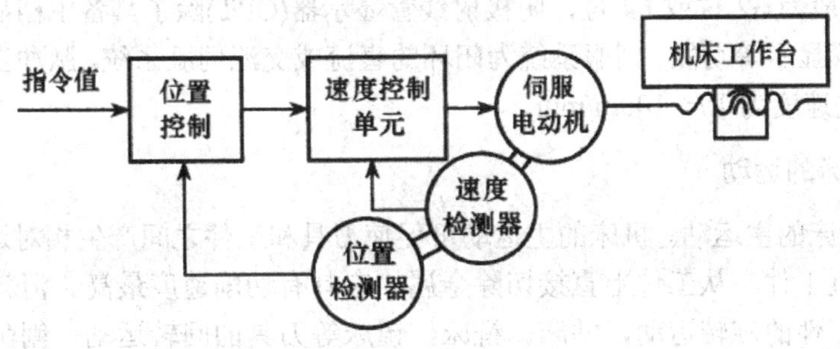


图 3-35　半闭环控制数控机床示意图

(3) 开环控制数控机床。这类数控机床没有检测反馈装置，通常使用步进电动机作为驱动。这类机床结构简单，成本低，工作较稳定，调试方便，维修简单，但控制精度和速度都比较低，这类数控机床多为经济型机床。如图 3-36 所示。

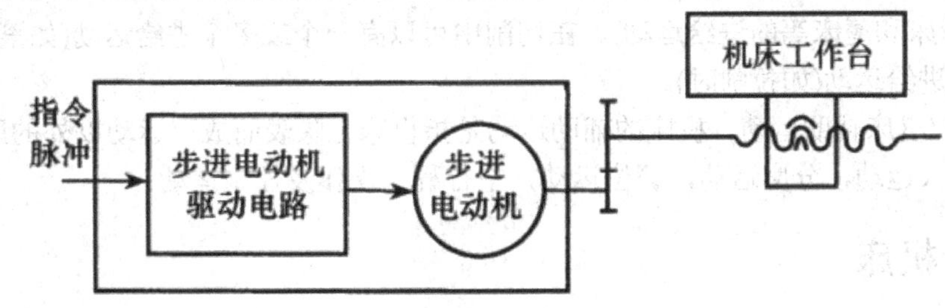


图 3-36　数控机床开环控制示意图

3) 按照加工方式分类

(1) 金属切削类。属于此类的有数控车床、钻床、铣床、镗床、磨床、齿轮加工机床及加工中心等。

(2) 金属成型类。该类包括数控折弯机、弯管机、冲床、回转头压力机等。

(3) 特种加工类。数控特种加工机床包括数控线切割机床、电火花加工机床及激光切割机等。

(4) 其他类型。如数控火焰切割机床、三坐标测量机等。

4) 按照 CNC 装置的功能水平分类

(1) 低档数控机床。

低档数控机床又称经济型数控机床。其特点是根据实际加工要求，合理地简化系统以降低机床价格。在我国，将由单片机或单板机与步进电动机构成的数控系统以及一些功能简单、价格低的系统称为经济型数控系统。主要用于车床、线切割机床以及旧机床的数控改造等。

(2) 中档数控机床。

其 CPU 一般为 16 位或 32 位，具备较齐全的阴极射线管显示器(CRT)显示功能，可以显示字符和图形，进行人机对话，自诊断等。伺服系统为半闭环直流或交流伺服系统，脉冲当量为 0.001～0.005mm，快进速度为 15～24m/min。

(3) 高档数控机床。

其 CPU 一般为 32 位或 64 位，阴极射线管显示器(CRT)除了具备中档显示的功能外，还具有三维图形显示等功能。伺服系统为闭环的直流或交流伺服系统，脉冲当量为 0.0001～0.001mm，快进速度为 15～100m/min。

### 5. 数控机床的运动

(1) 数控机床的主运动。机床的主运动可促使刀具和工件之间产生相对运动，从而使刀具的前刀面接近工件，从工件上直接切除金属，它具有切削速度最高、消耗功率最大的特点。如车削时工件的旋转运动，钻床、铣床、镗床等刀具的回转运动，刨削、拉削时工件或刀具的往复运动等。在切削中有且只有一个主运动。

(2) 数控机床的进给运动。机床的进给运动通过机床的可运动部件使刀具和工件之间产生附加的相对运动，使主运动能够继续切除工件上多余的金属，以便形成所需几何特征的已加工表面，例如外圆车刀的轴向和径向运动。进给运动也可以是步进的，如刨削时工件或刀具的横向移动等。进给运动可由刀具完成(如车床、钻床的进给运动)，也可由工件完成(如铣床、镗床和磨床等的进给运动)。在切削中可以有一个或多个进给运动(如滚齿时)，也可以不存在进给运动(如拉削时)。

(3) 数控机床辅助运动。机床的辅助运动是指机床上除表面成型运动以外的所有运动，主要包括切入运动，分度运动，调位运动，空行程、操作及控制运动。

## 六、组合机床

组合机床是以通用部件为基础，配以少量专用部件，对一种或若干种工件进行加工的机床。当加工对象改变时，只需换掉专用部件，然后用通用部件再配置以适应新的加工对象的专用部件即可。

### 1. 组合机床的特点

组合机床通常采用多刀(多轴)、多面、多工位同时对工件进行加工的方法。加工时，装在机床主轴上的刀具做旋转主运动，工件做进给运动，或者刀具既做旋转主运动又做进给运动，以完成工件循环。

(1) 制造周期短，经济效果好。

(2) 自动化程度高，提高生产率。

(3) 通用程度高、投资少、成本低。

(4) 稳定保证加工精度。

(5) 易于联成组合机床自动线。

### 2. 组合机床的组成

组合机床是一种高效自动化的专用机床，它由大量的通用部件、通用零件和少量的专用部件组合而成。如图 3-37 所示就是以通用部件为基础，配以少量专用部件组成的立式多工件组合机床。

1) 通用部件

(1) 动力部件：例如动力箱和动力滑台等。它们是传递动力的部件，使组合机床实现主运动、工作进给、快速退回等。

动力部件是组合机床最重要的部件，它的结构和技术性能决定着组合机床的主要工作性能、工艺可能性和技术经济性。目前我国已经掌握和应用了多种结构型式、规格的动力部件。

(2) 支承部件：例如床身、立柱、底座。它们主要用来安装其他工作部件，如动力部件、夹具等，使之保持正确的相对位置和相对运动轨迹。

(3) 输送部件：例如移动工作台、回转工作台和回转鼓轮等。它们用在多工位组合机床上，完成工件和夹具的移位或转位，以实现工作的多工位加工。

(4) 控制部件：例如各种液压元件、液压操纵板、按钮台、控制档铁等。用于控制组合机床按照预定的程序完成工作循环。

(5) 辅助部件：例如用于夹紧工件的机械手和气动扳手，以及冷却装置、润滑装置和排屑装置等。

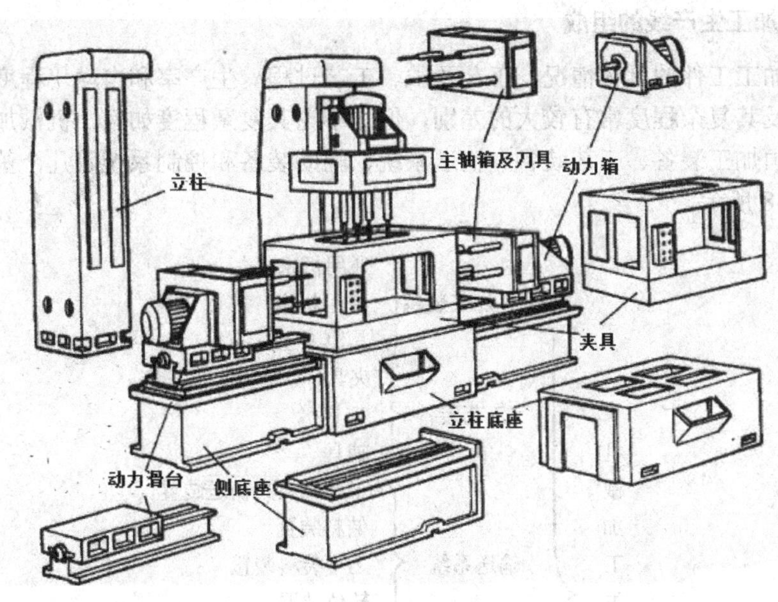


图 3-37　典型组合机床的组成

2) 专用部件

专用部件包括主轴箱、夹具、卧式机床的倾斜床身。

一台组合机床中通常通用部件和标准件占 70%～80%，其余 20%～30%的专用部件由被加工零件的形状、尺寸、工艺来决定，如夹具、刀具、工具、主轴箱等。

因为主轴箱结构必须根据工件上孔的数量、尺寸大小和分布位置来确定，所以就整体来说，它是一个专用部件。但是在钻孔、扩孔、铰孔、镗孔和攻丝用的组合机床上广泛应用的通用主轴箱中，其组成零件几乎都是通用的。

夹具是组合机床的主要组成部件之一，它的作用是保证工件在切削过程中可靠地定位与夹紧，稳定地保证工件的加工精度，夹具必须根据工件的具体结构及特定的加工工序来设计，因此，它也是一个专用部件。不过其中用于定位、夹紧、支承和导向等的元件多数也是通用的。

综上所述，组合机床的组成部件大部分都是通用部件，专用部件只占很小一部分，而且这少量专用部件中的大部分零件也是通用的。

## 七、机械加工生产线

### 1. 概述

将完成工件的不同加工工序的若干台机床合理地安排成一定的顺序，并用输送装置和辅助装置将它们连接成一个整体，在输送装置的作用下，被加工工件按其工艺流程顺序地通过各台加工设备，完成工件的全部加工任务。我们把这种生产作业线称为机械加工生产线。

机械加工生产线分流水线和自动线。自动线是在流水线的基础上，采用控制系统，将各台机床之间的工件输送、转位、定位和夹紧以及辅助装置动作均实现自动控制，并按预先设计的程序自动工作。

### 2. 机械加工生产线的组成

根据被加工工件的具体情况、工艺要求、工艺过程、生产率和自动化程度等因素，自动线的结构及其复杂程度常有较大的差别，但是不论其复杂程度如何，机械加工生产线一般可归纳为由加工装备、工艺装备、输送系统、辅助装备和控制系统等几个基本部分所组成，如图 3-38 所示。

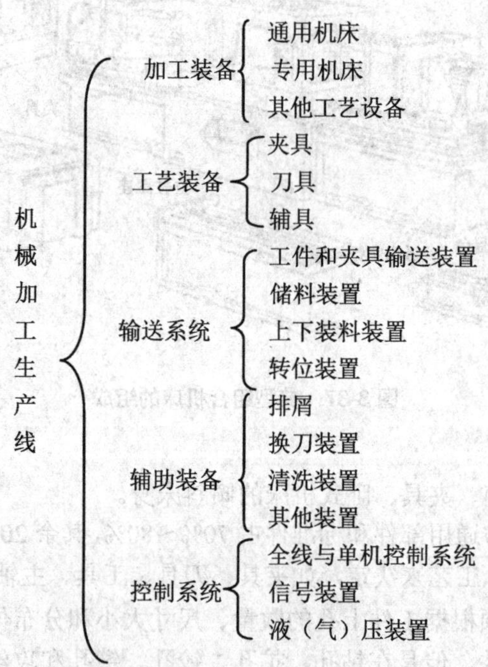


图 3-38　机械加工生产线的基本组成

### 3. 机械加工生产线的类型和特点

机械加工生产线有许多不同类型，可按其不同的特征进行分类。

1) 生产线的结构分类

(1) 通用机床生产线。通用机床生产线主要利用通用机床、半自动通用机床或自动化通

用机床联成的生产线。这类生产线建成周期短，制造成本低，收效快，一般适用于加工较简单的工件。

(2) 专用机床生产线。专用机床生产线主要是由采用专用部件设计制造的机床联成的生产线。这类生产线成本高，但生产率高，适于加工结构特殊、复杂的部件。

(3) 组合机床生产线。由组合机床联成的生产线。这类生产线建线周期短，制造成本低，能得到较好的使用效果和经济效果。主要适用于加工箱体、杂类工件。

2) 按生产类型分类

(1) 大批量生产专用生产线。

单一产品固定节拍生产线。主要特点是制造单一产品，生产节拍固定。一般由高效专用机床或组合机床联成生产线，生产效率高、产品质量稳定。但生产线专用性强，产品更换、工艺方案改变时，很难改进以适应其他产品生产。

单一产品非固定节拍生产线。主要特点是制造产品单一，生产线主要由生产效率和自动化较高的专用机床组成，某些次要工序采用通用机床，产品质量较稳定，生产效率较高，其专用性和精度稳定性不如前一类生产线，但投资少于前一类生产线。

(2) 多品种成批可变生产线。

成组产品可调生产线。主要特点是用于加工结构和工艺相似的成组产品，成组产品中的每个产品都属于批量生产。生产线由按成组技术设计制造的可调专用设备组成，有一定的生产效率和自动化程度，产品更新时，重新组成的可能性大一些。

柔性制造生产线。主要用于加工多品种、中小批量、结构形状复杂、精度要求高的工件，生产线由加工中心和数控机床、物料输送系统和计算机控制管理系统组成。这类生产线的加工机床通常少于 10 台，一般组成小型柔性系统，其生产灵活迅速，是今后发展的方向，但技术含量高，一次性投入大。

3) 按设备联结方式分类

(1) 刚线联结生产线。在这种生产线中，工件传送装置把工件从一个工位传送到下一个工位，各工位之间没有工件储料装置，一个工位因故停止工作，则全线停止工作。

(2) 柔线联结生产线。在生产线中数个工位之间设有工件储料装置，可储存一定数量的工件。一个工位因故停止工作，上下工位仍可继续工作。

4) 按加工对象分类

(1) 旋转体加工生产线。这种生产线是由自动化通用机床、改装后的通用机床或专用机床组成，用来加工轴盘及环零件。

(2) 箱体、杂类工件加工生产线。这种生产线是由组合机床或专用机床组成，可以对工件进行多刀、多面加工。

#### 4. 机械加工生产线的评价

评估人员在对机械加工生产线进行考量时应注意以下内容。

(1) 该生产线能否保证在设计寿命内稳定地满足工件加工精度和表面质量的要求。

(2) 能否满足生产纲领的要求，并留有一定的生产潜力。

(3) 能否保证足够高的可靠性。

(4) 根据产品的批量和可持续生产时间，生产线是否有一定的可调整性。

(5) 生产线布局应尽量减小占地面积，但要便于操作者的操作、观察和维修，提供一个

安全、宜人的工作环境。

(6) 是否有利于节约能源和环境保护，实现洁净化生产。

(7) 在对生产线经济效果进行评价时，可用下列指标：①机床平均负荷率；②所需各类工作人员总数；③制造零件的生产成本；④投资费用；⑤投资回收期。

# 任务三　特种加工机床

【任务导读】

设计师小王最近设计了一些形状很复杂的零件，这些零件要求用三种材料加工，分别是金刚石、不锈钢、玻璃。这些材料在一般的机床上很难用刀具切削，那么有没有一种机床可以不用刀具就能完成切削加工呢？这是一种什么样的机床呢？这种机床是用什么完成切削的？它与普通机床有哪些区别？下面我们通过以下内容的学习来解答这个问题。

【任务提出】

- 熟悉特种加工机床的含义及类型。
- 掌握特种加工机床的组成及特点。
- 熟悉特种加工机床的工作原理。

【知识导航】

特种加工是利用电能、电化学能、光能、声能等能量，或选择几种能量的复合形式对材料进行加工的方法。主要用于加工难切削材料，如高强度、高韧性、高硬度、高脆性、耐高温、磁性材料，以及精密细小和复杂形状的零件。目前在航天、电子、机械、电机、电器等工业部门，特种加工已经成为不可或缺的加工方法。本节主要介绍应用较广的电火花加工、超声波加工和激光加工。

## 一、电火花加工

### 1. 概念

电火花加工是在加工过程中，工具和工件之间不断产生脉冲性的火花放电，靠放电时局部、瞬间产生的高温把金属蚀除下来的过程。电火花加工是直接利用电能对零件进行加工的一种方法。

### 2. 加工原理

当工具电极与工件电极在绝缘体中靠近达到一定距离时，形成脉冲放电，在放电通道中瞬时产生大量热能，使工件局部金属熔化甚至气化，并在放电爆炸力的作用下，把熔化的金属抛出，达到蚀除金属的目的，如图 3-39 所示。

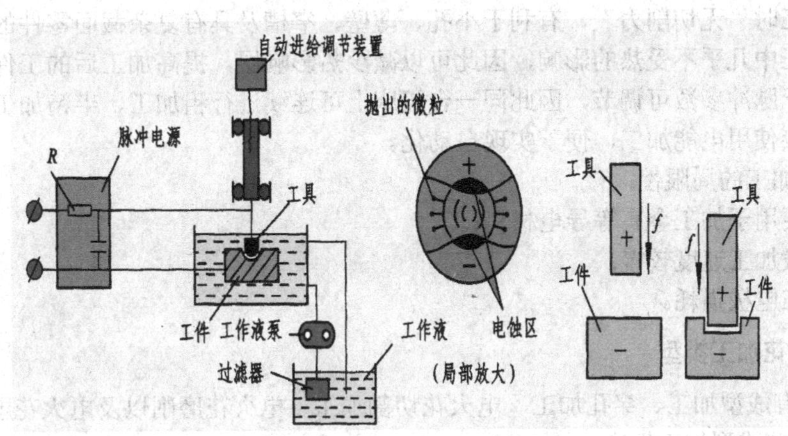


图 3-39　电火花加工原理图

### 3. 电火花加工的基本条件

(1) 工具电极和工件电极之间在加工中必须保持一定的间隙，通常约为 0.02～0.1mm。

(2) 电火花放电必须是瞬时的脉冲性放电。

(3) 火花放电必须在有一定绝缘性能的介质中进行。

(4) 输送到两极间的脉冲能量应足够大。

(5) 脉冲放电后电蚀产物应能及时排放至放电间隙之外，使重复性放电能顺利进行。

### 4. 电火花加工设备组成

由上述的加工原理可以看出，电火花加工设备一般应具有以下部分。

(1) 脉冲电源。脉冲电源是放电蚀除的供能装置，它能产生具有足够大能量密度的电脉冲，加在工件与工具电极上，产生脉冲放电。

(2) 间隙自动调节器。如图 3-40 所示，为使工件与工具电极间的脉冲放电正常进行，就必须使其保持一定间隙。间隙过大，工作电压无法击穿液体介质；间隙过小，则形成短路，也无法放电。因此，必须用间隙自动调节器，自动调节极间距离，使工具电极的进给速度与电蚀速度相适应。

图 3-40　间隙自动调节器

(3) 机床本体。用来实现工件和工具电极的装夹、固定及调整其相对位置精度等的机械系统。

(4) 工作液及其循环过滤系统。

火花放电必须在绝缘液体介质中进行，否则，不能击穿液体介质，形成放电通道，也不能排除悬浮的金属微粒和冷却表面。

电火花加工方式很多，常见的有成型加工、穿孔加工、电火花切割加工、电火花磨削以及电火花。

### 5. 电火花加工特点

电火花加工的优点：

(1) 可以加工任何硬、脆、韧、软、高熔点、高纯度的导电材料，如不锈钢、钛合金、淬火钢、工业纯铁等。

(2) 加工时“无切削力”，有利于小孔、薄壁、窄槽及具有复杂截面零件的加工。

(3) 加工中几乎不受热的影响，因此可以减少热影响层，提高加工后的工件质量。

(4) 由于脉冲参数可调节，因此同一台机床上可连续进行粗加工、半精加工、精加工。

(5) 直接使用电能加工，便于实现自动化。

电火花加工的局限性：

(1) 主要用于加工金属等导电材料；

(2) 一般加工速度较慢；

(3) 存在电极损耗。

### 6. 电火花加工类型

常见的有成型加工、穿孔加工、电火花切割加工、电火花磨削以及电火花雕刻花纹等。

1) 电火花成型加工机床

图 3-41 所示为电火花成型加工机床，它主要由脉冲电源箱、工作液箱和机床本体组成。

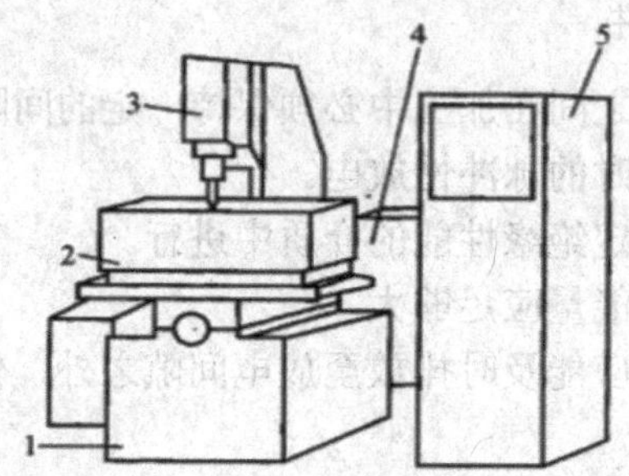


**图 3-41 电火花加工设备组成**

1—床身；2—工作液槽；3—主轴头；4—工作液槽；5—电源箱

(1) 脉冲电源箱。它是电火花加工机床的能源系统，用以供给工具电极和工件之间具有一定频率的火花放电脉冲。

(2) 工作液槽。它由泵、过滤器、阀等组成。泵用于输送工作液和将放电间隙中的电蚀产物用强迫循环方式加以排除，并采用过滤装置净化工作液。

(3) 机床本体。机床本体由主轴头、工作台、床身和立柱组成。其中，主轴头是电火花成型加工机床的关键部件，它和间隙自动调节装置组成一体。主轴头的性能直接影响电火花成形加工的加工精度和表面质量。工作台的作用是支承和装夹工件，可通过纵向、横向的丝杠来调节工件与工具电极的相对位置。

2) 电火花切割加工机床

电火花切割加工机床是利用一根运动着的金属丝(钼丝或硬性黄铜丝)作为工具电极，在工具电极和工件电极之间通以脉冲电流，使之产生电腐蚀，从而使工件被切割成所需要的形状。

(1) 电火花切割加工机床的组成。图 3-42 为数控电火花切割机床结构图。它由机床本体、数控装置、脉冲电源和工作液循环系统四大部分组成。机床本体由床身、坐标工作台和运丝系统组成。

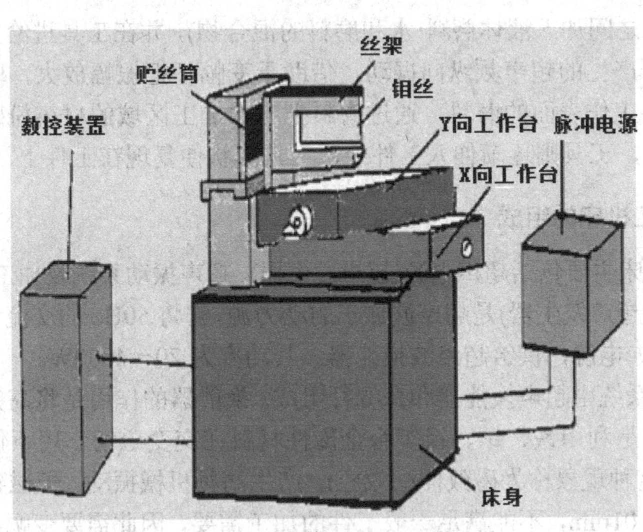


图 3-42　数控线切割机床外形图

(2) 电火花线切割必须具备的条件：①钼丝与工件的被加工表面之间必须保持一定间隙，间隙的宽度由工作电压、加工量等加工条件决定。②电火花线切割加工时，必须在有一定绝缘性能的液体介质中进行，如煤油、皂化油、去离子等。③必须采用脉冲电源，即火花放电必须是脉冲性、间歇性。

(3) 线切割加工的应用：①适用于各种形状的冲模；②可以加工微细异形孔、窄缝和复杂形状的工件；③加工样板和成型刀具；④加工粉末冶金模、镶拼型腔模、拉丝模、波纹板成型模；⑤加工硬质材料、切割薄片、切割贵重金属材料；⑥加工凸轮、特殊的齿轮；⑦适用于小批量、多品种零件的加工。

## 二、超声波加工

### 1. 超声波加工的原理

超声波加工是利用工具做超声频振动，冲击磨料进行撞击和抛磨工件，从而达到加工的目的。图 3-43 为超声波加工装置示意图。

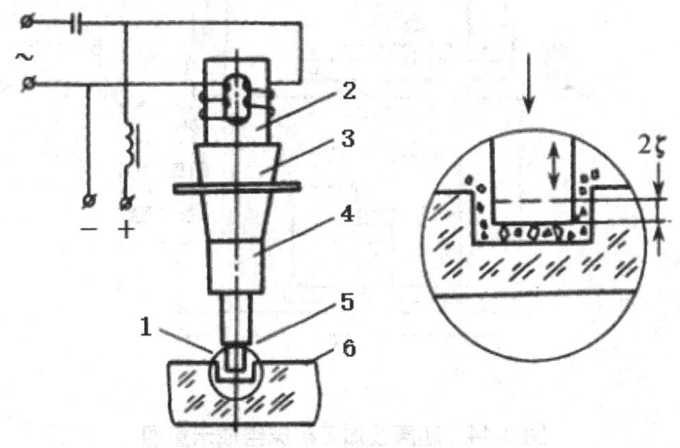


图 3-43　超声波加工装置

1—磨料悬浮液；2—超声换能器；3—机身；4—变幅杆；5—工具；6—工件

在工具和工件之间加入液体磨料(水和磨料的混合物)，并在工具进给方向施加一定的压力。超声波换能器产生的超声频纵向振动，借助于变幅杆把振幅放大，驱使工具振动，高频振动的端面锤击工作表面的磨料，通过磨料把工件加工区域的材料粉碎成微粒，并被循环流动的液体带走，工具则逐渐伸入工件中，工具形状便复现在工件上。

### 2. 超声波加工机床的组成

超声波加工机床主要包括超声电源(超声发生器)、超声振动系统及加工机床本体三部分。

(1) 超声电源(超声发生器)是超声波加工的动力源，它将50Hz的交流电变为15～30kHz的高频振荡(超声波)电源，供给超声波换能器。其功率为20～4000W。

(2) 超声振动系统由超声换能器和变幅杆组成。换能器的作用是将高频电振荡变为高频机械振动。其原理是利用铁、钴、镍等合金磁性材料在交变磁场作用下使其尺寸发生伸长和缩短这一特性(这种现象称为磁致伸缩效应)，产生高频机械振动。但磁致伸缩的振幅一般只能达到0.005～0.01mm，不能满足一般工件的加工需要，因此需要变幅杆扩大振幅。变幅杆之所以能扩大振幅，是由于通过它的每一截面的振动能量是不变的，故面积小的地方能量密度大，所以振幅也增大。变幅杆可做成锥形、曲线形和阶梯形等。

(3) 超声波加工机床本体由工作头、工作台、立柱、液体循环系统和工具振动系统组成，如图3-44和图3-45所示。工件放在工作台上，随工作台可做纵横调节。工作台带有盛磨料悬浮液的工作槽。磨料悬浮液在循环装置的带动下能在加工区域得到良好的循环。立柱可带动工作头上下运动，工作头可用来调节工具的进给压力和进给速度，并定期地上升，以便更换加工区磨料。

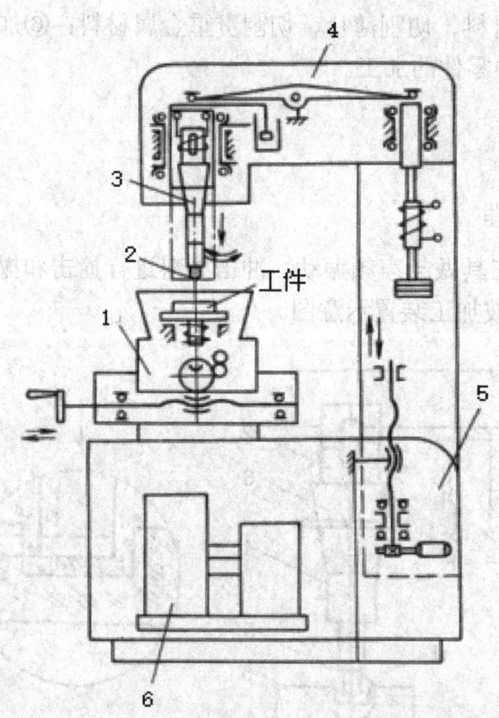


图3-44 超声波加工机床组成示意图

1—工作台；2—工具；3—工具振动系统；4—工作头；5—立柱；6—液体循环系统

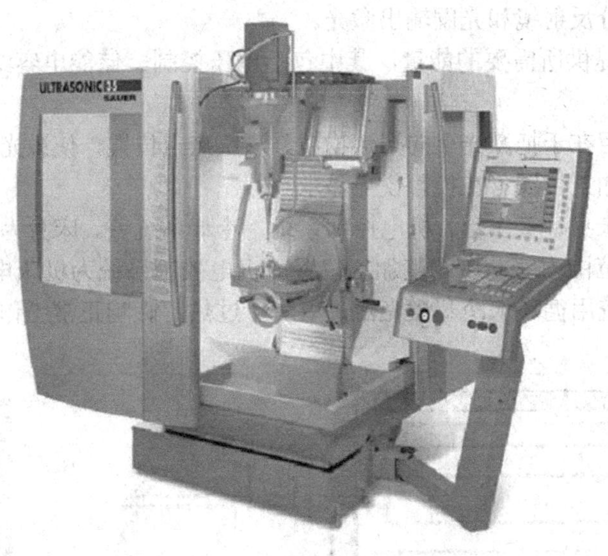


图 3-45 超声波加工机床实物图

### 3. 超声波加工的特点

超声波加工主要有以下特点：

(1) 适用于加工各种硬脆材料，尤其是电火花难以加工的不导电材料，如玻璃、陶瓷、金刚石等。

(2) 由于在加工中工具通常不需要旋转，因此易于加工出各种复杂形状的型孔、型腔、成型表面等。

(3) 加工过程中受力很小，适于加工薄壁、薄片等不能承受较大机械应力的零件。

(4) 加工机床的结构和工具均较简单，维修方便。

(5) 切削力小，切削热少，不会引起变形和烧伤，加工精度和表面质量也较好。

(6) 超声波加工的面积小，工具头磨损较大，因此，生产率低。

## 三、激光加工

激光是一种亮度高、方向性好、单色性好的相干光，它可以把能量高度集中在特定的小面积上，激光加工就是利用这一特性实现的。

### 1. 加工原理

激光加工是通过一系列装置，把激光聚集成一个极小的光斑(直径只有几微米到几十微米)，由于区域小，从而可获得很高的能量密度，其温度可达 10000℃。在此高温下，任何坚硬的材料都将瞬时急剧熔化或气化，并产生很强烈的冲击波，使熔化物质去除，从而进行加工。目前主要用于打孔和切割。

### 2. 激光加工装置

激光加工装置由激光器、电源、光学系统和机械系统四大部分组成，如图 3-46 所示。

激光器的作用是将电能变成光能，产生所需要的激光束。工作物质(如红宝石)受到氙灯发出的光能激发并通过在全反射镜和部分反射镜之间多次来回反射，互相激发，产生光的振荡，然后通过部分反射镜和光阑输出激光。

电源为激光器提供所需要的能量，其中包括电压控制、储能电容组、时间控制及触发器等。

光学系统的作用在于把激光引向聚焦物镜，调整焦点位置，使激光聚焦在加工工件上。它用显微镜瞄准，加工位置可在投影仪上显示。

机械系统包括床身、工作台、机电控制系统、冷却系统等。床身为固定各部件的基准，工作台能在三坐标范围内移动以调整加工位置。机电控制系统为机床电器操纵部分，控制加工过程。冷却系统用循环水冷却激光器，以防止过热，影响正常工作。

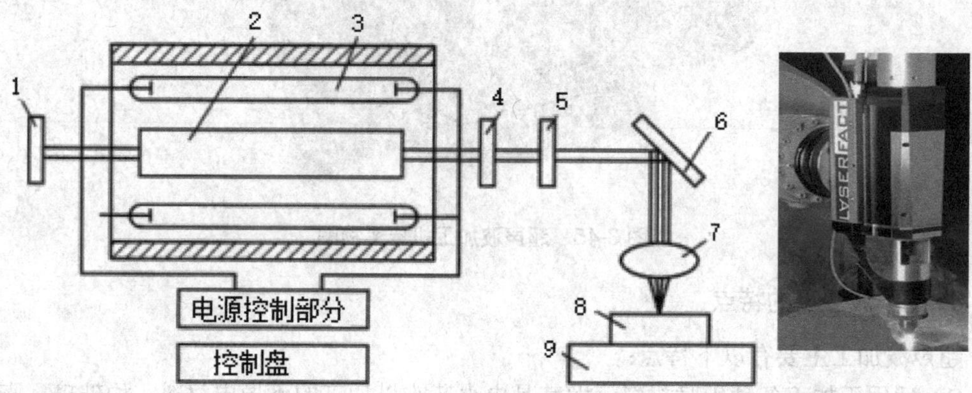


图 3-46　激光加工装置示意图

1—反射镜；2—激光器；3—氙灯；4—部分反射镜；5—光阑；6—反射镜；7—聚焦镜；8—工件；9—工作台

### 3. 激光加工的特点

(1) 不受材料性能限制，几乎所有金属材料和非金属材料都能加工。

(2) 加工时不需用刀具，属于非接触加工，无机械加工变形。

(3) 加工速度极高，热影响区小，易于实现自动化生产和流水作业。

(4) 可通过透明介质(如玻璃)进行加工，这对某些特殊情况 (例如在真空中加工)是十分有利的。

## 练　习　题

### 一、单项选择题

1. CNC 系统由程序、输入输出设备、CNC 装置及主轴、进给控制单元组成，其中(　　)是 CNC 系统的核心部件。

A. 程序　　B. CNC 装置

C. 主轴控制单元　　D. 进给控制单元

2. 激光加工装置由(　　)四大部分组成。

A. 激光器、电源、光学系统和机械系统

B. 激光器、电源、光学系统和机床本体

C. 激光器、间隙自动调节器、光学系统和机械系统

D. 激光器、变幅系统、光学系统和机床本体

3. 外圆磨床的主参数为(　　)。

A. 工作台面直径　　B. 最大磨削孔径

C. 最大磨削直径　　D. 工作台面宽度

4. 下列关于机床的说法中，正确的是(　　)。

A. 在车床上用钻头进行孔加工，其进给运动是工件的纵向移动

B. 牛头刨床的主运动是刨刀的横向或垂直间歇运动，进给运动是工作台的直线往复运动

C. 型号为MB8240/1的机床中的B表示刨插床

D. 龙门刨床的两个垂直刀架由一台电动机带动，既可以横向进给，也可以垂直进给，还能斜向进给

5. 插床属于(　　)机床。

A. 立式机床类　B. 拉床类　C. 刨床类　D. 铣床类

6. 下列有关车床的表述中，不正确的是(　　)。

A. 主轴箱中的主轴是车床的关键零件，切削时承受切削力，主轴在轴承上运转的平稳性直接影响工件的加工质量，因此要求主轴及其轴承应具有很高的精度和刚度

B. 进给箱中装有进给运动的变速机构，调整其变速机构，可以得到所需的进给量或螺距，通过光杠或丝杠将运动传至刀架

C. 在对工件进行车削时，通过丝杠实现刀架的纵向进给运动，横向进给运动和快速移动

D. 尾架的主要用途是在加工细长工件时，在尾架内安装顶尖来支承工件的一端

7. CA6140型普通车床的(　　)为400mm。

A. 最大工件回转直径　　B. 中心高

C. 最大工件长度　　D. 主轴内孔直径

8. 下列有关型号为C2150×6型机床的说法错误的是(　　)。

A. C表示车床类机床　　B. 21表示多轴棒料自动车床

C. 50表示工作台面宽度为50mm　　D. 6表示轴数为6

## 二、多项选择题

1. 特种加工是利用(　　)等能量对材料进行加工的方法。

A. 热能　B. 电能　C. 电化学能　D. 光能　E. 声能

2. 按机床通用性分类，下列机床中属于通用机床的是(　　)。

A. 普通车床　B. 曲轴车床　C. 卧式镗床

C. 万能升降台铣床　E. 精密丝杠车床

3. 下列机床中，以工作台面尺寸作为主参数的有(　　)。

A. 立式铣床　B. 立式车床　C. 龙门刨床　D. 龙门铣床　E. 平面磨床

4. 可以采用轮廓控制的数控机床有(　　)。

A. 数控车床　B. 加工中心　C.数控磨床　D. 数控冲床　E. 数控铣床

5. 超声波加工机床主要包括(　　)。

A. 超声电源　　B. 超声振动系统

C. 加工机床本体　　D. 工作台　　E. 立柱

6. 平面磨床主要由床身(　　)等部件组成。

A. 工作台　　B. 立柱　　C. 滑座　　D. 砂轮架　　E. 支架

7. 卧式铣床的主要结构有(　　)。

A. 床身　　B. 横梁　　C. 转台　　D. 主轴　　E. 升降台

8. 摇臂钻床的特点有(　　)。

A. 适合加工大型工件和多孔工件

B. 工件可以安装在工作台上加工，也可以直接放在底座上加工

C. 加工时要锁紧摇臂和主轴箱，避免加工过程中由于振动而影响零件的加工质量

D. 主轴变速通过改变三角带在塔式带轮上的位置来实现

E. 主参数的折算系数为 1/1

9. 以下加工工艺中，可以在卧式镗床上完成的有(　　)。

A. 镗孔　　B. 铣平面　　C. 磨外圆　　D. 车螺纹　　E. 车端面

10. 下列叙述中正确的有(　　)。

A. 立式车床的组代号是 6

B. 通用特性代号中的 R 代表柔性加工单元

C. XKA5032A 中的 K 代表数控

D. 锯床的类代号是 J

E. B5020 是插床的型号

## 三、简答题

1. 分别说出电火花加工、超声波加工、激光加工的工作原理及特点。
2. 试比较车床、刨床、磨床、铣床的加工范围和工作运动。

# 项目四

## 其他常见机电设备

### 学习目标

- 了解内燃机、熔炼设备、压力加工设备、压力容器、锅炉、起重机械和变压器的用途及分类
- 熟悉内燃机、熔炼设备、压力加工设备、压力容器、锅炉、起重机械和变压器的基本结构及相关技术参数
- 了解内燃机、熔炼设备、压力加工设备、压力容器、锅炉、起重机械和变压器的发展现状
- 掌握内燃机、熔炼设备、压力加工设备、压力容器、锅炉、起重机械和变压器的工作过程

### 技能目标

- 能熟练掌握内燃机、熔炼设备、压力加工设备、压力容器、锅炉、起重机械和变压器的基本结构及相关技术参数
- 能应用相关的技术参数判断该机电设备的性能等级

# 任务一　内　燃　机

## 【任务导读】

小陈的工作单位离家比较远，每天上下班在路上都要耗去2个小时，既辛苦又费时间。最近他想买一辆轿车，以后自己开车上下班就方便多了，也可以节约好多时间做其他有意义的事情。可是一到卖车行里，销售人员介绍的各款车型的参数种类很多，其中涉及发动机的种类就有自然吸气和涡轮增压两种类型，听完销售人员的介绍，小陈还是似懂非懂，不知道选哪种发动机的汽车好。你能帮他分析一下这两种发动机的各自优缺点吗？

## 【任务提出】

- 理解内燃机的概念及类型。
- 熟悉内燃机的经济指标。
- 了解内燃机型号的编制方法。
- 掌握内燃机组成及特点。

## 【知识导航】

## 一、概述

热机是将燃料燃烧所释放的热能转变为机械功的热力发动机。热机又分为内燃机与外燃机。燃料燃烧后的产物直接推动机械装置做功的发动机称为内燃机，如柴油机、燃气轮机等；燃料对某一中间物质加热，再利用中间物质产生的气体推动机械装置做功的热力发动机称为外燃机，如蒸汽机、汽轮机等。内燃机与外燃机相比，具有热效率高、体积小、起动迅速等优点，因而广泛应用于飞机、舰船、汽车、内燃机车、摩托车、拖拉机等各种车辆。

内燃机根据其将热能变为机械能的主要构件的型式，可分为活塞式内燃机和燃气轮机等。前者按活塞运动的方式分为往复活塞式和旋转活塞式两种。旋转活塞式内燃机在实用中尚未推广，因此本任务将介绍应用广泛的往复活塞式内燃机和燃气轮机。顺便说明一下，人们往往把往复活塞式内燃机简称为内燃机。

### 1. 内燃机分类

往复活塞式内燃机种类很多，大致分类如下：

(1) 按所用燃料分类，可分为柴油机、汽油机、煤气机、酒精(甲醇、乙醇)发动机、天然气发动机、双燃料发动机等。

(2) 按工作循环冲程数分类，可分为四冲程和二冲程内燃机。

(3) 按气缸数及排列方式分类，可分为单缸和多缸内燃机。多缸内燃机按气缸排列方式分为直立式、卧式、V型、X型、星型和对动活塞式等。

(4) 按进气方式分类，可分为非增压(自然吸气)和增压内燃机。

(5) 按冷却方式不同分类，利用水做冷却介质的称为水冷内燃机；利用空气做冷却介质的称为风冷内燃机。

(6) 按火方式分类，利用气缸内空气被压缩后产生的高压、高温，使燃料自行着火燃烧的内燃机，称为压燃式内燃机(如柴油机)；利用火花塞产生的电火花点燃燃料的内燃机，称为点燃式内燃机(如汽油机)。

### 2. 内燃机基本名词术语

图 4-1 为内燃机的示意图。

(1) 工作循环。在内燃机内部，每次完成将热能转变为机械能，都必须经过进气、压缩、燃烧膨胀和排气过程，这一系列连续的过程称为内燃机的工作循环。

(2) 上、下止点。活塞在气缸内做往复运动时的两个极端位置称为止点。活塞离曲轴旋转中心最远的位置称为上止点，离曲轴旋转中心最近的位置称为下止点。

(3) 活塞行程。上、下止点间的距离称为活塞行程，通常用 $S$ 表示，曲轴每转半圈，相当于一个活塞行程，即：

$$S=2r$$

式中：$r$——曲柄半径。

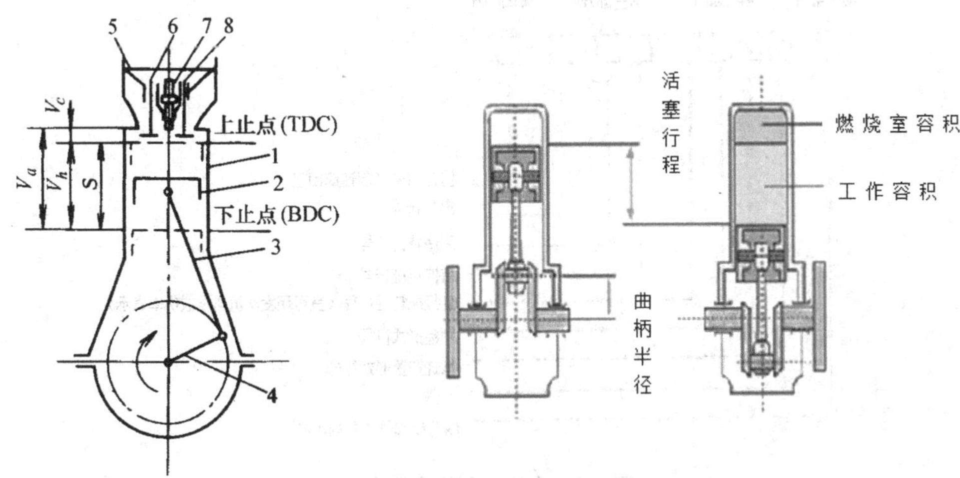


**图 4-1　内燃机的示意图**

1—气缸；2—活塞；3—连杆；4—曲轴；5—气缸盖；6—进气门；7—喷油器；8—排气门

(4) 气缸工作容积。活塞从上止点移动到下止点所走过的气缸容积，称为气缸工作容积(气缸排量)，用 $V_h$ 表示。

$$V_h=\frac{\pi D^2}{4}\cdot S(\mathrm{M}^3) \tag{4-1}$$

若 $V_h$ 的单位用升表示，则：

$$V_h=\frac{\pi D^2}{4}\cdot S\times 10^3(\mathrm{L}) \tag{4-2}$$

式中：$D$——气缸直径(m)；

$S$——活塞行程(m) 。

(5) 气缸总容积。活塞位于上止点时，活塞顶部与气缸盖间的容积，称为燃烧室容积，

21世纪高职高专经管类专业立体化规划教材

用 $V_c$ 表示。活塞位于下止点时，活塞顶与气缸盖、气缸套内表面形成的空间，称为气缸总容积，用 $V_a$ 表示，它等于气缸工作容积 $V_h$ 与燃烧室容积 $V_c$ 之和，即：

$$V_a = V_h + V_C$$

多缸内燃机各气缸工作容积的总和称为内燃机工作容积或内燃机的排量。

(6) 压缩比。气缸总容积 $V_a$ 与燃烧室容积 $V_c$ 的比值，称为缩比，用 $\varepsilon$ 表示，即：

$$\varepsilon = \frac{V_a}{V_c} = \frac{V_h + V_c}{V_c} = 1 + \frac{V_h}{V_c} \tag{4-3}$$

压缩比表示气体在气缸内被压缩的程度。

(7) 工况。工况指内燃机在某一时刻的工作状况，一般用功率和曲轴转速表示，也可用负荷与转速表示。

### 3. 内燃机型号

1) 内燃机型号表示方法

内燃机型号由阿拉伯数字、汉语拼音字母或国际通用的英文缩写字母组成，依次包括四部分，如图 4-2 所示。

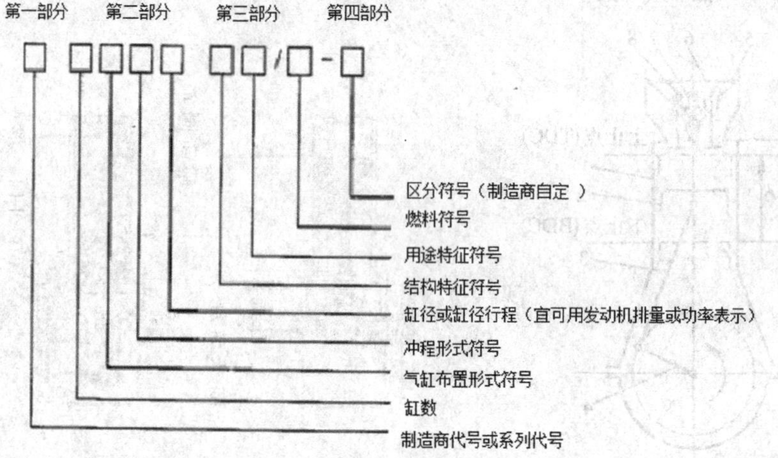


图 4-2　内燃机型号表示方法

第一部分：由制造商代号或系列符号组成。由制造商根据需要选择相应 1～3 位字母表示。

第二部分：由气缸数、气缸布置型式符号、冲程型式符号和缸径符号等组成。

① 气缸数用 1～2 位数字表示。

② 气缸布置型式符号按表 4-1 规定。

③ 冲程型式为四冲程时符号省略，二冲程用 E 表示。

④ 缸径符号一般用缸径或缸径/行程数字表示，也可用发动机排量或功率数表示。其单位由制造商自定。

第三部分：由结构特征符号、用途特征符号组成。其符号分别按表 4-2、表 4-3 的规定，燃料符号参见表 4-4。

第四部分：区分符号。同系列产品需要区分时，允许制造商选用适当符号表示。第三部分与第四部分用“—”分隔。

表 4-1　气缸布置型式符号

| 符　号 | 含　义 |
| --- | --- |
| 无 | 多缸直列及单缸 |
| V | V 形 |
| P | 卧式 |
| H | H 形 |
| X | X 形 |

注：其他布置型式符号见 GB/T 1883.1。

表 4-2　结构特征符号

| 符　号 | 结构特征 |
| --- | --- |
| 无 | 冷却液冷却 |
| F | 风冷 |
| N | 凝气冷却 |
| S | 十字头式 |
| Z | 增压 |
| ZL | 增压中冷 |
| DZ | 可倒转 |

表 4-3　用途特征符号

| 符　号 | 用　途 |
| --- | --- |
| 无 | 通用型及固定动力(或制造商自定) |
| T | 拖拉机 |
| M | 摩托车 |
| G | 工程机械 |
| Q | 汽车 |
| J | 铁路机车 |
| D | 发电机组 |
| C | 船用主机、右机基本型 |
| CZ | 船用主机、左机基本型 |
| Y | 农用三轮车(或其他农用车) |
| L | 林业机械 |

注：内燃机左机和右机的定义按 GB/T 726 的规定。

表 4-4　燃料符号

| 符　号 | 燃料名称 | 备　注 |
| --- | --- | --- |
| 无 | 柴油 | |
| P | 汽油 | |

续表

| 符　号 | 燃料名称 | 备　注 |
|---|---|---|
| T | 天然气(煤层气) | 管道天然气 |
| CNG | 压缩天然气 | |
| LNG | 液化天然气 | |
| LPG | 液化石油气 | |
| Z | 沼气 | 各类工业化沼气(农业有机废弃物、工业有几废弃物、城市污水处理、城市有机垃圾)允许用 1～2 个字母的形式表示。如“ZN”表示农用有机废弃物产生的沼气 |
| W | 煤矿瓦斯 | 浓度不同的瓦斯允许用 1 个小写字母的形式表示。如“WD”表示低浓度瓦斯 |
| M | 煤气 | 各类工业化煤气如焦炉煤气、高炉煤气等。允许在 M 后加 1 个字母区分煤气的类型 |
| S<br>SCZ | 柴油/天然气双燃料<br>柴油/沼气双燃料 | 其他燃料用两种燃料的字母表示 |
| M | 甲醇 | |
| E | 乙醇 | |
| DME | 二甲醇 | |
| FME | 生物柴油 | |

注 1：一般用 1～3 个拼音字母表示燃料，也可用成熟的英文缩写字母表示。

注 2：其他燃料允许制造商用 1～3 个字母表示。

2) 内燃机型号示例

(1) 柴油机。

**【例 4-1】** G12V190ZLD——12 缸、V 型、四冲程、缸径 190mm、冷却液冷却、增压中冷、发电用(G 为系列代号)。

**【例 4-2】** R175A——单缸、四冲程、缸径 75mm、冷却液冷却(R 为系列代号、A 为区分符号)。

**【例 4-3】** YZ6102Q——六缸直列、四冲程、缸径 102mm、冷却液冷却、车用(YZ 为扬州柴油机厂代号)。

**【例 4-4】** 8E150C-1——8 缸、直列、二冲程、缸径 150mm、冷却液冷却、船用主机、右机基本型(1 为区分符号)。

**【例 4-5】** JC12V26/32ZLC——12 缸、V 型、四冲程、缸径 260mm、行程 320mm、冷却液冷却、增压中冷、船用主机、右机基本型(JC 为济南柴油机股份有限公司代号)。

**【例 4-6】** 12VE230/300ZCZ——12 缸、V 型、二冲程、缸径 230mm、行程 300mm、冷却液冷却、增压、船用主机、左机基本型。

**【例 4-7】** G8300/380ZDZC——8 缸、直列、四冲程、缸径 300mm、行程 380mm、冷却液冷却、增压可倒转、船用主机、右机基本型(G 为系列代号)。

(2) 汽油机。

【例 4-8】 IE65 F/P——单缸、二冲程、缸径 65mm、风冷、通用型。

【例 4-9】 492Q/P - A——四缸、直列、四冲程、缸径 92mm、冷却液冷却、汽车用(A 为区分符号)。

(3) 燃气机。

【例 4-10】 12V190ZL/T——12 缸、V 型、四冲程．缸径 190mm、冷却液冷却、增压中冷、燃气为天然气。

【例 4-11】 16V190ZLD/MJ——16 缸、V 型、四冲程、缸径 190mm、冷却液冷却、增压中冷、发电用、燃气为焦炉煤气。

(4) 双燃料发动机。

【例 4-12】 G12V190ZLS——12 缸、V 型、缸径 190mm、冷却液冷却、增压中冷、燃料为柴油/天然气双燃料(G 为系列代号)。

【例 4-13】 12V26/32ZL/SCZ——12 缸、V 型、缸径 260mm、行程 320mm、冷却液冷却、增压中冷、燃料为柴油/沼气双燃料。

## 二、内燃机基本工作过程

### 1. 四冲程内燃机工作过程

四冲程内燃机每个工作循环由进气、压缩、做功和排气四个冲程组成，其工作过程如图 4-3 所示。

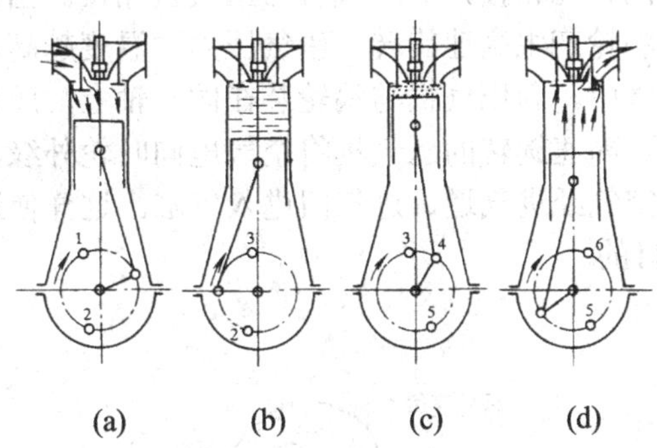

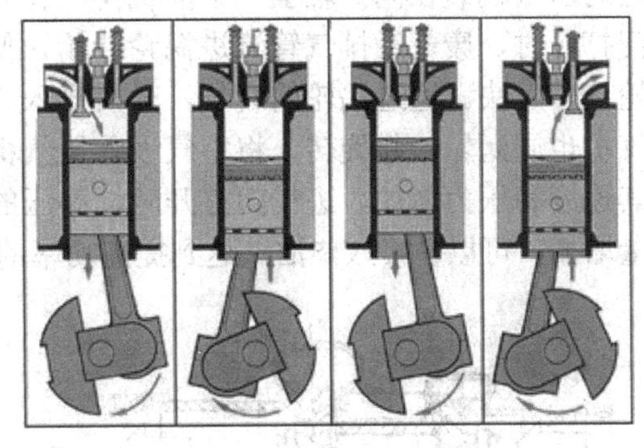

图 4-3　四冲程内燃机工作过程

(1) 进气冲程。工作时进气门打开，排气门关闭，活塞由上止点运动到下止点，曲轴旋转180°。新鲜空气吸入气缸，如图 4-3 (a)所示。

(2) 压缩冲程。在进气终了，内燃机的进、排气门均关闭，气缸形成封闭系统，活塞开始向上运动，如图 4-3 (b)所示，活塞由下止点运动到上止点，曲轴旋转 180°，将气缸内的气体压缩，使缸内气体的压力和温度均有很大提高。

(3) 做功冲程。由于内燃机燃料燃烧，使缸内气体压力和温度急剧提高。气缸内高温高压气体膨胀做功，推动活塞由上止点运动到下止点，曲轴旋转 180°，如图 4-3 (c)所示。同时，膨胀功经连杆由曲轴输出，从而把燃料的热能变为机械功。

(4) 排气冲程。为了使能量转换过程连续地进行下去，缸内气体在膨胀做功以后，排气门打开活塞由下向上运动，将废气从排气门排出，如图 4-3(d)所示。内燃机经过了进气、压缩、膨胀和排气过程，完成了一个工作循环。当活塞再次由上向下运动时，又开始了下一个工作循环。

由此可见，四冲程内燃机在一个工作循环的四个行程中，只有一个行程是做功的，其余三个行程是做功的准备行程。因此，单缸内燃机曲轴每转两周只有半周是由膨胀气体的作用使曲轴旋转，其余一周半则靠惯性维持转动，所以曲轴转速是不均匀的。在多缸四冲程内燃机中，每个气缸的工作过程是相同的，但是所有气缸的做功行程并不同时发生，如四缸内燃机，曲轴每转半周便有一个气缸在做功。这样，内燃机气缸数增多，不仅功率增加，工作转速也更加平稳。

四冲程柴油机和汽油机的工作过程都包括上述四个冲程，两者在工作原理上的主要差别是：柴油机压缩的主要是空气和上次循环剩余的废气，当活塞到达上止点附近时，缸内气体的压力、温度很高，适时地喷入柴油，在缸内形成可燃混合气并自行着火燃烧；对于汽油机，其可燃混合气是在压缩终了时靠火花塞打火点燃的。

**2. 柴油机增压**

柴油机增压是将新鲜空气在进入气缸之前进行压缩，提高进气密度，增加进气量，从而达到提高功率的目的。

增压器的种类很多，按增压程度不同，可以分为低增压器、中增压器、高增压器和超高增压器。按驱动增压器的动力不同，可分为废气涡轮增压器、机械增压器和复合增压器。目前使用最广泛的是废气涡轮增压器。

废气涡轮增压柴油机工作原理如图 4-4 所示。废气涡轮增压器是由涡轮和压气机组成，涡轮与压气机装在同一轴上。柴油机排气管与涡轮壳相接，而进气管与压气机相接。当排气门打开时，废气经排气管流进涡轮叶轮，使涡轮产生高速旋转。废气压力、温度越高，涡轮旋转越快。通过涡轮的废气，最后排入大气中。因压气机与涡轮装在同一轴上，所以压气机也同涡轮一起旋转，将空气吸入压气机。高速旋转的压气机将空气甩向叶轮外缘，使其速度和压力增加。进气门打开时，高压的空气经进气道、进气门进入气缸。这样使进气量增加，可以多喷入柴油，达到提高功率的目的。

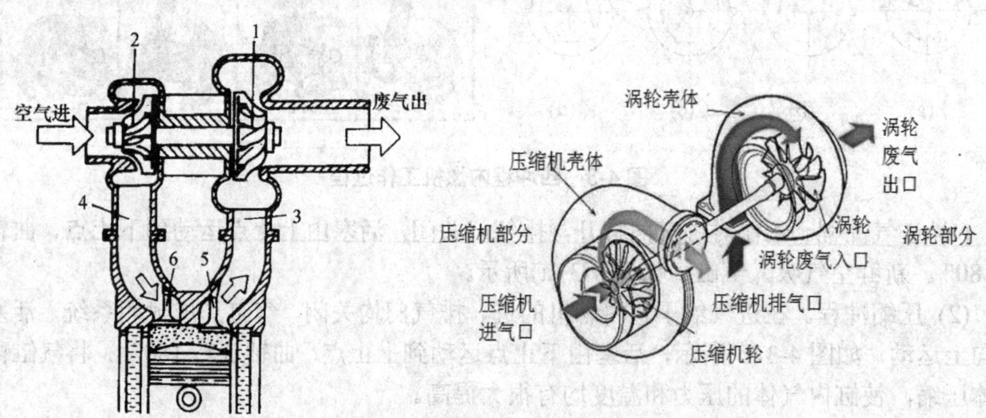


图 4-4　废气涡轮增压柴油机工作原理

1—废气涡轮；2—压气机；3—排气管；4—进气管；5—排气门；6—进气门

废气涡轮增压内燃机与非增压内燃机相比，其优点是在相同气缸尺寸及行程条件下，可以增大功率。由于压气机消耗的功率由废气供给，不消耗内燃机本身功率，因此增压以

后降低了耗油率，提高了经济性。增压还有利于改善内燃机的排放。但是内燃机增压后增加了内燃机机械负荷和热负荷；在性能上要求内燃机与增压器有良好的配合；同时由于增压器转速很高，对其材料和制造工艺也要求较高。

## 三、内燃机总体结构

内燃机是比较复杂的机器，它由许多机构和系统组成。图 4-5 为单缸柴油机构造简图。下面我们对内燃机的总体构造作简单介绍。

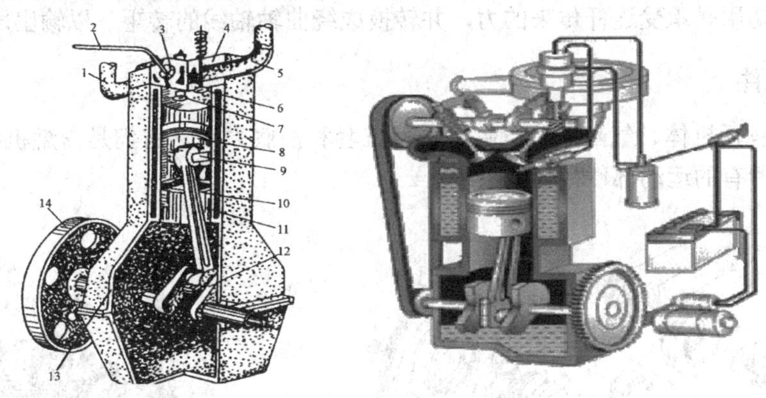


图 4-5　单缸柴油机构造简图

1—进气管；2—进油管；3—燃烧室；4—气缸盖；5—排气管；6—排气门；7—进气门；8—活塞；9—活塞销；10—连杆；11—气缸；12—曲轴；13—曲轴箱；14—飞轮

### 1. 曲柄连杆机构

曲柄连杆机构包括活塞组、连杆组、曲轴飞轮组等构成内燃机的主要运动部件，如图 4-6 所示。

它的作用是将活塞的往复直线运动转变为曲轴的旋转运动，将作用在活塞上的燃气压力变为扭矩，通过曲轴输出。

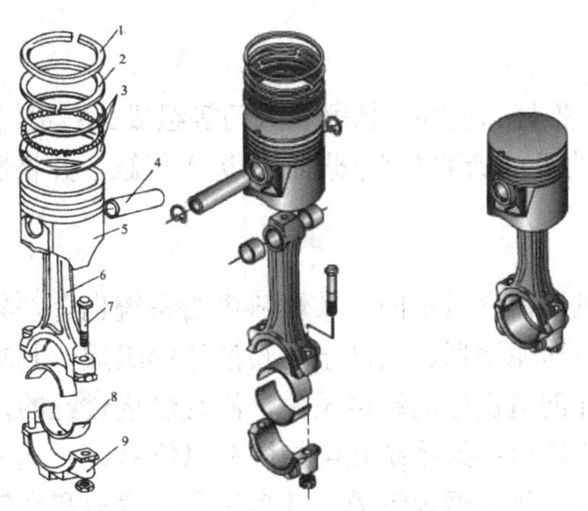


图 4-6　发动机活塞连杆分解图

1—第一道气环；2—第二道气环；3—组合气环；4—活塞销；5—活塞；6—连杆体；7—连杆螺栓；8—连杆轴瓦；9—连杆盖

(1) 活塞组。活塞组由活塞、活塞环(包括气环和油环)、活塞销等机件组成。

活塞顶部与气缸盖、气缸共同组成燃烧室。活塞的主要作用是承受气缸中气体的作用力，并将此力通过活塞销传给连杆，以推动曲轴旋转。

(2) 连杆组。连杆组主要由连杆、连杆盖、连杆轴瓦及连杆螺栓等组成。连杆的功用是将活塞承受的力传给曲轴并使活塞的往复运动转变为曲轴的旋转运动。

(3) 曲轴飞轮组。曲轴飞轮组主要由曲轴、飞轮及附件组成。其附件的种类和数量取决于发动机的结构和性能要求。图 4-7 为一种六缸发动机的曲轴飞轮组的分解图。

曲轴的功用是承受连杆传来的力，并转换成绕曲轴轴线的转矩，以输出所需的动力。

### 2. 固定件

固定件包括机体、气缸盖、气缸垫、气缸套和油底壳等，它们是内燃机的骨架，用以安装和支承所有的运动部件和辅助系统。

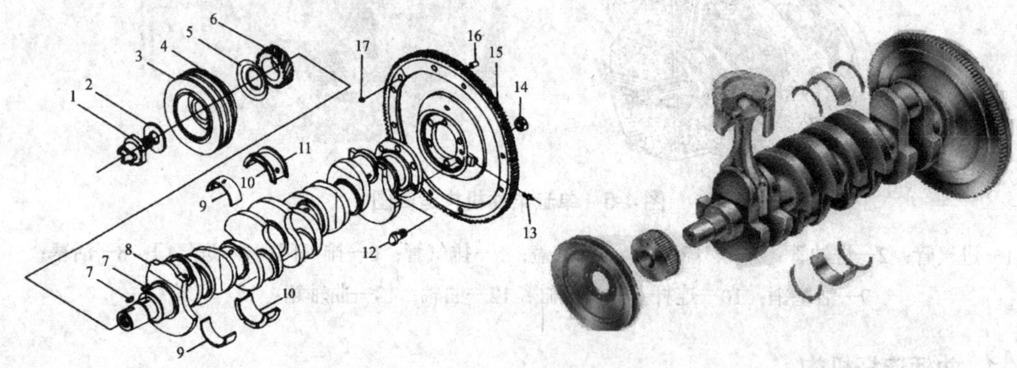


**图 4-7　曲轴飞轮组分解图**

1—起动爪；2—起动爪锁紧垫圈；3—扭转减振器；4—皮带轮；5—挡油片；6—正时齿轮；7—半圆键；8—曲轴；9—主轴承上、下轴瓦；10—中间主轴承上、下轴瓦；11—止推片；12—螺柱；13—直通滑脂嘴；14—螺母；15—齿圈；16—圆柱销；17—第一、第六缸活塞压缩上止点记号用钢球

### 3. 配气机构

配气机构由凸轮轴、推杆、挺柱、摇臂、气门等组成。它根据发动机工作循环的需要，及时正确地使混合气(汽油机)或新鲜空气(柴油机)进入气缸，并将燃烧后的废气排出气缸。

### 4. 燃料供给系统

由于柴油机和汽油机所需燃料不同，其燃料供给系统也有差异。柴油机燃料供给系统主要由油箱、输油泵、柴油滤清器、喷油泵、喷油器等组成，其功用是定时、定量、定压地向燃烧室喷入柴油，并创造良好的燃烧条件，满足燃烧过程的需要。汽油机燃料供给系统主要有两种：化油器式燃料供给系统和电控燃料供给系统。化油器式燃料供给系统主要由油箱、输油泵、滤清器、化油器等组成。其功用是将汽油和空气按比例形成的可燃混合气连续地供给气缸，以满足混合气形成及燃烧过程的需要。汽油机电控燃料供给系统通过喷油器，定时、定量地把汽油喷入进气道或气缸中，使发动机在各种情况下都能获得最佳浓度的混合气。

目前，电控汽油机已替代传统的化油器式汽油机。其主要原因是电控汽油机能有效地降低有害排放物；具有良好的经济性和动力性能；在各种工况下所获得的燃气混合气能达到精准的空燃比(空气质量与燃料质量之比)；怠速(无负荷转速)稳定，易于起动，并具有良好的加速性能。汽油机电控技术的成功应用，充分显示出电控的优越性，从而推动并加速了柴油机电控技术的发展，并获得了显著的效果。柴油机采用电控喷射技术，可优化喷油规律及喷油量，提高柴油机的功率和效率，降低噪声及排放污染。

电控柴油机喷射系统总体组成包括三大部分：传感器、控制器和执行器。它们的作用分别是：

(1) 传感器：实时检测柴油机运行状态、使用者的操作思想及操作量等信息，并输送给控制器。基本传感器有：柴油机转速传感器、齿杆位移传感器及喷油提前角传感器等。

(2) 控制器：其核心部分是计算机，它负责处理所有消息，执行程序，并将运行结果作为控制指令输出到执行器。它还有通信功能，与其他控制系统进行数据传输和交换，输送出必要的信息；同时，根据其他系统的实时情况，修改燃油系统的执行指令，适当修正喷油量、喷油提前角等。

(3) 执行器：根据控制器送来的执行指令，驱动调节喷油量及喷油定时的相应机构，从而调节柴油机的运行状态。

### 5. 冷却系统

水冷系统主要由与高温气体接触的气缸及气缸盖、水泵、散热器等组成。冷却系统的主要功用是将受热零部件所吸收的多余热量及时地传导出去，以保证内燃机可靠地工作。

### 6. 润滑系统

润滑系统主要由机油泵、机油滤清器、机油散热器、各种阀等组成，它的功用是将机油送到各运动部件的摩擦表面，起到减少摩擦、磨损和冷却的作用，也具有密封和防腐蚀作用。

### 7. 点火系统

点火系统是汽油机、煤气机等特有的系统。传统汽油机采用火花塞点火，点火系统主要由火花塞、点火线圈、分电器和蓄电池等组成。其功用是在预定的时刻及时点燃气缸内的可燃混合气，从而使内燃机实现做功过程。

现代汽油机采用电控点火定时和爆燃控制，可使汽油机在不产生爆燃的条件下，保证在各种工况下实现点火最佳控制，最大限度地提高汽油机的扭矩和功率。

### 8. 起动系统

起动系统主要由起动电动机、蓄电池、起动按钮和导线等组成。起动系统是使内燃机由静止状态进入运转状态的装置，即内燃机起动装置。最简单的起动装置是人力(手摇)起动，对较大功率的内燃机必须采用电动机起动。

研制柴油机高速、大功率、高性能的电控执行器技术要求高、难度大，因此，柴油机的电子控制晚于汽油机的电子控制。日益严格的排放法规及能源的紧缺，向柴油机提出了低污染、低油耗、高比功率的更高要求。汽油机电控技术的成功应用，充分显示出电控的优越性，从而推动和加速了柴油机电控的发展，并获得了显著的效果。

## 四、汽油机与柴油机的主要区别

汽油机与柴油机在结构与原理方面有很多相同之处，其主要不同点在于所用燃料、燃料供给方式和燃料点火方式等。

汽油机以汽油为燃料，柴油机以柴油为燃料。柴油机进气冲程进入气缸的是空气，绝大多数的汽油机进气冲程吸入的是汽油和空气按一定比例混合成的均匀的可燃混合气。

目前汽油机广泛采用电控燃油喷射技术，根据汽油机不同的工况要求，配制出一定数量和浓度的可燃混合气输入气缸，保证了燃油量的精确控制，提高输出功率。汽油机设有点火系统。汽油机采用电控点火定时，保证汽油机在各种工况下实现最佳控制。表 4-5 所列各项为汽油机与柴油机主要不同点的比较。

表 4-5　汽油机与柴油机主要不同点的比较

| 项　目 | 柴 油 机 | 汽 油 机 |
| --- | --- | --- |
| 进气 | 纯空气 | 汽油与空气的混合气 |
| 点火方法 | 利用压缩空气的高温自燃点火(压燃) | 现代汽油机广泛采用电控点火定时技术(点燃) |
| 燃料的雾化与混合气的形成方式 | 柴油在燃烧室内由喷油器雾化，与被压缩的高温空气混合；采用电控喷射，可优化喷油规律及喷油量 | 采用电控喷射技术，定时定量地把汽油喷入进气道或气缸中，可获得最佳浓度的混合气 |
| 压缩比 | 较高 | 较低 |
| 扭矩 | 低速时扭矩较大 | 高速时扭矩较大 |
| 机体结构 | 因燃烧压力高，机件强度大，构造坚固，较笨重 | 因燃烧压力低，所以机件强度低，构造轻巧 |
| 热效率 | 较高 | 较低 |
| 适于功率范围 | 适用于大、中和小功率 | 适用于中、小及微型功率 |
| 转速 | 较低 | 较高 |

## 五、内燃机主要性能指标

内燃机的性能通常用动力性能和经济性能指标表示。动力性能是指内燃机在能量转换中输出功率的大小，标志动力性能的参数有扭矩和功率等。经济性能是指发出一定功率时燃料消耗的多少，表示能量转换中质的优劣，标志经济性能的参数有热效率和燃料消耗率。

### 1. 输出扭矩

内燃机曲轴上对外输出的扭矩，称为输出扭矩(或称为转矩)，用 $T_{tq}$ 表示，单位为牛顿·米(N·m)。

### 2. 有效功率

内燃机在单位时间内对外做的功，称为有效功率，用 $P_e$ 表示，单位为千瓦(kW)。

$$P_e=\frac{\pi n}{30}T_{tq}\times10^{-3}=\frac{T_{tq}n}{9550} \tag{4-4}$$

式中：$T_{tq}$——输出扭矩(N·m)；

$n$——转速(r/min)。

有效功率是内燃机的主要性能指标之一。内燃机功率标定是制造企业根据内燃机的用途、寿命、可靠性及使用条件等要求，人为地规定该产品在大气条件下所输出的有效功率及相应的转速，被称为标定功率及标定转速。各国或地区标定方法不尽相同，我国国家标准规定，内燃机功率分为以下四级。

(1) 15 分钟功率。该功率为内燃机允许连续运行 15 分钟的最大有效功率，适用于较大功率储备或需要瞬时发出最大功率的汽车、军用车辆、快艇等的内燃机。

(2) 1 小时功率。该功率为内燃机允许连续运行 1 小时的最大有效功率，适用于需要一定功率储备，以克服突增载荷的工程机械、内燃机车、大型载货汽车、船舶等的内燃机。

(3) 12 小时功率。该功率为内燃机允许连续运行 12 小时的最大有效功率，适用于在 12 小时内连续运转，而且要充分发挥功率的拖拉机、农业排灌、内燃机车、移动式发电机组等的内燃机。

(4) 持续功率。该功率为内燃机允许长时间连续运行的最大有效功率，适用于需要长期连续运转的固定动力、排灌、船舶、电站等的内燃机。

除持续功率外，其他几种功率均具有间歇性工作的特点，故被称为间歇功率。

在标定任一种功率时，必须同时标出相应的标定转速。

#### 3. 有效燃料消耗率

内燃机每发出 1 千瓦的功率，在 1 小时内所消耗的燃料量(克)，称为有效燃料消耗率(比油耗)，用 $b_e$ 表示，单位为克 / 千瓦 · 小时。比油耗越低，内燃机的经济性越好。

$$b_e = \frac{B}{P_e} \times 10^3 \tag{4-5}$$

式中：$B$——内燃机每小时的燃料消耗量(千克/小时)。

#### 4. 有效热效率

转换成内燃机有效功的热量与所消耗燃料热量的比值，用 $\eta_e$ 表示。

$$\eta_e = \frac{3.6 \times 10^3}{BH_u} P_e \tag{4-6}$$

式中：$H_u$——所用燃料的低热值(千焦 / 千克)。

低热值是指燃料完全燃烧时放出的热量，但不包括燃烧物中水蒸气的潜热。

内燃机的热效率越高，表示燃料的热量利用越好，内燃机的燃料经济性越好。一般高速柴油机的 $\eta_e$ 值在 0.36～0.40；中速柴油机的 $\eta_e$ 值在 0.38～0.45；低速柴油机的 $\eta_e$ 值在 0.40～0.48；汽油机的 $\eta_e$ 值在 0.25～0.36；增压内燃机的 $\eta_e$ 值偏于高值。

#### 5. 内燃机排放

1) 内燃机排放及相应标准简介

当前几乎对所有类型的车用内燃机排出的氮氧化物( NOx)、碳氢化合物(HC)、一氧化碳(CO)和悬浮粒子(Particulate Matter，简记 PM)等都有限制。实施限制较早的国家和地区有欧洲、美国和日本。其中欧洲的汽车废气排放标准相对于美国和日本，更适合发展中国家应

用。因此，我国制定的汽车废气排放标准基本沿用了欧洲标准。欧洲标准是由欧洲经济委员会(ECE)的汽车废气排放法规和欧盟(EU)的汽车废气排放指令构成的，由欧洲经济委员会参与国自愿认可，而欧盟汽车排放指令则由 ECE 或 EU 参与国强制实施。在欧洲，汽车废气排放的标准一般每四年更新一次。1992 年开始实行欧洲一号标准，1996 年开始实行欧洲二号标准，2000 年开始实行欧洲三号标准，2005 年开始实行欧洲四号标准。我国于 2001 年实施的《轻型汽车污染物排放限值及测量方法(Ⅰ)》等效于欧洲一号标准(EUI 或 EURO 1)；2004 年实施的《轻型汽车污染物排放限值及测量方法(Ⅱ)》等效于欧洲二号标准(EUII 或 EURO 2)；2007 年实施的国Ⅲ标准相当于欧洲三号标准(EUIII 或 EURO 3)。于 2010 年实施的国Ⅳ标准相当于欧洲四号标准(EUIV 或 EURO 4)等。表 4-6 至表 4-8 给出了我国车用压燃式、气体点燃式发动机与汽车排气污染物排放限值和相应实施时间。其中，ESC 和 ELR 分别代表稳态工况(European steady state cycle，稳态循环)和瞬态工况(European load response test，负荷烟度试验)，表中限值是在所述工况下，按照规定的转速和扭矩进行试验而不能大于的数值。其中，EEV 指环境友好汽车，表 4-6、表 4-7 中 EEV 限值为非强制性要求，但鼓励制造和使用满足该要求的环境友好汽车。在实际使用中，此数值由 OBD(On-Board Diagnostics 的缩写，翻译为“车载自动诊断系统”)监控。当车辆排放没有达到标准时，OBD 系统将自行报警，进而转入系统默认模式，发动机将不能正常工作，车辆只能到特约维修站进行检查和维护，并且 OBD 是嵌入系统，不能在车辆出厂之后经过改造加装。

表 4-6 ESC 和 ELR 试验限值

| 阶 段 | 一氧化碳 (CO)/[g/(kwh)] | 碳氢化合物 (HC)/[g/(kwh)] | 氮氧化物 ($NO_x$)/[g/(kwh)] | 颗粒物 (PM)/[g/(kwh)] | 烟度/$m^{-1}$ |
|---|---|---|---|---|---|
| Ⅲ | 2.1 | 0.66 | 5.0 | 0.10<br>0.13① | 0.8 |
| Ⅳ | 1.5 | 0.46 | 3.5 | 0.02 | 0.5 |
| Ⅴ | 1.5 | 0.46 | 2.0 | 0.02 | 0.5 |
| EEV | 1.5 | 0.25 | 2.0 | 0.02 | 0.15 |

注：① 对每缸排量低于 0.75$dm^3$，以及额定功率转速超过 3000r/min 的发动机。

表 4-7 ETC 试验限值

| 阶 段 | 一氧化碳 (CO)/[g/(kwh)] | 非甲烷碳氢化合物 (NMHC)/[g/(kwh)] | 甲烷($CH_4$)/ [g/(kwh)] | 氮氧化物 ($NO_x$)/[g/(kwh)] | 颗粒物(PM)② /[g/(kwh)] |
|---|---|---|---|---|---|
| Ⅲ | 5.45 | 0.78 | 1.6 | 5.0 | 0.16<br>0.21③ |
| Ⅳ | 4.0 | 0.55 | 1.1 | 3.5 | 0.03 |
| Ⅴ | 4.0 | 0.55 | 1.1 | 2.0 | 0.03 |
| EEV | 3.0 | 0.40 | 0.65 | 2.0 | 0.02 |

注：① 仅对 NC(天然气)发动机。

② 不适用于Ⅲ、Ⅳ和 V 阶段的燃气发动机。

③ 对每缸排量低于 0.75$dm^3$ 及额定功率转速超过 3000 r/min 的发动机。

表 4-8　型式核准执行日期

| 第Ⅲ阶段 | 第Ⅳ阶段 | 第Ⅴ阶段 |
|---|---|---|
| 2007 年 1 月 1 日 | 2010 年 1 月 1 日 | 2012 年 1 月 1 日 |

2) 我国内燃机现行排放标准

根据《中华人民共和国大气污染防治法》相关规定，《车用压燃式、气体燃料点燃式发动机与汽车排气污染物排放限值及测量方法(中国Ⅲ、Ⅳ、Ⅴ 阶段)》( GB 17691—2005)中“气体燃料点燃式发动机与汽车第五阶段排放限值”公告如下：

(1) 自 2013 年 1 月 1 日起，所有生产、进口、销售和注册登记的气体燃料点燃式发动机与汽车必须符合国五标准的要求，相关企业应及时调整生产、进口和销售计划。

(2) 生产、进口气体燃料点燃式发动机与汽车的企业，应按国五标准要求向环境保护部提出环保型式核准申请，并按时报送环保生产一致性保证计划、年度报告以及车辆识别代码(VIN)信息。环境保护部对通过审核的车型颁发环保型式核准证书。

(3) 汽车生产企业作为车辆产品排放控制的责任主体，必须建立和完善环保生产一致性保证体系，切实加强生产过程环保达标管理、环保关键部件质量控制、车辆产品排放自检等工作，确保实际生产、销售的车辆稳定达到国五标准要求。

(4) 环境保护部继续加大机动车环保生产一致性检查力度，采取定期检查和抽查的方式，全面强化机动车生产企业的环保监管。对不符合标准要求的，将责令限期整改；整改后仍不合格的，撤销该车型的环保型式核准证书，并予以通报。

(5) 地方各级环保部门在机动车尾气排放定期检验、环保合格标志核发等工作中，要严格执行排放标准规定。对不符合标准要求的车辆，各级环保部门不予核发环保检验合格标志，并配合公安交管部门停止其在本行政区域内注册登记。

对生产、进口、销售超标车辆的，环境保护部会同有关部门依法予以处罚。

## 六、燃气轮机

### 1. 燃气轮机的特点及用途

燃气轮机是一种动力机械。燃气轮机具有功率大、重量轻、体积小、振动小、噪声小、维修方便等优点，但也存在热效率低的缺点。

在航空上，燃气轮机已占据了绝对优势，在其他领域也有比较广泛的应用，常用于电站、机车和坦克等。燃气轮机是新型舰船动力装置，更能满足大中型水面舰艇的技术要求。

### 2. 燃气轮机的基本结构及工作原理

燃气轮机主要由压气机、燃烧室和涡轮三大部分组成，结构如图 4-8 所示。燃气轮机工作时，压气机把空气从大气中吸入并压缩，使之具有一定的压力，然后把空气送入燃烧室，与喷入的燃料混合，点火燃烧，产生高压、高温的燃气。具有高压高温的燃气进入涡轮，进行膨胀做功，推动涡轮转动，并带动与之同轴的压气机一起高速旋转，从而把燃料的化学能部分地转换为机械功。

燃气在膨胀做功以后，其压力和温度都降低，可直接排入大气，或经过回收部分热量后排入大气。

在压气机中进行的是吸气及压缩过程；燃烧室中进行的是燃料的燃烧过程；涡轮中进行的是膨胀做功以及排气过程。各工作过程连续循环地进行，以维持燃气轮机的做功能力。

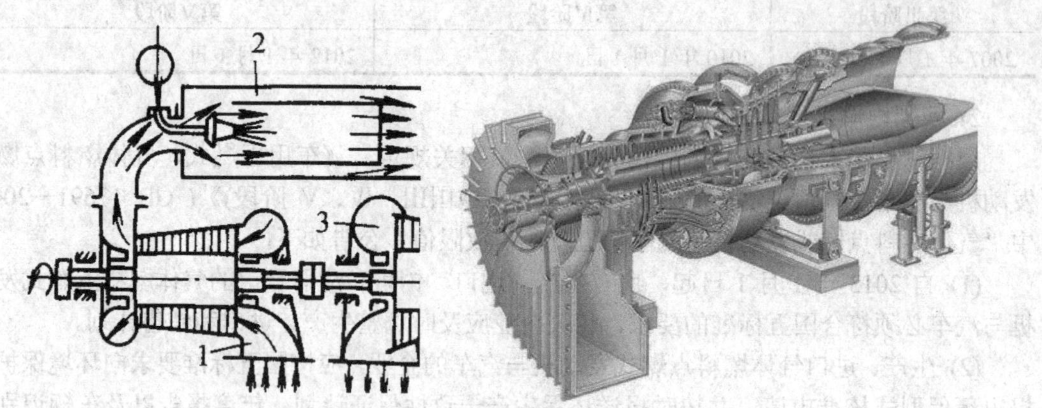


图 4-8　燃气轮机简图

1—压气机；2—燃烧室；3—涡轮

3. 压气机

压气机是燃气轮机的一个重要组成部分。它的作用是完成燃气轮机热力循环中的空气压缩过程，提高工质(气体)的压力。压气机有轴流式和离心式两种基本型式。它们的工作过程类似，但是流道形状及空气流动特点有所不同。

(1) 轴流式压气机。在轴流式压气机中，空气沿与轴线平行的方向流动，其特点是空气流量大，但单级增压压力比较低，所以通常轴流式压气机都由多级组成，以获得较高的压力比。另外由于它的迎风面积小，空气流动不急剧转向，效率较高，因此，轴流式压气机在航空及大型燃气轮机中广泛应用。图 4-9 为多级轴流式压气机。

图 4-9　多级轴流式压气机

1—进口收敛段；2—进口导流叶片；3—工作叶片；4—整流叶片

(2) 离心式压气机。在离心式压气机中，空气大致沿着与旋转轴线相垂直的半径方向流动，因而也称为径流式压气机。它与轴流式压气机相比，空气流量小，效率较低；但单级离心压气机具有结构简单、外形短、重量轻等优点，对于小尺寸的压气机，离心式压气机的效率反而高于轴流式压气机的效率。因此，离心式压气机多用于小型的燃气轮机。图 4-10 为两级离心式压气机。

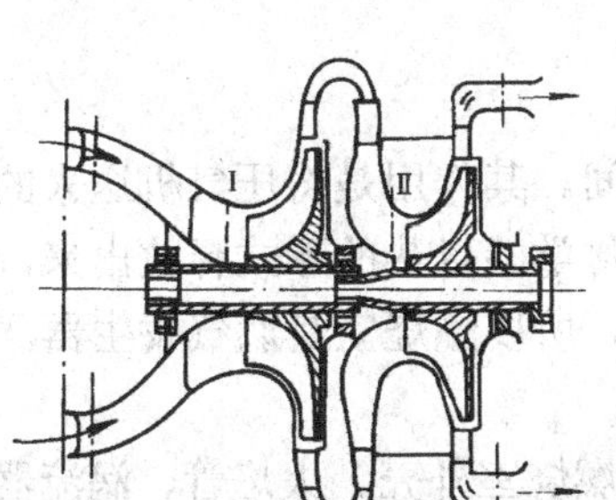


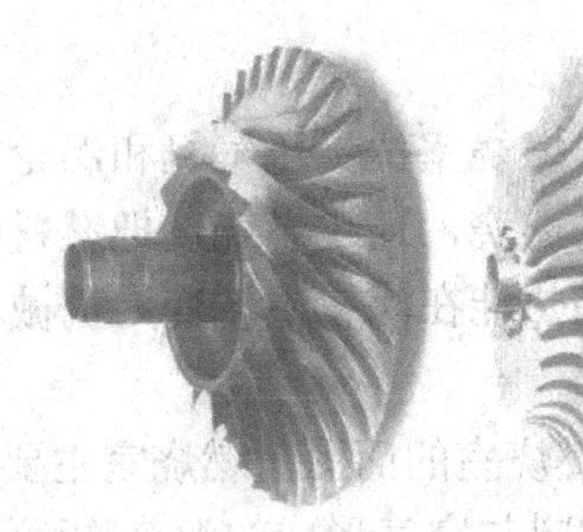

图 4-10　两级离心式压气机

4. 涡轮

涡轮与压气机相反，它是将燃气的热能和压力能转变为轴上的机械功的一种叶轮式机械。装有一列喷嘴环的定子和其后装有动叶片的工作轮组成涡轮的一个级。同压气机一样，涡轮也可由多个级组成，称为多级涡轮。

在燃气轮机中采用的涡轮分为两类：轴流式涡轮和径流式涡轮。两种涡轮机的结构简图如图 4-11 和图 4-12 所示。工质流动方向与轴大致平行的称为轴流式涡轮，工质流动方向与轴大致垂直的称为径流式涡轮。径流式涡轮又分为径流向心式和径流离心式。轴流式涡轮和径流式涡轮虽然在结构上有较大差别，但工作原理基本相同。因为轴流式涡轮在大流量的情况下具有较高的效率，所以轴流式涡轮应用广泛，多在大型燃气轮机中采用。

图 4-11　轴流式涡轮机

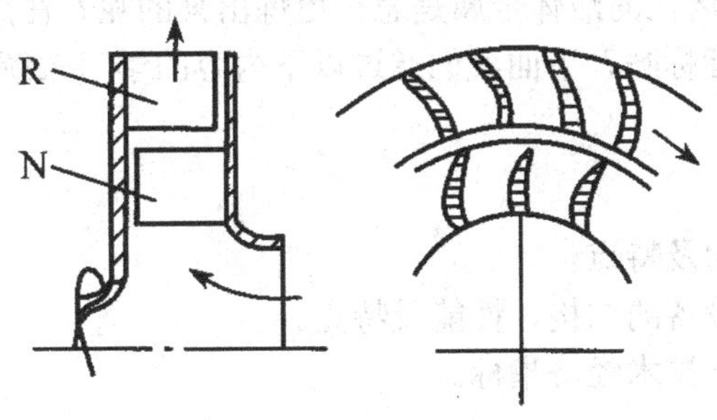


图 4-12　径流式涡轮机

N—喷嘴环；R—工作轮

### 5. 燃烧室

在燃气轮机中，燃烧室位于压气机和涡轮之间。其作用是将压气机送来的增压后的空气同燃料进行混合并燃烧，通过燃烧，把燃料的化学能以热的形式释放出来，使燃气的温度大大提高。工质的热能在涡轮中转变为机械功，所以燃烧室是燃气发生器。它是燃气轮机的一个重要部件。

图 4-13 所示为燃烧室的简图。燃烧室主要由燃烧室外壳、火焰管、涡流器、喷油嘴、混合器以及为点燃燃料与空气形成的混合物而设置的点火器等组成。

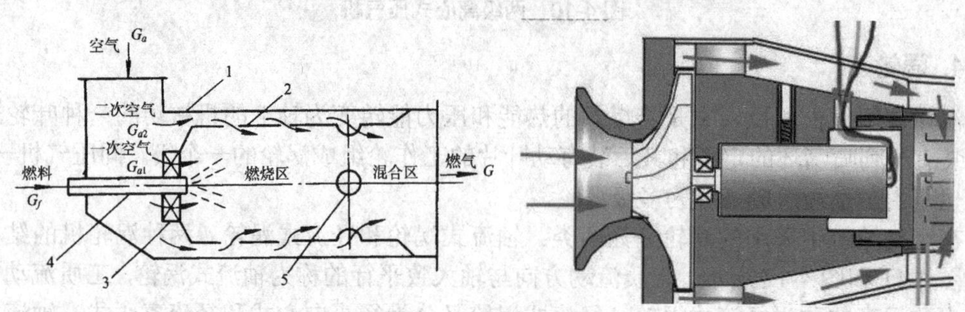


**图 4-13　燃烧室简图**

1—外壳；2—火焰管；3—涡流器；4—喷油嘴；5—混合器

燃烧室从总体结构上分为三大类：圆筒形燃烧室、管形燃烧室和环形燃烧室。

燃气轮机中的燃料为液体和气体燃料。常用的液体燃料有煤油、轻柴油、重柴油、重油及原油。常用的气体燃料有天然气、炼油厂气、焦炉煤气等。

## 任务二　金属熔炼设备

### 【任务导读】

将熔化的液体金属浇铸到具有和机械零件形状相似的铸型型腔，经过凝固冷却之后，获得毛坯(或零件)，那么熔化的液体金属是怎么熔炼出来的呢？在熔炼过程中应注意哪些事项，又有哪些技术经济指标呢？下面我们通过以下内容的学习来解答这个问题。

### 【任务提出】

- 理解铸造的概念及特点。
- 熟悉不同熔炼设备的结构、性能及特点。
- 掌握冲天炉生产技术经济指标。

### 【知识导航】

铸造是将熔化的液体金属浇铸到具有和机械零件形状相似的铸型型腔，经过凝固冷却之后，获得毛坯(或零件)的加工方法。因此，金属熔炼是铸造生产中相当重要的环节。熔炼的目的是要获得预定成分和一定温度的金属液，并尽量减少金属液中的气体和夹杂物，提高熔炼设备的熔化率，降低燃料消耗，以达到最佳的技术经济指标。

## 一、铸铁的熔炼设备

铸铁的熔炼设备有许多种，如冲天炉、反射炉、工频感应炉等。由于冲天炉具有结构简单、操作方便、熔化率高、成本低等特点，目前得到广泛应用。

### 1. 冲天炉的结构

冲天炉由炉身、烟囱、炉缸和前炉四大部分组成，如图 4-14 所示。炉身为直筒形，是冲天炉的主体，其外部用钢板焊接而成，内部砌上耐火砖炉衬。炉身上部有加料口，冲天炉在工作过程中所需的燃料由加料机经加料口装入。炉身下部有风带，燃料燃烧时所需的空气从风带经风口进入炉内。高于加料口以上部分叫作烟囱，在烟囱顶部装火花捕集器。主风口以下至炉底部为炉缸。熔化的铁水流入炉缸，炉缸内的液体金属不断地沿着倾斜炉底，经过过道流到前炉。前炉是储存铁水和排渣用的，因此前炉上设有出铁口和出渣口。

冲天炉的生产率用每小时能熔化多少吨铁水表示，通常为 0.5～30 吨/小时，最常用的为 1.5～10 吨/小时，炉子内径越大，其生产率越高。

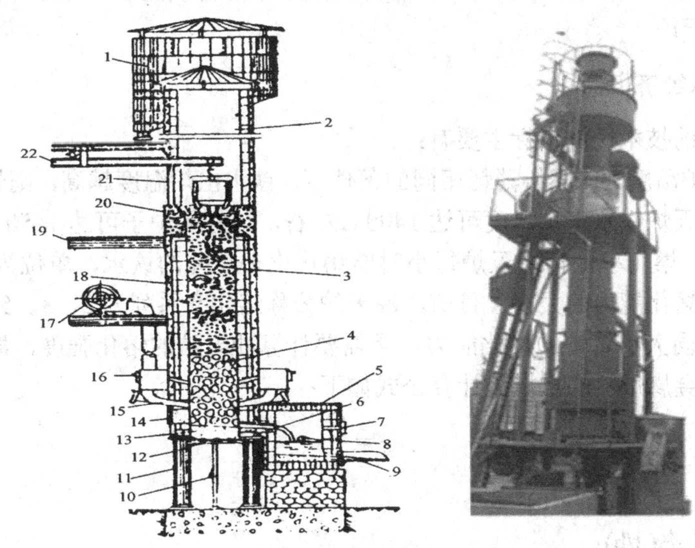


图 4-14　冲天炉构造

1—火花罩；2—烟囱；3—层焦；4—底焦；5—前炉；6—过道；7—窥视口；8—出渣口；9—出铁口；10—支柱；11—炉腿；12—炉底门；13—炉底；14—工作门；15—风口；16—风带；17—鼓风机；18—炉身；19—加料台；20—铸铁砖；21—加料口；22—加料机

### 2. 节能降耗冲天炉及淘汰产品

冲天炉是铸造生产中能耗大、对环境污染严重的设备。冲天炉产生的污染主要是其排放物——烟尘、炉渣及热量。冲天炉产生的烟尘中含三 SO、CO、$CO_2$ 及氮氧化物等有害气体，未燃烧的碳粒及 $SiO_2$、MgO、CaO、FexOy 等固态污染物。粒径为 0.1～1μm 的颗粒可长久存留于空气中并形成气溶胶；粒径为 1～10μm 的颗粒可以尘雾形态在流动的空气中飘浮很长时间；粒径为 10～100μm 的颗粒，虽然在空气中易于沉降，但在上升气流中也会较长时间悬浮和飘散，大于 100μm 的颗粒，被烟气吹出烟囱后，降落在冲天炉附近。因此，应重视冲天炉的选型并根据技术进步水平，适时淘汰落后的冲天炉。

我国要求冲天炉应具有节能减排、安全环保的特点，国家三部委联合推荐的外热风冲天炉符合上述要求。所谓外热风就是利用冲天炉烟气中一氧化碳的化学热加热空气，再将预热的空气送入冲天炉。其基本配置是水冷无衬单排插入式风口。这种冲天炉的铁液过热能力强，冶金性能好，炉渣渣量少，烟气中 CO 含量几乎为零。采取适当技术措施后，5t/h 以上的冲天炉也能克服开炉初期炉温低、铁液升温慢、出铁温度低和质量差的缺陷。

对于产量小、不足以采用外热风冲天炉的工厂，可采用薄衬冲天炉。所谓薄衬是指熔化带和过热带耐火材料炉衬厚度相当于无衬炉凝渣自生衬。这种冲天炉在熔炼过程中，炉膛截面积变化很小，能在稳定的工艺条件下实现炉况稳定，与无衬炉一致；开炉伊始即有炉衬保护，避免开炉初期的过度散热，炉内升温快，从开炉到进入正常熔炼的时间短。因此较小熔化率的冲天炉也可实现长炉龄操作，从而具备环保特点。水冷薄衬可用于常温送风或自热送风的两排风口炉型，也可用于单排风口外热风炉型。

对于经过适当技术改造，仍不能满足节能减排、安全环保的冲天炉，就应坚决淘汰。如：300 立方米及以下的炼铁高炉；300 立方米以上、400 立方米及以下的炼铁高炉；200 立方米及以下的专业铸铁管厂高炉；100 立方米及以下的锰铁高炉；2015 年淘汰小吨位(≤3 吨/小时)铸造冲天炉。

### 3. 生产技术经济指标

衡量冲天炉的技术经济指标主要有：

(1) 铁水出炉温度。在燃料消耗相同的条件下，铁水出炉温度越高，则炉子经济效果越好。目前一般冲天炉铁水出炉温度可达 1400℃左右，较好的炉子可达 1450～1500℃。

(2) 熔化率。熔化率是指冲天炉每小时能熔化出多少吨的铁水，单位为吨/小时。熔化率反映了冲天炉熔化能力的大小。目前，冲天炉公称熔化率系列为 2、3、5、8、10。

为了比较不同大小熔炉的熔化能力，常需要计算冲天炉的熔化强度，即每平方米炉膛面积每小时熔化金属炉料的重量。计算公式如下：

$$q=\frac{Q}{A} \tag{4-7}$$

式中：$q$——熔化强度( $t/m^2 \cdot h$)；

$Q$——熔化率( t/h)；

$A$——冲天炉内熔化带处断面面积($m^2$)。

冲天炉的熔化强度一般在 6～9$t/m^2 \cdot h$，也有超过 10$t/m^2 \cdot h$ 的。

(3) 燃料消耗率。冲天炉熔炼时，其燃料消耗的多少，一般用铁焦比α表示。其计算公式如下：

$$\alpha=\frac{m_{铁}}{m_{焦}} \tag{4-8}$$

式中：α——铁焦比；

$m_{铁}$——铁料重量(kg)；

$m_{焦}$——焦炭重量(kg)。

有时也用焦炭消耗率$\beta$来表示焦炭消耗的多少，计算公式如下：

$$\beta=\frac{m_{焦}}{m_{铁}} \tag{4-9}$$

目前，国内冲天炉铁焦比α一般为 8～10，即焦炭消耗率$\beta$为 10%～12.5%。在保证铁

液质量的前提下，为了节约能源，应努力提高铁焦比，降低焦炭消耗率。

## 二、铸钢的熔炼设备

由于钢的含碳量比铸铁低，熔点高，且对硫及磷等杂质元素和有害气体含量要求较严，因此，其熔炼过程比较复杂。炼钢过程包括钢液内、炉渣内、钢液与炉渣间、炉渣与炉气间以及炉渣与炉衬间一系列氧化还原反应，都是在高温下发生的复杂物理、化学过程。目前炼钢厂炼钢的方法有氧气顶吹转炉炼钢法和电弧炉炼钢法。然而绝大多数工厂所需要的钢液是为了生产铸钢件，生产铸钢件比炼钢厂需要的钢液量小得多，生产上要求熔炼设备有较大的灵活性，故一般工厂所用的熔炼设备主要是电弧炉(容量为 0.5～20t)和感应电炉。

### 1. 电弧炉

电弧炉的构造如图 4-15 所示，炉盖上有三个电极孔，三根石墨电极插入炉内。通电后，电极与炉料间产生电弧发热进行冶炼，炉温可达 2000℃。电弧炉的大小用每炉炼钢重量表示，一般为 3～20t。

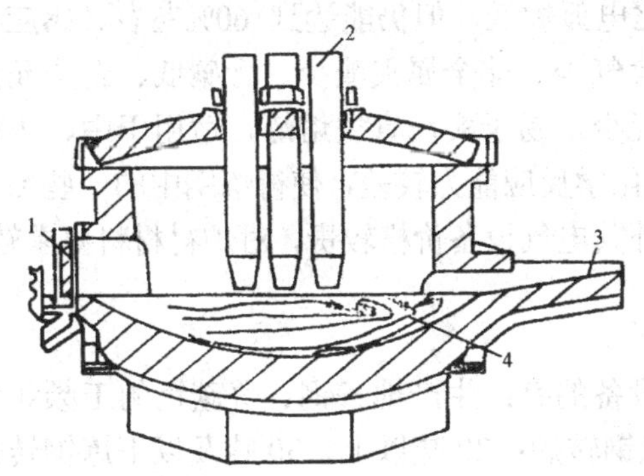

**图 4-15　电弧炉的构造图**

1—炉门；2—电极；3—出钢槽；4—熔池

电弧炉按炉衬材料和炉渣特点可分为碱性电弧炉和酸性电弧炉。碱性电弧炉可去硫、磷，对炉料无特殊要求，可炼出各种优质钢，是目前铸钢工业中使用甚广的冶炼设备。酸性电弧炉与碱性电弧炉相比，生产率高，炉衬的价格便宜，使用寿命长。但酸性炉不能去硫、磷。例如金属炉料条件较好时，采用酸性炉的技术经济意义较大。电弧炉作为炼钢设备的最大优点是热效率高，特别是在熔化炉料方面，其热效率高达 75%，是其他设备所不能比拟的。缺点是钢液容易吸收氢气，在电弧的高温作用下，空气中的水分离解为离子氢和离子氧，在炉渣覆盖不严密的条件下，氢容易侵入钢液，而使钢液增氢。

### 2. 感应电炉

近年来感应电炉在铸造生产中的应用得到了迅速发展。常用炼钢感应炉可分为中频炉(频率 1000Hz 左右)和工频炉(频率 50Hz)，图 4-16 为工频炉构造图。炉衬用石英砂等耐火材料捣制而成，炉衬外面绕有铜管制成的感应线圈，当工频电流通过感应线圈时，炉膛内金属炉料在交变磁场作用下产生感应电势，从而在炉料表面层产生感应电流(称为涡流)而发热，使金属熔化并过热达到所需温度。

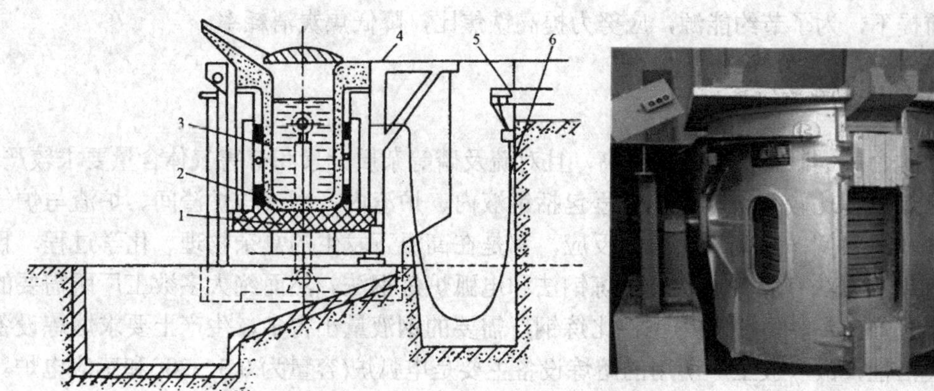


图 4-16　工频炉构造图

1—隔热板；2—线圈；3—炉衬；4—工作台；5—铜板；6—电源线

感应电炉熔炼的热量是由炉料和钢液内部发出，故加热能力较强，但由于温度比电弧炉中高温电弧低，故熔化炉料阶段的热效率比电弧炉低，但仍能达到 60%左右。感应电炉的优点在于钢中元素烧损率较低，可以制得含气少、非金属夹渣少、含碳低、合金元素损失少的各种优质钢；其熔炼速度快，能源损耗少，易于实现真空熔炼，适用于中、小型铸钢件熔炼。缺点是炉渣的温度较低，故其冶金化学反应能力较差，使得炼钢中的一些冶金反应(如脱磷、脱硫、脱氧等)进行得不充分，另外其电气设备价格较贵，对炉衬材料要求较高。

### 3. 炼钢设备淘汰产品

在国家已公布的淘汰目录中，属于炼钢设备的有：生产地条钢、普碳钢的工频和中频感应炉(机械铸造用钢锭除外)；20 吨及以下炼钢转炉；20 吨以上、30 吨及以下炼钢转炉；9000 千伏安以上、15000 千伏安及以下(公称容量 20 吨以上、30 吨及以下)炼钢电炉；5000 千伏安及以下(公称容量 10 吨及以下)高合金钢电炉。属于铁合金熔炼设备的有：6300 千伏安及以下铁合金矿热电炉；3000 千伏安以下铁合金半封闭直流电炉和精炼电炉；1500 千伏安以下铁合金硅钙合金电炉和硅钙钡铝合金电炉；5000 千伏安以下铁合金硅钙合全电炉和硅钙钡铝合金电炉；单产 5 吨 / 炉以下的钛铁熔炼炉、用反射炉焙烧钼精矿的钼铁生产线。

## 三、有色金属熔炼

除了由铁和它的合金所组成的黑色金属外，其他金属称之为有色金属。常用于铸造的金属有铜、铝、镁、锡、铅、锌等。

有色金属熔炼中合金元素容易氧化烧损，因此有色金属熔炼炉应保证金属炉料快速熔化，以免合金元素的烧损，同时要求燃料及电能消耗尽可能少，炉龄要长，操作力求简便。常用的熔炉有坩埚炉、反射炉、电阻炉等。

坩埚炉是最简单的一种熔炼炉，如图 4 -17 所示。在坩埚内盛金属，外面加热，使金属熔化和过热。这种熔炼炉由于炉气与金属液隔开，所以熔炼获得金属液的质量较高，但生产率和热效率都较低。

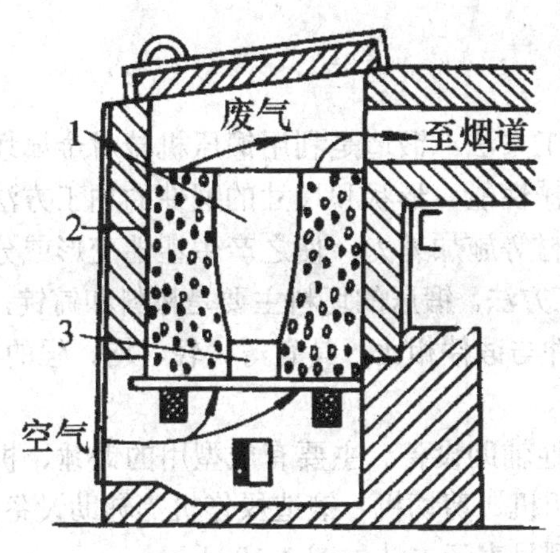

图 4-17　坩埚炉

1—坩埚；2—焦炭；3—支架

为节能减排及环境保护，国家对技术落后的有色金属熔炼设备加大了淘汰力度。在国家已公布的产品淘汰目录中，属于有色金属熔炼设备的有：用反射炉还原、煅烧红矾钠、铬酐生产金属铬的生产线；以焦炭为燃料的有色金属熔炼炉；无磁轭(≥0.25 吨)铝壳无芯中频感应电炉；无芯工频感应电炉；密闭鼓风炉、电炉、反射炉炼铜工艺及设备；采用烧结锅、烧结盘、简易高炉等落后方式炼铅工艺及设备；未配套制酸及尾气吸收系统的烧结机炼铅工艺；烧结——鼓风炉炼铅工艺；采用马弗炉、马槽炉、横罐、小竖罐(单日单罐产量 8 吨以下)等进行焙烧、简易冷凝设施进行收尘等落后方式炼锌或生产氧化锌制品；采用地坑炉、坩埚炉、赫氏炉等落后方式炼锑；采用铁锅和土炉、蒸馏罐、坩埚炉及简易冷凝收尘设施等落后方式炼汞；采用土坑炉锅或坩埚炉焙烧、简易冷凝设施收尘等落后方式炼制氧化砷或金属砷制品；无烟气治理措施的再生铜焚烧工艺及设备；坩埚炉再生铝合金、再生铅生产工艺及设备；直接燃煤反射炉弄生铝、再生铅、再生铜生产工艺及设备；50 吨以下传统固定式反射炉再生铜生产工艺及设备；4 吨以下反射炉再生铝生产工艺及设备。

# 任务三　金属压力加工设备

## 【任务导读】

日常生活中，我们见到或使用的是有具体尺寸和形状的金属制品，小到一个钉子，大到一块薄板，这是如何将金属坯料加工成我们所需要的工件呢？生产领域里又有哪些不同的金属压力加工设备呢？让我们一起来认识一下吧。

## 【任务提出】

- 了解金属的压力加工的类型及特点。
- 熟悉不同锻压设备的结构、性能及特点。
- 了解锻压设备的型号编制方法。

## 【知识导航】

金属的压力加工包括锻造和冲压两大类加工方法。锻造是利用锻压机械对金属坯料施加压力，使其产生塑性变形以获得具有一定机械性能、形状和尺寸的锻件的加工方法。冲压是靠压力机和模具对板材、带材、管材和型材等施加外力，使之产生塑性变形或分离，从而获得所需形状和尺寸的工件(冲压件)的加工方法。锻压的坯料主要是棒料和铸锭，冲压的坯料主要是热轧和冷轧的钢板和钢带，冲压件与锻件相比，具有薄、轻、均、强的特点。锻造和冲压都属于塑性加工性质，统称为锻压。

锻压设备包括各种锻锤、各种压力机和其他辅助设备。主要有成型用的锻锤、机械压力机、液压机、螺旋压力机和平锻机，以及校正机、剪切机、锻造操作机等辅助设备。

按照我国锻压机械分类方法，锻压机械的型号表示方法如图 4-18 所示。

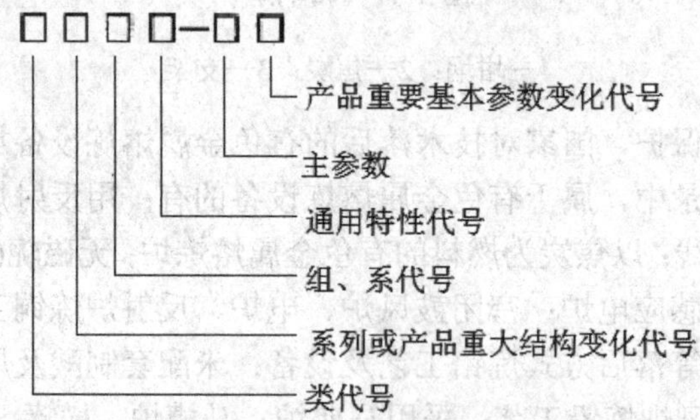


图 4-18　锻压机械的型号表示方法

图 4-18 中，类代号用汉语拼音字母表示，如表 4-9 所示；系列或产品重大结构变化代号用汉语拼音字母表示；组、系代号用两位阿拉伯数字表示，如表 4-10 和表 4-11 所示；通用特性代号用汉语拼音字母表示，如表 4-12 所示；主参数用实际数值或实际数值的 1/10 表示；产品重要基本参数变化用汉语拼音字母 A、B、C……来区别。

表 4-9　通用锻压设备的类别代号

| 类别 | 机械压力机 | 液压机 | 线材成形自动机 | 锤 | 锻机 | 剪切机 | 弯曲校正机 | 其他 |
|---|---|---|---|---|---|---|---|---|
| 字母代号 | J | Y | Z | C | D | Q | W | T |

表 4-10　机械压力机的组、系代号

| 组 | 手动压力机 | | | | | | | | | | 单柱式压力机 | | | | | | | | | |
|---|---|---|---|---|---|---|---|---|---|---|---|---|---|---|---|---|---|---|---|---|
| 系 | 00 | 01 | 02 | 03 | 04 | 05 | 06 | 07 | 08 | 09 | 10 | 11 | 12 | 13 | 14 | 15 | 16 | 17 | 18 | 19 |
| 机械压力机名称 | | 齿条式压力机 | 螺旋式压力机 | 杠杆式压力机 | 台式压力机 | | | | | | | 单柱固定台压力机 | 单柱活动台压力机 | 单柱形台压力机 | | | | | | |

续表

| 组 | 开式压力机 | | | | | | | | | | 闭式压力机 | | | | | | | | | |
|---|---|---|---|---|---|---|---|---|---|---|---|---|---|---|---|---|---|---|---|---|
| 系 | 20 | 21 | 22 | 23 | 24 | 25 | 26 | 27 | 28 | 29 | 30 | 31 | 32 | 33 | 34 | 35 | 36 | 37 | 38 | 39 |
| 机械压力机名称 | | 开式固定台压力机 | 开式活动台压力机 | 开式可倾斜压力机 | 开式转台压力机 | 开式双点压力机 | | | 开式柱形台压力机 | 开式底传动压力机 | | 闭式单点压力机 | 闭式单点切边压力机 | 闭式侧滑块压力机 | | | 闭式双点压力机 | 闭式双切边点压力机 | | 闭式四点压力机 |
| 组 | 拉深压力机 | | | | | | | | | | 其他压力机 | | | | | | | | | |
| 系 | 40 | 41 | 42 | 43 | 44 | 45 | 46 | 47 | 48 | 49 | 90 | 91 | 92 | 93 | 94 | 95 | 96 | 97 | 98 | 99 |
| 机械压力机名称 | | 闭式单点单动拉深压力机 | 闭式双点单动拉深压力机 | 闭式单点单动拉深压力机 | 开式双动拉深压力机 | 底传动双动拉深压力机 | 闭式单点双动拉深压力机 | 闭式双点双动拉深压力机 | 闭式三动拉深压力机 | | | 分度台压力机 | 冲模回转头压力机 | | 底传动精密压力机 | 精密冲裁压力机 | | | | |

表 4-11　部分液压机的组系代号

| 组　型 | 名　称 | 组　型 | 名　称 |
|---|---|---|---|
| Y11 | 单臂式锻造液压机 | Y33 | 四柱上移式液压机 |
| Y12 | 下拉式锻造液压机 | Y41 | 单柱校正压装液压机 |
| Y23 | 单动厚板冲压液压机 | Y54 | 绝缘材料板液压机 |
| Y24 | 双动厚板冲压液压机 | Y63 | 轻合金管材挤压液压机 |
| Y26 | 精密冲裁液压机 | Y71 | 塑料制品液压机 |
| Y27 | 单动薄板冲压液压机 | Y75 | 金刚石液压机 |
| Y28 | 双动厚板冲压液压机 | Y76 | 耐火砖液压机 |
| Y29 | 橡皮囊冲压液压机 | Y77 | 碳极液压机 |
| Y30 | 单注液压机 | Y78 | 磨料制品液压机 |
| Y31 | 双柱液压机 | Y79 | 粉末制品液压机 |
| Y32 | 四柱液压机 | Y98 | 模具研配液压机 |

表 4-12　锻压机械通用特性代号

| 特性名称 | 数控 | 自动 | 液压 | 气动 | 高速 | 精密 |
|---|---|---|---|---|---|---|
| 代　号 | K | Z | Y | Q | G | M |

例如，JB21-60 表示公称压力为 60kN 的第二次改型的开式固定台压力机。

# 一、锻造设备

## 1. 锻锤

锻锤是锻造设备的作业部件。锻造是由锻锤下落或强迫其高速运动产生动能对坯料做功，使之塑性变形的工艺过程。锻造设备结构简单、工作灵活、通用性强、使用面广、易于维修，适用于自由锻和模锻，但振动较大，较难实现自动化生产。

1) 空气锤

空气锤是生产小型锻件的常用设备，其外形结构如图 4-19(b)所示。

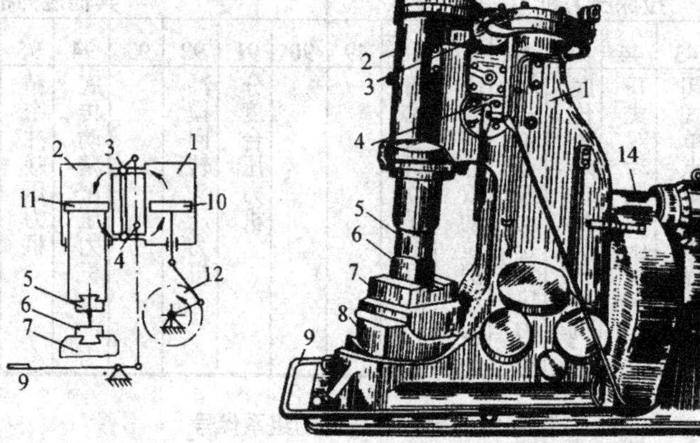


(a) 工作原理示意　　(b) 模型

图 4-19　空气锤

1—压缩缸；2—工作缸；3—上旋阀；4—下旋阀；5—上抵铁；6—下抵铁；7—砧垫；8—砧座；9—踏杆；10—压缩活塞；11—工作活塞；12—曲柄—连杆机构；13—电动机；14—减速器

空气锤的工作原理如图 4-19(a)所示。由电动机通过减速器带动曲柄—连杆机构，使压缩活塞在压缩缸中做上下往复运动。当压缩活塞向上运动时，压缩空气经过操纵机构的上旋阀进入工作缸内工作活塞上部，使锤头向下运动，实现对坯料的锻打；压缩活塞向下运动时，压缩空气通过下旋阀进入工作活塞下部使锤头提起。这样，通过控制机构(手柄或踏杆)对上、下旋阀位置的控制，能使锤头完成上悬、连续打击、单下打击和下压等动作。

空气锤的规格以空气锤落下部分(工作活塞、上抵铁)的质量来表示。现国内生产和常用的空气锤规格为 65～750kg。锻锤产生的打击力，一般是落下部分质量的 1000 倍左右。

2) 蒸汽—空气锤

蒸汽—空气锤是通过将压力为 600～900kPa 的蒸汽或压缩空气由操纵阀送入气缸，从而驱动锤头上下运动的锻锤。它具有较大的打击能量，蒸汽和压缩空气一般由动力站集中供给，是生产大、中型锻件常用的设备。蒸汽—空气锤可分为自由锻锤和模锻锤，如图 4-20 和图 4-21 所示。

(1) 蒸汽—空气自由锻锤。蒸汽—空气自由锻锤为了获得大的操作空间，一般把砧座与机身分开，砧座质量一般为落下部分的 10 ～15 倍。图 4- 20 为双柱拱式蒸汽—空气锤。其主要工作部分有气缸 1、落下部分(上抵铁 11、锤头 10、锤杆 2 和活塞 9)、带有下抵铁的砧座 4、带导轨的左右机架 3 和操纵手柄 5 等。

其工作原理是通过操纵手柄 5 控制滑阀 6，使蒸汽或压缩空气进入气缸上、下腔，推动活塞 9 上下往复运动，可使锤头实现上悬、下压、连续打击和单次打击等基本动作。蒸汽一空气锤规格也是以锤落下部分的质量来表示，一般为1000～5000kg。小于1000kg的可用相应的空气锤，大于5000kg的可用水压机。这种锻锤可锻的最大锻件质量约为5000kg。

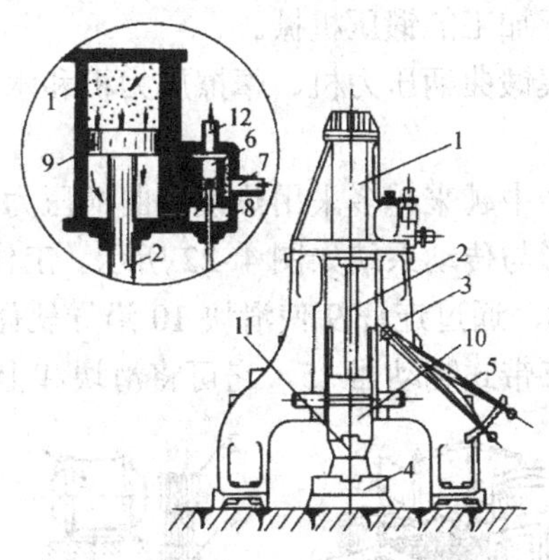

图 4-20　蒸汽一空气锤

1—气缸；2—锤杆；3—机架；4—砧座；5—操纵手柄；6—滑阀；7—进气管；8—配气缸；9—活塞；10—锤头；11—上抵铁；12—排气管

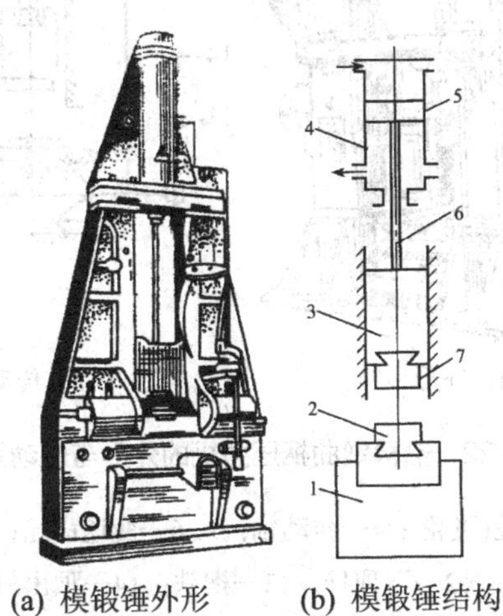

(a) 模锻锤外形　　(b) 模锻锤结构

图 4-21　蒸汽一空气模锻锤外形及结构

1—砧座；2—下模；3—锤头；4—气缸；5—活塞；6—锤杆；7—上模

(2) 蒸汽一空气模锻锤。蒸汽一空气模锻锤的工作原理与蒸汽一空气自由锻锤基本相同，但是，模锻锤的锤头与导轨的间隙比自由锻锤的间隙小，以满足模锻生产精度较高的要求，机身直接与砧座连接在一起，使锤头运动精确，保证上下模对准，确保导向良好。且砧座质量很大，一般为落下部分的20～25倍，这样能提高打击刚度，减小工作时的振动。蒸汽一空气模锻锤的规格以落下部分的质量表示，一般为1000～16000kg，可以模锻约250kg的工件。

蒸汽一空气模锻锤的特点是：必须借助外来的蒸汽或压缩空气驱动，因而一般由动力站集中供应，动力供给系统复杂；噪声大、振动大；驱动效率低；操作强度大，劳动条件差。

### 2. 机械压力机

锻锤是目前应用较广泛的锻压设备，但由于结构和工艺方面存在难以克服的缺点而限制了其发展，因而机械压力机应用越来越广泛。

机械压力机是用曲柄滑块机构或凸轮机构、螺旋机构将电动机的旋转运动转换为滑块的直线往复运动，对坯料进行加工的锻压机械。

常见的机械压力机有热模锻曲柄压力机、摩擦压力机和水压机等。

1) 热模锻曲柄压力机

近年来在成批和大量生产中越来越多采用热模锻曲柄压力机进行模锻生产。

热模锻曲柄压力机的外形与传动系统如图 4 -22 所示。工作时，电动机 1 通过带传动和齿轮传动把动力传到偏心轴 8，通过连杆 9 使滑块 10 沿导轨做上下往复运动，完成锻压工作。热模锻曲柄压力机上设有带式制动器 15，它可将滑块和上模固定在上止点位置。

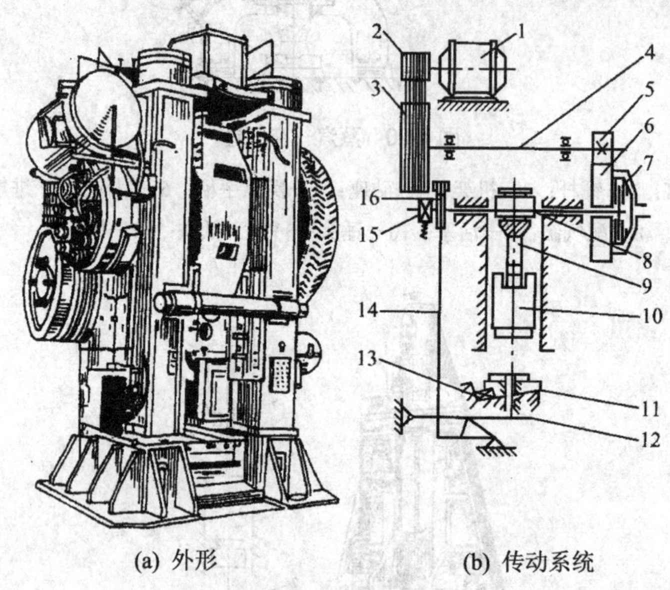


(a) 外形　　(b) 传动系统

**图 4-22　热模锻曲柄压力机的外形与传动系统**

1—电动机；2—小带轮；3—大带轮(飞轮)；4—传动轴；5、6—变速齿轮；7—圆盘摩擦离合器；8—偏心轴；9—连杆；10—滑块；11—工作台；12—下顶杆；13—楔铁；14—顶出机构；15—带式制动器；16—凸轮

工作时靠圆盘摩擦离合器 7 控制操作。滑块到下止点位置时速度最慢，所产生的压力最大，压力机的能力即以此时的压力表示，一般为 2 ～120MN(200 ～12000t)。国产热模锻曲柄压力机的吨位、能锻制锻件的重量及尺寸如表 4 -13 所示。

**表 4-13　热模锻曲柄压力机的吨位、锻件重量和尺寸**

| 设备吨位 MN(t) | 10(1000) | 16(1600) | 20(2000) | 31.5(3150) | 40(4000) | 80(8000) |
|---|---|---|---|---|---|---|
| 锻件最大重量(kg) | 2.5 | 4.0 | 7.0 | 18 | 30 | 80 |
| 在分模面上的投影面积($cm^2$) | 150 | 240 | 310 | 570 | 800 | 1810 |
| 能锻齿轮直径(mm) | 130 | 175 | 200 | 270 | 320 | 480 |

热模锻曲柄压力机的结构有以下特点：

(1) 热模锻曲柄压力机作用于锻件上的是静压力而不是冲击力，且变形力由机架承受，不传给地基；

(2) 热模锻曲柄压力机是机械传动，工作时滑块行程大小不变，行程取决于曲柄的尺寸；

(3) 机身刚度大，导轨与滑块的间隙小，装配精度高，因此能保证上下模准确地合在一起，不产生错动；

(4) 工作台设有顶料装置，模锻结束后，锻件被自动顶出。由于热模锻曲柄压力机结构具有以上特点，因而在工作时振动小、噪声小、加工精度高。又因为曲柄压力机在滑块的一次行程中即可完成工件的一个变形，因此生产率高。但曲柄压力机结构复杂、造价高。

模锻曲柄压力机适于大批量生产，目前我国只有大、中型工厂才有条件采用。

2) 摩擦压力机

摩擦压力机是以螺杆、螺母作为传动机构，靠螺旋运动将飞轮的正反向回转运动转变为滑块的上下往复运动的锻压机械。图 4-23 为摩擦压力机的机构图，电动机经皮带轮带动可做轴向往复移动的两个同轴摩擦盘旋转，交替压向飞轮，使其正反向旋转，并通过飞轮连接的螺杆推动滑块上下移动。当滑块接触工件时，飞轮被迫减速至完全停止，储存在飞轮中的旋转动能转变为冲击能，通过滑块打击工件。打击结束后，电动机使飞轮反转，带动滑块上升，回到原始位置。

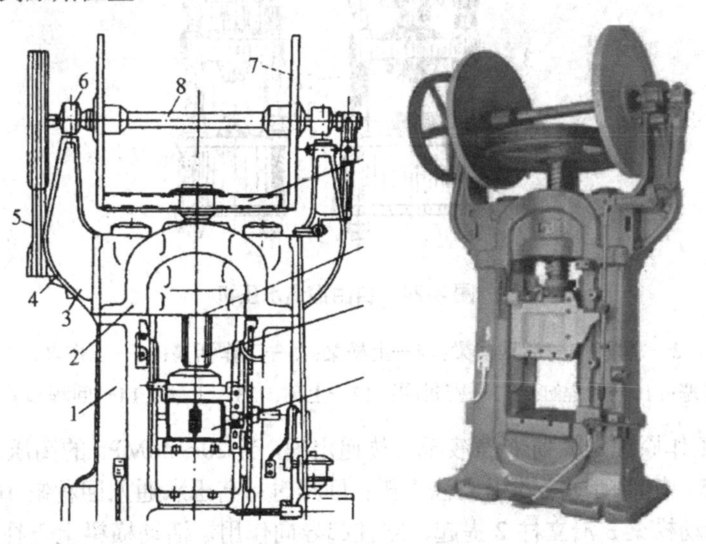


图 4-23　摩擦压力机构造图

1—床身；2—横梁；3—支架；4—电动机；5—三角胶带；6—轴承；7—摩擦盘；8—主轴；9—飞轮；10—螺母；11—螺杆；12—滑块；13—液压装置

摩擦压力机的规格用公称工作压力来表示。一般摩擦压力机的工作压力小于 3.5MN (350t)，最大的可达 25MN。

摩擦压力机无固定的下死点，对较大的模锻件，可以多次打击成形，可以单打、连打和寸动。打击力与工件的变形量有关，在这些方面与锻锤相似。但它的滑块速度低，约 0.5m/s，仅为锻锤的 1/10，打击力通过机架封闭，故工作平稳，振动比锻锤小得多，不需要很大的基础。

一般摩擦压力机下部都装有锻件顶出装置，摩擦压力机兼有模锻锤、曲柄压力机等多种锻压机械的作用。

摩擦压力机的优点是：结构简单，制造、维修费用低，对基础、厂房建筑要求低，工艺性能可靠；缺点是生产率低。

3) 水压机

水压机是以水基液体为工质的液压机，水压机在现代工业的各个部门得到广泛的采用。如在自由锻、模锻、冲压弯曲、塑料压制、粉末冶金和装配工艺过程中，都可采用水压机。锻造水压机主要用于大型工件的锻压工艺。

自由锻造水压机机构如图 4-24 所示。它主要由三梁(上横梁 4、下横梁 1 和活动横梁 3)、四根立柱 2、工作缸 6、回程缸 10 和操作系统所组成。水压机还需要一套供水系统和操纵系统。

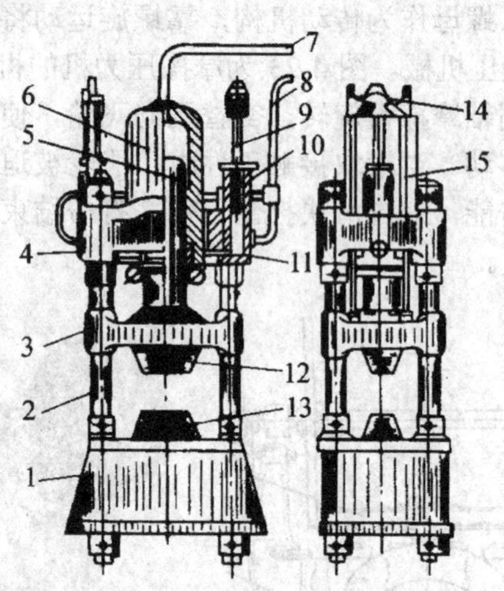


**图 4-24　自由锻造水压机**

1—下横梁；2—立柱；3—活动横梁；4—上横梁；5—工作活塞；6—工作缸；7、8—导管；9—回程柱塞；10—回程缸；11—密封圈；12—上砧；13—下砧；14—回程横梁；15—拉杆

水压机的工作原理是帕斯卡静液压力传递定理，当 20～40MPa 的高压水通入工作缸 6，推动工作活塞 5，使活动横梁 3 沿立柱下压；回程时，高压水通入回程缸 10，由回程柱塞 9 和拉杆 15 把活动横梁 3 沿立柱 2 提起，立柱起导向作用。活动横梁上下往复运动即实现对坯料加压变形。

由于水压机作用在坯料上是静压力，故其规格以水压机的静压力大小来表示，一般为 8000～120000kN(即 800～12000t)。

水压机的优点是工作行程大，在全程中都能对工件施加最大工作压力，能有效地锻透大断面工件；静压力作用在工件上，没有巨大的冲击和噪声，避免了地基及建筑物基础的震动；劳动条件好，环境污染小。

4) 淘汰产品

为制止低水平重复建设，加快结构调整步伐，促进生产工艺、装备和产品的升级换代，根据国家有关法律、法规，J31-250 机械压力机；J53-400、J53-630、J53-1000 双盘摩擦压力机属落后产品，属有关部门已明令淘汰的产品，应在 1999 年 2 月淘汰。C41-560 空气锤，因不符合《空气锤技术条件(JB/T 1827.1—1999)》和《空气锤噪声限值(JB 9973—1999)》且打击能量不足，操作不便，应自 2012 年 10 月 1 日起淘汰。

## 二、冲压设备

### 1. 剪板机

用剪切方法使板料分离的机器称为剪板机(又称剪床)。剪板机用作生产中剪切直线边缘的板料、条料和带料，为下一步冲压工序提供毛坯。

1) 剪板机的分类

剪板机可按其工艺用途和结构类型分类，如图 4-25 所示。

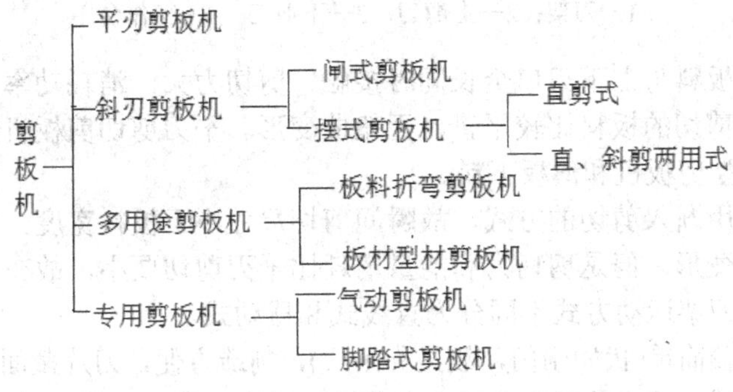


**图 4-25　剪板机的分类**

剪板机按传动方式不同，分为机械传动式和液压传动式。剪切厚度小于 10mm 的剪板机多为机械传动，剪切厚度大于 10mm 的多为液压传动。图 4-26 为机械传动的剪板机工作原理图。

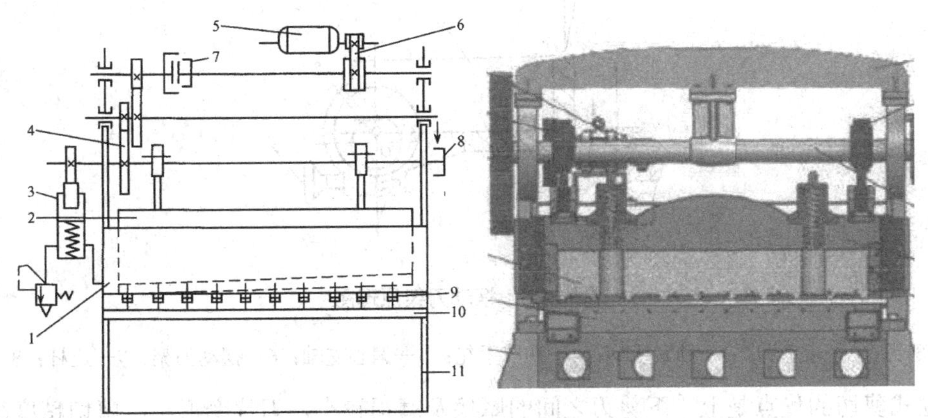


**图 4-26　机械式剪板机工作原理图**

1—压料架；2—上刀架；3—压料油箱；4—齿轮减速系统；5—电动机；6—皮带；7—离合器；8—制动器；9—压料脚；10—下刀架；11—机身

电动机 5 通过皮带 6 驱动飞轮轴，再通过离合器 7 和齿轮减速系统 4 驱动偏心轴，然后通过连杆带动上刀架 2，使其做上下往复运动，进行剪切工作。偏心轴左端的凸轮驱动压料油箱 3 的柱塞，将压力油送回压料脚 9，在剪切之前压紧板料。回程时由弹簧力使压料脚返回。

剪板机按上刀片对下刀片的位置不同可分为平刃剪切和斜刃剪切，如图 4-27 所示。

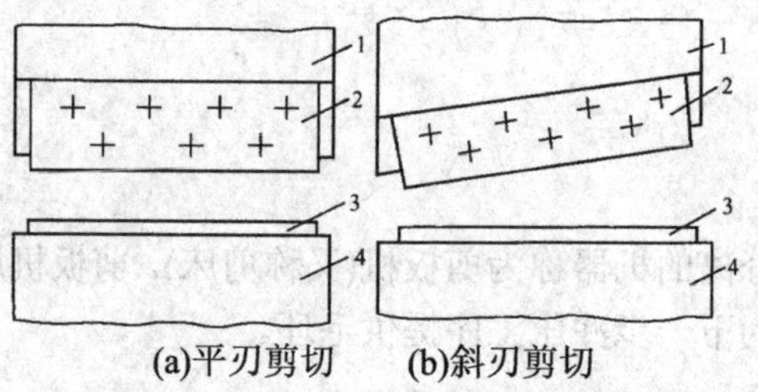


图 4-27　平刃剪切与斜刃剪切

1—刀架；2—上剪刀；3—下剪刀；4—工作台

平刃剪切时，板料与上下刃口全长同时接触，剪切力大，消耗功率大，振动也大。但是剪切质量较好，剪切的板料比较平直，无扭曲变形。平刃剪切剪板机的传动方式多为机械传动，多用于小型剪板机和薄板下料。

斜刃剪切是采用渐入剪切的方式，故瞬间剪切尺寸小于板料宽度。斜刃剪切质量不如平刃剪切，有扭曲变形。但是剪切力和能量消耗比平刃剪切要小，故在大、中型剪板机中采用。剪板机按其刀架运动方式不同分为直线式和摆动式。

直线式结构比较简单(状如闸门，故又称闸式)，制造方便，刀片截面为矩形，四个边均可做刀刃，故较耐用。摆式剪板机的刀架在剪切时围绕一固定点做摆动，如图 4 -28 所示。工作时，剪刃以偏心支轴 5 为中心做大半径摆动。

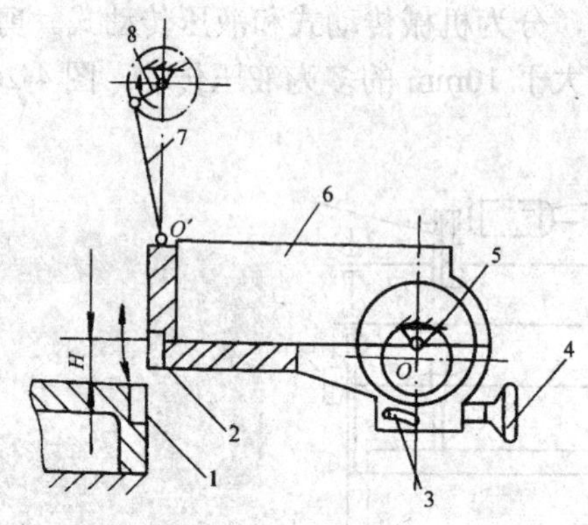


图 4-28　摆动刀架原理图

1—下剪刀；2—上剪刀；3—锁紧手柄；4—调节手轮；5—偏心支轴；6—摆动刀架；7—连杆；8—曲柄

摆式剪切的优点是上、下剪刃之间的摩擦及磨损较小，刀片变形小，剪切精度高。但摆动刀架在剪切过程中承受正、反交替扭矩，故刀架宽度不能过大。因而摆式结构主要用于板厚大于 6mm，板宽不大于 4000mm 的剪板机。

多用途剪板机有板料折弯剪切机和板料型材剪切机。板料折弯剪切机在同一台剪切机上可以完成两种工艺，剪切机下部进行板料剪切，上部进行折弯；也有的剪切机前部进行剪切，后部进行板料折弯。板材型材剪切机在剪板机刀架上，一边装有剪切板材的刀片，另一边装有剪切型材的刀片。

2) 剪板机的技术参数

剪板机的主参数以剪切厚度和剪切板料宽度来表示。剪板机的主要技术参数如下：

(1) 可剪板厚。剪板机可剪板厚度主要受剪板机构件强度的限制，最终取决于剪切力。

目前国内外剪板机的最大剪切厚度多为 32mm 以下，从设备的利用率和经济性来看，剪板机的剪切厚度过大是不可取的。

(2) 可剪板宽。可剪板宽是指沿着剪板机剪刃方向，一次剪切完成板料的最大尺寸，它参照钢板宽度和使用厂家的要求而制定。随着工业的发展，要求剪板宽度不断增大，目前剪板宽度为 6000mm 的剪板机已经比较普遍，有的剪板机最大剪板宽度已达 10000mm。

(3) 剪切角度。剪切机上下刃口间的夹角称为剪切角，一般为 0.5°～4°。为了减少剪切板料的弯曲和扭曲，一般都采用较小的剪切角度，这样剪切力可能增大些，但提高了剪切质量。

(4) 行程次数。行程次数直接关系到生产效率。随着生产的发展及各种上下料装置的出现，要求剪板机有较高的行程次数。对于机械传动的小型剪板机，一般每分钟达 50 次以上。

### 2. 剪切冲型机

剪切冲型机又称振动剪切机，其外形如图 4-29 所示。它的工作原理是通过曲柄连杆机构使刀杆做高速往复运动，带动冲头进行剪切。行程次数由每分钟数百次到数千次不等。

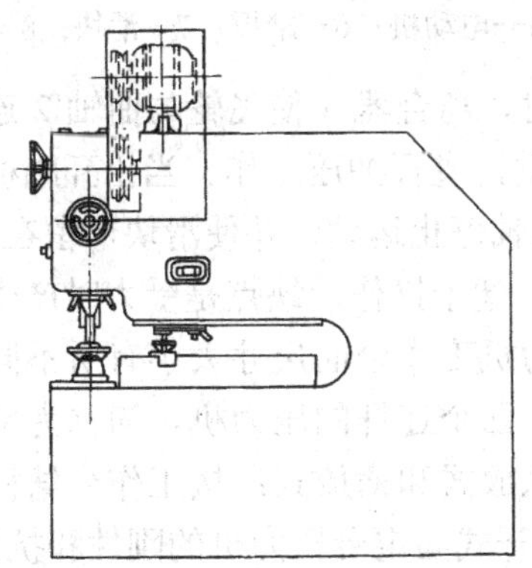
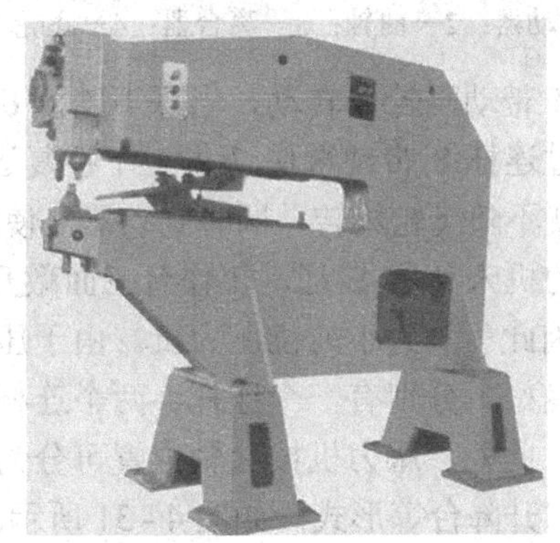

图 4-29　剪切冲型机

振动剪切机是一种万能板料加工设备，它在进行剪切下料时，先在板料上划线，然后刀杆上的冲头能沿着划线或板样对被加工板料逐步进行直线或曲线剪切。此外，剪切冲型机增加行程和闭合高度调整机构，换上相应的模具，还可以进行折边、冲槽、压筋、切口、成型、翻边等工作。

### 3. 通用压力机

通用压力机分类。通用压力机按机身结构形式分为开式压力机和闭式压力机。

1) 开式压力机

开式压力机也称冲床，应用最为广泛。配以不同的冲压模具，可用于切断、冲孔、落料、弯曲、拉深、成型等冲压工序。

图 4-30 为单柱冲床的外形和传动简图。其工作原理是：

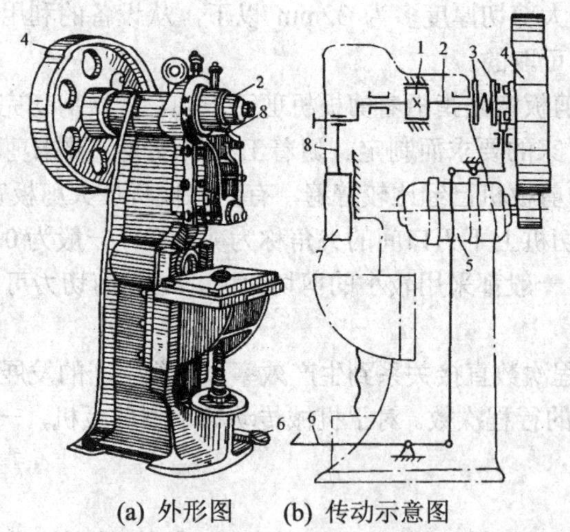

(a) 外形图　　(b) 传动示意图

**图 4-30　单柱冲床**

1—制动器；2—曲轴；3—离合器；4—飞轮；5—电动机；6—踏板；7—滑块；8—连杆

电动机 5 带动飞轮 4 转动，当踩下踏板 6 时，离合器 3 使飞轮与曲轴 2 连接，可使曲轴转动，通过连杆 8 带动滑块 7 做上下往复运动，进行冲压工作。当松开踏板时，离合器脱开，曲轴就不随飞轮旋转，同时制动器 1 使曲轴停止运动，并使滑块停留在上面位置处。

开式压力机床身是 C 形，工作台三面敞开，便于操作。缺点是受力时产生变形，影响模具寿命，因此一般为小吨位压力机。由于压力机工作台面尺寸大小有所不同，为了保证滑块的运动良好，分别有一个连杆、两个连杆、四个连杆的压力机，简称为单点、双点、四点压力机。此外，压力机按曲轴位置可分为纵放式和横放式；按工作台结构可分为固定台、可倾式和升降台等形式，如图 4 - 31 所示。开式固定台压力机的刚性和抗振稳定性好，适用于大吨位。可倾式压力机的工作台可倾斜 20° ～30° ，工件或废料可靠自重滑下。升降台压力机适用于模具高度变化较大的冲孔、切边及弯曲。

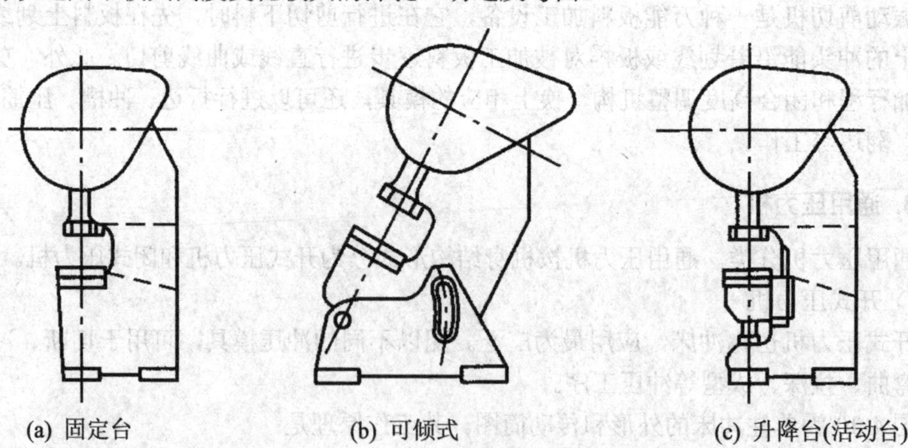
(a) 固定台　　(b) 可倾式　　(c) 升降台(活动台)

**图 4-31　开式压力机工作台的形式**

2) 闭式压力机

闭式压力机机身呈框架形，如图 4-32 所示，机身前后敞开，刚性好，精度高，工作台面的尺寸较大，适用于压制大型工件。公称压力多为 1600～60000kN，冷挤压、热模锻和双动拉深等重型压力机都采用闭式机身。闭式压力机可分为单点、双点和四点；上传动和下传动等形式。图 4-32 为用于板料冲压的闭式单点压力机。

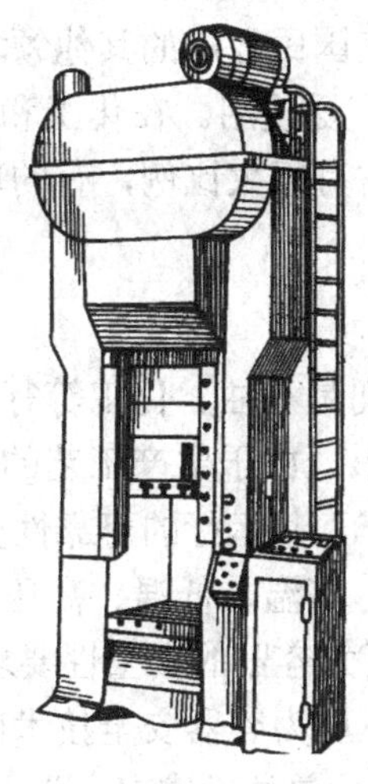

图 4-32　J31-315 型压力机外形图

3) 通用压力机的主要技术参数

(1) 公称压力。压力机公称压力是指滑块到达下极限位置前某一特定距离，或曲轴旋转到下极限位置前某一特定角度时，滑块所容许的最大作用力。例如，J31-315 型压力机公称压力为 3150kN，是指滑块离下极限位置 10.5mm(相当于公称压力角 20°)时，滑块上所容许的最大作用力。

(2) 滑块行程。压力机滑块行程是指滑块从上极限位置到下极限位置所走的距离。

(3) 滑块行程次数。压力机滑块行程次数是指滑块每分钟所走行程次数，是反映压力机生产率的指标。

(4) 封闭高度。压力机的封闭高度是指滑块到达下极限位置时，滑块下表面到工作台面的距离，它是设计冲压模具的主要依据。

(5) 压力机工作台面尺寸及滑块底面尺寸。对于闭式压力机，工作台面尺寸 A×B 与滑块底面尺寸 J×K 大体相同，而开式压力机则(J×K)<(A×B)。

# 任务四　压 力 容 器

## 【任务导读】

我们在做饭时，可以使用压力锅在更短时间里做出更松软的米饭，压出更烂的骨头汤；在化工和石油化工生产中，压力容器也是重要的生产设备之一，那么压力容器的使用、设计都有哪些条件，它的基本结构又是怎样的呢？

## 【任务提出】

- 了解压力容器的概念及使用条件。
- 熟悉不同锻压设备压力容器的结构、类型及工艺使用条件。

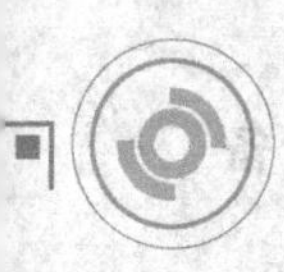



【知识导航】

压力容器是指对安全性有一定要求，其内部或外部承受气体或液体压力的密封容器。它主要用于化学工业和石油部门，在国民经济的其他领域，如航空、航海、原子能、冶金、机械制造、轻工、交通等领域也有广泛使用。在化工和石油化工生产中，压力容器是重要的生产设备之一；它在设备总数中占有很大比例，有的单台重量可达数千吨。

## 一、压力容器的使用条件

在许多压力容器使用单位，特别是石油、化工等行业，压力容器是主要的工艺设备，其结构与性能必须满足生产工艺要求。由于生产工艺的多样性，压力容器只能是多品种、非标产品，并且由于需要连续性生产，其运行的可靠性要求越来越高。

压力容器常需要在易燃、易爆、高温、低温、高压、强腐蚀等苛刻条件下工作，或因容器内盛装有毒、有害介质，故对压力容器的安全性要求很高。对于承受表压 0.1MPa 以上压力的各种压力容器，国家实行以下压力容器安全技术监察制度。

(1) 设计单位应持有压力容器设计单位批准书；设计图纸上应盖有压力容器设计单位资格印章；审查人员应经资格认可，并持有审查人员资格证书。

(2) 制造单位应持有压力容器制造许可证。

(3) 使用单位实行严格的压力容器定期检验制度。

## 二、压力容器的使用工艺条件

压力容器的主要使用工艺条件是指压力、温度、容积、介质等。

### 1. 压力

(1) 最高工作压力。对承受内压的容器，最高工作压力是指正常使用过程中，容器顶部可能出现的最高表压力。容器的操作压力不得高于容器的最高工作压力，通常压力容器的最高工作压力不大于压力容器的设计压力。

(2) 设计压力。设计压力是指在相应的设计温度下用于确定容器壁厚度的压力，亦即标注在容器铭牌上的容器设计压力。容器的设计压力不得低于容器的最高工作压力，对装有安全泄放装置的压力容器，其设计压力不得低于安全泄放装置的开启压力或爆破压力；对盛装液体气体介质的容器，视其介质在规定温度下的饱和蒸汽压确定。容器制成后，设计压力就是安全泄压装置调整的依据。

(3) 最大允许工作压力。最大允许工作压力是在一些特殊要求容器使用中的概念，在该容器的图样及铭牌上都做了注明。最大允许工作压力是指在设计温度下容器顶部允许承受的最大表压力，它是根据容器受压元件的有效厚度计算并取其最小值得到的。

### 2. 温度

(1) 金属温度。金属温度是指沿金属截面温度的平均值。在任何情况下金属表面温度不得超过金属材料的允许使用温度。

(2) 设计温度。设计温度是指在正常工作条件下，设定的受压元件的金属温度。标注在

容器铭牌上的设计温度是指壳体的设计温度。

(3) 使用温度。使用温度一般是容器运行时，通过测温仪表测得的介质温度。由于隔热层及散热的影响，壳体金属温度与介质温度并不相同，故对于高温容器往往采用内保温措施，以保证壳壁温度不超过壳体材料的允许使用温度。

(4) 试验温度。试验温度指压力试验时，容器壳体的金属温度。

### 3. 容积

压力容器主要是为不同生产工艺提供承压空间，容积取决于生产工艺需要。对于圆筒形压力容器，决定容积大小的关键是直径与长度；对于球形压力容器，决定容积大小的关键是直径。

压力容器通常以其内直径为基准，为适应容器标准化、系列化的需要，采用公称直径。所谓公称直径是经标准化、系列化后的内径尺寸。

### 4. 介质

压力容器内的工作介质多种多样，介质的性质不同，对容器的材料、制造要求也不相同。通常，介质按其易燃程度及毒性程度进行分类。

(1) 介质按易燃程度可分为易燃介质与非易燃介质两种。易燃介质是指与空气混合的爆炸下限小于10%(体积百分比，下同)，或爆炸上限和下限之差值大于等于20%的气体，如烷、烯、氢等。

(2) 介质按毒性程度，参照《中华人民共和国职业性接触毒物危害程度分级(GB 5044—1985)》的规定分为极度危害、高度危害、中度危害及轻度危害四级。

## 三、压力容器设计的基本要求

在结构设计、强度计算、材料选用、技术条件等方面，压力容器的设计应满足以下几个方面的要求。

(1) 强度要求。强度是指容器在外力作用下受压元件不发生过度塑性变形引起断裂的能力。压力容器的受压元件应具有足够的强度，以保证在压力、温度和其他外载荷作用下不发生过度的塑性变形、破裂或爆炸等事故。

(2) 刚度要求。刚度是指容器在外力作用下，受压元件不发生过度弹性变形的能力。由于过度的变形会使容器丧失正常的工作能力，即使容器未破坏，也可能发生泄漏。

(3) 稳定性要求。稳定性是指容器在外力作用下，保持其几何形状不发生改变的能力。例如，在外部压力作用下薄壁圆筒可能会突然失去其原来的几何形状，称之为失稳，这种现象并不是结构强度不足而引起的失效。

(4) 密封要求。压力容器的介质一般是易燃、易爆或有毒介质，一旦泄漏，会造成环境污染、财产损失、人员伤亡等，因此密封性能要求至关重要。

(5) 使用寿命。压力容器通常应具有一定的使用寿命。压力容器的设计使用寿命一般为10～15年，重要的容器设计使用寿命为20年。容器的设计使用寿命与实际使用寿命不同，操作使用、检验、维修、保养都会影响容器的实际使用寿命。

(6) 结构要求。压力容器的结构不仅要满足工艺要求，有良好的承载特性，还要方便加工、检验、运输、安装、操作及维修。

## 四、压力容器的分类

为适应不同的生产需要，压力容器的类型多种多样，其分类的方法也较多。以下为几种主要的分类方法。

### 1. 按安装方式分类

压力容器按安装方式分为两大类，即固定式容器和移动式容器。固定式容器有固定的安装和使用地点，工艺条件及操作人员相对固定，容器一般不是单独装设，而是用管道与其他设备相连；移动式容器(如液化气体罐车)则无固定安装和使用地点。

### 2. 按设计压力分类

按设计压力($P$)的高低，容器可分为低压、中压、高压及超高压四个等级。其划分的范围及代号如表 4-14 所示。

表 4-14　压力容器的压力等级划分标准

| 压力等级 | 代　号 | 设计压力范围(MPa) |
|---|---|---|
| 低压容器 | L | $0.1 \leqslant P < 1.6$ |
| 中压容器 | M | $1.6 \leqslant P < 10$ |
| 高压容器 | H | $10 \leqslant P < 100$ |
| 超高压容器 | U | $P \geqslant 100$ |

### 3. 按容器在生产工艺过程中的作用原理分类

按压力容器在生产工艺过程中的作用原理，可分为反应压力容器、换热压力容器、分离压力容器和储存压力容器四种。具体划分如下：

(1) 反应压力容器(代号 R)：主要是用于完成介质的物理、化学反应的压力容器，如反应器、反应釜、煤气发生炉等。

(2) 换热压力容器(代号 E)：主要是用于完成介质的热量交换的压力容器，如管壳式余热锅炉、热交换器、冷却器、冷凝器、蒸发器、加热器等。

(3) 分离压力容器(代号 S)：主要是用于完成介质的流体压力平衡和气体净化分离等的压力容器，如分离器、过滤器、集油器、缓冲器、洗涤器、吸收塔、干燥塔等。

(4) 储存压力容器(代号 C，其中球罐代号 B)：主要是用于盛装生产用的原料气体、液化气体等的压力容器，如各种形式的储罐。

需要注意的是，当某种压力容器同时具备两个以上的工艺功能时，其品种划分应按主要作用来进行。

### 4. 按容器壁厚分类

按容器壁厚可分为薄壁容器和厚壁容器两种。容器壁厚小于等于容器内径的 1/10 者为薄壁容器；容器壁厚大于容器内径的 1/10 者为厚壁容器。按公式 $K=D_0/D_i$ 计算(式中 $D_0$ 为容器的外径；$D_i$ 为容器的内径)，当 $K \leqslant 1.2$ 时为薄壁容器；当 $K>1.2$ 时为厚壁容器。

### 5. 按压力容器的压力等级、品种划分及介质的危害程度分类

为了便于安全监督和管理，按压力容器的设计压力、介质的危害程度以及生产过程的作用原理分为第一类压力容器、第二类压力容器及第三类压力容器。具体划分如下。

(1) 第一类压力容器：低压容器(第二类、第三类压力容器中规定的除外)。

(2) 第二类压力容器：符合下列情况之一者为第二类压力容器。

① 中压容器(第三类压力容器中规定的除外)。

② 易燃介质或毒性程度为中度危害介质的低压容器。

③ 毒性程度为极度和高度危害介质的低压容器。

④ 低压管壳式余热锅炉。

⑤ 搪玻璃压力容器。

(3) 第三类压力容器。

符合下列情况之一者为第三类压力容器：

① 毒性程度为极度或高度危害介质的中压容器和压力 $P$ 与容积 $V$ 的乘积大于 $0.2\text{MPa}\cdot\text{m}^3$(即 $P\cdot V\geqslant 0.2\text{MPa}\cdot\text{m}^3$)的低压容器；

② 易燃或毒性程度为中度危害介质且 $P\cdot V\geqslant 0.5\text{MPa}\cdot\text{m}^3$ 的中压反应容器和 $P\cdot V\geqslant 10\text{MPa}\cdot\text{m}^3$ 的中压储存容器；

③ 高压、中压管壳式余热锅炉；

④ 高压容器。

## 五、压力容器的基本结构

### 1. 压力容器的结构形式

由于压力容器的用途不同，其结构形式也多种多样，最常见的结构形式有球形和圆筒形。另外还有一些特殊的结构形式，如箱形、锥形等，但较少使用。

球形容器的本体是一个球壳，受力时其应力分布均匀。在相同的压力载荷下，球壳体的应力仅为直径相同的圆筒形壳体的1/2，即如果容器的直径、工作压力、制造材料相同，球形容器所需的计算壁厚仅为圆筒形容器的1/2。另外，相同的容积，球形的表面积最小；球形容器与相同容积、工作压力和材料的圆筒形容器相比，可节省材料30%～40%。

球形容器制造复杂、拼焊要求高，并且在作为传质、传热或反应的容器时，因工艺附件难以安装，介质流动困难，故一般用作大型储罐。

圆筒形容器的受力状态虽不如球形容器，但与其他形式容器相比，受力状态要理想得多。圆筒形容器因其几何形状轴对称，外观没有形状突变，受载时应力分布也较为均匀，承载能力较强。同时，它制造方便，质量易得到保证，且工艺附件易于安装、拆卸，故可用于任何用途。圆筒形容器是目前使用最广泛的一种。

### 2. 压力容器的组成

常见的压力容器一般由筒体、封头(管板)、法兰、接管、人(手)孔、支座等部分组成，如图4-33所示。压力容器的结构一般比较简单，主要由一个能承受一定压力的壳体及必要的联结件、密封件和内件构成。另外，由于各种工艺用途不同，有时还需配置相应的工艺附件，但这些附件一般不承受介质的压力，对容器安全影响很小。

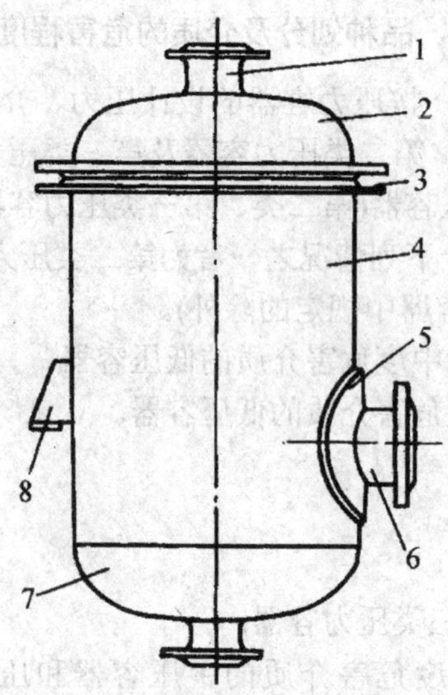


图 4-33　压力容器的组成

1—接管；2—端盖；3—法兰；4—筒体；5—加强圈；6—人孔；7—封头；8—支座

3. 安全附件

为了确保压力容器正常使用和安全运行，防止超温、超压、超载及静电积聚等原因而引发事故，压力容器应设置相关安全附件。

安全附件按其功能可分为以下三大类：

(1) 监控类安全附件。此类安全附件有就地和遥控之分，主要起监测和控制工艺操作条件的作用，主要包括压力表、温度计和液面计。

(2) 保护类安全附件。主要包括安全阀、爆破片和紧急切断阀。

安全阀和爆破片都是起超压泄放作用的，以保护容器在许可工作压力范围内运行。在使用性能上，安全阀和爆破片都要保证工作时严密不漏，超压时能自动、迅速地动作，达到安全排放、快速降压的作用，其泄放能力要设计成大于等于容器的安全泄放量。爆破片是一次性使用的安全附件，每次爆破或超压动作后都必须及时更换新片。爆破片的泄放动作时间短，常用于反应温度快速升高、容积急剧增加、压力迅速上升的容器上。

紧急切断阀通常用于输送物料的管道上，在管道发生泄漏事故时起紧急止漏作用，以及时控制有害介质的进一步泄漏。紧急切断阀要求动作灵活，应能在 10 秒钟内准确闭合，主要用于储罐和槽车。

(3) 静电接地装置。为了防止压力容器及其附件上由于静电聚焦而引发燃爆事故，在含有一氧化碳、氢、酒精、液化石油气等易燃介质的容器和管道上均应装设静电接地装置。

## 六、使用管理

1. 新容器验收

新容器安装、投入使用前应进行首次检验和办理申证手续。

1) 首次检验

首次检验指使用单位审验制造厂的出厂资料，做外观检查和必要的复验工作，要求：

(1) 有规程规定的图样、强度计算书(中压以上的反应容器和储运容器应予提供)、产品合格证和质量证明书。

(2) 容器的结构合理。

(3) 钢制容器的主体材料的选用应符合有关规定。

(4) 组装的几何尺寸应符合标准。

(5) 用超声波测厚仪实测容器的壁厚，实测的最小壁厚应不小于设计壁厚。

(6) 检查焊缝质量。外观检查时，焊缝和热影响区表面不允许有裂纹、气孔、弧坑和肉眼可见的夹渣等缺陷，焊缝外形尺寸应符合规定。

(7) 安全附件应按《压力容器安全监察规程》的规定装设齐全，并经校验合格。

(8) 使用单位应有符合《压力容器安全监察规程》的安全操作规程。

2) 申请发证

压力容器经过使用单位首次检验合格，或由使用单位委托压力容器检验单位检验合格，由使用单位填写表格，向当地劳动部门或授权发证的上级主管部门申请发证。由发证单位发给《压力容器登记使用证》的容器，方可投入使用。

《压力容器登记使用证》在检验周期内有效，若容器使用超过检验期不予检验者，则自行失效。

### 2. 容器立卡建档及使用维护保养制度

1) 立卡建档

(1) 登记卡片。登记卡片是容器使用单位内部管理的一种表格，一台容器一张卡片。

(2) 容器档案。每台容器一份技术档案(技术资料)，包括图样，强度计算书，制造厂出厂的产品合格证，质量证明书，运行、检验、检修记录，安全附件校验记录和事故记录等。

2) 操作、维护检修

(1) 正确操作。压力容器的操作人员应严格执行《岗位责任制》《安全操作规程》，正确开、停车，按规定的操作参数(压力、温度、负荷等)进行工作。

(2) 日常保养。压力容器类型、品种较多，日常保养的项目不尽相同，但至少应做好下列维护保养工作：①经常保持容器安全附件灵敏、可靠；②定期擦拭安全附件、仪表和铭牌，使之保持洁净、指示清晰；③根据介质特性，防止容器受到腐蚀；④润滑转动部件，以保持运转正常；⑤做好容器及其工作场所的清洁工作。

(3) 定期检修。压力容器应有定期检修计划，并予以实施，以保持容器的工作能力，确保安全使用，延长使用寿命。

### 3. 定期检验

压力容器的定期检验分为外部检查和内外部检验，检验内容及程序，按《在用压力容器检验规程》执行。

### 4. 压力容器的技术档案

压力容器技术档案是反映压力容器从制造出厂、安装调试、使用操作直到报废，“一生”中各个阶段真实情况和技术条件、状况的记载。

压力容器技术档案主要包括：

(1) 压力容器登记卡；

(2) 压力容器制造出厂技术文件资料；

(3) 压力容器安装验收资料；
(4) 安全装置、仪器仪表调试校对资料；
(5) 压力容器试车调试记录；
(6) 压力容器使用登记资料；
(7) 压力容器操作运行记录；
(8) 压力容器年度检查记录；
(9) 在用压力容器检验报告书；
(10) 压力容器修理、改造工艺及质量情况记录；
(11) 压力容器防腐保养记录；
(12) 压力容器报废单；
(13) 其他特殊情况记载。

# 任务五　锅　炉

【任务导读】

2014 年 3 月 3 日上午 11 点 40 分，河北省邢台市一供蒸汽锅炉爆炸。锅炉厂被夷为平地，周围多户居民住宅、厂房因爆炸损毁。官方通报称，事故造成 2 死、2 伤，1 人失踪。据伤者介绍，锅炉可能是因压力控制仪表故障未动作而引起压力持续升高导致的爆炸。这锅炉是用来做什么的？它的基本结构、工作过程是怎样的，为什么会引起爆炸呢？

锅炉是利用燃料或其他能源的热能把水加热成热水或蒸汽的机械设备。锅炉中产生的热水或蒸汽可以直接为工业生产和人民生活提供所需要的热能，也可通过蒸汽动力装置转换为机械能，或再通过发电机将机械能转换为电能。提供热水的锅炉称为热水锅炉，主要用于生活，工业生产中也有少量使用。产生蒸汽的锅炉称为蒸汽锅炉，通常简称为锅炉，多用于火电站、船舶和工业企业。

【任务提出】

- 了解锅炉的分类及编号。
- 熟悉锅炉的基本参数及型号编制方法。
- 掌握锅炉的基本结构。

【知识导航】

## 一、锅炉的分类及编号

### 1. 按锅炉的用途分类

根据用途，锅炉可分为发电锅炉、工业锅炉、热水锅炉和特种锅炉四大类。

发电锅炉是火力发电厂的主机，特点是额定蒸发量大，蒸汽压力高。其燃烧方式，除低压电站锅炉有的采用层燃方式外，其余大多数为室燃式。它可适用于各种燃料，且热效率可高达 90%。

工业锅炉主要用于机械、石油化工、矿山、冶金、煤炭及民用采暖等领域，容量较小，额定蒸发量一般在 20t/h 以下，有些可达到 65t/h。它采用低参数，蒸汽压力均在 2.45MPa

以下，一般采用火床燃烧，热效率为70%～90%。

### 2. 按压力分类

按锅炉出口蒸汽压力，可分为低压锅炉、中压锅炉、高压锅炉、超高压锅炉、亚临界锅炉和超临界锅炉。锅炉压力范围的划分如表4-15所示。

表4-15　锅炉的压力范围

| 名　称 | 压力范围(MPa) | 名　称 | 压力范围(MPa) |
|---|---|---|---|
| 低压锅炉 | 不大于2.5 | 超高压锅炉 | 12.0～15.0 |
| 中压锅炉 | 3.0～5.0 | 亚临界锅炉 | 16.0～20.0 |
| 高压锅炉 | 8.0～11.0 | 超临界锅炉 | 大于22.5 |

### 3. 按结构形式分类

按结构形式，目前的锅炉可分为火管式锅炉和水管式锅炉两大类，其中应用最为普遍的是水管式锅炉。另外，在早期还有一种火筒式锅炉，它在锅壳中有一两个加热锅水用的火筒，火筒中有加热装置。这种锅炉热效率低，体积及钢材消耗大，目前已基本不生产。

火管锅炉在其立式或卧式的锅壳中，除火筒外还装设有若干烟管。燃料在燃烧室中燃烧产生的高温烟气流过这些烟管加热锅水，然后排入烟囱。与火筒式锅炉相比，火管锅炉烟管数量多，所以受热面积大，排烟温度低，热效率高，体积及钢材消耗量都比较小。

水管锅炉与火管锅炉在结构上的主要区别是：水管锅炉的汽水在管内流动，烟气在管外流动，这与火管锅炉恰恰相反。水管式锅炉大多用作容量较大、压力较高的工业锅炉。因为对于大容量的锅炉，火管锅炉由于结构上的限制必须加大锅炉的直径和壁厚，因而锅炉的体积和钢材耗量将大大增加。

此外，根据不同的标准锅炉还有很多分类方法，如按循环方式可分为自然循环锅炉、辅助循环锅炉(即强制循环锅炉)、直流锅炉和复合循环锅炉；按燃烧方式可分为室燃炉、层燃炉和沸腾炉；按出厂方式可分为快装、组装、散装锅炉；按所用燃料可分为燃煤、燃油、天然气、油母页岩锅炉等。

## 二、基本参数

锅炉的基本参数包括锅炉容量、蒸汽压力、蒸汽温度、给水温度等，它们是表示锅炉性能的主要指标。

### 1. 锅炉容量

1) 额定蒸发量

对于工业锅炉来说，锅炉容量就是锅炉的蒸发量。额定容量是指锅炉在燃用设计的燃料时，在设计额定参数(指蒸汽压力与蒸汽温度)下，连续运行所必须保证的最大蒸发量，即额定蒸发量，也称铭牌蒸发量或最大连续蒸发量。一般用符号D表示，其单位为吨小时(t/h)。

2) 额定供热量

对于热水锅炉，锅炉容量是指锅炉在燃用设计的燃料时，在设计的额定热水温度下，连续运行所必须保证的最大产热量，即额定供热量，也称铭牌产热量、最大连续产热量(或供热量)。一般用符号Q表示，单位为兆瓦(MW)或千卡/小时(kcal/h)。兆瓦(MW)与千卡/小时(kcal/h)的换算关系为：$1\text{MW}=86\times10^4\text{kcal/h}$。

### 2. 蒸汽压力

对于蒸汽锅炉，额定蒸汽压力是指锅炉在额定工况下，过热器、再热器出口处的过热蒸汽的压力；如没有过热器和再热器，即指锅炉出口处的饱和蒸汽压力。锅炉压力的单位为兆帕(MPa)，也有的使用工程大气压( at)表示，1MPa= 10.2at。

### 3. 蒸汽温度

蒸汽锅炉的出口蒸汽温度是指锅炉过热器、再热器出口处的过热蒸汽的温度；如没有过热器和再热器，即指锅炉出口处的饱和蒸汽温度。温度的单位为摄氏度(℃)。

### 4. 给水温度

给水温度指省煤器的进水温度，无省煤器时指锅筒进水温度。

### 5. 热效率

热效率是考察锅炉的主要经济指标之一，表示的是锅炉所产生的热量与燃料所储存的热量的比值关系，热效率低表示锅炉的燃烧效率低和热损失大；反之，燃烧效率高，热损失小。

## 三、基本结构

锅炉的基本结构包括锅炉本体和辅助设备两大部分。

### 1. 锅炉本体的基本结构

锅炉中的炉膛、锅筒、燃烧器、水冷壁、过热器、省煤器、空气预热器、构架和炉墙等主要部件构成生产蒸汽的核心部分，称为锅炉本体，如图 4-34 所示。

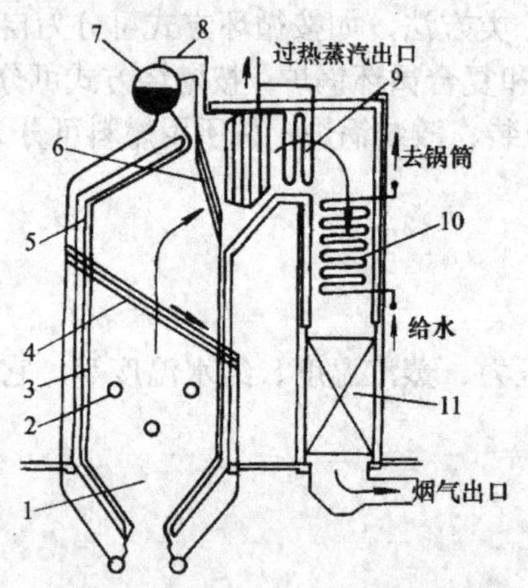

图 4-34　自然循环锅炉本体简图及外形图

1—炉膛；2—燃烧器；3—水冷壁；4—下降管；5—炉墙；6—凝渣管束；7—锅筒；8—饱和蒸汽引出管；9—过热器；10—省煤器；11—空气预热器

1) 炉膛及炉墙

炉膛又称燃烧室，是供燃料燃烧的空间。炉膛的截面一般为正方形或矩形，炉膛四周的炉墙由耐高温和保温材料构成。燃料在炉膛内燃烧形成火焰和高温烟气。

2) 锅筒

它是自然循环和多次强制循环锅炉中接受省煤器来的给水、联接循环回路，并向过热器输送饱和蒸汽的圆筒形容器。其主要功能是储水、进行汽水分离、排除锅水中的盐水和泥渣。

3) 燃烧器

燃烧器用于燃烧煤粉、液体燃料和气体燃料。它将燃料和空气充分混合，使燃料稳定着火和完全燃烧。小型燃煤锅炉一般采用层燃方式，不需燃烧器。

4) 水冷壁

水冷壁是敷设在锅炉炉膛内壁、由许多并联管子组成的蒸发受热面。水冷壁的作用是吸收炉膛中高温火焰和烟气的辐射热量，在管内产生蒸汽或热水，并降低炉墙温度，保护炉墙。

5) 过热器

过热器是锅炉中将蒸汽从饱和温度进一步加热至过热温度的部件。因为许多工业生产和生活设施只需要饱和蒸汽，大部分工业锅炉不设过热器。在电站、机车和船用锅炉中，为提高整个蒸汽动力装置的循环效率，多设有过热器。

6) 省煤器

省煤器布置在锅炉尾部烟道内，进水时，通过省煤器吸收锅炉尾部烟气中的热量后，再进入锅筒，作用是降低排烟温度，节省燃料。

7) 空气预热器

利用排烟中的热量来预热参加燃烧的空气，它的作用是降低锅炉的排烟温度，提高热效率。提高燃烧用空气的温度，可使燃料易于着火、燃烧稳定并提高燃烧效率。

### 2. 锅炉附件

锅炉的附件是锅炉安全、经济运行不可缺少的一个组成部分，直接影响锅炉的正常运转，包括安全阀、压力表、水位表、水位报警器、易熔塞等。其中，安全阀、压力表和水位表通称为三大安全附件。

1) 安全阀

安全阀的作用是保证锅炉在一定的工作压力下工作。当锅炉气压超过规定值时，安全阀一方面发出报警，另一方面起排气、减压作用，使锅炉压力迅速下降，避免发生“超压”事故。按规定，蒸发量大于 0.5 t/h 的锅炉，每台至少安装两个安全阀(不包括省煤器安全阀)；蒸发量小于或等于 0.5 t/h 的锅炉，每台至少装一枚安全阀。

2) 压力表

压力表是测量锅炉气压大小的仪表。司炉人员通过压力表的指示值，控制锅炉压力，保证锅炉在额定工作压力下安全运行。按规定，每台锅炉必须装有与锅筒(锅壳)内蒸汽空间直接相连的压力表；在可分式省煤器出口和给水管调节阀前，应各装一个压力表；在蒸汽过热器出口和主汽阀之间也应装设压力表。

3) 水位表

水位表是用于指示锅炉内水位高低的仪表。按规定，每台锅炉应装设两个彼此独立的水位表；对额定蒸发量小于或等于 0. 2t/h 的锅炉，可只装一个水位表。

4) 水位报警器

在工业锅炉运行中，经常发生缺水与满水事故，后果非常严重。因此，锅炉除装置水位表外，对于蒸发量大于或等于 2t/h 的水管锅炉，应设置高低水位报警器。同时，应装设低水位连锁保护装置。

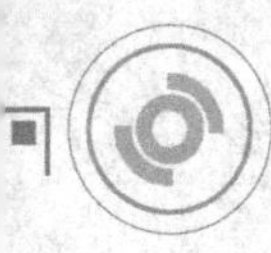



### 3. 锅炉辅助设备

除锅炉本体及附件外，电站锅炉还包括许多配套的辅助设备，主要有煤粉制备系统，包括磨煤机、排粉机、粗粉分离器和煤粉管道等；送、引风系统，包括送风机、引风机和烟风道等；给水系统，包括给水泵、阀门和管道等；此外还有水处理系统、灰渣处理系统、自动控制及监控系统等。

### 4. 工业锅炉产品型号编制方法

1) 工业锅炉产品型号组成

工业锅炉产品型号由三部分组成，各部分之间用短横线相连，如图 4-35 所示。

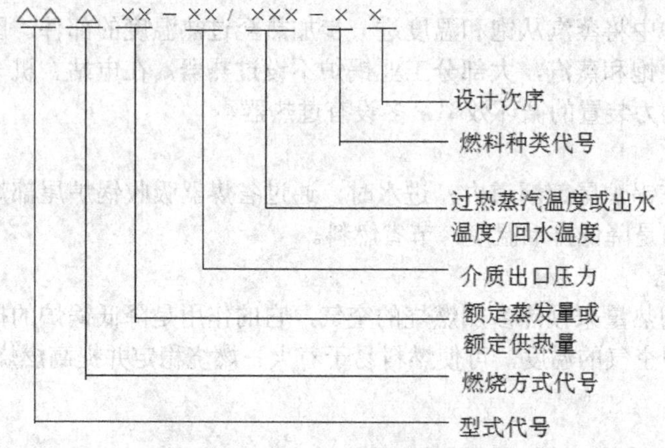


图 4-35 工业锅炉产品型号组成

(1) 型号的第一部分表示锅炉型式、燃烧方式和额定蒸发量或额定供热量。共分三段：第一段用两个汉语拼音字母代表锅炉总体型式(见表 4-16、表 4-17)；第二段用一个汉语拼音字母代表燃烧方式(见表 4-18)；第三段用阿拉伯数字表示蒸汽锅炉额定蒸发量为若干吨/时或热水锅炉额定供热量为若干 10000 千卡/时。各段连续书写，互相衔接。

表 4-16 锅壳锅炉

| 锅炉总体型式 | 立式水管 | 立式火管 | 卧式外燃 | 卧式内燃 |
|---|---|---|---|---|
| 代号 | LS(立水) | LH(立火) | WW(卧式) | WN(卧内) |

表 4-17 水管锅炉

| 锅炉总体型式 | 单锅筒立式 | 单锅筒纵置式 | 单锅筒横置式 | 双锅筒纵置式 | 双锅筒横置式 | 纵横锅筒式 | 强制循环式 |
|---|---|---|---|---|---|---|---|
| 代号 | DL(单立) | DZ(单纵) | DH(单横) | SZ(双纵) | SH(双横) | ZH(纵横) | QX(强循) |

表 4-18 燃烧方式及代号

| 燃烧方式 | 固定炉排 | 活动手摇炉排 | 链条炉排 | 往复推动炉排 | 抛煤机 | 倒转炉排加抛煤机 | 振动炉排 | 下饲炉排 | 沸腾炉 | 半沸腾炉 | 室燃炉 | 旋风炉 |
|---|---|---|---|---|---|---|---|---|---|---|---|---|
| 代号 | G(固) | H(活) | J(链) | W(往) | P(抛) | D(倒) | Z(振) | A(下) | F(沸) | B(半) | S(室) | x(旋) |

(2) 型号的第二部分表示介质参数。共分两段：中间以斜线相连。第一段用阿拉伯数字表示介质出口压力为若干千克力/平方厘米；第二段用阿拉伯数字表示过热蒸汽温度或出水温度/回水温度。蒸汽温度为饱和温度时，型号的第二部分无斜线和第二段。

(3) 型号的第三部分表示燃料种类和设计次序，共分两段：第一段汉语拼音字母代表燃料，同时以罗马数字代表燃料分类与其并列(见表 4-19)。如同时使用几种燃料，主要燃料放在前面；第二段以阿拉伯数字表示设计次序，和第一段连续顺序书写，原型设计无第二段。

表 4-19　燃料品种与代号

| 燃料品种 | Ⅰ类石煤煤矸石 | Ⅱ类石煤煤矸石 | Ⅲ类石煤煤矸石 | Ⅰ类无烟煤 | Ⅱ类无烟煤 | Ⅲ类无烟煤 |
|---|---|---|---|---|---|---|
| 代号 | SⅠ | SⅡ | SⅢ | WⅠ | WⅡ | WⅢ |
| 燃料品种 | Ⅰ类烟煤 | Ⅱ类烟煤 | Ⅲ类烟煤 | 褐煤 | 贫煤 | 木柴 |
| 代号 | AⅠ | AⅡ | AⅢ | H | P | M |
| 燃料品种 | 稻糠 | 甘蔗渣 | 油 | 气 | 油母页岩 | / |
| 代号 | D | G | Y | Q | YW | / |

2) 编号举例

(1) DZL4-13WⅡ：表示单锅筒纵置式链条炉排，额定蒸发量为 4t/h，蒸汽压力为 13kgf/cm$^2$，蒸汽温度为饱和温度，燃用Ⅱ类无烟煤，原型设计的蒸汽锅炉。

(2) SZSlO-16/350-YQ2：表示双锅筒纵置式室燃，额定蒸发量为 10t/h，蒸汽压力为 16kgf/cm$^2$，过热蒸汽温度为 350 摄氏度，燃油、燃气并用，以油为主，第二次设计的蒸汽锅炉。

(3) SHS20-25/400-H：表示双锅筒置式室燃，额定蒸发量为 20t/h，蒸汽压力为 25kgf/cm$^2$，过热蒸汽温度为 400 摄氏度，燃用褐煤煤粉，原型设计的蒸汽锅炉。

(4) QXS120-7/130-70-Y：表示强制循环式室燃，额定供热量为 120×10000 千卡/时，供水压力为 7kgf/cm$^2$，供水温度为 130 摄氏度，回水温度为 70 摄氏度，燃油，原型设计的热锅炉。

# 四、工作过程

图 4-34 和图 4-36 所示为一种自然循环燃煤电站锅炉的简图和燃烧系统示意图。锅炉的工作原理如图 4-34 和图 4-36 所示。

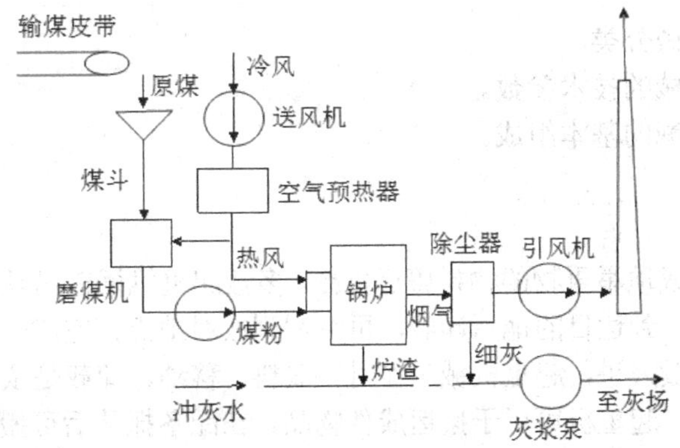


图 4-36　燃烧系统示意图

磨煤机将煤制成煤粉，煤粉由空气携带通过装在炉墙上的燃烧器送入炉膛中燃烧；锅炉的蒸发受热面装在炉膛内壁上，组成水冷壁，它吸收炉膛中高温火焰和烟气的辐射热量；后墙水冷壁的上部组成排列较稀的数列凝渣管，以防止结渣；为防止锅炉受热面上积灰或结渣，还使用了吹灰器。

过热器位于水平烟道中，它的作用是把从锅筒出来的饱和蒸汽加热成具有一定温度的过热蒸汽。烟气通过过热器后温度降到 500～600℃，进入尾部烟道。尾部烟道的受热面之一是省煤器，它由很多平行的蛇形管道组成，其作用是将给水在进入锅筒之前预先加热，并降低排烟温度。尾部的另一受热面是空气预热器，它的作用是使空气在进入炉膛以前加热到一定温度，以改善燃烧和进一步降低排烟温度，提高锅炉效率。

在水汽系统方面，给水在加热器中加热到一定温度后，经给水管道进入省煤器，进一步加热以后再送入锅筒，与锅水混合后沿下降管下行至水冷壁进口集箱。水在水冷壁管内吸收炉膛辐射热形成汽水混合物经上升管到达锅筒中，由汽水分离装置使水汽分离。分离出来的饱和蒸汽由锅炉上部流过过热器，继续吸热成为450℃的过热蒸汽，然后输出。

在燃烧和烟风系统方面，送风机将空气送入空气预热器加热到一定温度后，携带已被磨成一定程度的煤粉经燃烧器喷入炉膛。燃烧器喷出的煤粉、空气混合物在炉膛中与其余的热空气混合燃烧，放出热量。燃烧后的热烟气顺序流经炉膛、凝渣管束、过热器、省煤器和空气预热器后，再经过除尘装置除去其中的飞灰，最后由引风机送往烟囱排向大气。

## 任务六 起 重 机 械

### 【任务导读】

2003 年 7 月 6 日晚，唐山钢铁集团公司一炼钢检修车间一台 80t 桥式起重机在将空钢水包起吊到 4m 高时，起重机减速机一端固定螺栓突然断裂，造成减速机一端翘起，主钩抱闸抱死，空钢水包不能起落。车间刘某带领电工、钳工到现场进行处理。7 月 7 日 0 时 45 分，在松动主钩抱闸将空钢水包落地过程中，制动轮及闸瓦突然崩裂，将刘某击伤，抢救无效死亡，其他 2 人受伤，直接经济损失 7 万元，有 2 台制动器损坏。这是由于桥式起重机发生故障引起的事故。桥式起重机是起重机械的一种，是吊运或顶举重物的重要机械。除此之外，还有哪些物料搬运机械，它们的基本结构、使用环境条件都有哪些不同呢？

### 【任务提出】

- 了解起重机械分类。
- 熟悉起重机械的技术参数。
- 熟悉起重机械的基本组成。

### 【知识导航】

起重机械是吊运或顶举重物的物料搬运机械。多数起重机械在吊具取料之后即开始垂直兼有水平的工作行程，到达目的地后卸载，再空程到取料地点，完成一个工作循环，然后再进行第二次吊运。一般来讲，起重机械工作时，取料、移动、卸载是依次进行的，各相应机构的工作是间歇性的。起重机可用于搬运成件物品，在配备抓斗后可搬运煤炭、矿石、粮食之类散装物料，配备盛桶后可吊运钢水等液体物料。有些起重机械如电梯也可以用来载人。在某些场合，起重机械还是主要的作业机械，例如在港口和车站装卸物料的起重机等。

# 一、起重机械概述

### 1. 起重机械的分类

起重机械按其功能和构造特点可分三类，即轻小型起重设备、起重机和升降机。

1) 轻小型起重设备

轻小型起重设备的特点是轻便、结构紧凑、动作简单，其作业范围以点、线为主。它主要包括起重滑车、千斤顶、手动葫芦、电动葫芦和普通绞车等。除电动葫芦和绞车外，轻小型起重设备大多数用人力驱动，适用于工作不繁重的场所。它们可以单独使用，也可以作为起重机的起升机构。有些轻小型起重机械的起重能力很大，如液压千斤顶的起重量已达数百吨。轻小型起重设备的分类如图 4-37 所示。

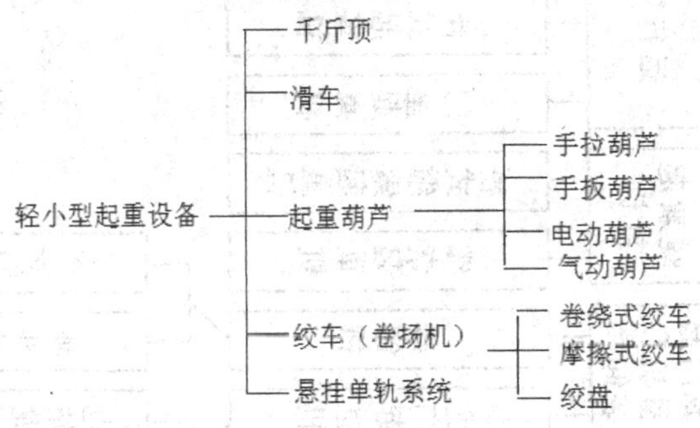


图 4-37　轻小型起重设备的分类

2) 起重机

起重机是在一定范围内垂直提升并水平搬运重物的机械，具有动作间歇性和作业循环性的工作特点。起重机的类别可按用途和构造特征划分。按用途可分为通用起重机、建筑起重机、冶金起重机、铁路起重机、港口起重机、造船起重机、甲板起重机等，如图 4-38 所示。按构造特征可分为桥式起重机和臂架式起重机、旋转式起重机和非旋转式起重机、固定式起重机和运行式起重机。运行式起重机又分为轨行式起重机和无轨式起重机。轨行式起重机在固定钢轨上运行；无轨式起重机则无固定轨道，由轮胎和履带支撑运行。图 4-39 是按起重机的构造特征分的类。

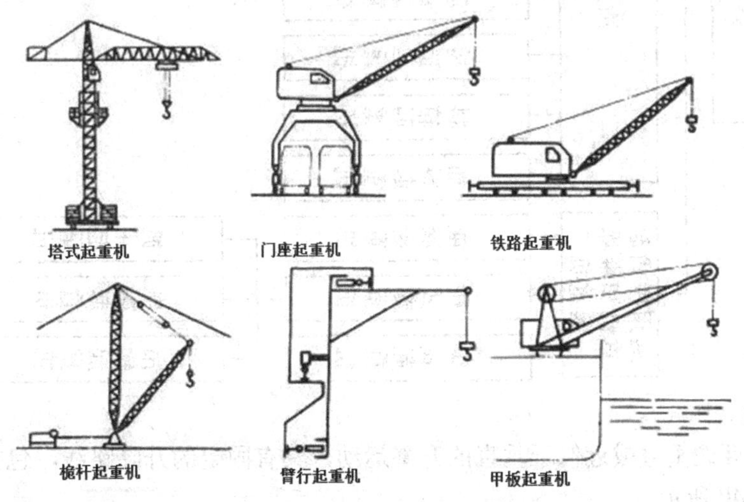


图 4-38　起重机按用途和构造特征的分类

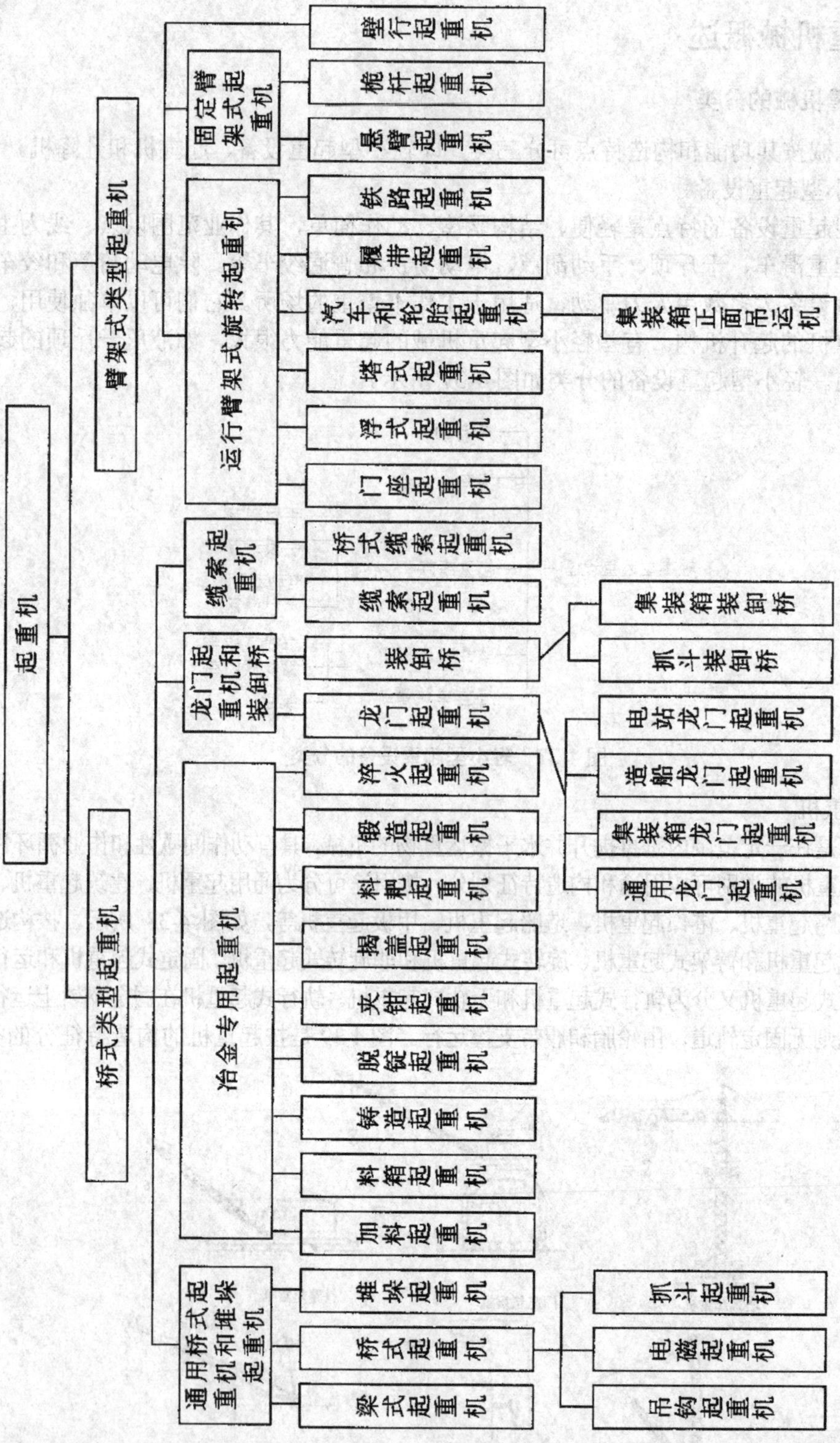

- 起重机
  - 臂架式类型起重机
    - 固定臂架式起重机
      - 壁行起重机
      - 桅杆起重机
      - 悬臂起重机
    - 运行臂架式旋转起重机
      - 铁路起重机
      - 履带起重机
      - 汽车和轮胎起重机
        - 集装箱正面吊运机
      - 塔式起重机
      - 浮式起重机
      - 门座起重机
  - 桥式类型起重机
    - 缆索起重机
      - 桥式缆索起重机
      - 缆索起重机
    - 龙门起重机和装卸桥
      - 装卸桥
        - 集装箱装卸桥
        - 抓斗装卸桥
      - 龙门起重机
        - 电站龙门起重机
        - 造船龙门起重机
        - 集装箱龙门起重机
        - 通用龙门起重机
    - 冶金专用起重机
      - 淬火起重机
      - 锻造起重机
      - 料耙起重机
      - 揭盖起重机
      - 夹钳起重机
      - 脱锭起重机
      - 铸造起重机
      - 料箱起重机
      - 加料起重机
    - 通用桥式起重机和堆垛起重机
      - 堆垛起重机
      - 桥式起重机
        - 抓斗起重机
        - 电磁起重机
        - 吊钩起重机
      - 梁式起重机

图 4-39 起重机按结构特征的分类

3) 升降机

升降机主要做垂直或近似于垂直的升降运动，具有固定的升降路线，包括电梯、升降机等，如图 4-40 所示。

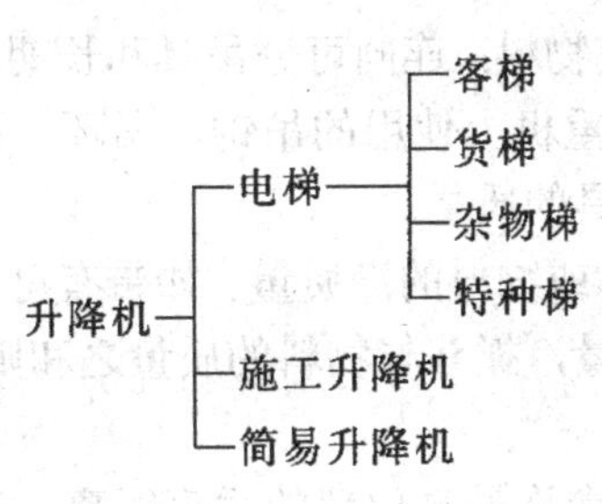

图 4-40　升降机

## 2. 起重机械的技术参数

起重机械的技术参数是表明起重机械工作性能的指标，也是设计、选用起重机械的依据。表现起重机械基本工作能力的最主要的性能参数是起重量、起升高度和工作级别。另外，根据起重机的具体类别，其技术参数还包括跨度、轨距、基距、幅度、起重力矩、起重倾翻力矩、轮压、起升高度和下降深度、运行速度、起重特性曲线、下挠度、制动力矩等。

1) 起重量

起重量是指被起升重物的质量，单位为千克或吨。一般分为额定起重量、最大起重量、总起重量、有效起重量等。

(1) 额定起重量，指起重机能吊起的重物或物料连同可分吊具或属具(如抓斗、电磁吸盘、平衡梁等)质量的总和。通常情况下所讲的起重量，都是指额定起重量。为了设计制造的标准化，国家制定了起重量系列标准，如表 4-20 所示。所有新设计的起重机械额定起重量及辅助起升机的额定起重量，均应符合标准系列数值。具有特殊性能的起重机械额定起重量，亦应符合或尽量靠近标准系列的数值。

表 4-20　起重机械最大额定起重系列(GB 783-87)　　单位：吨

| 0.10 | 0.125 | 0.16 | 0.2 | 0.25 | 0.32 | 0.4 | 0.5 | 0.63 | 0.8 |
|---|---|---|---|---|---|---|---|---|---|
| 1.0 | 1.25 | 1.6 | 2.0 | 2.5 | 3.2 | 4.0 | 5.0 | 6.3 | 8.0 |
| 10 | (11.2) | 12.5 | (14) | 16 | (18) | 20 | (22.5) | 25 | (28) |
| 32 | (36) | 40 | (45) | 50 | (56) | 63 | (71) | 80 | (90) |
| 100 | (112) | 125 | (140) | 160 | (180) | 200 | (225) | 250 | (280) |
| 320 | (360) | 400 | (450) | 500 | (560) | 630 | (710) | 800 | (900) |
| 1 000 | | | | | | | | | |

注：应避免使用括号内所列数值。

吊钩起重机的额定起重量不包括吊钩和动滑轮组的自重。但对于流动起重机，额定起重量包括固定在起重机上的吊具和从臂架头部到吊钩滑轮组的起重钢丝绳的质量。抓斗和电磁铁等可从起重机上取下的取物装置的质量计入额定起重量内。桥式类型起重机的额定起重量是定值。臂架类型起重机中，臂架长度和幅度不变的起重机，额定起重量是定值；臂架长度和幅度可变的起重机，对应不同的臂架长度和幅度有不同的额定起重量，其中最

小幅度的额定起重量最大，称为最大额定起重量。

(2) 总起重量，指起重机能吊起的重物或物料，连同可分吊具和长期固定在起重机上的吊具或属具质量之和。它包括长期固定在起重机上使用的吊钩、吊环、起重吸盘等吊具的质量，也包括夹钳、货叉等可分离吊具、属具的质量。

(3) 有效起重量，指起重机能吊起的重物或物料的净质量。如带有可分吊具抓斗的起重机，允许抓斗抓取物料的质量就是有效起重量，抓斗与物料的质量之和则是额定起重量。

2) 起升高度

起升高度，即起重机水平停车面至吊具允许最高位置的垂直距离，对吊钩和货叉算至它们的支撑表面；对于其他吊具，算至它们的最低点(闭合状态)。起升高度的单位是米(m)。

对于桥式起重机，应是空载置于水平轨道上，从地面开始测定起升高度。下降升度，指吊具的最低工作位置与起重机的水平支撑面之间的垂直距离。对于吊钩和货叉，从其支撑面算起；对于其他吊具，从其最低点算起(闭合状态)。下降升度单位是米(m)。

起升范围，指吊具最高和最低工作位置之间的垂直距离。

3) 工作级别

工作级别是反映起重机械总的工作状况的性能参数，它反映起重量和时间的利用程度以及工作循环次数的工作特性。或者说，起重机械的工作级别是表明其工作在时间方面的繁忙程度和在吊重方面满载程度的参数。它是设计和选用起重机械的重要依据。

起重机械工作级别，也就是金属结构的工作级别，按主起升机构确定。国际标准化组织(ISO)规定将起重机械工作级别划分为 8 级。我国规定只将起重机的工作级别划分为 8 级，即 $A_1$～$A_8$，轻小型起重设备、升降机、架空单轨系统还没有划分级别。与我国过去规定的起重机械工作类型对照，大体相当于：$A_1$ ～ $A_4$—轻级；$A_5$～$A_6$—中级；$A_7$—重级；$A_8$—特重级。

起重机械的工作级别由起重机的利用等级和载荷状态两个因素确定。

(1) 起重机械利用等级。它反映了起重机工作的繁忙程度。根据起重机械在有效寿命期内工作循环的总次数，它分为 10 个等级，如表 4-21 所示。

**表 4-21　起重机利用等级分级**

| 利用等级 | 总的工作循环次数 $N$ | 附　注 |
|---|---|---|
| $U_0$ | $1.6\times10^4$ | 不经常使用 |
| $U_1$ | $3.2\times10^4$ | |
| $U_2$ | $6.3\times10^4$ | |
| $U_3$ | $1.25\times10^5$ | |
| $U_4$ | $2.5\times10^5$ | 经常轻闲地使用 |
| $U_5$ | $5\times10^5$ | 经常中等地使用 |
| $U_6$ | $1\times10^6$ | 不经常繁忙地使用 |
| $U_7$ | $2\times10^6$ | 繁忙地使用 |
| $U_8$ | $4\times10^6$ | |
| $U_9$ | $>4\times10^6$ | |

(2) 起重机械的载荷状态。载荷状态表明起重机受载的轻重程度，它与两个因素有关，

即所起升的载荷与最大起升载荷之比$\left(\frac{p_i}{p_{max}}\right)$和各个起升载荷 $p_i$ 的作用次数 $n_i$ 与总的工作循环次数 $N$ 之比$\left(\frac{n_i}{N}\right)$。表示$\frac{p_i}{p_{max}}$和$\frac{n_i}{N}$关系的图形称为载荷谱，载荷谱系数 $K_p$ 的计算公式为：

$$K_p=\sum\left[\frac{n_i}{N}\left(\frac{p_i}{p_{max}}\right)^m\right] \tag{4-10}$$

式中：$K_p$——载荷谱系数；

$n_i$——载荷 $p_i$ 的作用次数；

$N$——总的工作循环次数，$N=\sum n_i$；

$p_i$——第 $i$ 个起升载荷；

$p_{max}$——最大起升载荷；

$m$——指数。

起重机械的载荷状态按名义载荷谱系数分为 4 级，如表 4-22 所示。

表 4-22　起重机的载荷状态及其名义载荷谱系数 $K_p$

| 载荷状态 | 名义载荷谱系数 $K_p$ | 说　明 |
|---|---|---|
| $Q_1$ | 0.125 | 很少起升额定载荷，一般起升轻微载荷 |
| $Q_2$ | 0.25 | 有时起升额定载荷，一般起升中等载荷 |
| $Q_3$ | 0.5 | 经常起升额定载荷，一般起升较重的载荷 |
| $Q_4$ | 1.0 | 频繁地起升额定载荷 |

(3) 起重机械工作级别的划分。按起重机械的利用等级和载荷状态，起重机械工作级别分为 $A_1$～$A_8$ 共 8 级，如表 4-23 所示。

表 4-23　起重机工作级别的划分

| 载荷状态 | 名义载荷谱系数 $K_p$ | 利用等级 | | | | | | | | | |
|---|---|---|---|---|---|---|---|---|---|---|---|
| | | $U_0$ | $U_1$ | $U_2$ | $U_3$ | $U_4$ | $U_5$ | $U_6$ | $U_7$ | $U_8$ | $U_9$ |
| $Q_1$—轻 | 0.125 | | | $A_1$ | $A_2$ | $A_3$ | $A_4$ | $A_5$ | $A_6$ | $A_7$ | $A_8$ |
| $Q_2$—中 | 0.25 | | $A_1$ | $A_2$ | $A_3$ | $A_4$ | $A_5$ | $A_6$ | $A_7$ | $A_8$ | |
| $Q_3$—重 | 0.5 | $A_1$ | $A_2$ | $A_3$ | $A_4$ | $A_5$ | $A_6$ | $A_7$ | $A_8$ | | |
| $Q_4$—特重 | 1.0 | $A_2$ | $A_3$ | $A_4$ | $A_5$ | $A_6$ | $A_7$ | $A_8$ | | | |

### 3. 基本机构及专用零部件

由于起重机械的用途不同，它们在构造上有很大差异，但都具有实现升降这一基本动作的起升机构，有些起重机械还具有运行机构、变幅机构、回转机构或其他专用的工作机构。

起重机械专用零部件简述如下。

(1) 钢丝绳是起重机械中最常用的挠性件，它在起升和变幅机构中用作承载绳，在运行和回转机构中用作牵引绳。绳芯有钢丝绳芯和纤维芯(麻芯或棉芯)两种。

起重机通常选用纤维芯钢丝绳。在高温作业、多层卷绕及横向承压时，宜采用钢丝绳芯的钢丝绳。

钢丝绳的报废应严格执行《起重机械用钢丝绳检验和报废实用规范(GB 5972—86)》的规定。

(2) 滑轮组分定滑轮组和动滑轮组，它们与钢丝绳一起构成一个缠绕系统，达到起升货物时省力或者加(减)速的作用。定滑轮的位置是固定的，而动滑轮则常与吊钩或其他吊具组合在一起，并随之升降。滑轮一般用铸铁制造，对载荷较大的滑轮也可用铸钢制造。对于大型滑轮($D$≥800mm)宜采用焊接结构。

(3) 卷筒组一般由卷筒、连接盘、轴及轴支承架组成。卷筒材料通常采用灰铸铁或球墨铸铁，在工作繁重($A_6$及以上)的情况下采用铸钢，对大直径($D$≥1.2m)或单件生产的卷筒可用钢板卷焊。卷筒表面一般有钢丝绳螺旋槽。绳槽有标准槽和深槽两种，通常采用标准槽，抓斗及其他有脱槽危险的起重机则宜用深槽。

(4) 吊钩组是起重机中应用最广的取物装置，它由吊钩、吊钩螺母、推力轴承、吊钩横梁、护板等组成。吊钩分单钩和双钩，通常 80t 以下用单钩，80t 以上用双钩。成批生产的吊钩宜用模锻，大吨位、单件生产的吊钩采用自由锻或板钩(即片式吊钩)。

(5) 抓斗是装卸散料的主要取物装置，也有用来抓取圆木等细长物料的抓斗。

(6) 车轮与轨道。车轮形式分双轮缘、单轮缘及无轮缘三类，其踏面有圆柱形、圆锥形和圆锥鼓形三种。起重机大车车轮主要用双轮缘圆柱形车轮，对于轨距小(如轿式起重机的小车)的车轮可用单轮缘。采用无轮缘车轮时应加水平轮。圆锥鼓形车轮多用于沿工字钢下翼缘运行的悬挂式起重机和架空单轨运输小车的运行机构中。

(7) 制动装置是保证起重机安全正常工作的主要部件，起重机的起升、回转、运行及变幅等机构都必须装有各种类型的制动装置。制动装置分为制动器与停止器两大类。制动器是利用摩擦元件(闸瓦、制动带及摩擦片等)闸住旋转的制动轮或制动盘，借助于其间的摩擦阻力使机构减速或者停止运动。停止器是利用机械的止动元件(棘爪、滚柱等)单方向止挡机构运动，当机构改变旋转方向时不起止挡作用。停止器可以单独使用，也可以与制动器配合作用。

(8) 起重机的安全保护装置。为了使工作安全可靠，起重机须装设有关安全装置和指示装置。

限制起重量或起重力矩的安全装置如下：

① 起重量限制器。它主要有机械式和电子式两种。机械式采用将吊重直接或间接地通过杠杆、偏心轮或弹簧来控制电器开关，多用于臂架型起重机。电子式则由载荷(力)传感器、电子仪表、控制元件以及显示装置等组成。它具有体积小、精度高、有显示功能的优点，故得到广泛应用。

② 起重力矩限制器。起重力矩是起重量和工作幅度的乘积。工作幅度的变化可能是单一的角度或臂长的变化，也可能是角度和臂长两个参数同时变化。因此，根据它所限制的参数分为二参数和三参数两种。按构造又可分为机械式和电子式。

限制工作范围界限的装置如下：

① 起升高度限制器。其形式主要有重锤式、蜗杆式和螺杆螺母式，也有晶闸管式。它通常用于限制上极限位置，也有少量用于限制上下两个极限位置。

② 行程限制器。用于限制起重机的运行、回转和变幅等终端极限位置。

保证起重机及其机构正常工作的装置如下：

① 起重机防撞装置。它有机械式、光电式、超声波、激光及红外线等形式，用于防止

两台运行在同一轨道上的起重机相互碰撞。除机械以外的其他四种防撞装置，均通过发射和接收装置实现两台起重机靠近到一定距离时自动断电停车。

② 缓冲器小车。缓冲器有橡胶式、弹簧式、塑料(聚氨酯)式以及液压式等形式。当起重机臂架系统运行或变幅摆动到终点位置时，碰撞缓冲器起到缓冲效果。

③ 防滑装置。在室外工作的桥式、门式、门座起重机和装卸桥，为防止被大风吹动，须采用夹轨器、顶轨器、地锚等防滑装置。

## 二、通用桥式起重机

### 1. 概述

1) 型式种类代号

通用桥式起重机的型式种类代号如表 4-24 所示。

**表 4-24　通用桥式起重机的型式种类代号**

| 序　号 | 名　称 | 小　车 | 代　号 |
|---|---|---|---|
| 1 | 吊钩桥式起重机 | 单小车 | QD |
| 2 | | 双小车 | QE |
| 3 | 抓斗桥式起重机 | 单小车 | QZ |
| 4 | 电磁桥式起重机 | 单小车 | QC |
| 5 | 抓斗吊钩桥式起重机 | 单小车 | QN |
| 6 | 电磁吊钩桥式起重机 | 单小车 | QA |
| 7 | 抓斗电磁桥式起重机 | 单小车 | QP |
| 8 | 三用桥式起重机 | 单小车 | QS |

注：序号 5～7 也可称二用桥式起重机。

2) 基本参数

普通桥式起重机的基本参数包括：

(1) 额定起重量。当设有主、副钩时，额定起重量用分式表示，分子表示主钩的起重量，分母表示副钩的起重量；如 80/20，表示主钩的起重量为 80 吨，副钩的起重量为 20 吨。

(2) 跨度。跨度又叫跨距，是指起重机行走的两平行轨道之间的距离。起重机的跨度一般比车间跨度小 1.5m，其跨度每 3m 为一级，主要分为 10.5m、13.5m、16.5m、19.5m、22.5m、25.5m、28.5m、31.5m，大于 31.5m 的为非标准跨度。

(3) 速度。速度是根据工作繁忙程度决定的，轻级工作速度较低，重级工作速度较快。起重量小，速度可快一些，起重量大，速度要放慢，否则，对安全不利。

通用桥式起重机的速度包括：①大车速度。大车移动有三种，即 80m/min、100m/min、120m/min。②小车速度。小车速度一般在 40m/min 左右。③吊钩起升速度。吊钩起升速度一般为 8～20 m/min，起重量大，速度要放慢。④起升高度。吊钩标准起升高度为 12m，每增加 2m 为一级，直至 32m。

3) 结构特点

桥式起重机主要由桥架、大车运行机构、小车运行机构、起升机构和电气设备组成。桥架两端通过运行装置，支承在厂房或露天货场上空的高架轨道上，沿轨道纵向运行；起重小车在桥架主梁上沿小车轨道横向运行，如图 4 - 41 所示。

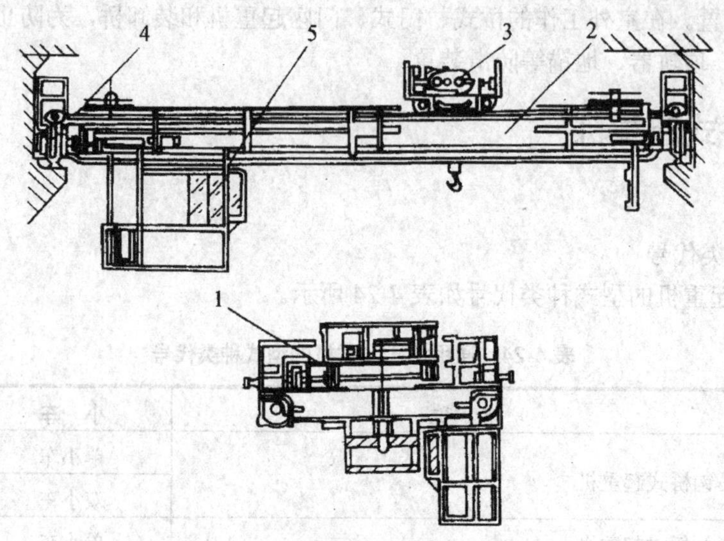


**图 4-41　通用桥架型起重机简图**

1—小车；2—桥架；3—小车运行机构；4—大车运行机构；5—驾驶室

**2. 典型通用桥式起重机的特点及用途**

1) 吊钩桥式起重机

吊钩桥式起重机是通用桥式起重机中最基本的类型，其他各种类型的起重机都是由其派生出来的。这种起重机可在多种场所进行多种物料的装卸吊运工作，起升载荷用的吊具是吊钩。这种起重机，起重量在 10 吨以下的，多为一个起升机构，采用一个主钩；在 15 吨以上的，多为主、副两个起升机构，吊钩分为主钩和副钩。一般情况下，副钩的起重量约为主钩的$\frac{1}{5}\sim\frac{1}{3}$，其起升速度比主钩快。吊钩桥式起重机适用于机械加工、修理、装配车间或仓库、料场做一般装卸吊运工作，可调速的则用于机修、装配车间的精密安装或铸造车间的慢速合箱等工作。

2) 抓斗桥式起重机

抓斗桥式起重机的取物装置常为四绳抓斗，起重小车上有两套起升装置，可同时或分别动作以实现抓斗的升降和开闭。抓斗桥式起重机除起升机构外，其他部分与吊钩桥式基本相同。抓斗桥式起重机适用于仓库、料场、车间等进行散装物料的装卸吊运工作。

3) 电磁桥式起重机

电磁桥式起重机的取物装置是电磁吸盘，其起重小车上有电缆卷筒将直流电源用挠性电缆送至电磁吸盘上，再依靠电磁吸力吸取导磁物料。它的吊运能力随物料性质、形状、块度大小而变化，适用于吊运具有导磁性的金属物料(一般只用于吸取 500℃以下的黑色金属)。

## 三、冶金专用桥式起重机

冶金起重机是在冶炼、铸造、轧制、锻造、热处理等冶金和热加工生产过程中采用特殊取物装置，直接参与某一特定工艺流程的起重机械，其基本结构与通用桥式起重机相似。

### 1. 冶金专用起重机的工作特点

(1) 参与特定的工艺流程。除完成通用桥式起重机的所有动作外，它还参与冶金生产中某一特定工艺流程，完成特定的工艺操作。这种操作一般由较多的机构和较复杂的动作来完成。

(2) 工作级别高，具体表现在：

① 利用等级高。冶金企业全年连续生产，起动、制动频繁，每小时接电次数最高可达150～300次。

② 载荷状态重。在脱锭、钳式、平炉加料桥式起重机中，起升载荷与小车质量相比较小，故作用在桥架上的载荷无论是否起吊，载荷都接近额定载荷值。

(3) 工作环境恶劣，具体表现在：

① 高温。绝大部分车间都要搬运炽热甚至熔融的金属，环境温度为45～55℃；在均热炉盖子揭开时，夹钳起重机上的温度可达65℃。

② 大部分车间内有很多粉尘和有害气体。

③ 噪声大。

(4) 冲击负荷大。冶金起重机各机构工作速度高，加速度大，有时甚至要反向转动，故冲击负荷大。

### 2. 冶金起重机的基本性能要求

(1) 冶金起重机必须具有高的工作速度，以适应工艺和生产率方面的高效要求。如转炉炼钢的快速节奏要求兑铁水用的起重量数百吨的铸造起重机起升速度高达12m/min。另外，刚性料耙起重机的大车运行速度已高达127 m/min。

(2) 由于冶金起重机产生故障停工后所造成的损失很大，有时甚至超过起重机本身的价值，故要求它有高可靠性，并配备完善的安全保护装置和各种联锁控制，如大车防碰撞装置、起升高度指示器、起重量限制器等。

(3) 冶金起重机应具有良好的操作与维修条件。在司机室和装有控制屏的电气室内要根据需要设置除尘、隔热和降温设备。为满足冶金生产特定的生产工艺要求，以及工作频繁、条件恶劣等特点，它在起重小车上还有特殊的工作机构或装置，其工作级别较高。

## 四、流动式起重机

### 1. 概述

流动式起重机是一种工作场所经常变换，能在带载或空载情况下沿无轨路面运行，并依靠自重保持稳定的臂架型起重机。

1) 分类

流动式起重机的分类如图4-42所示。

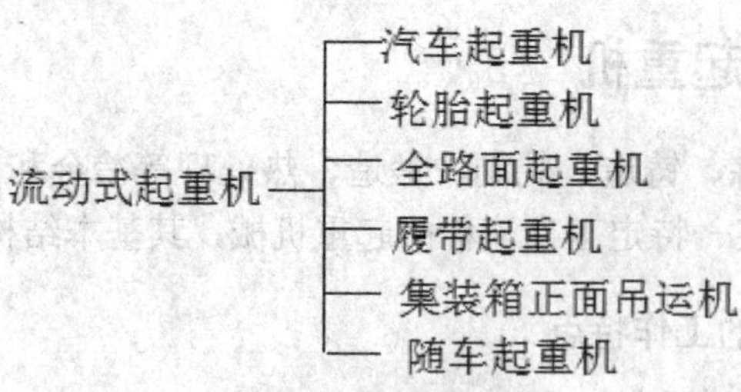


图 4-42 流动式起重机分类

2) 基本参数

流动式起重机的主要参数是最大额定起重量，它包括取物装置及臂架头部以下的钢丝绳质量。流动式起重机的基本参数有最小额定幅度、基本臂最大起升高度、最长臂最大起重力矩、最长主臂起升高度、副臂起升高度、各机构速度以及爬坡度、转弯半径等。

3) 主要机构及功能

流动式起重机分上下两部分：上部为起重部分，称为上车；下部为支承底盘，称为下车。主要机构如下：

(1) 起升机构。由驱动装置、减速器、制动器、卷筒、钢丝绳、滑轮组和吊钩组成。主要作用为在起升高度范围内，以一定的速度将载荷提升、悬停、下降。

(2) 回转机构。由回转支承装置和回转驱动装置两部分组成，其作用是支承起重机回转部分的自重和起升重物的载荷，并驱动回转部分相对固定部分回转。

(3) 变幅机构。流动式起重机是通过改变起重臂的仰角来改变作业幅度的，所以，变幅机构也就是改变起重臂仰角的机构。

(4) 运行机构。运行机构是流动式起重机的重要组成部分，有轮胎式和履带式两种，其作用是使起重机以所需的速度和牵引力沿规定的方向行驶。

(5) 伸缩机构。伸缩机构是采用伸缩式起重臂的流动式起重机所特有的机构，作用是改变伸缩式起重臂的长度，以获得需要的幅度和起升高度，并承受由起升质量和伸缩臂质量所引起的轴向载荷。

(6) 支腿机构。支腿机构的作用是通过完成收放支腿，增大起重机的基底面积及调整作业场地的坡度，以提高抗倾覆的稳定性，增大起重能力。

### 2. 典型流动式起重机的特点及用途

流动式起重机的主要类型如图 4-43 所示。

1) 汽车起重机

汽车起重机的起重作业部分安装在通用或专用汽车底盘上，其车桥多采用弹性悬挂，起重机部分和底盘部分有各自的驾驶室。小型汽车起重机多利用汽车原有的发动机做动力，大型起重机则常采用两台发动机分别驱动起重机构和行走机构。汽车起重机装有外伸支腿，以提高工作时的稳定性。

汽车起重机的运行速度快(50～80km/h)，适用于长距离迅速转换作业场地，机动性好，但不能带载荷行驶，且车身长，转弯半径大，通过性能差。它适用于有公路通达、流动性大、工作地点分散的作业场所。

2) 轮胎起重机

轮胎起重机使用特制的专用底盘，其车桥为刚性悬挂，一般上下车采用一个发动机和一个驾驶室。在起重量小于额定起重量时，它可以在平坦的场地吊重行驶，如建筑工地、码头、车站等场地，还可以在 360° 范围内回转作业。

20 世纪 70 年代以来，在轮胎起重机的基础上又发展了轮胎越野起重机。它的特点是结构紧凑、机动性好，兼有汽车起重机和轮胎起重机两者的优点。它不仅行驶速度快，而且可以在野外崎岖不平的场地上行驶，但制造成本高。

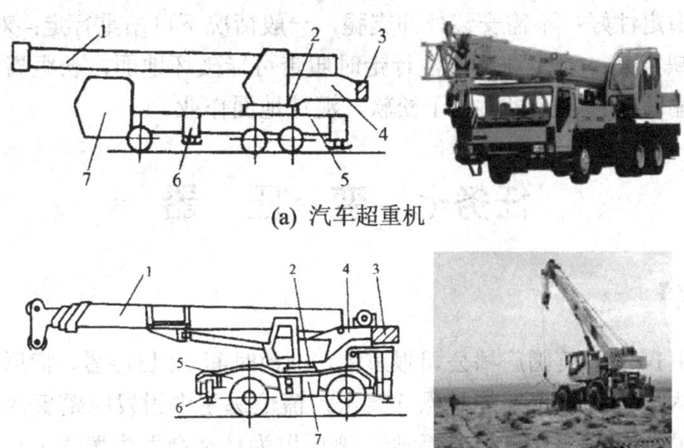

(a) 汽车超重机

(b) 越野轮胎起重机

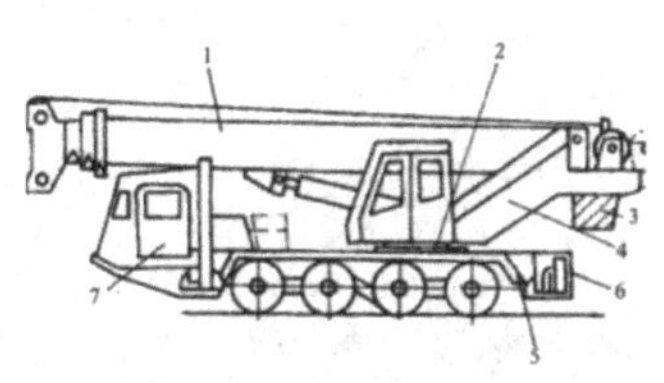

(c) 全路面起重机

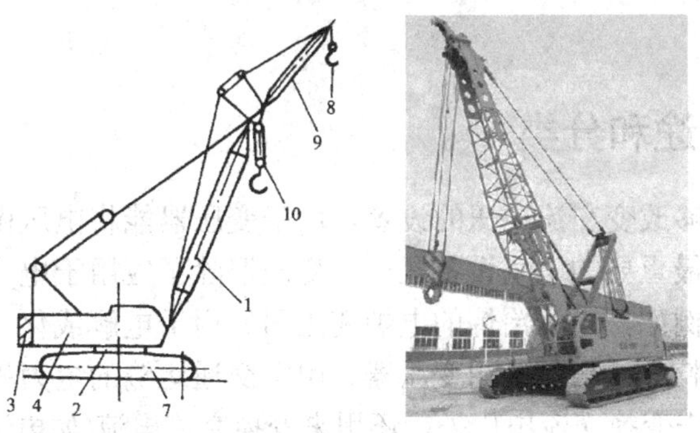

(d) 履带起重机

**图 4-43　流动式起重机的主要类型**

1—主臂；2—回转支承；3—配重；4—上车；5—车架；6—支腿；7—下车；8—副钩；9—副臂；10—主钩

随着现代轮胎起重机的发展，它与汽车起重机的区别有时并不明显。轮胎起重机适用于作业地点比较集中的场合，其中，通用轮胎起重机广泛用于仓库、码头、货场；越野轮胎起重机适用于作业场所未经修整的交通、能源等建设部门。

3) 全路面起重机

全路面起重机既具有载重汽车的高速行驶性能，又具有越野轮胎起重机的通过能力和在崎岖路面行驶、起重作业、吊重行驶的性能。它适用于流动性大、通行条件极差的油田、公路、铁路建设工地。

4) 履带起重机

履带起重机是以履带及其支承驱动装置为运行部分的臂架起重机。它的优点是：履带的接地压强低，稳定性好；不需安装外伸支腿，一般情况下可吊重行走；对地面附着力大，爬坡能力强。其缺点是：行走速度低，行走时履带可能破坏地面，长距离转移场地时，要使用平板拖车运输。履带起重机适用于松软、泥泞地面作业。

# 任务七　变　压　器

【任务导读】

2015 年 04 月 14 日，英国广播公司报道称，当地时间 12 日凌晨，肯尼亚首都内罗毕大学学生误以为校内电力变压器爆炸是恐怖袭击，慌忙逃生中引发踩踏事件。这一事件已经造成至少 1 人死亡，另有至少 150 人受伤。变压器为什么会发生爆炸，它的基本结构，工作原理是什么样的呢？

【任务提出】

- 了解变压器的用途、分类及标准。
- 熟悉变压器的主要额定数据。
- 熟悉变压器的基本组成。

【知识导航】

## 一、变压器的用途和分类

变压器是一种能够改变交流电压的设备。由于变压器能将电压由低变高或由高变低，所以它是电力系统中最重要的电气设备之一。变压器除了应用于电力系统中，在其他方面的应用也十分广泛。例如，用于冶炼的电炉变压器、用于电解或化工的整流变压器、用于煤矿的防爆变压器和特殊结构的矿用变压器、用于交通运输的电力机车变压器和船用变压器等。变压器除了用来变换交流电压外，还用来变换交流电流(如电流互感器、大电流发生器等)、变换阻抗(如电子线路中的输入、输出变压器)及改变相位等。变压器的种类很多，分类方法也很多。

### 1. 按容量划分变压器

(1) 中小型变压器。机械行业标准《油浸式电力变压器产品质量分等(JB/T 56011—1999)》规定：电压在 35kV 及以下，容量在 5～6300kVA 称为中小型变压器。其中 5～500kVA

称为小型变压器；630～6300kVA 称为中型变压器。

(2) 大型变压器：指电压：110kV 及以下，容量为 8000～63000kVA 的变压器。

(3) 特大型变压器：指电压在 220kV 及以上，容量为 3150kVA 及以上的变压器。

### 2. 按用途划分变压器

(1) 电力变压器。包括：

① 升压变压器：用于将低电压变为高电压，用作远距离输送。

② 降压变压器：用于将高电压变为低电压，以适应电力网的要求。

③ 配电变压器：凡是低压侧电压为 400V(单相为 230V)的变压器均称为配电变压器，一般高压侧电压为 6～10kV(电站中也有 3kV)。如果变压器的高压侧电压为 35kV(或 66～110kV)，则称为直配配电变压器，简称直配变。配电变压器用于配电网络，以满足工农业生产与人们日常生活的要求。

④ 联络变压器：用于联络两变电所系统。

⑤ 厂用或所用变压器：为发电厂或变电所自用变压器，或为厂矿企业专用变压器。

(2) 仪用变压器。诸如电流互感器、电压互感器，作为测量和保护装置。

(3) 电炉变压器。有炼钢炉变压器、电石炉变压器、感应炉变压器。此外，还有铁合金熔炼、化肥、石墨和加热用的电炉变压器，它们的共同特点是输出电压低，电流大时都带有载调压、低压出线铜排和引至电炉电极的铜排(电缆)，以限制短路状态下的工作电流，避免绕组受应力过大而损坏。

(4) 试验变压器。它的特点是输出电压很高，有的试验变压器高达 100 万伏，甚至更高，而电流很小，在 1～10A，用于电气设备和绝缘材料的工频耐压试验。

(5) 整流变压器。整流变压器为整流设备的电源变压器，一次侧输入交流电，二次侧输出直流电。用于需要直流电源的场合，如电解、蓄电池、机车、直流输电等。

(6) 调压变压器。有自耦式调压变压器、感应式调压变压器和移圈式调压变压器等。

(7) 矿用变压器。这是一类用于矿井的变压器，套管不暴露在外，用电缆与外界连接，能防尘、防机械损坏。在矿井内使用的开采变压器还应防爆(防可燃气体和粉尘爆炸)，故称这种变压器为防爆变压器。

(8) 其他变压器。包括船用变压器、中频变压器、电焊变压器、电抗器、消弧电抗器、X 光变压器、换相器、滤波器、无线电小变压器、行灯变压器、接地变压器等。

### 3. 按相数划分变压器

(1) 单相变压器：用于单相负载或三相变压器组。

(2) 三相变压器：用于三相负载。

## 二、变压器的结构

这里主要涉及中、小型电力变压器。中、小型变压器由下列一些部分组成：

铁芯和绕组是变压器的最基本组成部分，此外，还有一些辅助部件，如图 4-44 所示。

(1) 铁芯。铁芯是变压器电磁感应的通路，由硅钢片叠装而成。采用硅钢片叠装可以减少涡流。变压器的一次、二次绕组都绕在铁芯上。

(2) 绕组。绕组是变压器的电路部分，分高、低压绕组。绕组由绝缘的铜线或铝线绕成

的多层线圈构成，并套装在铁芯上。

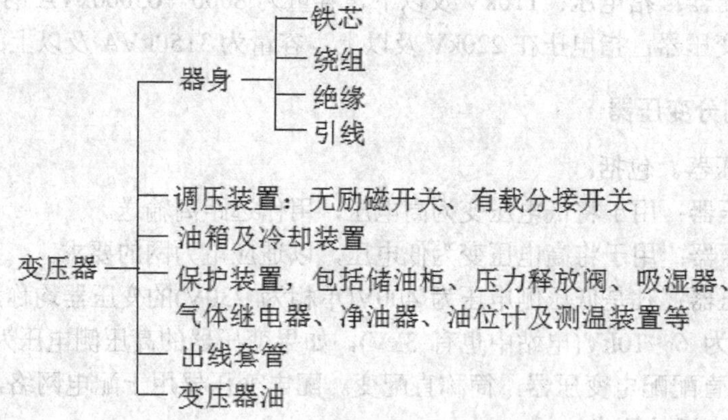


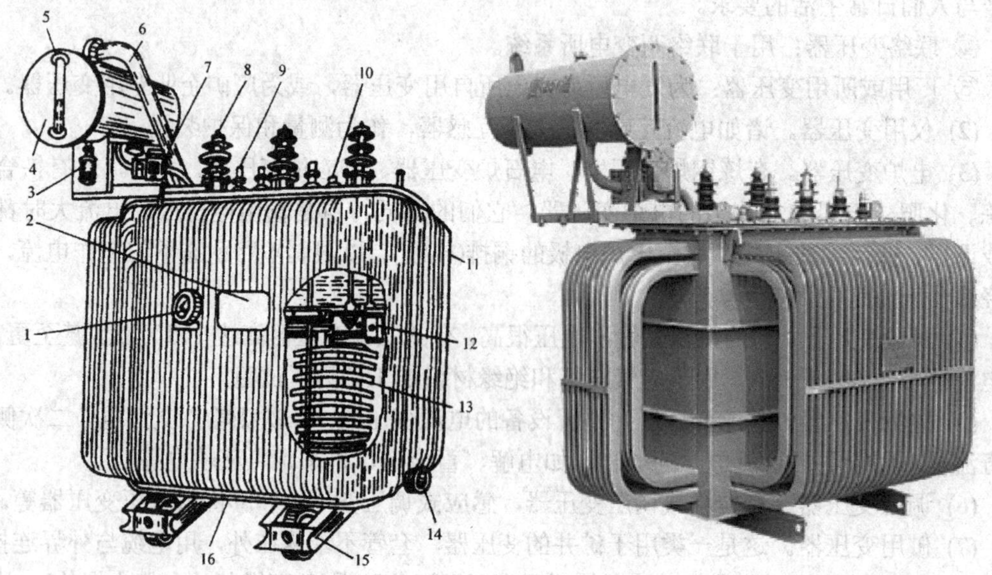


图 4-44　电力变压器

1—信号式温度计；2—铭牌；3—吸湿器；4—储油柜(油枕)；5—油面指示器(油标)；6—安全气管(防爆管)；7—气体继电器；8—高压套管；9—低压套管；10—分接开关；11—油箱；12—铁芯；13—绕组及绝缘；14—放油阀；15—小车；16—接地端子

(3) 油箱。它是变压器的外壳，内装铁芯、绕组和变压器油，起一定的散热作用。

(4) 储油柜。储油柜的容积一般为油箱的十分之一，其上装有油标管，即油位计，用以监视油位的变化。当变压器油的体积随温度的变化而膨胀或缩小时，储油柜起到储油和补油的作用，以保证油箱内充满油。储油柜还能减少油与空气的接触面，防止油被过快氧化和受潮。

(5) 吸湿器。吸湿器又称呼吸器，由一个铁管和玻璃容器组成，内装干燥剂(如硅胶)。储油柜内的油通过吸湿器与空气相通，吸湿器中的干燥剂吸收空气中的水分和杂质，使油保持良好的电气性能。

(6) 散热器。它用来降低变压器的温度。当变压器上层油温与下层油温产生温差时，通过散热器形成油的循环，油通过散热器冷却后流回油箱。为提高变压器油冷却效果，可采

用风冷、强(迫)油(循环)风冷和强油水冷等措施。

(7) 安全气道。装于变压器的顶盖上，为筒状或喇叭形管子，管口用玻璃板封住，在其上刻有十字。当变压器内部有故障、油温升高、油剧烈分解产生大量气体使油箱内压力剧增时，会将安全气道的玻璃冲碎，从而避免油箱爆炸或变形。目前，多用压力释放阀(防爆管)代替安全气道。

(8) 高压、低压绝缘套管(瓷套管)。它是将变压器高、低压引线引至油箱外部的绝缘装置，也起固定引线的作用。

(9) 分接开关。双绕组变压器的一次绕组、三次绕组变压器的一次、二次绕组一般都留有3~5个分接头位置，通过分接开关调整电压比。

(10) 气体继电器。装在变压器油箱和储油柜的连接管上，是变压器的主要保护装置。气体继电器的上触点接信号回路，下触点接断路器掉闸回路，变压器内部发生故障时，能使断路器掉闸并发出信号。

(11) 附件。包括温度计、净油器、油位计等。

## 三、变压器的主要额定数据

(1) 额定容量 $S_e$：指变压器在厂家铭牌规定的额定电压、额定电流下连续运行时，能够输送的能量。其计算公式为：

$$S_e = U_e I_e \times 10^{-3} \text{——单相电力变压器}$$

$$S_e = \sqrt{3} U_e I_e \times 10^{-3} \text{——三相电力变压器}$$

式中：$S_e$——额定容量(视在功率)(kVA)；

$U_e$——电力变压器二次侧的额定电压(V)；

$I_e$——电力变压器二次侧的额定电流(A)。

(2) 额定电压 $U_e$：指变压器长时间运行所能承受的工作电压(铭牌上的 $U_e$ 值，除非另有规定，一般指调压中间分接头的额定电压值)。

(3) 额定电流 $I_e$：指变压器在额定容量下，允许长期通过的电流。

(4) 温升：变压器绕组或上层油面的温度与变压器周围环境的温度之差称为绕组或上层油面的温升。在每一台变压器的铭牌上都标有温升的限值。国家标准规定，当变压器安装地点的海拔不超过1000m时，绕组温升的限值为65℃，上层油面温升的限值为55℃。

(5) 额定工作状态：变压器在额定电压、额定频率(我国为50Hz)、额定负载及规定使用条件下的工作状态，在铭牌上都有标示。变压器在额定工作状态下运行，经济效果好，寿命长；反之则经济效果差，寿命短，甚至会出事故。

## 四、变压器的标准与现状

自新中国成立以来，我国中小型电力变压器的标准先后进行了三次较大的修改，可分为初期标准、中期标准和近期标准。根据性能水平，初期标准为高损耗标准；中期标准为较高损耗标准；近期标准为低损耗标准。相应地，35kV级以下(包括35kV)的中小型电力变压器产品又可分为高损耗、较高损耗、较低损耗和低损耗四大类。

### 1. 高损耗变压器

1964 年我国颁布了电力变压器的第一个技术标准《电力变压器(JB 500—1964)》，该标准即为初期标准，也称“64”标准。相应的系列产品有：SJ 系列、SJ1 系列、SJ2 系列、SJ3 系列、SJ4 系列、SJ5 系列、SJL 系列、SJL1 系列。

### 2. 较高损耗变压器

基础标准 GB 1094—1971 和 GB 1094—1979 及性能标准 JB 1300～1301—1973 合起来构成中小型电力变压器产品的中期标准，也称“73”标准。中期标准一直使用到 20 世纪 70 年代末 80 年代初。相应的系列产品有：S 系列、S1 系列、S2 系列、S5 系列、SL 和 SL1 系列、SL3 系列。

### 3. 较低损耗变压器

1986 年颁布的《三相油浸式电力变压器技术参数和要求(GB 6451.1～2—1986)》为较低损耗中、小型电力变压器的性能标准，也称“86”标准。GB 6451.1 对应 10kV 级，GB 6451.2 对应 35kV 级。相应的系列产品主要有 SL7 系列和 S7 系列。

### 4. 低损耗变压器

S8 和 SL8 系列：S8 系列是 S7 和 S9 之间的一个系列，S8 和 SL8 系列为各厂自行开发的箔式绕组变压器，电压等级有 10kV 级和 35kV 级，容量在 250kVA～ 1600kVA。有的厂将型号编为 S8—M，表示密封式。S8、S8—M、SL8 型系列的性能参数符合国标《三相油浸式电力变压器技术参数和要求(GB/T 6541—1995)》。

旧 S9 系列：通常称 S9 型，分为初版型和改版型。初版又称改版前、调整前；改版型又称改进型、改版后。S9 系列性能在未特别注明的情况下指初版旧 S9 系列性能，旧 S9 系列改版后的性能与新 S9 系列的性能相同。

新 S9 系列：与旧 S9(即 S9)系列相比，主要是消耗材料减少，成本明显降低，有一定的经济效益，是节能型配电变压器的更新换代产品，产品性能要达到国际标准。

SL7—30～1600/10 系列和 S7—30～1600/10 系列配电变压器已被列入国家淘汰的机电产品，推荐更新产品为 S9—30～1600/10 系列配电变压器。1999 年 4 月，国家电力公司颁发国电农[1999]191 号文件《关于印发“农村电网建设与改造技术原则”的通知》规定：“64”“73”系列高能耗配电变压器要全部更换，新选用(包括改造更换)的配电变压器，必须是低损耗的。

目前，新安装的变压器一般不低于 S9 系列水平。2006 年 1 月 9 日国家质量监督检验检疫总局和国家标准化管理委员会发布了《GB 20052—2006 三相配电变压器能效限定值及节能评价值》，标准规定了三相配电变压器的能效限定值、目标能效限定值、节能评价值和试验方法。该标准所规定的能效限定值相当于目前 S9 系列产品的损耗水平。能效限定值是在规定条件下配电变压器的空载损耗和负载损耗的标准值，它规定了配电变压器损耗的最大值，也是市场准入的最低标准。目前使用较多的油浸式节能配电变压器按损耗性能分为 S9、S11、S13 系列。S11 系列变压器的空载损耗比 S9 系列低 20%。S13 系列变压器的空载损耗比 S11 系列低 25%。国家电网公司编发的《第一批重点推广新技术目录》中规定，2011 年国网新增配电变压器推广应用 S13 以上型号节能型变压器，农村和纯居民供电配电变压器优先采用调容变压器和非晶合金变压器。从 2012 年起，新增配电变压器全部使用节能型配电变压器，“十二五”期末，国家电网公司系统城市配电网全部改造更改 S9 及以下高损耗变压器。

因此，我国变压器经历了 S6、S7、S9、S11 等几个系列的替代过程。目前，S9 型节能产品已成为市场主流，而 S11 节能型产品的市场规模正在增长。在 S11 的市场推广过程中，S11 的销售价格比 S9 平均高出 14.2%，所以价格仍是影响 S11 变压器普及推广的主要因素。新 S9 产品虽已占据大部分市场，但随着经济的发展，用户(特别是农网，变压器负荷率较低的用户)对“11”型产品的需求逐步增长。S11 型叠铁芯变压器是在新 S9 成熟的技术基础上设计开发的，在保持产品可靠性的前提下，其性能指标有了较大提高。与传统叠片式变压器相比，S11 卷铁心配电变压器具有节约原材料、节能、改善供电品质、噪音低和机械化程度高等特点。

**5. 变压器现状**

通过借鉴国外先进技术，国内变压器品种、水平及高电压变压器容量都有了大幅提高。

(1) 电力变压器。电力变压器产品结构有芯式和壳式两类，主要是油浸式。其中芯式占 95%，壳式只占 5%。芯式变压器工艺简单，生产企业多；壳式变压器结构与工艺复杂，只有传统工厂生产。但壳式变压器的绝缘性能、机械及散热性能等都优于芯式变压器，且特别适用于高电压、大容量场合，尤其是山区水电站，因而仍有其市场。目前，已在系统运行的代表性电力变压器产品有：1150kV、1200MVA、735～765kV、800MVA、400～500kV、3 相 750MVA 或 1 单 550MVA、220kV、3 相 1300MVA 电力变压器；直流输电±500kV、400MVA 换流变压器。

(2) 配电变压器。国外配电变压器有圆形与椭圆形铁心型式，容量可达 2500kVA。圆形铁心的变压器占绝大多数，由于椭圆形铁心的变压器的铁心柱间距小，因而用料可以减少，所以其对应的线圈为椭圆形。低压线圈有线绕式与箔式，少数油箱带散热管，大多数油箱采用波纹式。

(3) 干式变压器。干式变压器有环氧树脂浇注、加填料浇注、绕包和浸渍式四种结构。目前，国内通过短路试验容量最大的干式配电变压器是 2500kVA、10/0.4kV；通过短路试验容量最大的干式电力变压器是 16000kVA、35/10kV。干式变压器在京、沪、穗、深等大城市已经占到 50%，而在其他大中城市只占到 20%。

(4) 非晶合金变压器。尽管非晶合金变压器抗短路性能差、噪音大，但是其能耗小，因此未来仍有较好的发展前景。目前，国内只有少数企业掌握非晶合金变压器铁心生产技术。

(5) 卷铁芯变压器。电力部门采购的卷铁芯变压器以容量在 315kVA 以下的居多，主要用于农村电网。目前，生产的卷铁芯变压器主要是 10kV 级，容量一般小于 800kVA，也试制了 1600kVA。

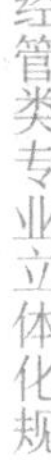


## 练 习 题

**一、单项选择题**

1. 中小型变压器中，属于较低损耗的是(　　)。

   A. SJL 系列　　B. SL7 系列　　C. 旧 S9 系列　　D. S 系列

2. 以下说法中，不正确的是(　　)。

A. 吊钩起重机的额定起重量不包括吊钩和动滑轮组的自重

B. 起重机的利用等级反映了起重机在吊重方面的满载程度

C. 轮胎起重机、全路面起重机和履带起重机均可吊重行驶

D. 桥式起重机主要由桥架、大车运行机构、小车运行机构、起升机构和电气设备组成

3. 压力范围在 16.0 ~ 20.0MPa 之间的锅炉为(　　)。

A. 低压锅炉　B. 高压锅炉　C. 亚临界锅炉　D. 超临界锅炉

4. 水管锅炉中主要提供燃料燃烧空间的是(　　)。

A. 炉筒　B. 过热器　C. 水冷壁　D. 炉膛及炉墙

5. 为了确保锅炉的安全运行，对于蒸发量大于 0.2t/h 的锅炉，至少要安装两个彼此独立的(　　)。

A. 安全阀　B. 压力表　C. 水位表　D. 高低水位报警器

6. 压力容器的设计温度是指(　　)。

A. 在正常工作条件下，设定的受压元件的金属温度

B. 在正常工作条件下，压力容器内部工作介质的温度

C. 沿金属截面温度的平均值

D. 压力试验时壳体的金属温度

7. 当压力容器外径与内径之比(　　)时，为薄壁压力容器。

A. 小于 1/10　B. 小于等于 1.2

C. 大于 1/10　D. 大于 1.2

8. 空气锤锻锤产生的打击力一般为落下部分质量的(　　)倍。

A. 500　B. 1000　C. 1500　D. 2000

9. 下列锻压设备中，(　　)可以实现在一个工作行程中完成对工件的一个变形。

A. 蒸汽—空气模锻锤　B. 摩擦压力机

C. 模锻曲柄压力机　D. 水压机

10. 通用压力机按(　　)可分为单点、双点、四点压力机。

A. 连杆的数量　B. 滑块的数量

C. 滑块与工件接触的点数　D. 工作台的数量

11. 下列关于冲天炉的叙述中，正确的是(　　)。

A. 冲天炉的内径越大，生产率越高

B. 燃料消耗相同时，铁水出炉温度越低，炉子经济效果越好

C. 相同熔化率下，冲天炉内熔化带处断面积越大，融化强度越大

D. 铁焦比越大，焦炭消耗率越大

12. 型号为 12V100ZG 柴油机其曲轴半径为 6cm，燃烧室容积为 0.108L。该发动机的压缩比为(　　)。

A. 88.22　B. 9.72　C. 8.7　D. 0.10

13. 某柴油机型号为 R175A，以下针对该柴油机说法中，错误的是(　　)。

A. 是单缸柴油机　B. 是四冲程柴油机

C. 缸径为 175mm　D. 冷却方式为水冷

14. 以下关于柴油机和汽油机相比的说法中，不正确的是(　　)。
    A. 柴油机是压燃式，而汽油机是点燃式
    B. 柴油机压缩比较高，而汽油机较低
    C. 柴油机为外部形成混合气，而汽油机则是内部形成混合气
    D. 柴油机低速时扭矩较大，而汽油机高速时扭矩较大
15. 燃气轮机工作时，压气机把空气压缩到一定的压力，高温燃气在涡轮中膨胀，(　　)。
    A. 压气机带动燃烧室旋转　　B. 压气机带动涡轮旋转
    C. 涡轮带动压气机旋转　　D. 涡轮带动燃烧室旋转

## 二、多项选择题

1. 变压器除了可以用来变换电压以外，还可以用来变换(　　)。
   A. 电流　B. 频率　C. 相位　D. 容量　E. 阻抗
2. 下列变压器中，归属于电力变压器的有(　　)。
   A. 升压变压器　B. 调压变压器　C. 降压变压器　D. 配电变压器　E. 接地变压器
3. 在起重机中，(　　)属于桥式类型起重机。
   A. 梁式起重机　B. 门座起重机　C. 缆索起重机　D. 壁行起重机　E. 龙门起重机
4. 按照锅炉的用途分类，锅炉的类别有(　　)。
   A. 发电锅炉　B. 工业锅炉　C. 生活锅炉　D. 热水锅炉　E. 特种锅炉
5. 下列关于压力容器主要工艺条件的说法中，正确的是(　　)。
   A. 通常压力容器的最高工作压力不大于压力容器的设计压力
   B. 对于装有安全泄放装置的压力容器，最高工作压力是安全泄放装置调整的依据
   C. 对盛装液体气体介质的容器，容器制成后，设计压力是安全泄放装置调整的依据
   D. 设计温度是指在正常工作条件下，设定的受压元件的金属温度
   E. 使用温度一般是容器运行时，通过测温仪表测得的受压元件金属温度
6. 金属熔炼的目的是(　　)。
   A. 获得一定形状的零件　　B. 获得预定成分和一定温度的金属液体
   C. 减少金属液中的气体　　D. 减少金属液中的夹杂物
   E. 改变金属硬度，以便进行切削加工

# 项目五

## 交通运输类机电设备

### 知识目标

- 了解船舶、车辆、飞机的类型
- 熟悉按用途来划分的船舶、车辆、飞机类型
- 掌握船舶、车辆、飞机的基本结构和动力形式
- 理解并熟悉船舶、车辆、飞机的基本参数

### 能力目标

- 会说出船舶、车辆、飞机类型及名称
- 会描述几种民用船舶、车辆、飞机的用途
- 熟悉船舶、车辆、飞机的基本结构和基本参数

# 任务一 船 舶

【任务导读】

暑假开始了，小明的妈妈准备带小明坐轮船出去玩，在轮船上小明很开心，并问妈妈他们坐的轮船是什么类型的？那么大的轮船怎么能在水上前进呢？别的船是不是和我们坐的这个一样？对于小明问的这些问题，我们将在任务一里进行解答。

【任务提出】

- 了解船舶的概念、分类及用途。
- 理解船舶的主要性能参数。
- 熟悉船舶的基本结构。
- 了解不同类型的船舶特点。

【知识导航】

## 一、船舶概述

船舶，各种船只的总称。船舶是能航行或停泊于水域进行运输或作业的交通工具，按不同的使用要求而具有不同的技术性能、装备和结构型式。

船舶是一种主要在地理水中运行的人造交通工具。另外，民用船一般称为船，军用船称为舰，小型船称为艇或舟，其总称为舰船或船艇。内部主要包括容纳空间、支撑结构和排水结构，具有利用外在或自带能源的推进系统。外形一般是利于克服流体阻力的流线性包络，材料随着科技进步不断更新，早期为木、竹、麻等自然材料，近代多是钢材以及铝、玻璃纤维、亚克力和各种复合材料。

## 二、船舶分类

船舶分类方法很多，通常可按船舶用途、航区、航行状态、推进动力的型式、推进器的型式、螺旋桨数量、造船材料等进行分类。其中，多数船舶是按船舶的用途分类来称呼的。

### 1. 按用途分类

船舶按用途可分为军用船和民用船两大类。

军用船是用于从事作战或辅助作战的各种舰艇。

(1) 战斗舰艇：航空母舰、巡洋舰、驱逐舰、护卫舰、潜艇、鱼雷艇、导弹艇及布雷、扫雷舰艇等。

(2) 登陆舰艇：运送部队和武器装备到敌岸登陆的舰艇。

(3) 辅助舰船：即担负后勤保障任务的各类舰船，如训练舰、补给舰、侦察船、医院船、供应舰、舟桥浮箱等。

民用船包括运输船、工程作业船、渔业船、工作船舶、港务船舶、特种船舶、海洋调查船及深潜器、海洋钻井平台等。

(1) 运输船：又称商船，是指从事水上客货运输的船舶。

大致可分为八个类型：①客船、客货船、渡船；②普通货船(即杂货船)；③集装箱船、滚装船、载驳船；④散粮船、运煤船、矿砂船；⑤油船、液化气体船、液体化学品船；⑥多用途散货船，包括矿砂、油两用船，矿砂、散货、油三用船；⑦特种货船，指运木船、冷藏船、汽车运输船等；⑧驳船，有拖轮拖带和顶推船顶推两种运输方式。

(2) 工程作业船：是指在港口、航道等水域从事各种工程作业的船舶。主要有挖泥船、打捞船、测量船、超重船、打桩船、钻探船、管线铺设船、救助拖船、浮船坞、测量船等。

(3) 渔业船：是指从事捕鱼和渔业加工的船舶。主要有拖网渔船、围网渔船、刺网渔船、延绳钓渔船、捕鲸船、捕海兽船、捕虾船和捕蟹船，以及渔业加工船、渔业调查船等。

(4) 工作船舶：又称为特殊用途船，是指为航行进行服务工作或其他专业工作的船舶，诸如破冰船、引航船、供应船、消防船、航标船、科学调查船、航道测量船等。

(5) 港务船舶：用于维持港口生产作业的各种船舶。港务船有港作拖船、引水船、港监船、供油船、供水船、消防船、交通船、检疫船、浮油回收船、粪便处理船、水面清扫船及趸船等。

(6) 特种船舶：水翼船、气垫船、地效应船(壁面效应船)、小水线面船、穿浪船等。

(7) 海洋调查船及深潜器：近海调查船、远洋调查船、载人潜水器、无人潜水器等。

(8) 海洋钻井平台：固定式平台、移动式平台等。

### 2. 按航区分类

(1) 远洋船舶：能在环球航线上航行的船舶，即通常所指的能航行于无限航区的船舶。

(2) 近海船舶：指航行于距岸不超过200海里海域(个别海区不超过120海里或50海里)的船舶，即航行于近海航区的船舶，可以来往于邻近国际港口。

(3) 沿海船舶：指航行于距岸不超过20海里海域(个别海区不超过10海里)的船舶，即沿海岸航行的船舶。

(4) 内河船舶：在内陆江河中航行的船舶。

### 3. 按航行状态分类

(1) 排水型船：靠船体排开水面获得浮力，从而漂浮于水面上航行的船舶。

(2) 潜水型船：潜入水下航行的船舶，如潜水艇等。

(3) 腾空型船：靠船舶高速航行时所产生的水升力或靠船底向外压出空气，在船底与水面之间形成气垫，从而脱离水面而在水上滑行或腾空航行的船舶，如水翼艇、滑行艇、气垫船等。

### 4. 按推进动力的型式分类

(1) 蒸汽机船：以往复式蒸汽机为主机的船舶。

(2) 汽轮机船：以回转式蒸汽轮机为主机的船舶。

(3) 柴油机船：以柴油机为主机的船舶。

(4) 燃气轮机船：以燃气轮机为主机的船舶。

(5) 电力推进船：由主机带动主发电机发电，再通过推进电动机驱动螺旋桨的船舶。

(6) 核动力船：利用核燃料在反应堆中发生裂变反应放出的巨大热能，产生蒸汽供汽轮机主机工作的船舶。

### 5. 按推进器型式分类

(1) 螺旋桨船：以螺旋桨为推进器的船舶，常见的有定距桨船和调距桨船两种。

(2) 平旋推进器船：以平旋轮为推进器(又称为直翼推进器)的船舶。

(3) 明轮船：以安装在船舶两舷或船尾的明轮为推进器的船舶。

(4) 喷水推进船：利用船内水泵自船底吸水，将水流从喷管向后喷出所获得的反作用力作为推进动力的船舶。

(5) 喷气推进船：将航空用的喷气式发动机装在船上以供推进用的船舶。

### 6. 按螺旋桨数分类

单桨船、双桨船、多桨船。

### 7. 按造船材料分类

(1) 钢船：以钢板及各种型钢为主要材料的船舶。

(2) 木船：以木材为主要材料，仅在板材连接处采用金属材料的船舶。

(3) 钢木结构船：船体骨架用钢材，船壳用木材建造的船舶。

(4) 铝合金船：以铝合金为主要材料的船舶。

(5) 水泥船：以钢筋为骨架，涂以抗压水泥而成的船舶。

(6) 玻璃钢船：以玻璃钢为主要材料的船舶。

## 三、船舶的基本组成

船舶是一种浮在水上的结构复杂的建筑物，通常由主船体和上层建筑部分组成，如图5-1所示，以上甲板为界，其下部分为主船体，其上部分统称为上层建筑。船体内部空间又被各层甲板、横舱壁和纵舱壁划分，从而形成船舶的各个舱室，如图5-2所示。

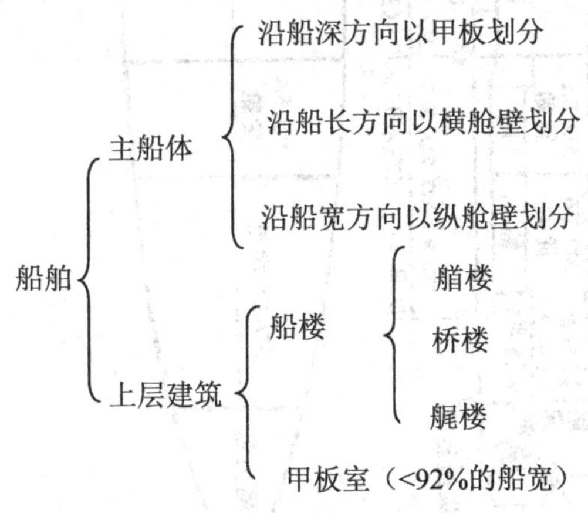


图5-1 船舶的组成

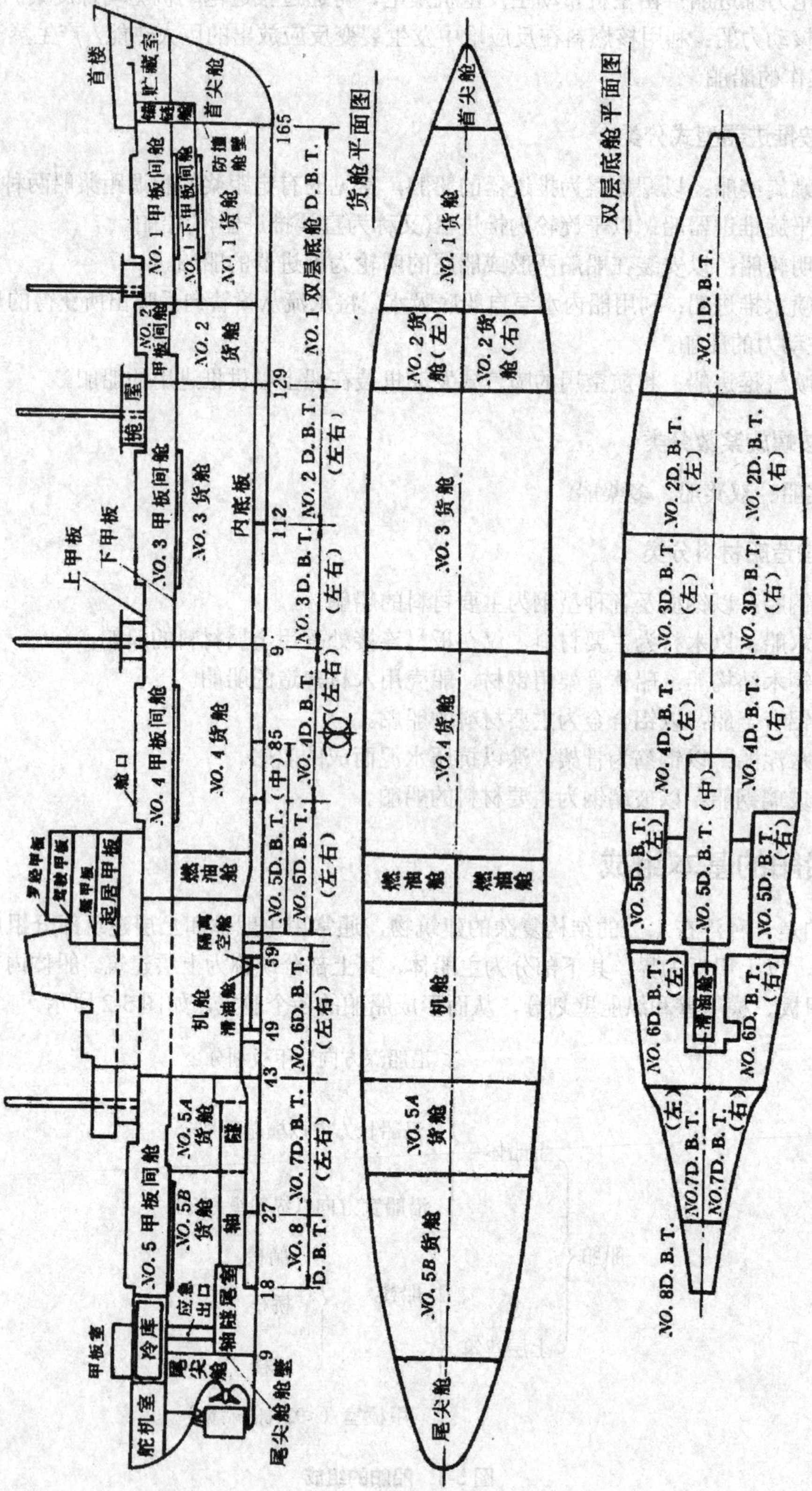

图 5-2　船舶主要部位名称

### 1. 主船体

主船体由甲板和外板组成一个水密外壳，内部被甲板、纵横舱壁及其骨架分隔成许多舱室。主船体主要由船底结构、船侧结构、甲板结构、舱壁结构和首尾结构所组成。主船体是上层建筑的基础，其内通常布置机舱、燃油舱、水舱、货舱等；主船体的主要作用是参与总纵强度，保证船体能浮于水中并具有一定的强度。船的前端叫船首，后端叫船尾，船首两侧船壳板弯曲处叫首舷，船尾两侧船壳板弯曲处叫尾舷，船两边叫船舷，船舷与船底交接的弯曲部叫舭部，连接船首和船尾的直线叫首尾线，首尾线把船体分为左右两半，从船尾向前看，在首尾线右边的叫右舷，在首尾线左边的叫左舷，与首尾线中点相垂直的方向叫正横，在左舷的叫左正横，在右舷的叫右正横，如图5-3所示。

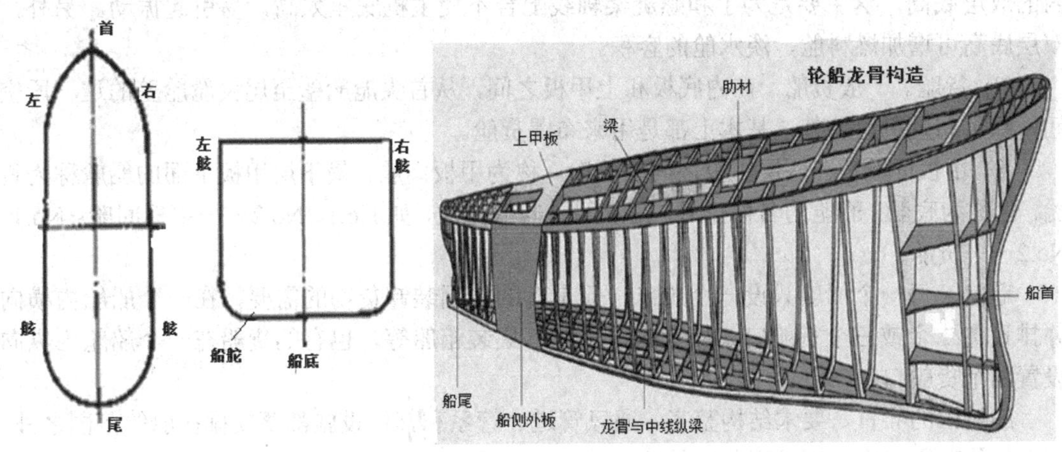


图 5-3　主船体结构图

1) 甲板

甲板是自船首至船尾纵向连续的，且从一舷伸至另一舷的平板。沿着船长方向不连续的一段甲板，称为平台甲板，或称为平台。

甲板按着位置分为：上甲板、下甲板等。

上甲板，是船体最上面一层纵向连续(自船首至船尾)的甲板。上甲板一般都是露天甲板。

上甲板之下的甲板，自上而下分别称为：第二甲板、第三甲板等，并统称为下甲板。

2) 舱壁

竖向布置的壁板，称为舱壁。从一舷伸至另一舷的横向竖壁板，称为横舱壁。船舶首尾方向布置的竖向壁板，称为纵舱壁。

3) 舱室

在主船体内，根据需要用横向舱壁分隔成很多大小不同的舱室，这些舱室都按照各自的用途或所在部位而命名，如图5-4所示，从首到尾分别叫首尖舱、锚链舱、货舱、机舱、尾尖舱和压载舱等。在货舱中两层甲板之间形成的舱间称甲板间舱，也叫二层舱或二层柜。

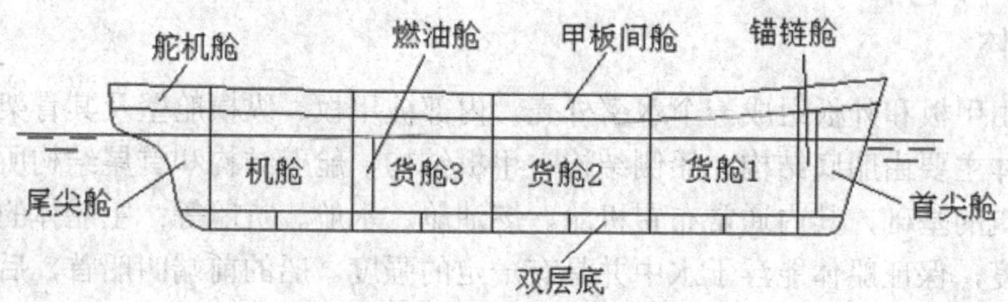


图 5-4　主船体内的舱室

(1) 机舱。除了个别大型客船设有两个机舱以外，一般商船均设置一个机舱。机舱要求与货舱必须分开，因此在机舱的前后端均设有水密的横舱壁。机舱内的双层底较其他货舱内的双层底高，这主要是为了和螺旋桨轴线配合不使主机底座太高，易引起振动。另外，双层底高可增加燃料舱、淡水舱的容积。

(2) 货舱。一般货船，在内底板和上甲板之间，从首尖舱舱壁至尾尖舱舱壁的这一段空间，除了布置机舱之外，基本上都是用来布置货舱。

(3) 甲板间舱。在两层甲板之间的船舱，称为甲板间舱，最下层甲板下面的船舱称为货舱，也称为底舱。船舱的名称排号，是从船首向船尾数，如 No.1、No.2……甲板间舱；No.1、No.2……货舱。

通常，每一个船舱只设一个舱口，但是有的船因装卸货物的需要，在一个船舱内横向并排设置二个或三个货舱口，如有的运木船、集装箱船等。也有的货船在一个船舱内纵向设置两个货舱口。

船舱内的布置，要求结构整齐，通风管道、管系和其他设施都要安排在船舱范围之外，即在结构范围以内，不妨碍货物的装卸。

(4) 液舱。液舱是指用来装载液体的舱。

液舱布置与一般货物(矿石等除外)相比较，由于液体的密度大，一般都在船的低处，有利于船舶稳性。

考虑船的破舱稳性，液舱一般都对称于船舶纵向中心线布置。

液舱的舱壁都是水密或油密的，除了开有清洗和维修用的入孔之外，不准开其他孔。

为了减小自由液面对稳性的影响，液舱的横向尺寸都较小。

液舱内设有输出输入管、空气管、溢流管、测深管等。

液舱的种类包括燃油舱、燃油溢油舱、滑油舱、循环滑油舱、压载水舱、污油舱、淡水舱、首尖舱、尾尖舱、双层底舱等。

① 燃油舱：是供贮存主、辅机所用燃油的舱。

因为主机用的重油需要加温才可以抽出，为了减少加热管系的布置，重燃油舱一般布置在机舱的前壁处和机舱的两舷侧处，以及机舱下面的双层底内。

辅机用的轻柴油舱，一般都布置在机舱下面的双层底内。

② 燃油溢油舱：当燃油舱装满燃油而通过溢流管溢出时，流入到溢油舱内。为了能使溢出的燃油能自行流入到溢油舱内，一般溢油舱都布置在船舶的最低处。燃油溢油舱中的燃油可经过管系再注入到燃油沉淀舱内。

③ 滑油舱：是供贮存滑油的舱，也称滑油柜。滑油舱四周要设置隔离空舱，与清水舱、燃油舱、压载水舱及舷外水等隔开，以免污染滑油。

④ 循环滑油舱：供贮存主机用的循环滑油的舱。通常都设在机舱下面的双层底内，也需要在其四周设置隔离空舱与其他舱隔开。

⑤ 污油舱：供贮存污油用的舱。舱的位置较低，以利于外溢、泄漏的污油自行流入舱内。在舱上设有入孔，供清理油渣人员出入，并设有油管通向油水分离器，以便处理污油水。

⑥ 淡水舱：通常为饮水舱、清水舱、锅炉水舱的统称。这些舱都布置在靠近居住舱室和机舱下面的双层底内，也有布置在尾尖舱内。锅炉水舱的位置靠近锅炉舱附近。

饮水舱，要求舱内的结构和涂料应能保持水质清洁，一般在舱的内壁涂有水泥。

⑦ 污水舱：供贮存污水的舱。船上各处的污水通过泄水管流入污水舱中，然后用污水泵排出舷外。污水舱的位置也较低，便于污水能自然地流入舱内。

⑧ 压载水舱：当船舶的吃水和重心位置达不到一定要求时，对船舶的稳性和推进性能会产生许多不利影响，必须装压载水航行。双层底舱、深舱、首尾尖舱、散货船的上下边舱、集装箱船与矿砂船的边舱，都可以作为压载水舱。

⑨ 首尖舱：位于船首部防撞舱壁之前、舱壁甲板之下的船舱。首尖舱作为压载舱用，对调整船舶纵倾作用较大。在首尖舱的纵中剖面位置上设有制荡舱壁(在舱壁上开有流水孔)，起缓冲舱内水的冲击作用。

⑩ 尾尖舱：位于船舶尾部最后一道水密横舱壁之后、在舱壁甲板或平台甲板之下的船舱。尾尖舱主要作为压载舱或淡水舱用。

⑪ 双层底舱：位于内底板、船底外板之间的水密舱称为双层底舱。双层底舱主要是作为装压载水、燃油、淡水等液舱。

⑫ 深舱：从广义上讲，除了双层底舱之外，所有深的液舱都可以称为深舱，如燃油舱、淡水舱、首尾尖舱等。但是有些船，由于船体结构和机构设备都较轻，而稳性又要求高，双层底舱和首尾尖舱全部用来装压载水还达不到吃水和稳性的要求，需要另设1～2个深舱，专门用来装压载水。

⑬ 液货舱：有许多杂货船，设有 1～2 个装运液体货物的深舱，如装载动植物油、糖密等(石油产品是用油船装运)。当无液货时，也可以作为压载舱用。

### 2. 上层建筑

在上甲板上及以上的所有围蔽建筑，统称为上层建筑，上层建筑的结构与主船体内相应的板架类似，也是由围壁板、甲板、横梁、肋骨、甲板纵骨、甲板纵桁和围壁扶强材等构件组成。上层建筑分船楼和甲板室两大类型。

上层建筑的作用：布置船员或旅客工作、生活的房间以及布置各种装置和设备等。

1) 船楼

在上甲板上及其以上的围蔽建筑物的两侧壁是伸向船舶两舷并同船壳板连在一起的，或两侧壁不同船壳板连在一起，但离壳板外板向内的距离不大于4%的船宽，这种围蔽建筑物称为船楼，有时也称为船舶上层建筑，如图 5-5(a)所示。

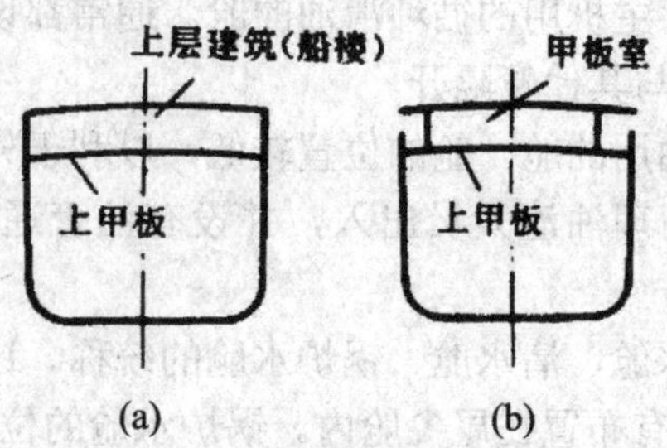


图 5-5　船楼与甲板室

上层建筑的布置位置、层数、长短和数目，是由船舶的大小、类型、用途、机舱位置、航海性能和船舶外形美观要求等因素决定的，一般在机舱的上方总是布置有上层建筑的。

根据船楼或甲板室沿着船长方向布置的不同，船楼又分为：首楼、桥楼和尾楼。

(1) 首楼。位于船首部的船楼，称为首楼。首楼的长度一般为船长 L 的 10%左右。超过 25%船长的首楼，称为长首楼。首楼一般只设一层。首楼的作用是：减小船舶首部甲板上浪；并可减小纵摇，改善船舶的航海条件；首楼内的舱室可作为贮藏室，长首楼内的舱室可用来装货。

(2) 桥楼。位于船长中部的上层建筑(船楼)，称为桥楼。当桥楼的长度大于 15%船长，且不小于本身高度 6 倍时，称为长桥楼。桥楼主要用来布置驾驶室和船员住所并保护机舱。

(3) 尾楼。位于船尾部的上层建筑，称为尾楼。当尾楼的长度超过 25%船长时，称为长尾楼。尾楼的作用可减小船尾甲板的上浪和保护机舱，并可布置甲板室、船员住所和其他用途的舱室。

2) 甲板室

而在上甲板上及以上的围蔽建筑的两侧壁，离船壳外板向内的距离大于 4%船宽的，这种围蔽建筑物称为甲板室，如图 5-5(b)所示。

对于大型船舶，由于甲板的面积大，布置船员房间等并不困难，在上甲板的中部或尾部可只设甲板室，甲板室两侧壁外面的露天甲板，形成两边走道，有利于甲板上的操作和船舶前后方向行走。在船的首部不能设甲板室，只能设首楼或不设首楼。

(1) 甲板类型。在上层建筑中主要有下列一些甲板，如图 5-6 所示。

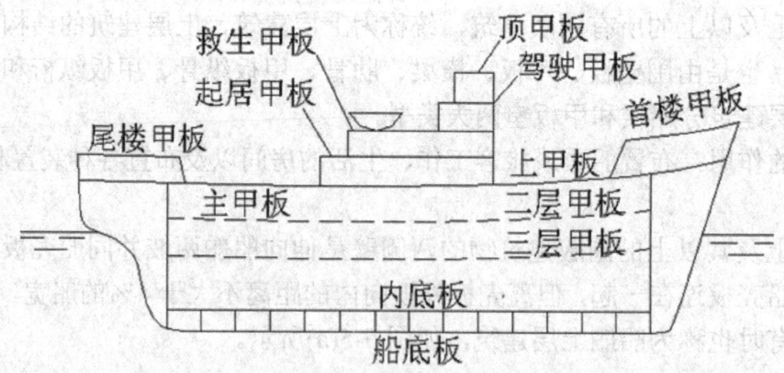


图 5-6　上层建筑中的甲板

罗经甲板又称顶甲板，是船舶最高一层甲板，一般都是驾驶室顶部的甲板。在罗经甲板上设有桅、雷达天线、探照灯和标准罗经等。

驾驶甲板在船上设置驾驶室的一层甲板。该层甲板上的舱室处于船舶的最高位置，所以驾驶室、海图室、报务室和引水员房间等布置在该层甲板上。

艇甲板(救生甲板)放置救生艇或工作艇的甲板。从救生角度出发，要求该层甲板位置较高，艇的周围要有一定的空旷区域，以便在紧急情况下人员集合并能迅速登艇。艇都存放于两舷侧，能快速放入水中。船长、大副、舵工及一些公共活动场所的房间一般布置在该甲板上。

起居甲板主要是用来布置居住舱室及生活服务的辅助舱室的一层甲板，轮机员、电工等房间布置在这一层甲板上。

上层建筑内的上甲板一般布置水手、厨工等船员房间，厨房、餐厅等往往也设在这一层甲板上。

游步甲板在客船或客货船上，供旅客散步或活动的甲板。甲板上有宽敞的通道或活动场所。

在上层建筑和甲板室的各层甲板中，大部分面积用于布置船员和旅客的房间、生活辅助设施房间、公共活动场所、驾驶室及其有关设施房间。除此之外，还有下列一些舱室和贮藏室。

(2) 舱室。

在船舶的上层建筑中，是被甲板、平台、横舱壁和纵舱壁以及壁板分隔成许多的舱室。这些舱室如下。

① 电罗经室：一般尽可能地布置在船舶摇摆中心附近，是一个专用舱室，内设主罗经、分罗经、电压调节器等。该室的门要求经常加锁。而电罗经用的变流机是存放在电罗经室旁边的一个单独房间。

② 应急发电机室：为海损提供应急电源而设的安装应急发电机及其配电板的房间。按规范要求，应急发电机必须在船的中后部舱壁甲板以上较高的地方，一般位于艇甲板上，不能与机炉舱相通，并设有单独的门通至露天甲板，以备应急使用。

③ 蓄电池室：存放蓄电池的房间，也位于艇甲板上。因蓄电池常有易爆性气体和电解液逸出，所以室内要铺设防腐蚀垫层。室内不宜装电气设备或电缆，照明应用防爆灯，室内有独立的通风系统，设有密闭的门窗，以有效封闭。

④ 制冷机室：供安置制冷机及其有关设备的房间。一般靠近冷藏舱室附近。对于非氨制冷系统的制冷机室可设在机舱内，而氨制冷机都有独立的制冷机室。因氨气有毒，室壁需气密，设有两个出口，门向外开，以利操作人员在必要时可迅速离开。室内备有防毒面具，在氨气泄漏时供人员使用。

⑤ 空调室：存放空调机的房间，一般位于艇甲板上。

⑥ 各种贮藏室：包括灯具间、油漆间、缆绳和索具间等。这些贮藏室要求远离生活区，一般位于首楼内、起货机平台下面等处。灯具间、油漆间都是钢质围蔽的单独舱室，设有向外开的门，并可直接通向露天甲板。

⑦ 冷藏库和粮食库：一般位于厨房附近，出入口远离卫生间，且方便物品的搬运。冷藏库，根据物品对冷藏温度要求的不同，一般分2～4个室，分别贮存鱼、肉、蔬菜、乳品、水果等。大型船舶的粮库，分干粮库与湿粮库，干粮库存放米、面粉等；湿粮库贮放油、酒和饮料等。

⑧ 隔离空舱：一个狭窄的空舱，专门用来隔开相邻的两舱室，以避免两种不同性质的

液体相互渗透。如上述不同种类的滑油舱之间、燃油舱与滑油舱之间、油舱与淡水舱之间等均需设隔离空舱。有的油舱与货舱之间也需设隔离空舱。但燃油舱与压载水舱之间并不需要设置隔离空舱，隔离空舱比较窄，一般只有一个肋骨间距，并设有人孔供进出检修。油船上的泵舱可兼作隔离空舱。隔离空舱俗称干隔舱。

⑨ 锚链舱：专门用来堆放锚链的舱。位于起锚机下方的首尖舱内，用钢板围起来的两个圆形或长方形的水密小舱，并与船舶的中心线对称地布置。锚链舱的大小与锚链的长度有关。锚链舱的底部设有排水孔，将锚链带进的泥水排掉。

⑩ 轴隧：中机型和中尾机型船，推进轴系要穿过机舱后面的货舱，因此必须从机舱的后面舱壁至尾尖舱舱壁之间设置一个水密的结构，将推进轴系围在里面，轴系由此通至螺旋桨，它保护轴系不受损坏，并防止水从尾轴管进入船舱内，便于工作人员检查、维修。还用于机舱通风，存放备用尾轴。

⑪ 舵机间：舵机间是布置舵机的舱室，位于舵的上方尾尖舱的顶部水密平台甲板上。因布置舵机的需要，尾尖舱舱壁可允许仅通至水线以上的尾尖舱顶部的水密平台甲板上。

⑫ 舱内斜梯：在每一个货舱内都有两个垂直梯子，梯口一般设在桅屋内(起货机平台下的甲板室)。散货船的每个货舱内设有一个垂直梯子，另设一个斜梯，俗称澳大利亚式斜梯(图5-7)，是澳大利亚港湾工人联合会为了保障装卸工人的安全，要求在澳大利亚港口装卸的散货船，在货舱内必须设置图 5-7 所示的斜梯。梯子的上下两端为直梯，每一个直梯的高度不得大于 20fT(约 6m)两个直梯子之间要求设置斜梯，直梯与斜梯连接处设置小平台。

⑬ 应急消防泵舱：根据“SOLAS”的要求，按照船舶的大小要设置有一定能力的应急消防泵。应急消防泵要求设在与机舱无关并用钢板围起来的水密舱内。图 5-8 是位于舵机室下面，在尾尖舱内的一个小舱。要求在船舶位于最浅的吃水时也能抽上水。

⑭ 桅屋：围在桅周围的甲板室。在桅屋顶上一般设置起货机，称为起货机平台。桅屋内布置有起货机的电器开关等装置、物料，也有的存放二氧化碳瓶。从上甲板通往货舱的梯口是设在桅屋内。

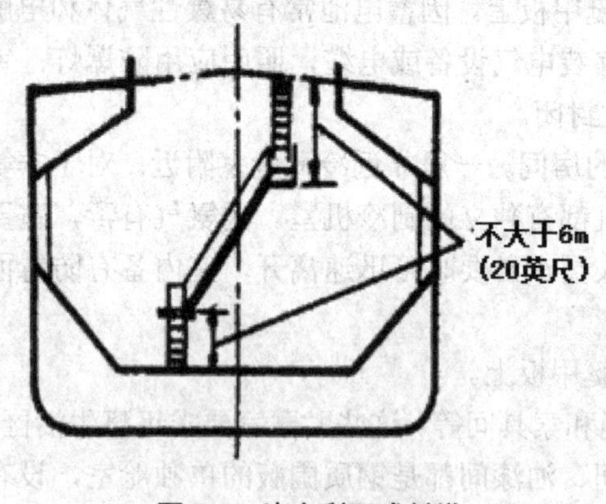


图 5-7 澳大利亚式斜梯

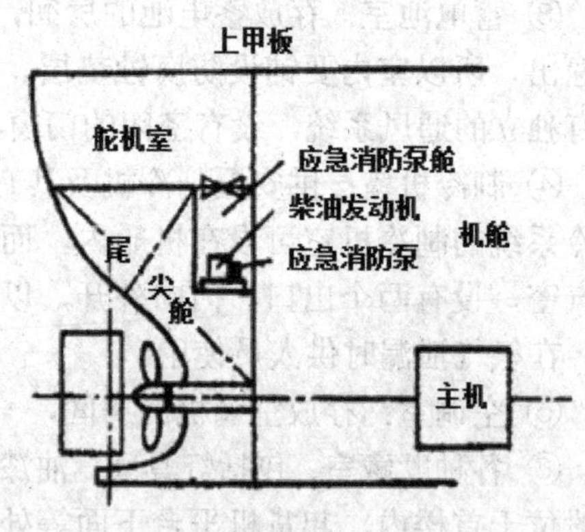


图 5-8 应急消防泵舱

## 四、船体结构

钢质的船体结构都是由钢板和骨架组成的，船体的甲板板和外板(包括舷侧外板、舭部外板、船底外板)是由钢板制成的，形成一个水密的外壳。在甲板板和船体外板的里面，布

置着许多骨架支撑着钢板。这些骨架是由型钢沿着船舶纵向、横向和竖向纵横交错地排列着，并且相互连接在一起构成的，也称为船体板架或框架。这样船体形成一个外部由骨架和钢板包围着，中间是空心的结构。

如果船体结构仅用钢板组成，需要用增加钢板的厚度来达到强度的要求，会使船体重量大。而在钢板上装设骨架支撑着，就会大大增加结构的强度和刚性，使钢板厚度减小到最低限度，节省钢材，减轻了结构重量。所以，这种由骨架和钢板组成的船体结构的优点是，在同样的受力条件下，船体结构重量轻。

船体结构若按结构中骨架的排列方式划分，分为横骨架式船体结构、纵骨架式船体结构、混合骨架式船体结构。

### 1. 横骨架式船体结构

当船体甲板板和外板里面的支撑骨材横向布置较密，而纵向布置较稀时，这种形式的船体结构称为横骨架式船体结构，如图 5-9 所示。

横骨架式船体结构，实质上是由一系列的间距很小的横向环绕着船的肋骨框架组成。这些肋骨框架包括船底肋板、舷侧肋骨和甲板下横梁，以及把它们之间相互连接起来的肘板。肋骨框架的作用是加强船体外板和甲板，并共同承担着船体的横向强度。横骨架式船体结构船的纵强度，主要由船体外板和甲板以及少量的大型纵向构件来承担。

横骨架式船体结构形式，是从木船结构形式演变而来的，在造船中应用最早的一种结构形式。其优点是：船体结构强度可靠，结构简单，建造容易。另外，舱内肋骨和甲板下横梁尺寸较小，结构整齐，不影响装卸货物。缺点是船体的纵向强度主要由甲板板和船体处板来承担，为了承担较大的纵向强度，必须把甲板和外板做得较厚，但这会增加船体重量，所以横骨架式船体结构适用于要求纵向强度不大的中小型船舶。

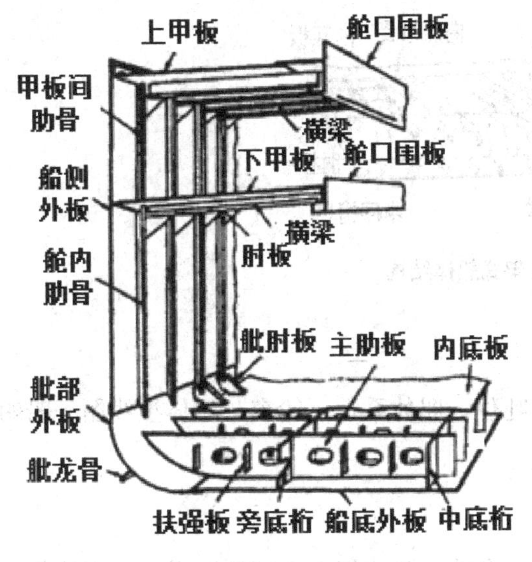


图 5-9　横骨架式船体结构

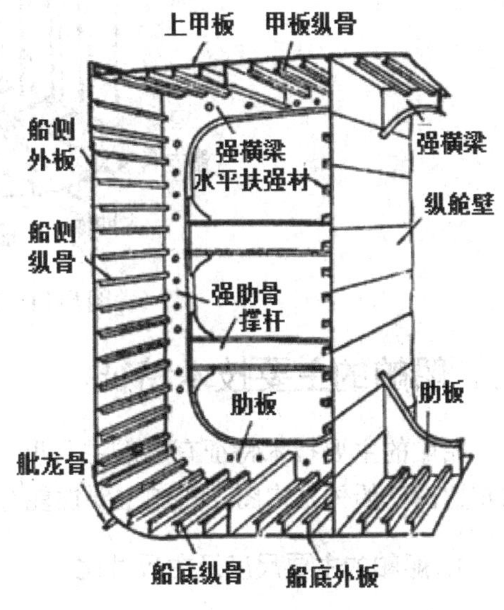


图 5-10　纵骨架式船体结构

### 2. 纵骨架式船体结构

纵骨架式船体结构，是在甲板和外板里面的支撑骨材纵向布置得较密、横向布置得较稀的一种骨架形式。在横向布置少量的强肋骨、强横梁和肋板组成大型肋骨框架，如图 5-10 所示。船体外板和甲板与纵向连续构件一起承担着纵强度。船体的横向强度主要是由大型肋骨框架及其附连的甲板和外板来承担。不过船的首尾端是采用横骨架式结构。

由于纵骨架式船体结构的骨材大部分是沿着船的纵向布置的，故其优点是：船体的纵向强度大，甲板和船体外板可以做得薄些，船体重量轻。但是，由于货舱内布置着大型肋骨框架，有碍货物装卸。不过它不妨碍像油船那样的液体货物装卸。所以纵骨架式船体结构，主要用在纵向强度要求较高的大型油船上。

### 3. 混合骨架式船体结构

混合骨架式船体结构，在主船体的中段的强力甲板和船底采用纵骨架式结构，而在舷侧和下甲板上采用横骨架式结构，如图 5-11 所示，首尾端采用横骨架式结构。

混合骨架式船体结构，是吸取了横骨架式船体结构与纵骨架式船体结构的优点，船体纵向强度大，并有足够的横向强度，建造也容易，货舱内突出的大型构件较少，不妨碍货物装卸，目前在大中型干货船上广泛采用。

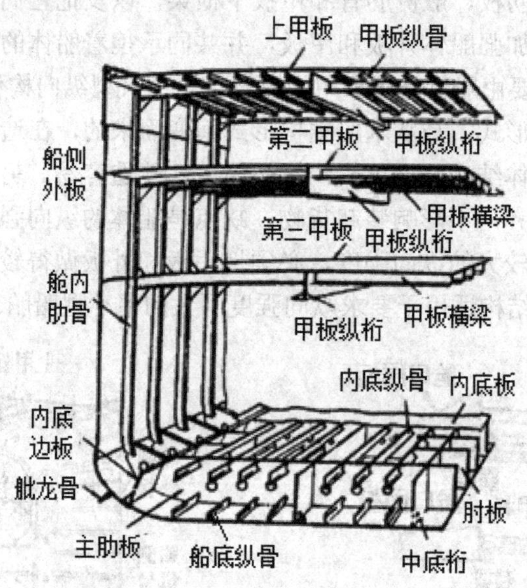


图 5-11　混合骨架式船体结构

## 五、船舶的主要技术特征

船舶的主要技术特征有船舶主尺度、船舶吨位、船体系数、舱容、船体型线图、船舶总布置图、船体结构图、船舶主要性能等。

### 1. 船舶的主要尺度及主尺寸比

船舶是一个空间几何体，它在空间所占的位置就如其他规则几何体一样，由它的某些尺度来表征，这些尺度被称为船舶主要尺度。船舶主尺度包括总长、设计水线长度、垂线间长、型宽、型深、满载(设计)吃水等。钢船主尺度的度量指量到船壳板内表面的尺寸，称为型宽和型深，水泥船、木船等则指量到船体外表面的尺寸。

1) 主要尺度

钢船船体外板的内表面称为船体的型表面。量到型表面的尺度，称为型尺寸。钢质船舶主要尺度的数字通常都是指型尺寸。

如图 5-12 所示，船舶的主要尺度如下：

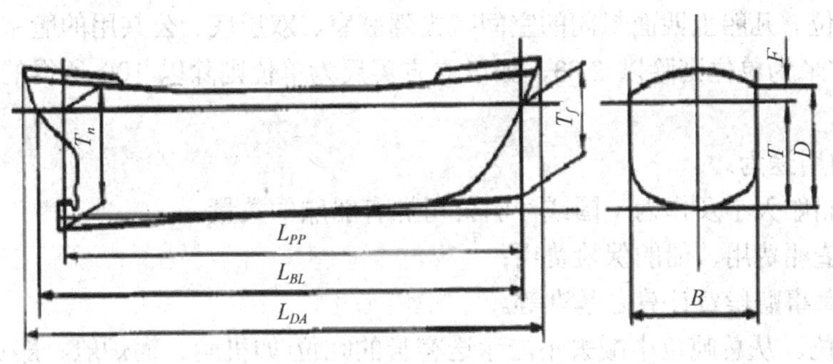


**图 5-12　船舶的主要尺度**

总长 $L_{DA}$——船体首尾两端间的最大水平距离。

设计水线长 $L_{BL}$——也称满载水线长，是沿设计夏季载重水线自船首垂线至船尾端点的距离。

垂线间长 $L_{PP}$——首、尾垂线间的水平距离，指沿设计夏季载重水线由船首柱前缘至舵柱后缘的距离；对于无舵柱船舶，则量至舵杆中心线。

型宽 $B$——沿船舶设计水线自一舷的肋骨外缘量至另一舷肋骨外缘之间的最大水平距离。

型深 $D$——在船长中点处，沿舷侧自平板龙骨上缘量至上层连续甲板横梁上缘的垂直距离；对于甲板转角为圆弧形的船舶，则由平板龙骨上缘量至横梁上缘延伸线与肋骨外缘延伸线的交点。

吃水 $T$——在船长中点处从平板龙骨上缘至夏季载重水线的垂直距离，当船舶具有首尾纵倾时，首吃水 $T_f$ 是自首垂线与平板龙骨顶线(及其延伸线)的交点至夏季载重水线的垂直距离；尾吃水 $T_n$ 是自尾垂线与平板龙骨顶线(及其延伸线)的交点至夏季载重水线的垂直距离。

干舷 $F$——在船长中点处，沿舷侧自夏季载重水线量至上层连续甲板边线的垂直距离，也即型深 $D$ 与吃水之差值，$F = D - T$。

2) 主尺度比

(1) 长宽比 $L/B$：此值对船舶的快速性有较大影响，一般说来，$L/B$ 越大，表示船越瘦长，其在水中航行时的阻力就越小。高速船 $L/B$ 值比低速船高。

(2) 宽吃水比 $B/T$：此值影响船舶稳性，此比值越大，其初稳性越好。

(3) 深吃水比 $D/T$：此值影响船舶的大倾角稳性和抗沉性，比值越大，干舷就越大，船舶就具有更多的储备浮力及更强的回复到原平衡位置的能力，抗沉性和大倾角稳性就优良。

(4) 长吃水比 $L/T$：与船舶的操纵性有密切关系。通常认为，比值大，船舶保持航向稳定的能力强，航向稳定性好；比值小，则变化航向的能力强，船舶的回转性和应舵性能好。

(5) 长深比 $L/D$：该值关系到船体的结构强度，此值超过某个限度时，对船体的强度不利。

### 2. 船舶吨位

船舶吨位是用来表示船舶的大小和运输能力的，它分为容积吨位和重量吨位两种。

1) 容积吨位

容积吨位是以容积来表示船舶的大小。国际统一以每 2.83$m^3$(或 100 立方英尺)作为一个容积吨位。

容积吨位又可分为总吨位和净吨位两种。

(1) 总吨位。凡船上四面封闭的空间减去驾驶室、双层底、公共用的舱室等所占去的容积，如以立方米为单位则除以 2.83，如以立方英尺为单位则除以 100 所得的结果即为该船的总吨位。

总吨位的用途为：

① 表明船舶大小及作为一国或一船公司拥有船舶的数量；

② 计算造船费用、船舶保险费用；

③ 作为海事赔偿费计算之基准等。

(2) 净吨位。从总吨位中减去不能运送客货的吨位(如机舱、锅炉舱、船员舱室等)，即为净吨位。净吨位是作为实际营运使用的吨位。

净吨位的用途为：

① 计算各种税收的基准；

② 计算停泊及拖带等费用；

③ 计算过运河的费用等。

在船舶登记及丈量证书内，都明确地记载了总吨位和净吨位。

2) 重量吨位

它是以重量的大小来表示船舶的运输能力的，以“吨”计算。

常用的重量吨位有排水量和载重量两种。

(1) 排水量：是指船舶所排开同体积水的重量，即整个船的重量。它因载货的多少而不同。设计载重量时的排水量称为设计排水量或满载排水量。

排水量可分为空船排水量、满载排水量、实际排水量。

① 空船排水量：是指船舶出厂时空船的排水量，它包括船体、机器、锅炉、设备、船员及行李等的重量。

② 满载排水量：是指船舶满载时，即吃水达到某一规定载重线时的排水量，它包括空船排水量、燃料、淡水、货物及船舶常数的总重量。

③ 实际排水量：只装一部分货物时的排水量。

排水量是一个可变的数，通常说明，一条船的排水量是满载排水量。

排水量的计算：根据阿基米德定律，物体在水中所受到的浮力大小等于物体所排开水的重量，如图 5-13 所示，即浮力的大小等于船体水下部分体积 $\nabla$($m^3$)与水的密度 $p(T/m^3)$的乘积——称为排水量。因此，船舶的排水量既等于浮力，又等于船舶的总重量，它是从重量角度来表示船舶的大小的参数，也是确定船舶尺度的重要参数。

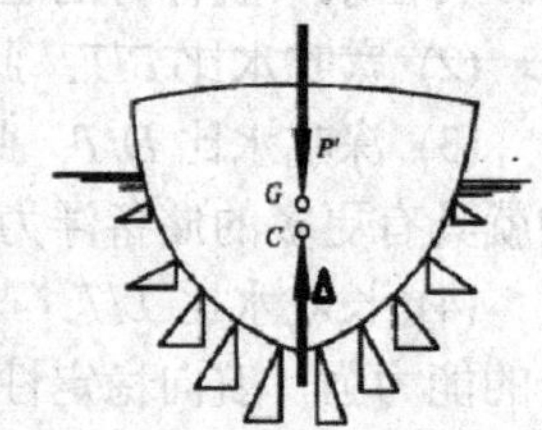

图 5-13　船体所受水压力

浮力的计算公式如下：

$$\text{浮力=船舶总重量}\quad \Delta=\nabla\rho=W \tag{5-1}$$

式中：$\Delta$——浮力、船舶排水量 $T$；

$\nabla$——船的排水体积，$m^3$；

$\rho$——水的密度，淡水为 1.000$T/m^3$；海水为 1.025 $T/m^3$。

根据上节所述，排水体积与船的长度 $L$，宽度 $B$、吃水 $T$ 和方形系数 $C_B$ 有如下关系：

$$\nabla C_B LBT \tag{5-2}$$

式中：$L$、$B$、$T$ 的单位是 m。

故排水量与主尺寸的关系式为：

$$\Delta = \nabla\rho = \rho C_B LBT \tag{5-3}$$

(2) 载重量。船舶载重量包括货物、燃油和润滑油、淡水、食物、人员和行李、备品及供应品等的重量，船舶所允许装载的最大重量。表示：$DW$(单位吨)，通常预定的设计载货量与按预定最大航程计算的油、水、食物等的重量之和，称为设计载重量。

$$DW = \Delta - LW \tag{5-4}$$

相同的 $LW$ 小，$DW$ 大——船的经济性好。

$LW$ 大，$DW$ 小——船的经济性差。

船舶设计时，根据载重量系数 $\eta_{\alpha w}$ 和 $DW$ 估算 $\Delta$：

$$\eta_{\alpha w} = \frac{DW}{\Delta} = 1 - \frac{LW}{\Delta} \tag{5-5}$$

以上三个表征船舶大小的参数既有区别又有联系。其区别是：排水量、载重量——重量概念、单位吨；总吨位——容积概念、无计量单位。

其联系是：载重量大的船——排水量及总吨位也大。

### 3. 船型系数

船舶的主要尺度只能粗略地表示其几何特征，而具有相同尺度的两艘船，它们的几何特征可以有显著的差别，而船型参数能进一步表明船的几何特征，同时又与船舶的航行性能更紧密联系，常用的船型系数如下。

1) 水线面系数

水线面系数 $C_w$ 是船舶设计水线面面积 $A_w$ 与矩形面积 $LB$ 的比值如图 5-14 所示，水线面系数 $C_w$ 表示水线面的丰满度。即：

$$C_w = \frac{A_w}{L \times B} \tag{5-6}$$

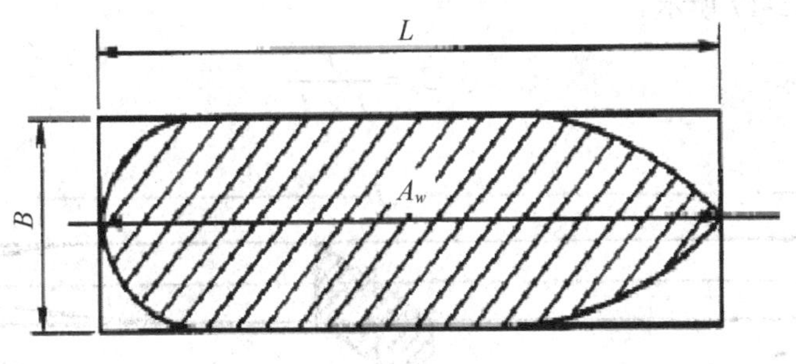


图 5-14　水线面系数

2) 中剖面系数

中剖面系数 $C_M$：是中剖面水下部分面积 $A_M$ 与矩形面积 $BT$ 的比值(图 5-15)。即

$$C_M = \frac{A_M}{B \times T} \tag{5-7}$$

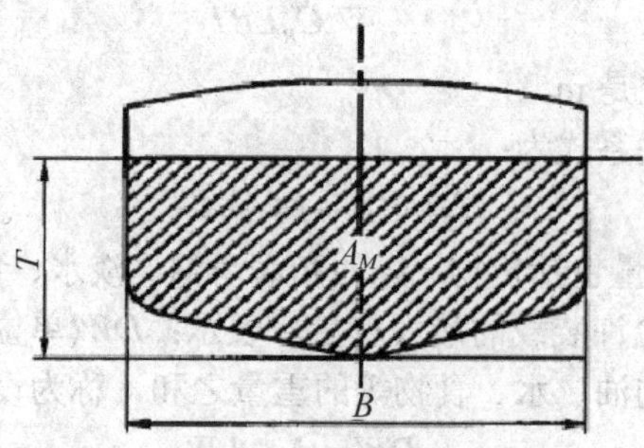


图 5-15　中剖面系数

3) 方形系数

方形系数 $C_B$：是船舶在水线以下的总体积 $V$ 与长方体体积 $LBT$ 的比值如图 5-16 所示。方形系数的大小表示船体水下部分的丰满程度。由于它的大小反映了排水量和排水重量的大小，所以也称为排水量系数。通常方形即

$$C_B = \frac{V}{L \times B \times T} \tag{5-8}$$

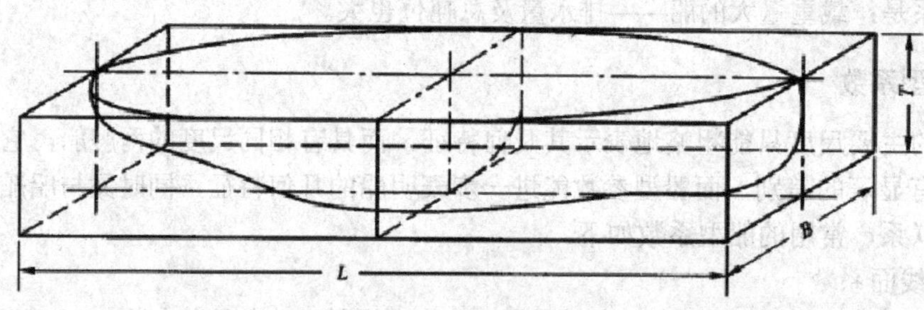


图 5-16　方形系数

4) 纵向棱形系数

纵向棱形系数 $C_P$：船舶排水体积 $V$ 与以中剖面面积 $A_M$ 为断面，长度为 $L$ 的柱体体积 $A_M L$ 之比，如图 5-17 所示。

$$C_P = \frac{V}{L \times A_M} \tag{5-9}$$

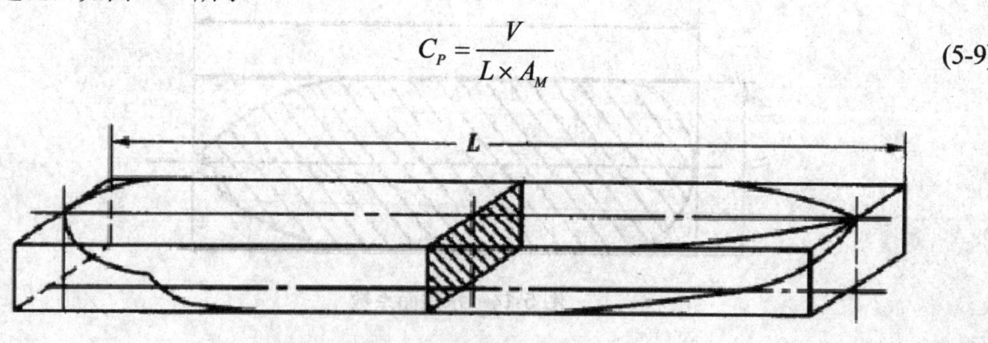


图 5-17　纵向棱形系数

$C_P$ 的大小表示船舶排水体积沿船长分布的情况。其值越大，即 $A_M$ 越小，则表示排水体积沿船长分布较均匀；其值越小，即 $A_M$ 越大，则表示船舶的排水体积集中于中部。该系数与船舶的快速性有相当密切的关系。由此不难得出：

$$C_P = \frac{C_B}{C_M} \tag{5-10}$$

由此可见，系数$C_M$、$C_B$和$C_P$相互关联。现将几种船舶的主要尺度比值和船型系数的大致范围列于表5-1。

表5-1　船舶的主要尺度比值和船型系数

| 船舶类型 | 主要尺度比值 | | | 船型系数 | | |
|---|---|---|---|---|---|---|
| | $\frac{L}{B}$ | $\frac{B}{T}$ | $\frac{H}{T}$ | $C_W$ | $C_M$ | $C_W$ |
| 远洋客船 | 8.0～10 | 2.4～2.8 | 1.6～1.8 | 0.75～0.82 | 0.95～0.96 | 0.57～0.71 |
| 远洋货船 | 6.0～8.0 | 2.0～2.4 | 1.1～1.5 | 0.8～0.85 | 0.95～0.98 | 0.70～0.78 |
| 沿海客货船 | 6.0～7.5 | 2.7～3.8 | 1.5～2.0 | 0.7～0.8 | 0.85～0.96 | 0.5～0.68 |
| 内河客船 | 10～12 | 2.8～7.5 | 2.0～3.0 | 0.78～0.87 | 0.98～0.99 | 0.50～0.89 |
| 拖船 | 3.0～6.3 | 2.0～2.7 | 1.2～1.6 | 0.72～0.80 | 0.79～0.90 | 0.46～0.60 |
| 拖船 | 3.0～6.3 | 2.0～2.7 | 1.2～1.6 | 0.72～0.80 | 0.79～0.90 | 0.46～0.60 |

### 4. 舱容及登记吨位

舱容指货舱、燃油舱、水舱等的体积，它是从容纳能力方面表征船舶的装载能力、续航能力，它影响船舶的营运能力。

登记吨位是历史上遗留下的用以衡量船舶装载能力的度量指标，作为买卖船舶、纳税、服务收费的依据之一。登记吨位和载重量分别反映船舱的容纳能力和船的承重能力。它们虽互有联系，但属不同的概念。

### 5. 船体形线图

船体形线图是表征船舶主体(包括舷墙和首楼、尾楼)的型表面的形状和尺寸，是设计和建造船舶的主要图纸之一。它由三组线图构成：横剖线图、半宽水线图和纵剖线图。三者分别由横剖面、水线面和纵剖面与船体型表面切割而成。

### 6. 船舶总设计图

船舶总设计图是设计和建造船舶的主要图纸之一，它反映船的建筑特征、外形和尺寸、各种舱室的位置和内部布置、内部梯道的布置、甲板设备的布局。总布置图由侧视图、各层甲板平面图和双层底舱划分图组成。

### 7. 船体结构图

船体结构图是反映船体各部分的结构情况，船体各相关部分的结构既独立又相互联系。船舶主体结构是保证船舶纵向和横向强度的关键，通常把它看成为一个空心梁进行设计，并用船中横剖面结构图来反映它的部件尺寸和规格。

### 8. 船舶主要性能

(1) 浮性：指船在各种装载情况下，能浮于水中并保持一定的首、尾吃水和干舷的能力。

根据船舶的重力和浮力的平衡条件，船舶的浮性关系到装载能力和航行的安全。

(2) 稳性：指船受外力作用离开平衡位置而倾斜，当外力消失后，船能回复到原平衡位置的能力。稳性包括完整稳性和破舱稳性，其中，完整稳性包括初稳性和大倾角稳性。一般水面船舶的稳性主要是指横倾时的稳性。船宽、水线面系数、干舷、重心高度、水面以上的侧面积大小和高度，以及船体开口密封性的好坏等，是影响船舶稳性的主要因素。

(3) 抗沉性：指船体水下部分如发生破损，船舱淹水后仍能浮而不沉和不倾覆的能力。中国宋代造船时就首先发明了用水密隔舱来保证船舶的抗沉性。船舶主体部分的水密分舱的合理性、分舱甲板的干舷值和完整船舶稳性的好坏等，是影响抗沉性的主要因素。

(4) 快速性：是表征船在静水中直线航行速度，与其所需主机功率之间关系的性能。它是船舶的一项重要技术指标，对船舶使用效果和营运开支影响较大。船舶快速性涉及船舶阻力和船舶推进两个方面。合理地选择船舶主尺度、船体系数(尤其是方形系数 $C_B$ 和棱形系数 $C_P$)和线型，是降低船舶阻力的关键。

(5) 耐波性：指船舶在波浪中的摇荡程度、失速和甲板溅浸(上浪、溅水)程度等。耐波性不仅影响船上乘员的舒适和安全，还影响船舶安全和营运效益等，因而日益受到重视。

船在波浪中的运动有横摇、纵摇、首尾摇，垂荡(升沉)、横荡和纵荡六种。几种运动同时存在时便形成耦合运动，其中影响较大的是横摇、纵摇和垂荡。溅浸性主要是由于纵摇和垂荡所造成的船体与海浪的相对运动，增加干舷特别是首部干舷、加大首部水上部分的外飘，是改善船舶溅浸性的有效措施。

(6) 操纵性：指船舶能按照驾驶者的操纵保持或改变航速、航向或位置的性能，主要包括航向稳性和回转性两个方面，是保证船舶航行中少操舵、保持最短航程、靠离码头灵活方便和避让及时的重要环节，关系到船舶航行安全和营运经济性。

(7) 经济性：指船舶投资效益的大小。它是促进新船型的开发研究、改善航运经营管理和造船工业的发展的最活跃因素，日益受到人们重视。船舶经济性属船舶工程经济学研究的内容，它涉及使用效能、建造经济性、营运经济和投资效果等指标。

## 六、船型的一般介绍

### 1. 运输船舶

运输船舶是指载运旅客与货物的船舶，通常又称为商船。现代运输船舶已形成了种类繁多、技术复杂及高度专业化的运输船舶体系。运输船舶按运载物的性质分类，可分成客船和货船两大类，货船通常包括干货船、液货船等；客船通常按航行区域划分为远洋客船、近洋客船、沿海客船和内河客船等。

1) 客船

客船是以载客为主兼运货物的船舶。一般的客船都带少量货物和邮件，纯粹载客不装货的客船是很少的。远洋客船的排水量在万吨以上，近海的客船排水量在几千吨至几万吨以下，沿海和内河的客船排水量更小。对客船的要求是安全可靠，具有良好的是航行和居住、生活等设备。客船上有两个或两个以上的推进器，航速较高，甲板层数多达 7～8 层，一般的长江客船也有 5 层甲板。与其他交通工具相比，客船具有客运量大、费用低和安全的优点，如 5-18 所示。

图 5-18　客船

客船的主要特点如下：

(1) 客船的外形美观，采用飞剪式船首，首部甲板外飘，上层建筑庞大、层数多且长，其两端呈阶梯形与船体一起形成一流线型。

(2) 客船的水下线型较瘦削，方形系数小，适用于中机型。这对于生活舱室设施和各种管系布置也较方便。

(3) 客船设置多层甲板，大型客船的甲板多达 8～9 层，加上多层上层建筑，水线以上的干舷高，侧向受风面积大。

(4) 客船要求保证在破舱浸水后，有足够的浮力和稳性，因此水密横舱壁的间距较小。

(5) 客船的防火要求较严格，主竖区防火舱壁、甲板、上层建筑等，必须采用不燃材料制作。而家具等设施要经过防火处理，在各个防火区之间的通道上要设防火门。

(6) 由于客船的居住舱室布置在水线以上，旅客又可以上下左右到处流动，所以船的重心高，船的侧向受风面积又大，故客船要求较高的稳性。一般需要装设固定的压载，如生铁块等。对于客货船，水线以下的船舱尽可能用来装货。

(7) 客船要按照《国际海上人命安全公约》的要求，配备有足够的救生设施。

(8) 为了减小船的摇摆，大型豪华客船一般装设有减摇鳍，可减小横摇角 50%～80%。

(9) 为了保证客船的航班使旅客预期到达目的地，客船的航速高，主机功率大，大部分客船都装设有两部主机、双螺旋桨，也有的大型客船装有 4 部主机、4 个螺旋桨。一般国际航线的大型客船，航速约在 20～23kn，个别的高达 30kn 以上。国内沿海客船的航速为 14～17kn。

2) 杂货船

杂货船是一种载运包装、袋装、桶装和箱装的普通货物船。杂货船在运输中占有较大的比重，大多数是不定期的货船。一般的远洋货船，船长在 140～160m，总载重量为 13000～15000T，满载排水量约 20000T 左右。用于沿海和内河的杂货船尺度较小，载重量仅为几百至几千吨。近年来，杂货船都设计成标准船型，进行成批生产，并趋向于建造多用途货船，以适应不同货种的需要来提高船舶的营运率。杂货船都为单螺旋桨船，其中 2～3 层甲板和双层底。杂货船货舱的数目视船的大小而定，大型杂货船有货舱 4～6 个，货舱口一般开得很大，并且配备了完善的起货设备，如起货吊杆、起重吊车、起重绞车或回转式起重机等。图 5-19 是标准杂货的剖视图，该船有两层甲板，船上主要结构和设备的名称见图注。

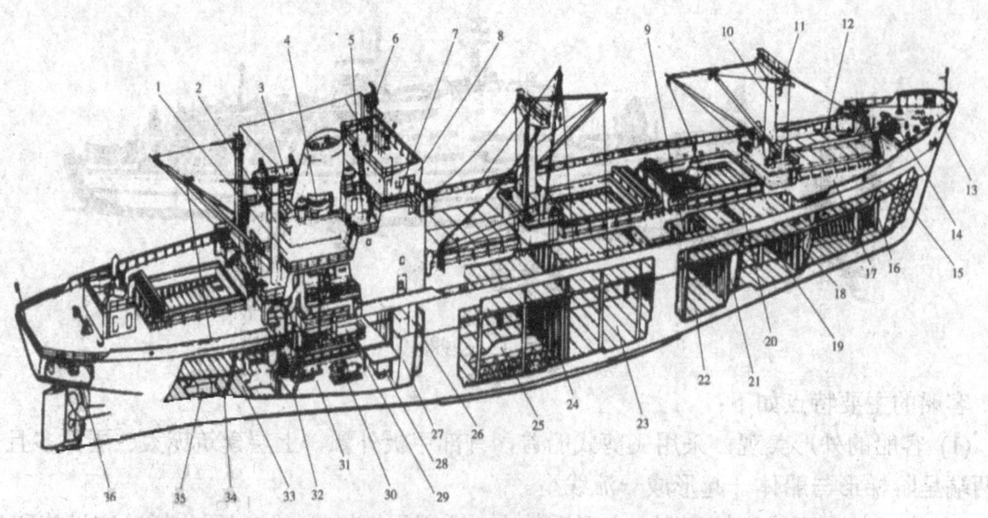

图 5-19　杂货船剖视图

1—艇甲板；2—吊杆柱；3—救生艇；4—废气锅炉；5—上桥楼甲板；6—雷达天线桅；7—桥楼；8—驾驶室；9—谷物舱口；10—桅杆；11—起货机；12—舱口盖；13—首楼甲板；14—起锚机；15—首尖舱；16—第一货舱；17—上甲板；18—第二货舱(A)；19—下甲板；20—下甲板舱口盖；21—第二货舱(B)；22—内底板；23—第三货舱；24—第四货舱；25—双底层燃油舱；26—燃油柜；27—燃油舱；28—滑油贮存柜；29—主机；30—柴油发电机；31—机舱舱底板；32—贮气柜；33—轴隧平台；34—第五货舱；35—轴隧；36—舵机舱

杂货船有下列一些特征：

(1) 杂货船的载重量不可能很大，远洋杂货船总载重量(*DW*)为 10000～14000T；近洋的杂货船总载重量(*DW*)为 5000T 左右；沿海的杂货船总载重量(*DW*)为 3000T 以下。由于货种多，货源不足，装卸速度慢，停港时间长，杂货船的载重量过大会不经济。

(2) 为了理货方便，杂货船一般设有 2～3 层甲板。载重量为万吨级的杂货船，设有 5～6 个货舱。机舱位置多数为中尾机型，也有采用尾机型。

(3) 杂货船一般都设有首楼，在机舱的上部设有桥楼。老式的 5000T 级杂货船，多采用三岛型。

(4) 许多万吨级的杂货船，因压载要求，常设有深舱，深舱可以用来装载液体货物(动植物油、糖蜜等)。

(5) 杂货船一般都装设起货设备，多数以吊杆为主，也有的装设液压旋转吊。

(6) 大多数杂货船，每个货舱一个舱口。但少数杂货船根据装卸货物的需要，采用双排舱口。

(7) 不定期的杂货船一般为低速船，航速过高对于杂货船是很不经济的。远洋杂货船约为14～18kn，续航力为12000n mile 以上；近洋杂货船的航速约为13～15kn；沿海杂货船的航速约为11～13kn。

(8) 杂货船一般都是一部主机，单螺旋桨，单舵。

杂货船的主要缺点是：运载的各种杂货需要包装、捆绑才能装卸。装卸作业麻烦、时间长、劳动强度大，易货损，装卸效率低，货运周期长，成本高等。若把各种杂货预先装在统一规格的集装箱内，再装船运输，可以克服上述缺点。

3) 集装箱船

集装箱船是一种专门载运集装箱的货船。它的全部船舱(或部分船舱)用来装载集装箱。必要时在甲板(舱盖)上也可堆放集装箱。集装箱就是用来装运杂物的箱子，是装载运输单元，它大大简化了装载转运工作，解决了杂货品种和规格大小不一致，导致装卸效率低、周转速度慢、营运成本高、劳动条件差、易造成货损和货差等问题。集装箱船停港时间短，航速较快，其平均航速为18～20kn，高的达33kn。集装箱运输在铁路和公路上采用较早，集装箱船的出现，使集装箱运输实现了海、陆、空联运，形成了一个完整体系。但是，船上集装箱的装卸是靠码头起货设备进行的，对原来的港口、码头以及装卸设备提出了新的要求，还需要有相当宽广的堆放集装箱的建筑物以及专用的装箱场所，从而出现了专门停靠集装箱的码头。这种码头一般比货运码头的面积大 3～6 倍，因此初始投资较大。图 5-20 所示是排水量为7800T 的集装箱船，可装 382 个 TEU，舱内可堆放货箱 3～4 层，甲板上堆放两层货箱，船上有可移动的无门架起货机供吊装货箱之用。

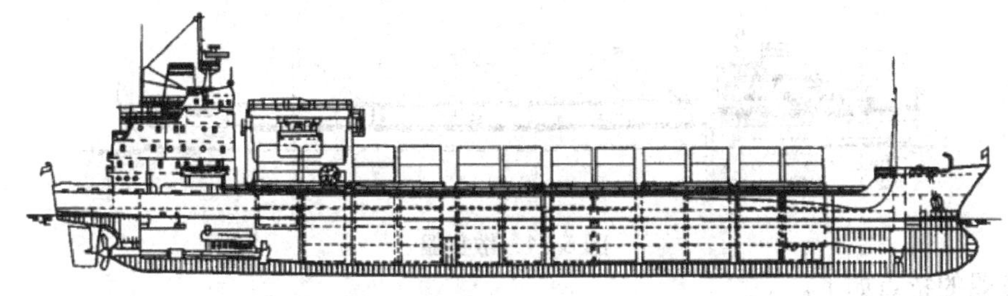

**图 5-20　集装箱船**

(1) 集装箱船是专门运输集装箱货物的船舶。集装箱船是 20 世纪 50 年代后期发展起来的一种新型货船。集装箱船可分为三种类型。

① 全集装箱船——是一种专门装运集装箱的船，不装运其他形式的货物。

② 半集装箱船——在船长中部区域作为集装箱的专用货舱，而船的两端货舱装载杂货物。

③ 可变换的集装箱船——是一种多用途船。这种船的货舱，根据需要可随时改变设施，既可装运集装箱，也可以装运其他普通杂货，以提高船舶的利用率。

(2) 集装箱的尺寸和重量大小，种类很多，目前各国尚未完全统一。国际标准化组织推荐的规格，也有十余种。主要有两种型号：

① 40 通用集装箱：长×高×宽=12.192m×2.438m×2.438m；最大重量为30.48t。

② 20 通用集装箱：长×高×宽=6.058m×2.438m×2.438m；最大重量为20.32t。

集装箱船舶通常用载运集装箱的数目表示其载重能力，为了便于比较载运不同规格集

装箱船舶的载重能力。国际上通常采用标准箱作为换算的单位。标准箱 TEU(Twenty-foot Equivalent Unit)，为 20 通用集装箱，即装载一个 40 通用的集装箱等于装载两个标准箱。

(3) 全集装箱船的主要特点。

① 由于集装箱是一个长方体，为了能充分地利用舱容，要求集装箱船的货舱尽可能方整，具有较大的型深。在货舱内设置箱轨、柱子、水平桁材等，组成固定集装箱用的蜂窝状格栅。集装箱沿着导轨垂直放入格栅中，根据舱的大小可堆放 4～9 层同一规格的集装箱。在集装箱船的甲板上，一般设有固定集装箱用的专用设施，可堆放 3 层集装箱。

② 由于集装箱货物的特点，集装箱船都是单甲板船。舱口宽且长，一般设置 2～3 排舱口，舱口总宽度可达 0.7～0.8 倍船宽，舱口长度为舱长的 0.75～0.8 倍。

③ 甲板开口大，对于船体总纵强度和扭转强度不利，需采取各种加强措施。全集装箱船一般为双层船壳，可提高船体的抗扭强度，在两层船壳之间作为压载水舱。

④ 为了使货舱尽可能方整，以及便于在甲板上堆放集装箱，一般均是尾机型或中尾机型船。

⑤ 除了个别集装箱船在船上装设集装箱的专用起货设备之外，一般船上均不设起货设备，而是使用岸上的集装箱专用起吊设备。

⑥ 集装箱船的主机功率大，航速高，多数船为两部主机，双螺旋桨。船型较瘦，远洋高速集装箱船的方形系数 $C_B$ 小于 0.6。

⑦ 由于甲板上堆放集装箱，所以集装箱船的受风面积大，重心高度也大，对于稳性、防摇、压载等一系列问题要采取相应的措施。

4) 散货船

散装货船是专门装运谷物、煤炭、砂矿、水泥、化肥等散货的船舶。

图 5-21 为 25000T 在重量的散货船，该船设有六个货舱。

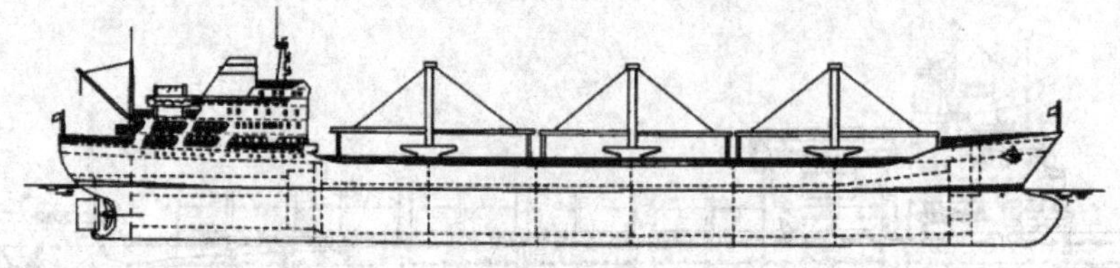

图 5-21 散货船

散货船的特点如下。

(1) 散货船的货舱容积主要是按积载因数 S·F 大致在 1.20～1.60$m^3$/t 之间的货物为主要对象设计的。如：小麦—1.28～1.53$m^3$/t；玉米—1.34～1.39$m^3$/t；大豆—1.23～1.67$m^3$/t；煤—1.17～1.34$m^3$/t。

(2) 由于粮食、煤等散货的货源充足，装卸效率高，所以散货船的载重量较大。但是由于受到港口、航道等吃水的限制，以及世界经济形势的影响，散货船载重量的大小通常分为以下几个级别：

① 总载重量为 60000t，通常称为巴拿马型。这是一种巴拿马运河所容许通过的最大船型。船长要小于 245m，船宽不大于 32.2m，最大的容许吃水为 12.04m。

② 总载重量为 35000～40000t 级，称为轻便型散货船。吃水较浅，世界上各港口基本都可以停靠。

③ 总载重量为 20000～27000t 级，称为小型散货船，是可驶入美国五大湖泊的最大船型。最大船长不超过 222.5m，最大船宽小于 23.1m，最大吃水要小于 7.925m。

(3) 因为干散货船的货种单一，不怕挤压，便于装卸，所以都是单甲板船。

(4) 散货船都是尾机型船，船型肥大，机舱布置在尾部无困难。一般设有首楼和尾甲板室，船中部无桥楼和甲板室，有利于货舱和起货设备的布置。

(5) 在散货船的货舱内，在舷侧的上、下角处设有上、下边舱。由于船舶在航行中谷物等货物会下沉和横向移动，对于船舶的横倾和稳性会产生不利的影响，上边舱可以减小谷物的横向移动，上边舱底部的斜板与水平面大约成 30° 角。下边舱是内底板在两舷边处向上升高而形成的，目的是使舱底货物能自然地流向舱中心部位，以便于卸货。船在空载时，上下边舱和双层底舱都作为压载舱，增加船舶的吃水，提高空船重心高度。有的散货船的上边舱设计成可以装载谷物，在上边舱下面的斜底板上设有开口。开口盖平时用螺栓固牢，当卸货时把开口盖打开，谷物会自动流入大舱内。

(6) 散货船一般都是单向运输一种货物，而船型又肥大，空载时双层底舱和上下边舱全部装满压载水，还达不到吃水要求。因此，往往还另外用 1～2 个货舱作为压载舱。由于利用货舱装压载水，两端的水密横舱壁需加强，许多船采用双层平面舱壁。

(7) 总载重量为 40000t 以下的散货船，一般船上都装设起货设备，且大部分采用液压旋转吊。而总载重量在 50000t 以上的散货船，很多船上不装起货设备。

(8) 散货船的货舱口大，舱口围板高。高的舱口围板可起着填注漏斗的作用。

(9) 散货船也可以用来装载积数较小的矿砂等货物，但是由于矿砂的密度大，占的舱容小，船的重心过低。所以，当装载矿砂时都是隔舱装货，这样可以提高船的重心。但是，这种散货船在设计上必须满足强度要求，并在装载计算书上予以注明。

(10) 散货船都是低速船，船速在 14～15kn 左右。

(11) 散货船当船龄大于 10 年以上时，有下列问题：

① 上边舱因经常装压载水或空舱，腐蚀严重；

② 金属舱口盖锈蚀、变形、漏水都较严重，而且不易修理；

③ 液压旋转吊易出故障。

5) 油船

油船是装运石油产品的液体货船，油船对防火防爆的要求特别高，石油分别装在各个货舱内，依靠油泵和输油管进行装卸。油船有独特的外形布置和船型特征。它只有一层纵通甲板，甲板上管路比较多，一般货船的货舱口比较大，而油船的舱口小，水密性好，航行时不怕甲板上浪，所以油船在满载航行时，它的甲板边线几乎是接近水面的。目前世界上大型油船都在 20 万～30 万吨，超大型的油船达 50 万吨以上，除了原油船外，还有成品油船、原油和砂石多用途船等。图 5-22 油船。

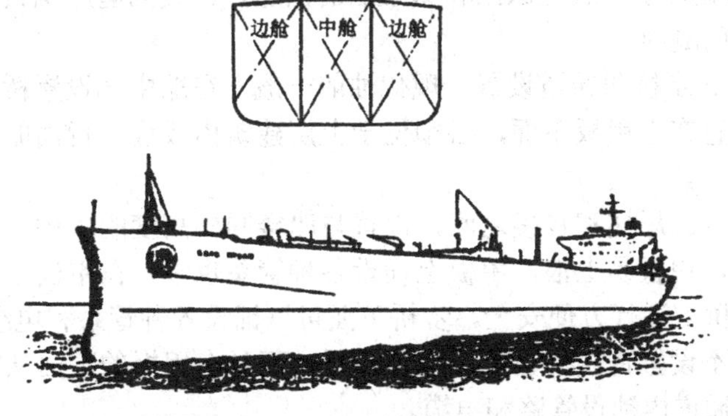


图 5-22　油船

油船的主要特征：

(1) 载重量大。由于石油货源充足，装卸速度快，所以油船可以建造得很大。近海油船的总载重量为30000t左右；近洋油船的总载重量为60000t左右；远洋的大油船的总载重量为20万吨左右；超级油船的总载重量为30万吨以上。最大的油船达到55万吨。油船的载重量越大，运输成本越低，但是太大的油船受到航道和港口的吃水限制，不一定有利。

(2) 大型油船与其他货船相比，船长宽度比 $L/B$ 较小，而船宽吃水比 $B/d$ 和方形系数 $C_B$ 较大，因此船型较肥。这主要是考虑到船舶造价、空船压载吃水要求及总纵强度等原因。

(3) 油船都是尾机型船，机舱、锅炉舱布置在船尾部，使货油舱连接成一个整体，无须布置轴隧，减少尾轴长度，增加货舱容积，对于防火、防爆、油密等都十分有利。

(4) 油船都是单甲板、单底结构。因为货舱范围内破损后，货油浮在水面上，舱内不至于大量进水，故油船除了在机舱区域内设置双层底以外，货油舱区域一般不设置双层底。但是，油轮发生海损事故会造成污染，近年来有的大型油轮，设置双层底或双层船壳。

(5) 对于船长大于 90m 的油船，通常要求在货油舱内设置两道纵向连续的纵舱壁。其目的是减小自由液面的影响及液体的摇荡，并可增加纵向强度。设置多道横舱壁和大型肋骨框架，保证有足够的横强度。货油舱的数目较多，还可装载不同品种的油类。

(6) 设隔离空舱。为了防止油类的渗漏和防火、防爆，在货油舱的前后端设有隔离舱，与机炉舱、居住舱室等隔开，也有用泵舱、压载舱和燃油舱兼作隔离舱。

(7) 设干货船。由于尾机型船满载时船尾部轻，船的重心向前移，故船舶发生首倾。为了调整纵倾，许多油船在首尖舱之后设置一个空舱，舱内可以装载一点零星干货，故称为干货船。

(8) 压载舱。由于油轮船型较肥，为了保证空载时必要的吃水和稳性，需要装载大量的压载水，约占货舱容积的 30%，有的高达 50%。过去油船的压载都是用一部分货油舱装压载水的，当排放压载水时会造成海洋污染。载重量7万吨以上的原油船均设有专用的压载水舱。其好处是：防止海洋污染；减轻了由于货油舱装压载水对舱内结构的腐蚀；在装卸油的同时排出或灌入压载水，缩短停港的时间；改善了抗沉性，提高了结构强度。但是船体重量有所增加。

(9) 设污油舱。国际防污染公约对船舶排放污水中的含油浓度有一定限制。因此，清洗油舱的污水，要先集中在污油舱内经过油、水分离，达到防污要求方可排放。

(10) 货油泵舱。它是专门用来布置货油泵的舱。油船在装油时都使用岸上的泵，但在卸油时是用船上的货油泵。为了防火，驱动货油泵的电动机或柴油机不能安装在泵舱中，应设在邻近的机舱或专用舱内，转动轴可穿过防火舱壁与泵相连。若用蒸汽动力驱动时，则原动机可装在泵舱内。

(11) 设舱底加温管系。装运原油和重柴油的油船，在货油舱底铺设加温管系，以防舱内油料因温度下降而凝固。

(12) 上层建筑、步桥和通道设置。现代油船一般不在船中部设置桥楼，只设尾楼。起居处所等不允许布置在上甲板下面，必须位于上层建筑内或位于货油舱以外的开敞甲板上的甲板室内。

在首部设置首楼。尾楼和首楼之间，设置与船楼同样高度的步桥，亦称天桥。其作用是：因油船干舷低，甲板易上浪，甲板上铺设各种管系也多，在甲板上行走不安全，且易引起火灾，故在步桥上通行方便安全。步桥下面可以铺设各种管系和电缆等。

大型油轮可以不设置首楼。也可不设置步桥，而是在甲板的下面从尾楼至船首设置一条封闭的通道，在通道内铺设管路和电缆。

(13) 防火设施。油船上的防火是极为重要的大事，须采取许多防火措施。如设置吸烟室，不准随地吸烟；在可能发生相互碰击和摩擦的舱口盖接触舱口处、步桥的伸缩接头处、吊杆与支架相接触的部位等都用有色金属制成，避免因碰击发生火花；货油舱口的观察孔设有防火网，各种排气管、排烟管、通风管的出口，装设有火星灭火器或防火装置。各种甲板机械如锚机、起货机、系泊机械等，都是采用蒸汽作为动力。

(14) 油船都是单部主机、单螺旋桨和单舵的低速船。

6) 拖、推、驳船

拖船按航行区域可分为远洋、沿海、内河和港口拖船。拖船是用来拖曳没有自航能力的船舶、木排或协作大型船舶进出港口、离靠码头，或作救助航洋遇难船的船舶。拖船操作灵活，本身不载客货，多为单层甲板且尺度较少，设有功率强大的动力装置，所以它的尾吃水常大于首吃水，拖船的一个重要设备是拖钩，其纵向位置约在中后5%船长，最多不超过中后12%船长。

顶推船是专门用来顶推非自航货船的船舶。其明显的特征是在船首设有顶推架。为改善驾驶视线常将驾驶室提高一直两层，推船与驳船链接后可前进也可倒退，且推、驳船队长度短，可自由回转或停止前进。

驳船原指本身没有自主航行能力，需要拖船或顶推船带动的货船。其特点是载货量大、吃水浅、设备简单。少数有动力装置和推进装置的驳船称为机动驳船。按船型分为普通驳船、推驳和分节驳等；按结构形式分为甲板车、舱口驳、敞开驳、半舱驳等；按用途分为客驳、货驳、油驳、泥驳、集装箱驳等。

7) 矿砂船

(1) 矿砂船是指专门运载散装矿石的船舶。它的货舱容积是按着货物的积载因数 S·F 为 $0.42\sim0.50m^3/t$ 为主要对象设计的。如：铁矿—$0.34\sim0.48m^3/t$；锰矿—$0.48\sim0.51m^3/t$；铜矿—$0.40\sim0.57m^3/t$。

(2) 矿砂船的载重量较大，其大小是根据航线、生产设备、运输成本等因素决定的。一般矿砂船的载重量越大，运输成本越低。目前矿砂船最小的总载重量为 57000t；最大的总载重量为 260000t；大多数矿砂船的总载重量为 120000～150000t 左右。

(3) 由于矿石的密度较大，所占的货舱体积较小，为了不使船的重心太低，货舱的横断面做成漏斗形，如图 5-23 所示。这样既可以提高船的重心，又便于卸舱底货，同时抬高双层底的高度。一般矿砂船的双层高度可达型深的 1/5。

(4) 矿砂船设置大容量的压载边舱，因为矿砂船的船型肥大，当空载时，必须装载大量的压载水才能达到吃水要求。

(5) 矿砂船都是重结构船，为了减轻船体重量，普遍采用高强度钢。舱内底板等构件要加厚，防止被吊货抓斗的冲击作用损坏。为了不妨碍铲车、抓斗等起货设备的操作，舱内骨架构件都装设在边舱的一侧。

(6) 矿砂船都是尾机型、单甲板、低速船，船速一般在 14～15kn。设置尾甲板室，大型矿砂船不设置首楼。

(7) 目前，大型矿砂船上都不设置起货设备，利用岸上的起货设备。但是由于船型高大，在高潮时岸上的起货设备的高度往往不够高，因此，这种矿砂船在装卸货的同时，利用压载水的多少来调节船舶吃水高低。这样要求压载舱的容积和压载系统的能力必须与起货设备相适应。

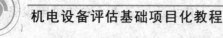

(8) 为了装卸货方便，矿砂船的货舱口尽量加长，有的舱设置多个舱口，为了能迅速地开闭舱口盖，并且不妨碍抓斗等起货设备的操作，有的采用滚动式舱盖。

(9) 因为铁矿石会吸收氧气变成氧化铁，航行中舱口盖在关闭的状态下，舱内会缺氧，进入舱内必须注意安全。

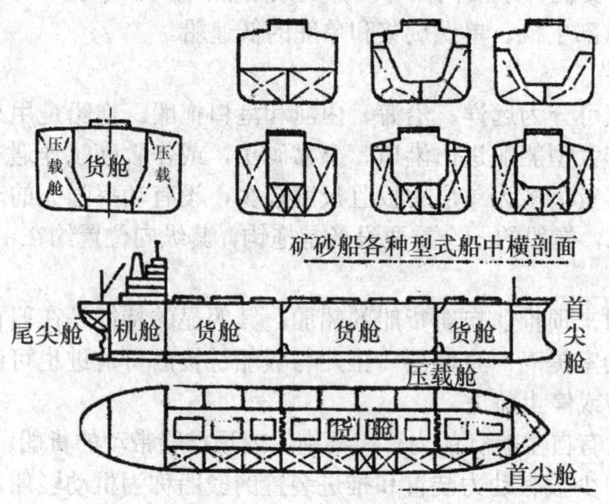


图 5-23　矿砂船

8) 液化气体船

液化气体船，是专门散装运输液态的石油气和天然气的船。这些液化气体，在 37.8℃时，其饱和蒸气压力都大于 0.2746MPa，如甲烷(天然气)、乙烯、丙烯、丙烷、丁烷等。在常温常压下，这些液化气体会完全气化，为此需要特殊装置装载运输。

专门散装运输液化石油气(液化丙烷、丁烷等)的船舶，简称为 LPG(Liquified pettorleum gas carrier)船。

专门散装运输液化天然气(液化甲烷等)的船舶，简称为 LNG(Liquified naturalgas carrier)船。

由于液化气体船也是一种散装液货船，故也有人称其为特种油船。液化气体船是 20 世纪 70 年代开始发展起来的一种新型船舶。

各种石油气和天然气在某一温度下，其饱和蒸气压力相差很大。如在 10℃时，丙烷的饱和蒸气压力为 $6.29\times10^5$ Pa，丁烷的液化压力为 $1.46\times10^5$ Pa，而乙烷的饱和蒸气压力为 $29.82\times10^5$ Pa。因此，根据液化气体的液化压力和温度的不同及需要运输的液化气体的数量和运输航程的长短等，装运的方式有所不同。

液化气体船按其运输时液化气体的温度和压力，分为 6 种类型，即全压式、半冷/半压式、半压/全冷式、全冷式 LPG 船、乙烯船和 LNG 船。

(1) 全压式液化气体船：这种液化气体船适用于近海短途运输少量的液化气体时采用。它是在常温下将气体加压至液化，把液化气贮藏在高压容器中进行运输。这种运输方式，船体结构及操作技术都比较简单，但容器重量大，船舶的容量利用率低，不适用于建造大型高压容器，如图 5-24 所示。

(2) 半冷/半压式液化气体船：液货贮运是采用低温压力方式，但设计压力比全压式低，一般为 0.4～0.8Mpa。液货船可承受-5～10℃的低温，并设有对液货温度、压力控制的液化

设备，通过控制液货温度来控制液化气压力，货船外表面包有保温绝热材料。多用于载运LPG和化学气体货物。

(3) 半压/全冷式液化气体船：该船可根据装卸货港要求和液货特性灵活采用低温常压、低温加压或常温常压方式运输。与半冷/半压式类似，船舶设有液货的温度压力控制的液化装置，上述温度可控制到-42℃以下。适用于LNG以外其他所有液化气体运输。

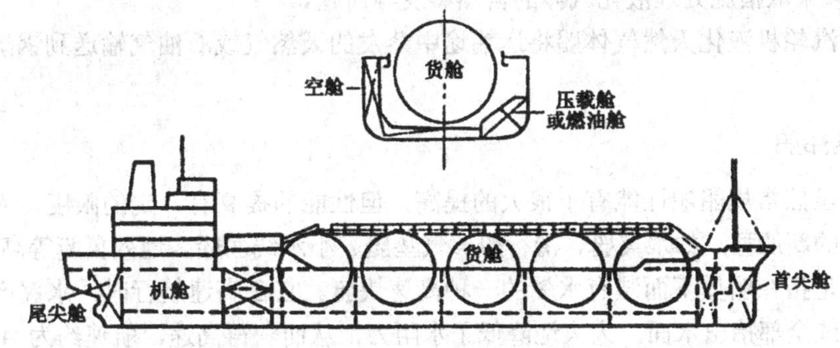


图5-24 全压式LPG船

(4) 全冷式LPG船：液货采用常压低温方式储运。液货装在不耐压的液货舱内并处于常压的沸腾状态。设计温度为载运货在常压下的沸点温度，一般取-48℃，货舱最大工作压力不超过0.07MPa表压力。此类船一般用于大规模载运LPG和氨。

(5) 乙烯船：为运输乙烯专门建造的船舶。采用常压全冷方式，货船设计在常压下温度为-104℃，舱外绝热保温材料要求较高。

(6) LNG船：也是专用船舶，以常压低温储运LNG。温度控制在-160～163℃，目前LNG船不设LNG蒸气再液化装置，主要靠液货舱高度绝热保温，液货超压蒸气可作为双燃料主机燃料或直接排入大气。

液化气体船，一般都是在船体内部单独设置数个贮藏液化气体的高压容器或低温冷藏舱。液化气体船的结构形式有下列几种：

(1) 高压容器罐型：在船舱内装置数个圆筒形或球形高压容器罐，罐的设计压力是根据所装载液化气体的压力决定的。罐的壳体材料是采用5.88～7.85MPa的高强度钢制成。由于货舱的温度在常温45℃以下，故不需要设置隔热绝缘材料和温度、压力控制装置。整个船体结构和设备都比较简单。

(2) 双层船壳薄膜式低温液化气体舱：在货舱区域内，船体是双层船壳，在两层船壳板之间作为压载水舱。在船体内壳的内表面，装设厚度为0.5～0.7mm的36%镍钢薄膜。36%镍钢薄膜在温度急剧变化时，几乎不发生伸缩变形。也有采用厚度为1.2～1.5mm的不锈钢薄膜，由于不锈钢在温度急剧变化时会发生伸缩，故不锈钢薄膜做成皱折形的。

(3) 球形低温液化气体舱：球体舱壁是采用9%镍钢或铝合金，外部包着隔热绝缘材料。球形舱是支持在船舱的支架上，或用铰接机构吊挂在甲板下面。采用这种固定方式的好处是，当热胀冷缩时使球形舱有伸缩的余地。

液化气体船特殊的技术要求如下：

(1) 要求高度的保冷技术，如在常压下必须把甲烷和乙烯分别保持在-161.5℃和-103.9℃

以下才行。

(2) 在常温下建造的冷藏舱，当装载液化气体时，要急速冷却至极低的温度，必须采取措施防止结构产生温差应力。

(3) 船体结构与液化冷藏舱的连接处，由于热胀冷缩会产生间隙，必须采取各种措施防止在航行中液货舱的移动。

(4) 必须采取措施处理液化气体的自然蒸发等问题。

部分蒸汽轮机液化天然气体船将运输途中蒸发的天然气或石油气输送到锅炉中燃烧以减少损失。

### 2. 高速船舶

目前，虽然常规船舶性能有了很大的提高，但性能的提高有一定的限度。人们探索出各种非常规的新船型，如水翼艇、滑行艇、气垫艇、小水线面船、地效翼艇等高速船舶。

水翼艇是指在船体下面装有水翼的一种高速快艇。它在高速航行时，水翼产生升力，使船体部分或全部抬出水面，大大地降低了水阻力，从而获得高速，航速约为 40～60kn。水翼艇按水翼形式不同可分为割划式、全浸式、浅浸式。

气垫船是通过鼓风机把空气送到船底下面，在船底形成空气以支持船体重量的一种高速船舶。气垫的压力高于大气压，可将船体全部抬出水面。航行时气垫将船体与水面隔开，使船的阻力大大降低，故其航速可高达 80～100kn。气垫船有两种类型：全垫升式气垫船(或称全浮式)如图 5-25(a)所示和侧壁式气垫船如图 5-25(b)所示。

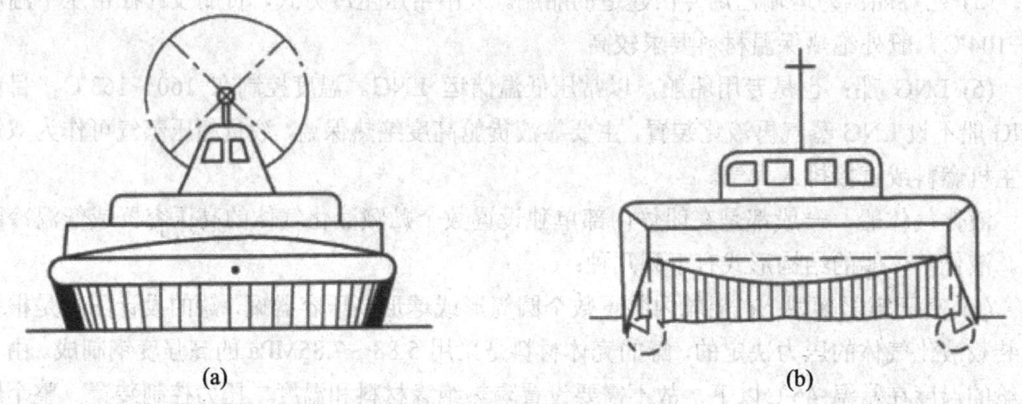


图 5-25　气垫船全浮式和侧壁式

半潜小水线面双体船是 20 世纪 70 年代发展起来的一种高速新船型。它是半潜船型中研究得最多的一种船型。这种船型不仅耐波性优越，而且其他性能也较常规单体船型佳，已日益引起人们的重视。半潜小水线面双体船由水下体、上体(包括桥体结构)和支柱三部分组成。水下体做成鱼类状，上体是水面以上的平台结构，可按需要布置各种设备。上下体由截面为流线型的支柱连接。由于水下体没入水中，支柱的水线面较瘦削(所以叫小水线面)，故在航行中能大大降低波浪的干扰力和兴波阻力。小水线面双体船具有耐波性好，在波浪中失速小，高速航行时阻力小，上甲板宽广，有效空间开敞等优点。但它吃水深，船体宽大，故易受航道限制。这种船型在军用和民用方面具有广阔的发展前景。图 5-26 为半潜小水线面双体集装箱船。

图 5-26　半潜小水线面双体集装箱船

### 3. 工作船、工程船和其他船舶

消防船是扑救港内船舶火灾或扑救码头邻近建筑物火灾的工作船。船上设有多门消防炮用于喷射泡沫或高压水柱，还设有液压升降台，用于扑救高处火灾。

挖泥船是用于疏通航道的工程船。按其工作原理可分为耙吸式、绞吸式、抓斗式、链斗式、铲扬式和射流式等几种类型。

渔船是从事捕鱼和辅助捕鱼的船舶，可分为拖网渔船、围网渔船、流网渔船、延绳钓鱼船、捕鲸船和渔业加工船等。

### 4. 军用船舶

军用船舶是执行战斗任务和辅助任务的各类船舶的总称，通常有航空母舰、巡洋舰、驱逐舰、护卫舰、潜艇等。航空母舰是以一定数量的舰载飞机为主要武器并作为其海上活动基地的大型军舰，实质上它是一座浮动的海上机场，是海军的水面战斗舰艇中最大的舰种。目前，航空母舰的排水量一般为 1 万～8 万吨，超级航母达 10 万吨以上，航速为 20～35kn，其所需主机功率达(20～22)×410kW。按舰载飞机的不同，航空母舰可分为专用航空母舰和多用途航空母舰两大类；按其动力装置不同，有常规动力航空母舰和核动力航空母舰。驱逐舰是海军作战舰艇中的主要舰型之一，配备导弹、火炮、鱼雷、水雷反潜武器和直升机等，并有雷达、声呐、指挥仪等电子设备，主机功率大、航速高，其中以导弹为主要武器的称为导弹驱逐舰，以反潜为主要使命的称为反潜驱逐舰，以防空为主要武器的称为防空驱逐舰。目前，现代驱逐舰满载排水量为 3500～8500t 左右，航速为 30～35kn。图 5-27 是导弹驱逐舰的侧视图。

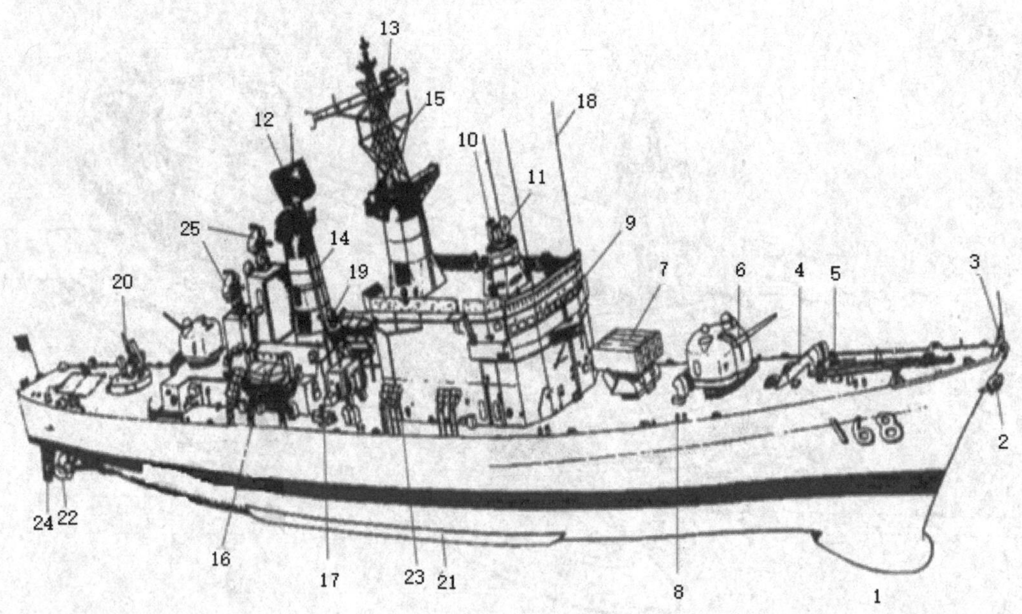


图 5-27 导弹驱逐舰

1—首部声呐；2—锚；3—旗杆；4—防波板；5—绞盘；6—速射炮；7—反潜火箭；8—揽桩；
9—舰桥；10—速射炮方位仪；11—火炮控制雷达；12—对空搜索雷达；13—对海搜索雷达；
14—烟囱；15—桅架；16—小艇；17—鱼雷发射管；18—鞭状天线；19—探照灯；20—对空导弹；
21—舭龙骨；22—螺旋桨；23—救生筏；24—舵；25—对空导弹指挥雷达

巡洋舰是一种具有多种作战能力，适于远洋作战的大型水面战舰。它的航速高、续航能力大、耐波性好，具有较强的独立作战能力和指挥职能。巡洋舰的排水量家通常在 6000～15000t 之间，最大的高达 30000t，航速为 30 • 34kn。按装备的主要武器和推进方式可分为导弹巡洋舰、直升机巡洋舰、核动力巡洋舰和常规动力巡洋舰。护卫舰是一种比驱逐舰装备弱、续航能力小，以护航、反潜为主要任务的轻型水面战斗舰艇，是海军战斗舰中用途最广，数量最多的重要舰种之一。护卫舰的特点是：轻快、机动性好、造价低、适宜于批量生产。其排水量为 600～5000t，航速为 25～34kn，续航力 4000～8000n mile。舰上配有舰对舰导弹、舰对空导弹、火炮以及反潜鱼雷、大型深水炸弹和火箭式深水炸弹等反潜武器。有的护卫舰还带有反潜直升机。

# 任务二 车 辆

## 【任务导读】

小王想买汽车，有一天他来到四 S 店，工作人员热情地接待了他，并向他介绍各种车的价格及不同型号车的耗油量、底盘、发动机，并告诉他汽车的底盘和发动机很重要。因为开车时汽车的转向、行驶、制动、起停都与发动机和底盘有关，底盘的大小直接影响汽车的稳定性，所以选车主要看底盘、发动机、耗油量等方面性能的好坏。小王听了工作人员的介绍还是似懂非懂，他又害怕买到别人的翻新车。工作人员让他看汽车的识别代码，

因为每个车都有它自己的车辆识别代码，代码里有制造厂家和生产日期。

他看不懂识别代码的含义，怕上当受骗，决定回去多了解车辆的相关知识再来买车，同学们你们知道工作人员说的那些知识吗？请认真学习下面的内容，你就会明白工作人员所说的那些知识了。

【任务提出】

- 了解车辆的概念、分类及用途。
- 理解车辆的主要性能参数。
- 熟悉汽车的组成及各部分的功用。
- 熟悉汽车的型号编制方法及车辆识别代码。

【知识导航】

## 一、车辆的概述

车辆，人类最重要的发明之一，是人类现代文明的重要标志，是人类创造的精美的会行走的机器，它的诞生意味着人类进入了现代化。目前在我国车辆有轨道车辆和非轨道车辆，轨道车辆是铁路运输的重要设备，是用来运送旅客、装运货物或作其他特殊用途的运载工具。轨道车辆上一般没有动力装置，需要把车辆连挂在一起，由机车牵引并在线路上运行，才能达到运送旅客和货物的目的。非轨道车辆包括汽车、拖拉机、摩托车等。

## 二、汽车概念

在中国，汽车是指一种快速而机动的陆路运输工具。一般是指由自带的动力装置驱动，至少有四个车轮，用于载送人员和(或)货物、牵引载送人员和(或)货物，以及具有其他特殊用途的非轨道、无架线的车辆。此定义排除了摩托车、装甲车、坦克等车辆。而某些进行特种作业的轮式机械，如轮式推土机、铲运机、叉式起重机及农用轮式机械拖拉机等，在少数国家作为专用汽车，而在我国分别划入工程机械和农用机械范畴。现在人们通常所说的汽车一般专指由汽油(或柴油)内燃机驱动的汽车。此外，还有各种代用燃料和电动汽车。

## 三、汽车的组成及分类

### 1. 汽车的组成及功用

汽车是由上万个零件组成的结构复杂的机动交通工具。尽管汽车的型式因用途不同而有很大差别，但是它们的基本原理和结构基本相同。一般汽车由发动机、底盘、车身和电器设备四个部分组成。图 5-28 为汽车结构总体。

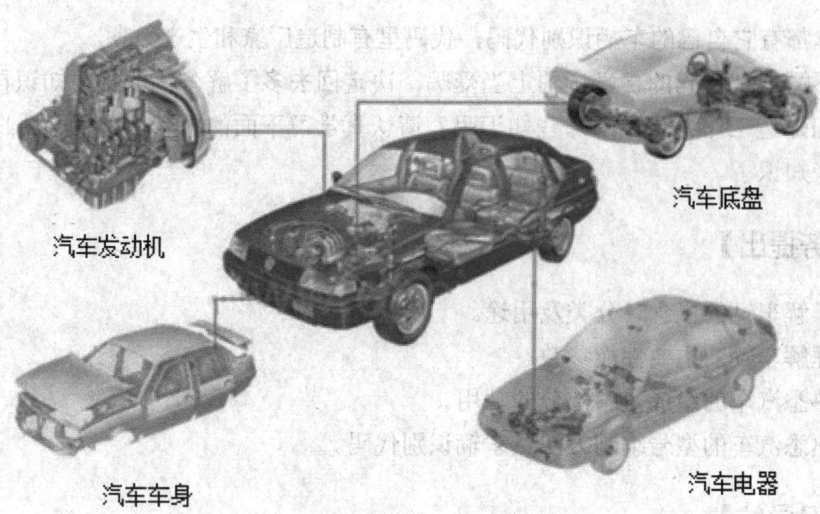


图 5-28　汽车结构总体

1) 发动机

发动机是汽车的动力装置。其功用是为汽车提供正常行驶所需要的动力。当前汽车发动机广泛采用的是活塞式汽油内燃机和柴油内燃机。

汽油机由以下两大机构和六大系统组成，即由曲柄连杆机构、配气机构、燃料供给系、润滑系、冷却系、点火系和起动系组成，如图 5-29 所示。

柴油机由以上两大机构和五大系统组成，即由曲柄连杆机构、配气机构、燃料供给系、润滑系、冷却系和起动系组成，柴油机是压燃的，不需要点火系。

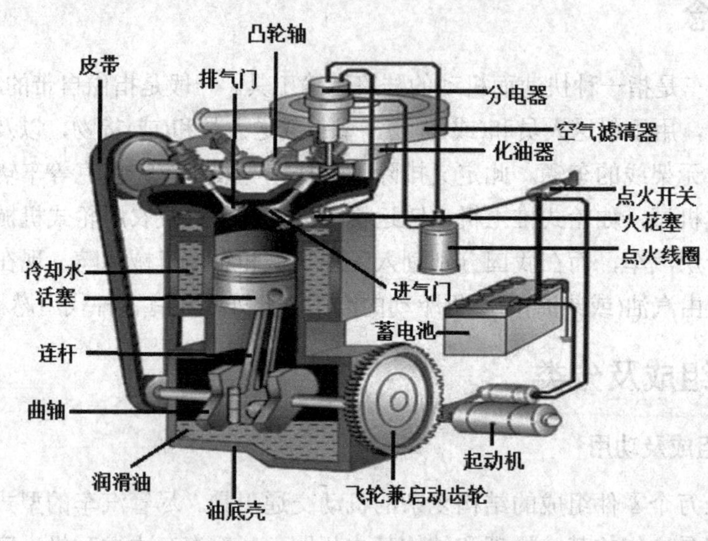


图 5-29　汽油机发动机的总体结构

2) 底盘

汽车底盘的功用是接受发动机的动力，使汽车产生运动，并保证汽车按照驾驶员的操纵正常行驶。作为汽车的基体，发动机、车身、电气设备及各种附属设备都直接或间接地安装在底盘上。底盘由传动系、行驶系、转向系和制动系四大部分组成，如图 5-30 所示。

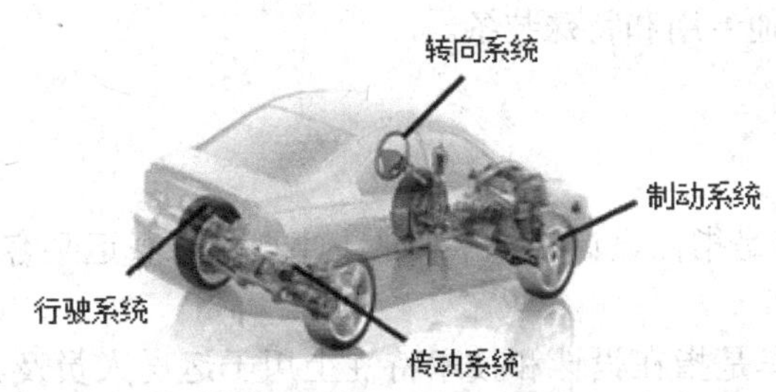


图 5-30　汽车底盘

(1) 传动系。汽车发动机与驱动轮之间的动力传递装置将发动机的动力传给各驱动车轮，称为汽车的传动系。它包括离合器、变速箱、传动轴、主减、差速器、半轴等，其主要功能有减速和变速、实现汽车倒向行驶、必要时中断动力传递和保证汽车正常转向。根据动力传递方式的不同，传动系又分为机械式传动、液力机械式传动、液力传动和电传动等几种。

(2) 行驶系。汽车行驶系由汽车的行路机构和承载机构组成，它包括车轮、车轴和桥壳、悬架、车架(或承载式车身)等部件。汽车行驶系的功用是支承整车质量，传递和承受路面作用于车轮的各种力和力矩，并缓和冲击吸收振动，以保证汽车在各种条件下正常行驶。

(3) 转向系。转向系的功用是遵从驾驶员的操纵，保证汽车行驶方向，并和行驶系共同保证汽车机动灵活、稳定安全地行驶。转向系是通过对左、右转向车轮不同转角之间的合理匹配来保证汽车沿着设想的轨迹运动的机构，它由转向操纵机构、转向器和转向传动机构组成。转向操纵机构由转向盘、转向轴、转向管柱等组成，采用动力转向时，还应有转向动力系统。

(4) 制动系。汽车制动系的功用是使行驶中的汽车减速甚至停车，使下坡行驶中的汽车的速度保持稳定，以及使已停驶的汽车驻留原地不动。随着高速公路的迅速发展和车流密度的日益增大，为保证行车安全，汽车制动系的工作可靠性显得越来越重要。

汽车的制动系包括行车、驻车、应急和辅助等四种制动装置。

3) 车身

车身一般包括驾驶室和各种形式的车厢，如图 5-31 所示。

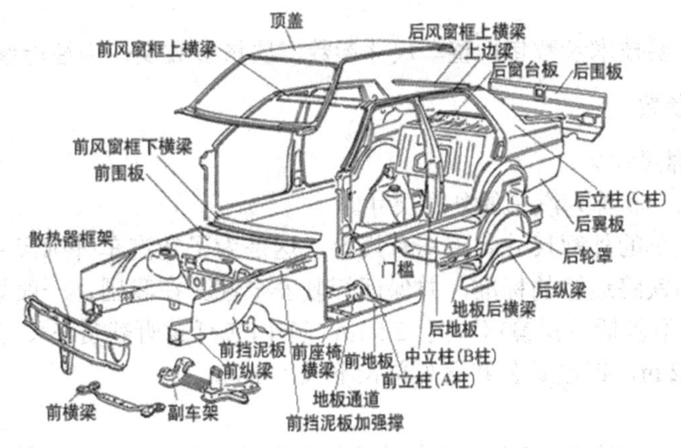


图 5-31　捷达轿车车身壳体组成

4) 电气设备

电气设备是保证汽车动力性、经济性、安全性和可靠性的重要组成部分。

发动机、底盘、车身和电器设备是汽车正常工作必不可少的组成部分，专用汽车和特

殊汽车除此之外还有其他专用和特殊装备。

### 2. 汽车分类

1) 按车型分类

(1) 乘用车。乘用车是指在设计和技术特性上主要用于载运乘客及其随身行李或临时物品的汽车。

(2) 商用车。商用车是指在设计和技术特性上用于运送人员及其随身行李和货物的汽车，并且可以牵引挂车。

2) 按动力源分类

(1) 内燃机汽车，指用内燃机作为动力装置的汽车。内燃机汽车是当前应用最为广泛的车辆。

(2) 电动汽车，指由电动机驱动且自身装备供电电源 (不包括供电线架)的车辆。包括蓄电池电动汽车和燃料电池电动汽车。

(3) 混合动力汽车，指具有两种及以上车载动力源并协调工作的车辆。

(4) 太阳能汽车。以取自太阳能的能量为车载动力源的车辆，是真正意义上的无公害无能源消耗的绿色汽车。

3)其他分类

(1) GB/T 15089—2001 对汽车的分类。

GB/T 15089—2001《机动车辆及挂车分类》将汽车分为三类：M 类、N 类和 O 类。

M 类定义：至少有四个车轮，并用于载客的车辆。

N 类定义：至少有四个车轮，并用于载货的机动车辆。

O 类车辆指挂车(包括半挂车)。

(2) 按发动机布置及驱动形式分类为：发动机前置后轮驱动(FR)、发动机前置前轮驱动(FF)、发动机后置后轮驱动(RR)、发动机中置后轮驱动(MR)和全轮驱动(nWD)。

(3) 按行驶道路条件分类为公路用车和非公路用车。

## 四、汽车参数

汽车产品的主要技术参数包括整车尺寸参数、质量参数及使用性能参数等。

### 1. 整车尺寸参数

1) 汽车的外廓尺寸

汽车的长、宽、高称为汽车的外廓尺寸。

公路运输的汽车的外廓尺寸各国均有规定，这是为了使汽车外廓尺寸适合于本国的公路、桥梁、涵洞和铁路运输的标准，并保证行驶安全性。在我国，一般规定普通汽车总高不大于 4m；总宽(不包括后视镜)不大于 2.5 m；货车(包括越野载货车)、公共汽车和一般大客车总长不大于 12 m，铰接式公共汽车总长不大于 18 m。

2) 轴距

轴距 $L$ 是指汽车(或轮式拖拉机)前轴中心到后轴中心的距离，其值的大小直接影响汽车的长度、质量和使用性能。轴距过长会增加汽车总长和总质量，并加大最小转弯半径，影响汽车的机动性。轴距过短则导致车厢长度不足或后悬过长，汽车行驶时的纵摆和横摆较大；制动和上坡时，前、后轴之间的载荷转移增大，降低汽车的操纵稳定性；轴距过短还

会使传动轴夹角增大。对于客车而言，轴距过小会使汽车的纵摆和横摆增大，降低了乘坐舒适性。

3) 轮距

轮距是指同一轴左、右车轮与地面接触面中心之间的距离，两侧用双轮时，轮距指的是双轮中心点之间的距离。

一般来说，轮距越大，驾驶舒适性越高，但某些轿车因没有助力转向装置，如果前轮距过宽其方向盘就会很“重”，影响驾驶的舒适性。此外，轮距还对汽车的总宽、总重、横向稳定性和安全性均有影响。一般说来，轮距越大，对操纵平稳性越有利，同时对车身造型和车厢的宽敞程度也有利，横向稳定性越好。但轮距宽了，汽车的总宽和总重一般也加大，而且容易产生向车身侧面甩泥的问题。如果轮距过宽还会影响汽车的安全性，因此，轮距应与车身宽度相适应。

4) 前后悬

汽车前悬是指汽车直线行驶位置时，其前端刚性固定件的最前点至两前轮轴线的垂面间的距离。

汽车后悬是指汽车后端刚性固定件的最后点至后轮轴线的垂面之间的距离。

汽车前悬和后悬的长度是在总布置设计中确定的。汽车的前悬不宜过长，否则汽车的接近角过小。汽车后悬的长度取决于货箱长度和后轴载荷，轿车的后悬长度取决于车身外形设计和后轴载荷。后悬长度应保证适当的离去角。后悬不宜过长，否则，汽车在上、下坡时容易刮地，离去角减小。

### 2. 汽车质量参数

1) 整备质量

汽车的整备质量就是汽车经整备后在完备状态下的自身质量。

2) 汽车总质量

汽车总质量是指汽车装备齐全，并按规定装满客(包括驾驶员)、货物时的重量。

3) 汽车的装载质量和载客量

汽车的装载质量对于一般汽车而言是指在良好路面行驶时，汽车所允许的额定装载质量。当汽车在碎石路面行驶时，装载质量有所减小，约为良好路面的 75%～80%，而越野汽车的装载质量是指越野行驶或土路上行驶时的装载质量。

载客量是指汽车满载乘客的数量，轿车的载客量以座位数表示，无站立乘客的客车其载客量也是其座位数，城市公共汽车的载客量包括座位数和站立人数。

4) 汽车的轴荷分配

汽车的轴荷分配是指汽车的质量分配到前、后轴上的比例，以百分比表示。它分为空载和满载两组数据。轴荷分配在汽车定型后就已经确定，一般可在随车的说明书上找到其数值。它与转向灵活、驱动性能、轮胎承重等有关。

5) 汽车自身质量利用系数

汽车自身质量利用系数是指汽车装载质量与自身质量之比。它是评价汽车设计和制造水平的一个重要指标。汽车的自身质量利用系数，随汽车的类型及装载质量的不同而不同。目前，轻型货车的汽车自身质量利用系数一般约为 1.1，但装用柴油机的汽车略低，通常在 0.8～1.0 的范围内；中型货车的汽车自身质量利用系数为 1.2～1.4；重型货车的汽车自身质量利用系数约为 1.5。显然，汽车自身质量利用系数是随着汽车技术的发展和制造水平的提高而增大的。随着道路条件的改善，材料性能的提高，特别是汽车零、部件载荷和疲劳强度研究的发展，汽车自身质量利用系数还有不断提高的趋势。

### 3. 汽车性能参数

1) 动力性参数

最高车速是指在水平良好路面上(混凝土或沥青)上汽车能达到的最高行驶车速。

汽车加速时间是指汽车加速到一定车速所用的时间。

汽车的上坡能力是用满载(或某一载重质量)时汽车在良好路面上的最大爬坡度表示。

2) 经济性参数

汽车以最少的燃料消耗量完成单位运输工作量的能力，称为燃料经济性，单位 L/100km。

3) 制动性参数

汽车行驶时能在短距离内停车且维持行驶方向稳定性和在下长坡时能维持一定车速的能力成为汽车的制动性。汽车的制动性通过制动效能和制动稳定性来评价。

4) 通过性参数

汽车通过性是指汽车能以足够高的平均车速通过各种坏路、无路地带(如松软地面、凹凸地面等)及陡坡、台阶、灌木丛、壕沟等各种障碍的能力。汽车的通过性主要是通过最小离地间隙、纵向通过角、接近角、离去角、最小转弯半径等进行评价。

### 4. 汽车身份参数

1) 发动机型号

目前汽车发动机主要是内燃机，内燃机型号表示方法，在项目四中已经详细介绍了，在这里不在介绍。

2) 汽车产品型号

各种不同类型的汽车有一个统一的型号编排规则。按照此规则，当面对一辆汽车时，可以很直观地了解该车最重要的信息，从而给汽车的生产、销售、使用、维修和管理带来很大的方便。根据国标 GB 9417—89 的规定，汽车的编号依次由企业名称代号、车辆类别代号、主参数代号、产品序号及企业自定代号组成。型号构成如图 5-32 所示。

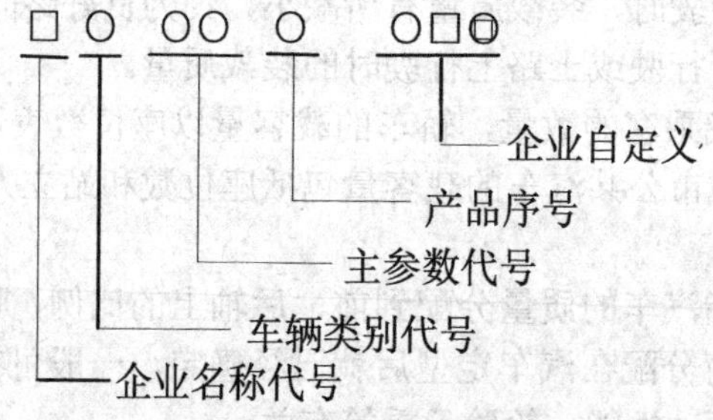


图 5-32 汽车产品型号表示方法(GB 9417—89)

(1) 企业名称代号。企业名称代号通常用制造或改装该车型的企业名称中最重要的两个或三个字的汉语拼音首字母表示，如 EQ 表示东风汽车公司(二汽)，NJ 表示南京汽车厂等，但也有少数例外，如 CA 表示第一汽车集团。

(2) 车辆类别代号。车辆类别代号用一位数字表示，各数字及所代表的汽车类型如表 5-2 所示。

表 5-2　车辆类别代号及汽车类型

| 车辆类别代号 | 汽车类型 |
| --- | --- |
| 1 | 载重车 |
| 2 | 越野车 |
| 3 | 自卸车 |
| 4 | 牵引车 |
| 5 | 专用车 |
| 6 | 客车 |
| 7 | 轿车 |
| 8 | 待用 |
| 9 | 挂车 |

(3) 主参数代号。表示车辆主要特征的代号，一般用两位阿拉伯数字表示。不同类型的汽车主参数表示的意义不同。

“1”“2”“3”“4”“5”“9”代表的车辆，主参数代号用车辆总重表示。

对于总重＜10t，如总重为 9.312t，四舍五入为“9”，前加“0”，主参数代号为“09”。

对于总重≥10t，如总重为 10.56t，四舍五入为“11”，主参数代号为“11”。

对于总重≥100t，如总重为 100.19t，四舍五入为“100”，主参数代号为“100”。

“6”代表的客车，主参数代号用客车总长表示。

对于总长＜10m，保留到小数点后一位，再×10 得整数，如总长为 4.419m，四舍五入为“4.4”，再×10 为“44”，如 CA6440 车型。

对于总长≥10m，保留到整数位，如总长为 10.21m，保留到整数位为“10”，如 CA6102 车型。

“7”代表的轿车，主参数代号用发动机排量(即发动机工作容积)表示。

对于发动机排量＜10L，保留到小数点后一位，再×10 得整数，如发动机排量为 2.213L，四舍五入为“2.2”，再×10 等于“22”。

对于发动机排量≥10L，保留到整数位，同上。如某轿车的发动机排量为 13.3L，其主要参数代号为 13。

(4) 产品序号。产品序号是生产厂家用来区别本厂生产的同类型、同主参数但不同产品系列或经过改进之后的产品，用一位数字表示。一般用 0 表示第一代。经过一次较大地改进后用 1 表示，其他类推。

(5) 企业自定代号。企业自定代号由企业决定，可以用字母表示，也可以用数字表示，表示的内容也比较灵活，一般为该产品最突出的特征，如发动机代号、驾驶室代号及轴距代号等。代号的具体意义由企业定义。

### 5. 车辆识别代码 VIN

1) 车辆识别代码的基本组成

制造商代码(WMI)、车辆说明部分(VDS)、车辆指示部分(VIS)三部分组成，共 17 位。如图 5-33 所示。

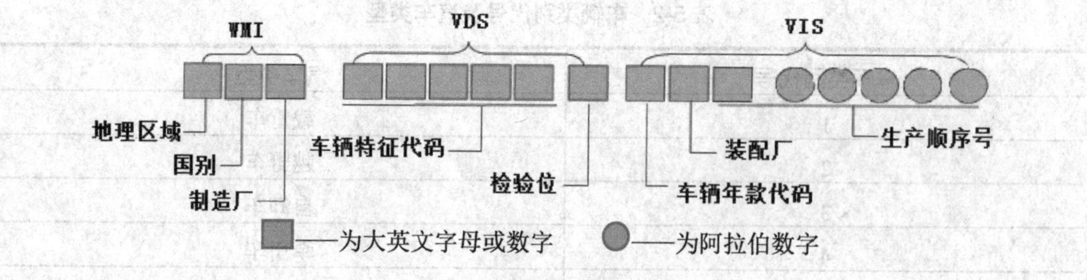


图 5-33　车辆识别代码 VIN 表示方法

2) 车辆识别代码说明

第一部分(WMI)——世界制造厂识别代号由三位字码组成，必须经过申请、批准和备案后方能使用，按照 GB 16737 的规定，由国家有关部门指定。中国重型汽车集团有限公司目前经过申请被允许使用的世界制造厂识别代号(WMI)如下：

LZZ——适用于载货车(包括普通载货汽车、自卸车、牵引车、越野车和专用车)、挂车及载货车非完整车辆；

LZK——适用于客车及客车非完整车辆。

(1) 世界制造厂识别代号的第一位字码是标明一个地理区域的字母或数字；第二位是标明一个特定地区内的一个国家的字母或数字。第一、二位字码的组合将能保证国家识别标志的唯一性。第三位字码是标明某个特定的制造厂的字母和数字。第一、二、三位字码的组合能保证制造厂识别标志的唯一性。

(2) 对于年产量≥500 辆的制造厂，世界制造厂识别代号有以上所述的三位字码组成。对于年产量<500 辆的制造厂，世界制造厂识别代号的第三位字码为数字 9。此时车辆指示部分的第三、四、五位字码与第一部分的三位字码作为世界制造厂识别代号。

第二部分(VDS)——车辆说明部分由六位字码组成，此部分应能识别车辆的一般特征，根据 GB 16735 要求，每位字码规定如下：

(1) 第一位字码表示车辆的品牌及驾驶室类型(或车身特征)，具体规定如表 5-3 所示。

表 5-3　车辆品牌及驾驶室类型(或车身特征)代码

| 品　牌 | 驾驶室类型(或车身特征) | 代　码 |
|---|---|---|
| 斯达—斯太尔牌 | 平头单排驾驶室 | A |
| | 客车底盘 | D |
| | 四开门驾驶室 | E |
| | 挂车 | F |
| | 平头双排驾驶室 | 1 |
| | 不带驾驶室货车底盘 | 2 |
| 黄河牌 | 四开门驾驶室 | L |
| | 平头单排驾驶室 | M |
| | 客车底盘 | P |
| | 承载式车身客车 | R |
| | 半承载式车身客车 | S |

续表

| 品　牌 | 驾驶室类型(或车身特征) | 代　码 |
|---|---|---|
| 黄河牌 | 平头双排驾驶室 | 3 |
| | 不带驾驶室货车底盘 | K |
| | 半边左置平头驾驶室 | J |
| 豪泺 (HOWO)牌 | 四开门驾驶室 | 4 |
| | 平头单排驾驶室 | 5 |
| | 客车底盘 | 8 |
| | 不带驾驶室货车底盘 | H |
| 青专牌 | 平头单排驾驶室 | U |
| 五岳牌 | 平头单排驾驶室 | X |
| | 半边左置平头驾驶室 | Y |
| 豪运牌 | 平头单排驾驶室 | T |
| | 不带驾驶室货车底盘 | 0 |

(2) 第二位字码表示车辆的类型、货厢特征及发动机(或电动机)布置。车辆类型按 GB/T 3730.1 及 GB/T 17350 规定划分，如表 5-4 所示。

表 5-4　车辆类型、货厢(或车身)特征及发动机(或电动机)布置代码

| 代　码 | 车辆类型及货厢特征 | 发动机(或电动机)布置 | 代　码 | 车辆类型及货厢特征 | 发动机(或电动机)布置 |
|---|---|---|---|---|---|
| A | 普通载货汽车 | 前置 | H | 无轨电车底盘 | 后置 |
| B | 二类货车底盘 | | U | 双层客车 | |
| 7 | 三类货车底盘 | | V | 无轨电车 | |
| C | 半挂牵引车 | | T | 铰接客车 | |
| D | 自卸车 | | P | 城市客车 | |
| E | 自卸车底盘 | | 8 | 电动客车底盘 | |
| F | 客车底盘 | | S | 长途客车 | |
| 1 | 起重举升汽车 | | W | 栏板式半挂车 | 无动力装置 |
| 2 | 仓栅式汽车 | | X | 平板式半挂车 | |
| J | 厢式汽车 | | Y | 厢式半挂车 | |
| K | 罐式汽车 | | Z | 灌式半挂车 | |
| L | 专用自卸汽车 | | 0 | 自卸半挂车 | |
| M | 特种结构汽车 | | 3 | 仓栅半挂车 | |
| N | 小型客车 | | 4 | 起重举升半挂车 | |
| R | 城市客车 | | 5 | 车辆运输半挂车 | |
| G | 客车底盘 | 后置 | 6 | 特种结构半挂车 | |

(3) 第三位字码表示底盘类型及车辆主参数。

① 对于载货类汽车及其底盘用驱动型式和汽车总质量(吨)表示，汽车总质量(吨)精确到个位，修约规则按 GB/T 8170，具体规定如表 5-5 所示。

**表 5-5　驱动型式和汽车总质量代码**

单位：吨

| 驱动型式 | 汽车总质量 m | 驱动型式 | 驱动型式 | 汽车总质量 m | 驱动型式 |
|---|---|---|---|---|---|
| 4×2 | m≤12 | A | 8×4 | ≤26 | N |
| | 12<m≤16 | B | | 26<m≤31 | X |
| | m＞16 | C | | m＞31 | Y |
| 4×4 | m≤16 | D | 8×6 | m≤50 | P |
| | m＞16 | E | 8×8 | m≤23 | Z |
| 6×2 | m≤22 | F | | 23<m≤28 | 0 |
| | 22<m≤25 | G | | 28<m≤34 | 1 |
| | m＞25 | H | | m＞34 | 2 |
| 6×4 | ≤22 | J | 10×4 | m≤38 | 6 |
| | 22<m≤25 | L | | m＞38 | R |
| | m＞25 | M | 10×6 | m≤60 | 9 |
| 6×6 | ≤22 | S | 10×10 | m≤80 | 3 |
| | 22<m≤25 | U | 12×10 | m≤90 | 4 |
| | m＞25 | V | 12×12 | m≤100 | 5 |
| 8×2 | ≤26 | W | | | |
| | 26<m≤31 | 8 | | | |
| | m＞31 | 7 | | | |

② 对于客车及客车底盘，用驱动型式和车辆总长度(米)表示，车辆总长度(米)精确到个位，修约规则按 GB/T8170，如表 5-6 所示。

**表 5-6　驱动型式和车辆总长度代码**

| 驱动型式 | 车辆总长度 | L | 驱动型式 | 车辆总长度 | L |
|---|---|---|---|---|---|
| 4×2 | 单车、L≤8 | H | 6×2 | 单车、L≤12 | E |
| | 单车、8<L≤9 | A | | 单车、L>12 | 12 |
| | 单车、9<L≤10 | B | | 铰接车、L≤16 | F |
| | 单车、10<L≤11 | C | | 铰接车、L>16 | G |
| | 单车、L>11 | D | | | |

③ 对于挂车用挂车轴数及总质量(吨)表示，总质量(吨)精确到个位，修约规则按 GB/T 8170，如表 5-7 所示。

**表 5-7　挂车轴数及总质量代码**

单位：吨

| 轴　数 | 总 质 量 | m | 轴　数 | 总 质 量 | m |
|---|---|---|---|---|---|
| 单轴 | m≤14 | 0 | 双轴 | 29<m≤33 | 7 |
| | 14<m≤17 | 1 | | 33<m≤37 | 8 |
| | 17<m≤20 | 2 | | m＞37 | E |

续表

| 轴　数 | 总 质 量 | m | 轴　数 | 总 质 量 | m |
|---|---|---|---|---|---|
| 单轴 | 20＜m≤24 | 3 | 三轴 | m≤35 | 9 |
| | 24＜m≤28 | G | | 35＜m≤39 | A |
| | 28＜m≤32 | H | | 39＜m≤44 | B |
| | m＞32 | 4 | | m＞44 | F |
| 双轴 | m≤22 | J | 三轴以上 | m≤50 | C |
| | 22＜m≤25 | 5 | | m＞50 | D |
| | 25＜m≤29 | 6 | | | |

(4) 第四位字码表示发动机(或电动机)功率范围、燃料类型等，对无动力装置车辆，填写字母 Z 占位。发动机(或电动机)功率精确到个位，修约规则按 GB/T 8170，如表 5-8 所示。

表 5-8　发动机(电动机)功率范围及燃料类型代码

| 代　码 | 功率范围 P | | 燃 料 类 型 | 备　注 |
|---|---|---|---|---|
| | kW | PS | | |
| 6 | P≤50 | P≤68 | 柴油 | 增压中冷 |
| B | 50＜P≤59 | 68＜P≤80 | | |
| C | 59＜P≤70 | 80＜P≤95 | | |
| D | 70＜P≤85 | 95＜P≤115 | | |
| E | 85＜P≤99 | 115＜P≤135 | | |
| F | 99＜P≤118 | 135＜P≤160 | | |
| G | 118＜P≤140 | 160＜P≤190 | | |
| H | 140＜P≤165 | 190＜P≤225 | | |
| K | 165＜P≤190 | 225＜P≤259 | | |
| M | 190＜P≤220 | 259＜P≤300 | | |
| N | 220＜P≤257 | 300＜P≤350 | | |
| S | 257＜P≤294 | 350＜P≤400 | | |
| V | 294＜P≤331 | 400＜P≤450 | | |
| W | 331＜P≤375 | 450＜P≤510 | | |
| X | 375＜P≤430 | 510＜P≤585 | | |
| Y | P＞430 | P＞585 | | |
| Z | 无动力装置车辆(如挂车) | | | |
| A | P≤100 | P≤136 | | 电动机 |
| 5 | P＞100 | P＞136 | 天然气 | 天然气发动机 |
| 1 | P≤110 | P≤150 | | |
| 2 | 110＜P≤184 | 150＜P≤250 | | |
| 3 | P＞184 | P＞250 | | |

(5) 第五位字码表示车辆轴距和制动系统。对二轴和三轴汽车，指一、二轴中心线距离

(双转向前轴的 6×2 车，指二、三轴中心线距离)；对四轴汽车，指二、三轴中心线距离；四轴以上汽车，指间距长的相邻两轴中心线距离；对半挂车，指牵引销中心线到第一轴中心线距离。轴距(分米)精确到个位，修约规则按 GB/T 8170，如表 5-9 所示。

表 5-9 车辆轴距和制动系统代码

单位：分米

| 代 码 | 轴 距 S | 制动系统 | 代 码 | 轴 距 S | 制动系统 |
|---|---|---|---|---|---|
| A | $S \leqslant 30$ | | G | $47 < S \leqslant 51$ | |
| B | $30 < S \leqslant 33$ | | H | $51 < S \leqslant 56$ | |
| C | $33 < S < 36$ | 气压制动 | J | $56 < S \leqslant 61$ | 气压制动 |
| D | $36 \leqslant S \leqslant 39$ | | K | $61 < S \leqslant 67$ | |
| E | $39 < S < 43$ | | L | $67 < S \leqslant 76$ | |
| F | $43 \leqslant S \leqslant 47$ | | M | $S > 76$ | |

(6) 第六位字码表示检验位，检验位可为 0～9 中任一数字或字母“X”，其作用是核对 VIN 记录的准确性。

第三部分(VIS)——车辆指示部分由八位字码组成，其最后四位字码应是数字。根据 GB 16735 要求，每位字码规定如下。

(1) 第一位字码表示车辆生产年份，如表 5-10 所示。

表 5-10 年份代码

| 年 份 | 代 码 | 年 份 | 代 码 | 年 份 | 代 码 | 年 份 | 代 码 |
|---|---|---|---|---|---|---|---|
| 1997 | V | 2005 | 5 | 2013 | D | 2021 | M |
| 1998 | W | 2006 | 6 | 2014 | E | 2022 | N |
| 1999 | X | 2007 | 7 | 2015 | F | 2023 | P |
| 2000 | Y | 2008 | 8 | 2016 | G | 2024 | R |
| 2001 | 1 | 2009 | 9 | 2017 | H | 2025 | S |
| 2002 | 2 | 2010 | A | 2018 | J | 2026 | T |
| 2003 | 3 | 2011 | B | 2019 | K | 2027 | V |
| 2004 | 4 | 2012 | C | 2020 | L | 2028 | W |

(2) 第二位字码表示装配厂，若无装配厂，制造厂可规定其他的内容，如表 5-11 所示。

表 5-11 装配厂代码

| 装 配 厂 | 代 码 |
|---|---|
| 中国重汽集团济南卡车股份有限公司 | A |
| | W |
| 中国重汽集团济南特种车有限公司 | B |
| 中国重汽集团济南商用车有限公司 | C |
| 中国重汽集团济南客车有限公司 | R |

续表

| 装配厂 | 代　码 |
| --- | --- |
| 中国重汽集团青岛专用汽车有限公司 | K |
| | L |
| 中国重汽集团泰安五岳专用汽车有限公司 | S |
| 中国重汽集团济宁商用车有限公司 | J |

(3) 如果制造厂生产的某种类型的车年产量≥500 辆，第三至第八位字码表示生产顺序号(流水号)，必须是数字。如果制造厂的年产量<500 辆，则此部分的第三、四、五位字码应与第一部分的三位字码一起作为世界制造厂识别代号。

【注意】 车辆识别代号用人工可读码时仅能采用下列阿拉伯数字和大写罗马字母：

1　2　3　4　5　6　7　8　9　0

A　B　C　D　E　F　G　H　J　K　L　M　N　P　R　S　T　U　V W　X　Y　Z(字母 I、O、Q 不能使用)

例如，载货汽车的识别代号如下：

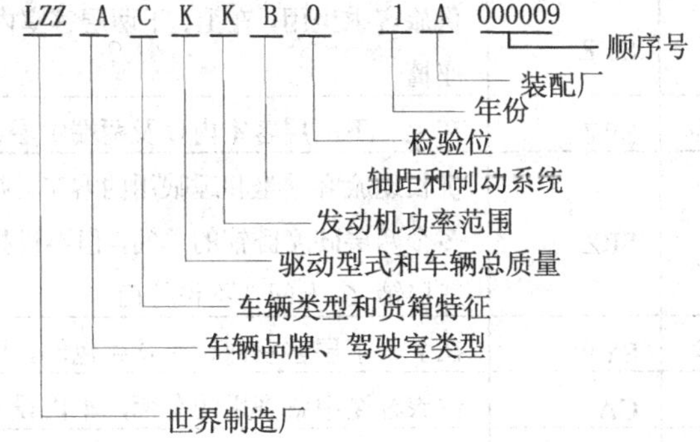


例如，客车的识别代码如下：

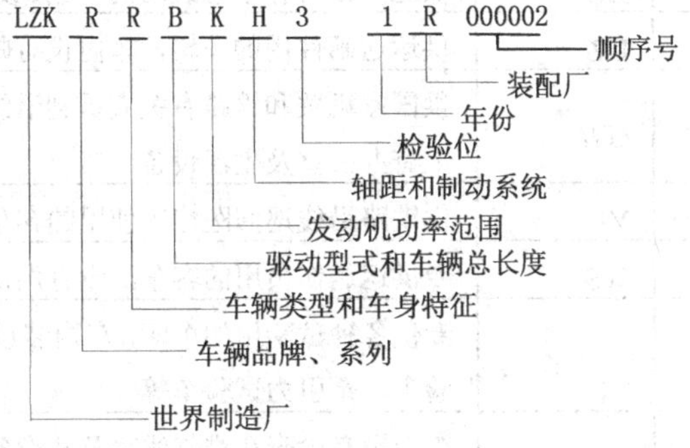


## 五、铁道车辆

铁道车辆是铁路运输的重要设备，是用来运送旅客、装运货物或作其他特殊用途的运载工具。车辆上一般没有动力装置，需要把车辆连挂在一起，由机车牵引并在线路上运行，才能达到运送旅客和货物的目的。

### 1. 分类

车辆种类较多，按其用途不同，可分为货车和客车两大类。

1) 客车

客车按其用途不同，又可以分为运送旅客的车辆、为旅客服务的车辆以及特种用途的车辆。部分客车车种、用途及特点如表 5-12 所示。

表 5-12　客车车种、基本型号、用途及特点表

| 客车分类 | 车种名称 | 基本型号 | 车辆用途及特点 |
|---|---|---|---|
| 运送旅客的车辆 | 硬座车 | YZ | 供旅客乘坐用，座位的坐垫和靠背为半硬制品(如泡沫塑料)或木制品 |
| | 软座车 | RZ | 供旅客乘坐用，座位的坐垫和靠背均有弹簧装置，对面两座椅的中心距离 18mm 以上 |
| | 硬卧车 | YW | 供长途旅客乘坐和睡眠用的客车，卧铺垫内不设弹簧一般分为上、中、下三层铺 |
| | 软卧车 | RW | 卧铺垫内设有弹簧，一般每个单间定员不超过 4 人，单间设有拉门 |
| | 双层硬座车 | SYZ | 供旅客乘坐用，在上、下两层客室内以及两端中层设有硬席座椅 |
| | 双层软座车 | SRZ | 在上、下两层客室内以及两端中层设有软席座椅 |
| | 双层硬卧车 | SRZ | 供长途旅客乘坐和睡眠用的客车，在上、下两层客室内，设多个两层硬席卧铺的单间，但不设拉门，两端中层各设一个三层铺 6 人间，不设拉门 |
| | 双层软卧车 | SYW | 在上、下层客室内设有软席包间，两端中层各设一个包间 |
| 为旅客服务的车辆 | 餐车 | CA | 供旅客途中就餐用的车辆，车内设有厨房和餐厅 |
| | 双层餐车 | SCA | 车内上、下两层为餐厅，中层二位端设厨房和侧走廊 |
| | 行李车 | XL | 供运送旅客行李包裹用的车辆，设有行李间及行李员办公室 |
| 特种用途的车辆 | 邮政车 | UZ | 供运送邮件用的车辆，车内设有邮件间及邮务人员办公室 |
| | 公务车 | GW | 供国家机关和铁路有关人员到沿线检查工作的专用车辆，车上有办公室及生活设备 |
| | 医务车 | YI | 供铁路沿线巡回医疗等使用的客车，车内设有医疗设备 |
| | 卫生车 | WS | 专供运送伤员用的客车，设有供伤员治疗及休养用的设备 |
| 特种用途的车辆 | 试验车 | SY | 专供各种试验用的车辆，车内装设有关试验设备，如电力试验车、牵引力试验车等 |
| | 维修车 | EX | 车上设有检查和维修线路及其设备的装备，如接触网检修车等 |
| | 空调发电车 | KD | 专门向全空调列车供电的车辆，车内设有柴油机、发电机等设备 |
| | 文教车 | WJ | 向铁路沿线职工进行宣传教育和文娱体育等活动使用的车辆，如文化车、技术教育车 |

2) 货车

货车按其用途不同，又可分为通用货车、专用货车及特种货车三类。通用货车能装运多种货物，具有通用性；专用货车专门用于运送某些种类货物，不具有通用性；特种货车一般不直接装运货物，而用作其他特殊用途。

货车各车种、用途及特点如表 5-13 所示。

表 5-13　货车车种、车种编码、用途及特点表

| 货车分类 | 车种名称 | 基本型号 | 车辆用途及特点 |
|---|---|---|---|
| 通用货车 | 敞车 | C | 车体无顶棚，有固定的车墙，墙高一般在 0.8m 以上；可装运不怕日晒雨淋的货物；如装货后加盖篷布，也可装运怕日晒雨淋的货物 |
| | 棚车 | P | 车体有顶棚、车墙及门窗，可装运贵重及怕日晒雨淋的货物；有的车内安装有火炉、烟囱等设备的装置，必要时可以运送人员或马匹 |
| | 平车 | N | 车体为一平板或设有可翻下的活动低侧、端墙板；可装运大型钢梁、混凝土梁、大型机械以及带轮自行货物，或装运矿石、砂石等块、粒状货物 |
| 专用货车 | 罐车 | G | 车体呈圆筒形；专用于装运液体、液化气体以及粉状货物，如汽油、液态氨、氧化铝粉等 |
| | 冷藏车 | B | 车内设有降温和加温设备，车体有隔热性能，能使车内保持一定的温度；供运送鱼、肉、水果 |
| | 集装箱车 | X | 供运送 TBJ 10T 箱以及 GB 1413—85 系列集装箱之用；无车地板和车墙板，车底架上表面设固定 |
| | 矿石车 | K | 供运送矿石、煤炭等货物之用；该型车一般都设有下开式漏斗形卸料装置或者是侧卸式卸料装置，有的则带自有自翻功能 |
| | 长大货物车 | | 供运送长大货物之用。一般载重量为 90t 及以上，长度在 19m 以上，只有底架而无墙板 |
| 专用货车 | 毒品车 | W | 供运送农药等有毒货物之用，空闲时可装运化肥；车体为黄色，有墙板、车顶，在车顶外部增遮阳板；在车内地板四角处，各设一个排水口，以便车内洗刷时排水 |
| | 家畜车 | J | 供运送猪羊等家畜及家禽用；车体内部有一至三层，有车墙及车顶，车墙木条间空隙可以通风，有的车内还设有饲料槽等 |
| | 水泥车 | U | 供运送散装水泥之用；有的车为密封式罐形车体，上部有装入水泥的舱孔，下部有漏斗式的底开门 |
| | 粮食车 | L | 供运送散装粮食用；车顶有六个装货口，车体端墙下部倾斜，车底有三个漏斗，每个漏斗底部都有一个底门 |
| 特种货车 | 特种车 | T | 按特种用途设计制造的货车，其结构和用途与上述车种不同，如检衡车、救援车、除雪车等 |

2. 车辆的主要组成部分

车辆类型较多，构造各不相同，但从结构原理分析，每一辆车一般由车底架及车体、转向架、车钩缓冲装置、制动装置、车内设备和电气系统五部分组成。

车体分有司机室车体和无司机室车体两种，是容纳乘客和司机驾驶(对于有司机室的车辆)的地方，是安装、连接其他设备和部件的基础。轨道车辆车体均采用整体承载的钢结构和轻金属结构，以达到在最轻的自重下满足强度的要求。

车底架是车体的基础，由各种横向梁和纵向梁组成。

车钩缓冲装置由车钩、缓冲器、钩尾柜、钩尾销、前从板、后从板组成，如图 5-34 所示，安装在车底架两端中央。其作用是将机车与车辆、车辆与车辆互相连挂在一起组成一趟列车，并传递牵引力和缓和各车辆之间的纵向冲击。

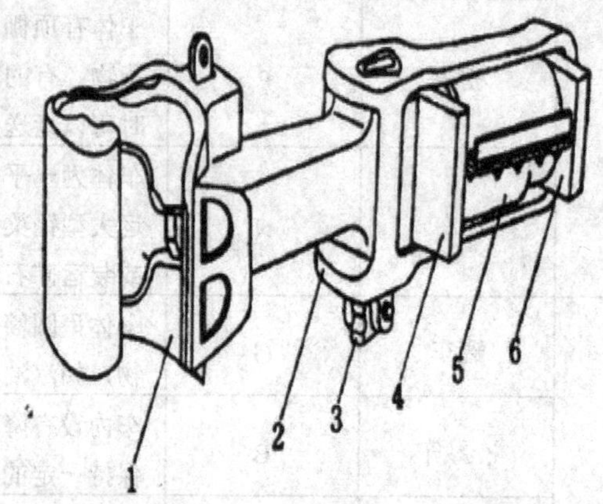


图 5-34　车钩缓冲装置

1—车钩；2—钩尾柜；3—钩尾销；4—前从板；5—缓冲器；6—后从板

转向架分为动力转向架和非动力转向架，动力转向架上安装牵引电动机，装有动力转向架的车辆称为动车装有非动力转向架的车辆称为拖车。转向架由轮对、摇枕、构架、轴箱、轴承、中央弹簧装置、轴箱弹簧装置组成，如图 5-35 所示。

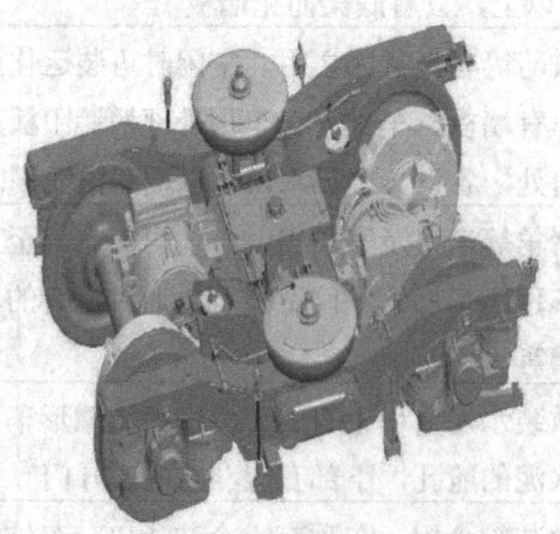

(a)转向架外形图

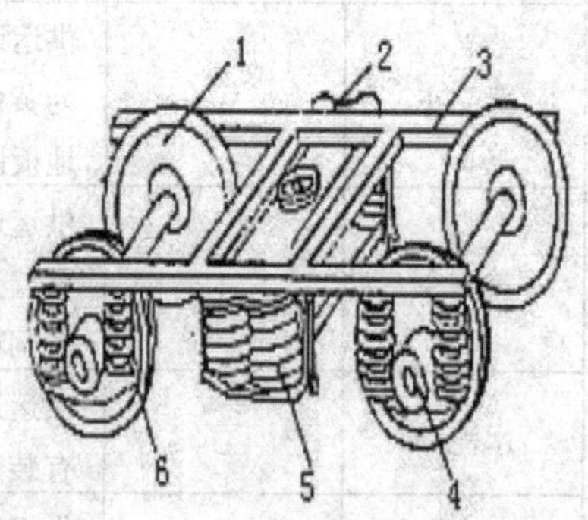


(b)转向架简图

图 5-35　转向架

1—轮对；2—摇枕；3—构架；4—轴箱、轴承；5—中央弹簧装置；6—轴箱弹簧装置

制动装置由制动机和基础制动装置组成。其作用是使运行的列车及移动的车辆或列车减速或停车，它是列车安全运行的重要保证。

在客车内，车厢内部设备包括乘客的固定附属装置和服务于车辆运行的设备装置。乘客的固定附属装置包括给水、取暖、通风、照明、空调、座椅、拉手等设备，服务于车辆运行的设备装置大多吊挂于车底架，如蓄电池箱，继电器箱，主控制箱，电动空气压缩机组，总风缸，电源变压器，各种电气开关和接触器箱等。

在货车内，根据货车的用途安装有关设备，如冷藏车车内安装降温、加温等设备。

车辆电气系统包括车辆上的各种电气设备及其控制电路。按其功能可分为主电路系统、辅助电路系统和电子控制电路系统 3 个部分。

### 3. 客货车车型及车号的规定

为了表示车辆类型、构造特点以及便于运用和管理，在客货车的规定处所，由车辆段或车辆工厂涂打规定的车型和车号，如 $YZ_{25G}$420003、$P_{64}$3403957 等，其中 $YZ_{25G}$ 和 $P_{64}$ 为车型，420003 和 3403957 为车号，涂打在车辆上的车型车号有两种规格的字体，货车大字体车型车号(即大车号)涂在车体外部两侧墙或车门上，小字体车型车号(即小车号)涂在车体两侧下部的一端或两根侧梁的一端。客车则在车体两侧外墙板靠近车门处及车内两端标记牌上涂打大小车型车号。

1) 客车的车型和车号

客车的车型(即车辆型号，又称型号)由基本型号和辅助型号组成。

基本型号表示客车的种类，用两个或三个大写汉语拼音字母为代号，如硬座车的汉语拼音为 YINGZUOCHE，取其中的 YZ 表示。同样，软座车用 RZ、双层硬座车用 SYZ 表示等。

辅助型号表示同一种类的客车，在构造及设备等方面有不同特点，用阿拉伯数字或数字与字母为代号，标在基本型号的右下角。如 $YZ_{22}$ 与 $YZ_{25G}$ 中 22 与 25G，这两种车虽然都是硬座车，但 $YZ_{22}$ 型客车车体长 23.6m，车内无空调设备(改装除外)，而 $YZ_{25G}$ 型客车车体长 25.5m，车内有空调设备。

车号(即车辆号码)为客车的编排顺序号码，用以区分车种、车型相同的各辆客车，客车车号为 6 位阿拉伯数字，首位表示车种，后 5 位表示制造顺序，如表 5-14 所示。

表 5-14　客车车号编码表

| 序　号 | 车　种 | 起讫号码 |
|---|---|---|
| 1 | 合造车 | 100000～109999 |
| 2 | 行李车 | 200000～299999 |
| 3 | 软座车 | 110000～199999 |
| 4 | 硬座车 | 300000～499999 |
| 5 | 软卧车 | 500000～599999 |
| 6 | 硬卧车 | 600000～799999 |
| 7 | 餐车 | 800000～899999 |
| 8 | 其他车 | 900000～999999 |

2) 货车的车型及车号

货车的车型编码由三部分组成，用大写汉语拼音字母和数字混合表示，其最大位数不超过 5 位。第一部分为货车所属的车种编码，用 1 位大写汉语拼音字母表示，作为车型编码的首部；第二部分为货车的重量系列或顺序系列，用 1 位或 2 位数字或大写字母表示；第三部分为货车的材质或结构，用 1 位或 2 位大写字母表示。

具体表示如下：

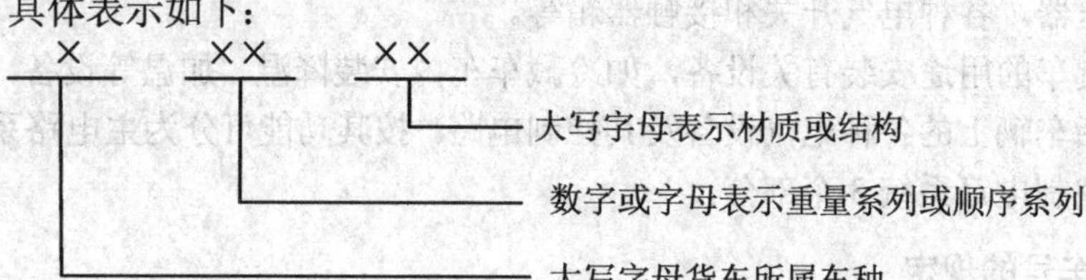


例如 $C_{62A}$ 型敞车：C 为敞车的车种编码，62 表示重量系列，A 表示结构；又如 $N_{17A}$ 型平车：N 为平车车种编码，17 表示顺序系列，A 表示结构。

货车车号采用 7 位数字代码，可编货车的容量为 9999999 辆。按车种车型进行编排，同车种车型的车号集中在划定的码域内，每辆货车的车号编码在全国范围内具有唯一性。车号的 7 位数中，前 1～4 位表示车型车种，后 3～7 位一般表示制造顺序，如表 5-15 所示。

表 5-15　货车车号编码表

| 车　种 | | 车号容量 | 车号范围 | 预留号 |
| --- | --- | --- | --- | --- |
| 铁道部准轨货车 | 棚车 | 500000 | 3000000～3499999 | 3500000～3999999 |
| | 敞车 | 900000 | 4000000～4899999 | 4900000～4999999 |
| | 平车 | 100000 | 5000000～5099999 | 5100000～5199999 |
| | 集装箱车 | 50000 | 5200000～5249999 | 5250000～5499999 |
| | 矿石车 | 32000 | 5500000～5531999 | 5532000～5599999 |
| | 长大货物车 | 100000 | 5600000～5699999 | 5700000～5999999 |
| | 罐车 | 310000 | 6000000～6309999 | 6310000～6999999 |
| | 冷藏车 | 232000 | 7000000～7231999 | 7232000～799999 |
| | 毒品车 | 10000 | 8000000～8009999 | |
| | 家畜车 | 40000 | 8010000～8039999 | |
| | 水泥车 | 20000 | 8040000～8059999 | |
| | 粮食车 | 5000 | 8060000～8064999 | |
| | 特种车 | 10000 | 8065000～8074999 | 8075000～8999999 |
| | 守车 | 50000 | 9000000～9049999 | 9050000～9099999 |
| | 海南车 | 100000 | 9100000～9199999 | |
| 窄轨车 | 米轨道 | 50000 | 9200000～9249999 | |
| | 寸轨道 | 50000 | 9250000～9299999 | 9300000～9999999 |
| 自备车 | 自备车 | 999999 | 0000001～0999999 | |
| 备用 | 备用 | 2000000 | 1000000～2999999 | |

## 4. 轨道交通车辆技术参数

车辆技术参数分为主要尺寸与技术经济指标两部分，主要用来概括车辆技术规格的相关指标，从而从总体上对车辆性能及结构进行表征。

1) 车辆主要尺寸

车辆主要尺寸(见图 5-36)包括以下几项：

(1) 车辆全长：车辆两端的车钩均处在闭锁位置时，钩舌内侧面之间的距离，如图 5-36 中之 *A*。

(2) 全轴距：任何车辆最前位和最后位车轴中心线间的距离，如图 5-36 中之 *B*。

(3) 转向架固定轴距：同一转向架最前位车轴和最后位车轴中心线的距离，如图 5-36 中之 *D*。货车二轴转向架固定轴距在 1650～1750mm 之间；客车二轴转向架固定轴距在 2400～2700mm 之间。

(4) 车辆定距：又称车辆销距，是车辆底架两心盘中心线之间的水平距离，如图 5-36 中之 *C*。车辆长度不同，车辆定距也不同，在制造车辆时，一般情况下，车辆全长与车辆定距之比约为 1.4∶10。

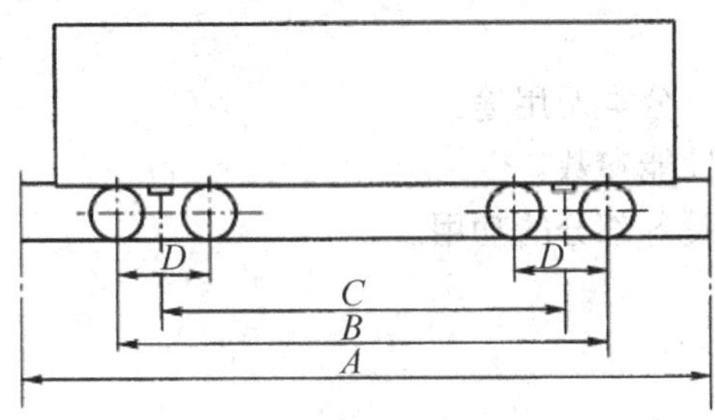


图 5-36　车辆主要尺寸

2) 车辆技术经济指标

车辆的结构和利用是否合理，应根据其经济效果来判断。表明车辆技术经济性能的指标，除了自重、载重、容积、定员外，还有以下几种主要指标。

(1) 自重、载重及容积：自重为车辆本身的全部质量；载重为车辆允许的正常最大装载质量，均以 t 为单位；容积以 $m^3$ 为单位。

(2) 自重系数：货车自重系数是指车辆自重与标记载重的比值。它是衡量货车设计合理性的重要指标，自重系数越小，运输就越经济。如 $C_{62B}$ 型敞车标记载重 60t，自重 22.3t，自重系数为 0.37。

(3) 比容系数：指车辆能装货部分的容积与标记载重的比重。如 $P_{64}$ 型棚车标记载重 58t，容积 116$m^3$，则比容系数为 2$m^3$/t。车辆比容系数是衡量货车装载某种货物时，是否充分利用了它的标记载重和容积的指标，如果所装货物的容重与车辆比容一致，则能充分利用该车的标记载重和容积。若货物容积大于车辆比容，则该车的标记载量未能充分利用。

(4) 最高运行速度：指车辆正常运行时允许的最高速度。它决定于车辆的结构强度、运行品质、制动性能等。

(5) 轴重：指车辆总重(自重+载重)与全车轴数之比。轴重受钢轨类型、桥梁强度和行车速度等的限制，目前一般货车的轴重都未超过 23t(线路允许值)。今后，随着货车向大型化、专用化方向发展，其轴重将提高到 25t。

(6) 每延米重：指车辆总重与车辆全长之比。其值不允许超过铁路线路及桥梁所允许的数值。

(7) 冲击率：由于工况改变引起的列车中各车辆所受到的纵向冲击，以加速度变化率来衡量($m/s^3$)。

# 任务三　飞　机

【任务导读】

小王每次出差都是坐飞机，他每次都坐在后面的位置上，他认为飞机后面位置相对安全些。但是根据飞机的组成及结构特点坐在后面也不一定安全，那么飞机有哪些类型？又有哪些主要组成部分？它有哪些性能指标呢？坐在哪里才是最安全的呢？对于这些问题，我们将在任务三里学习。

【任务提出】

- 了解飞机的概念、分类及用途。
- 理解飞机的主要性能参数。
- 熟悉飞机的组成及各部分的功用。

【知识导航】

## 一、飞机概念

飞机指具有固定机翼和一具或多具发动机，靠自身动力能在大气中飞行的重于空气的航空器。

飞机具有两个最基本的特征：

其一是它自身的密度比空气大，并且由动力装置产生推(拉)力或动力升力，驱动它前进；其二是飞机有固定的机翼，机翼用于在大气中运动时产生升力使飞机翱翔于天空。不具备以上特征者不能称之为飞机，这两条缺一不可。譬如：一个飞行器它的密度小于空气，那它就是气球或飞艇；如果没有动力装置、只能在空中滑翔，则被称为滑翔机；飞行器的机翼如果不固定，靠机翼旋转产生升力，就是直升机或旋翼机。固定翼飞机是目前最常见的航空器型态。动力的来源包含活塞发动机、涡轮螺旋桨发动机、涡轮风扇发动机或火箭发动机等等。同时飞机也是现代生活中不可缺少的运输工具。

## 二、飞机的分类

### 1. 按用途分类

由于飞机的性能、构造和外形基本上由用途来确定的，故按用途分类是最主要的分类方法之一。现代飞机按用途主要可分为军用机与民用机两类，另有一类专门用于科研和试验的飞机，可称为研究机。

民用飞机包括旅客机、货机(民用运输机)、教练机、农业机、林业机、体育运动机、多

用途轻型飞机等。

(1) 旅客机：用于运载旅客和邮件，联络国内各城市与地区，或国际的城市。旅客机可按大小和航程进一步分为：洲际航线上使用的远程(大型即客坐数在200座以上)旅客机、国内干线上使用的中程(中型即客坐数在100～200座之间)旅客机、地方航线(支线)上使用的近程(小型客坐数在100座以下)旅客机。目前各国使用的旅客机大都是亚音速机。超音速旅客机有两种，其最大巡航速度约为二倍音速。中型旅客机使用较广泛，既有喷气式的，也有带螺旋桨的，如“三叉戟”。

(2) 货机：用于运送货物，一般载重较大，有较大的舱门，或机身可转折，便于装卸货物；货机修理维护简易，可在复杂气候下飞行。

(3) 教练机(民用)：用于训练民航飞行人员，一般可分为初级教练机和高级教练机。

(4) 农业机、林业机：用于农业喷药、施肥、播种、森林巡逻、灭火等。大部分属于轻型飞机。

(5) 体育运动机用于发展体育运动，如运动跳伞等，可作机动飞行。

(6) 多用途轻型飞机：这类飞机种类与用途繁多，如用于地质勘探、航空摄影、空中游览、紧急救护、短途运输等。

(7) 军用飞机包括歼击机、截击机、强击机、侦察机、轰炸机(重型、中型、轻型，或战术、战略)、歼击轰炸机、其他(反潜、预警、电子干扰、军用运输、空中加油、舰载机等)。

#### 2. 按飞机的航程远近划分

(1) 远程飞机的航程为4800km以上左右，可以完成中途不着陆的洲际跨洋飞行。

(2) 中程飞机的航程在2400～4800km之间。

(3) 近程飞机的航程一般2400km以下。

近程飞机一般用于支线，因此又称支线飞机。中、远程飞机一般用于国内干线和国际航线，又称干线飞机。

#### 3. 按飞机发动机的类型划分

(1) 螺旋桨飞机：包括活塞螺旋桨式飞机和涡轮螺旋桨式飞机。

(2) 喷气式飞机：包括涡轮喷气式飞机，涡轮风扇喷气式飞机和冲压喷气发动机。

#### 4. 按飞行速度划分

(1) 亚音速飞机，又分低速飞机(飞行速度低于 400 公里/小时)和高亚音速飞机(飞行速度马赫数为0.8～0.9)。多数喷气式飞机为高亚音速飞机。

(2) 跨音速飞机，飞行速度在0.9～1.2马赫。

(3) 超音速飞机，一般超音速飞机的飞行速度在5马赫以下，1.2马赫以上。

此外，按飞机的发动机数量划分单机(动机)飞机、双发(动机)飞机、三发(动机)飞机、四发(动机)飞机、八发(动机)；按起落地点可分为陆上飞机、雪(冰)上飞机、水上飞机、两栖飞机和舰载飞机；按机翼数目，飞机一般可分为双翼机和单翼机；按起落方式可分为滑跑起落式飞机和垂直/短距起落式飞机；还可按尾翼位置或数量、机身数量分类。

## 三、飞机的主要组成部分及其功用

虽然飞机的种类繁多，但各类飞机的基本框架却是相同的，到目前为止，除了少数特殊形式的飞机外，大多数飞机都由机翼、机身、尾翼、起落装置和动力装置五个主要部分组成。其中机身为主体结构，机翼为承力结构，机翼在空气中运动产生升力，托起飞机，机翼后部还有部分操纵面。动力装置中的发动机为喷气或者带动螺旋桨推动飞机前进。尾翼是稳定、操纵翼面。起落架亦为承力结构，支持飞机在地面上运动，如图 5-37 所示。

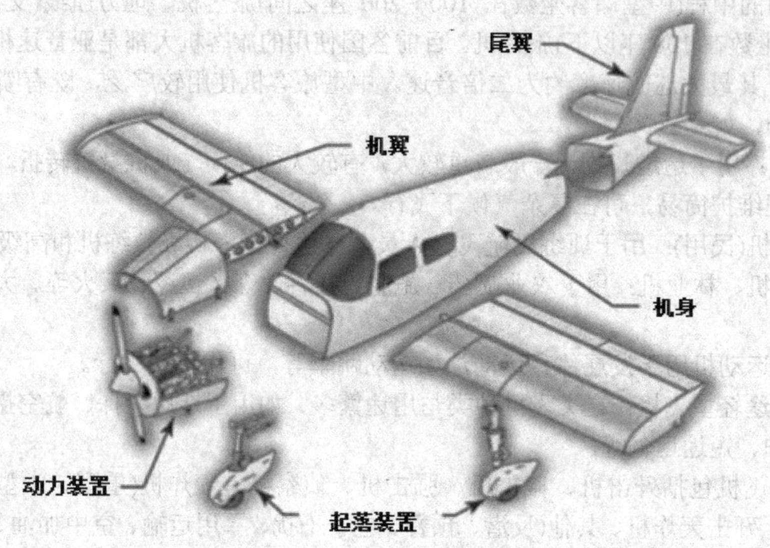


图 5-37　飞机的主要组成部分

## 1. 机翼

机翼的主要功用是产生升力，以支持飞机在空中飞行，同时也起到一定的稳定和操作作用。在机翼上一般安装有副翼和襟翼，操纵副翼可使飞机滚转，放下襟翼可使升力增大。机翼上还可安装发动机、起落架和油箱等。不同用途的飞机其机翼形状、大小也各有不同。历史上指曾出现过双翼机，甚至还出现过多翼机。但现代飞机一般都是单翼机，如图 5-38 所示。

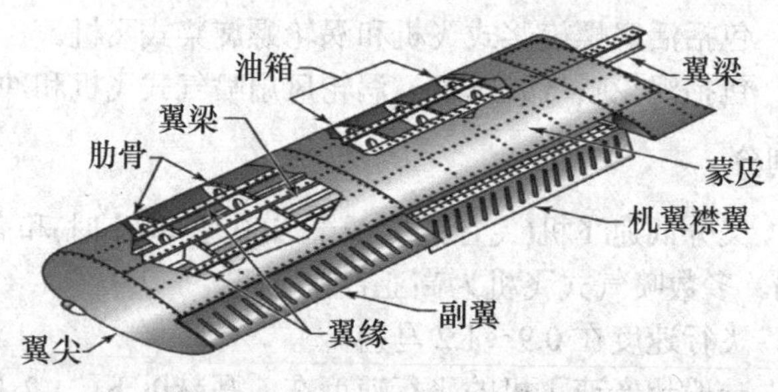


图 5-38　机翼结构

(1) 根据机翼在机身上的位置，如图 5-39、图 5-40 所示。

上机翼：机翼在机身的上面。

下机翼：机翼在机身的下面。

中机翼；机翼在机身的中间。

(a)　　(b)

图 5-39　机翼在机身上的上下

图 5-40　机翼在机身的中间

(2) 根据机翼的个数分类如图 5-41 所示。

单翼机：机身上只有一对机翼的，分布在机身两边。

双翼机：机身上有两对机翼，一对在机身的上面，一对在机身的下面。

多翼机：机身上有三对或三对以上的机翼。

(a)双机翼

(b)单机翼

(c)多机翼

图 5-41　机翼个数不同的分类

(3) 按机翼的构造形式分类，可分为构架式、梁式、单块式、整体壁板式等。

构架式机翼结构特点是：受力件与维形件完全分工并分段承受负荷。构架式机翼的受力骨架是由翼梁、张线、横支柱等组成的空间骨架系统，它承受所有的弯矩、剪力和扭矩；其蒙皮是用亚麻布制成，只起维形作用，不参与受力。构架式机翼主要应用于飞机发展的初期，早期飞机大多数采用这种形式的机翼，如图 5-42 所示。

图 5-42　构架式机翼

梁式机翼：随着飞机速度的增大，出现了蒙皮参加受力的梁式机翼。其特点是有强有力的翼梁和硬质蒙皮，常用金属铆接结构。梁式机翼为现今飞机所广泛采用，其大部分弯矩由翼梁承受，梁腹板承受剪力，蒙皮和腹板组成的盒段承受扭矩，蒙皮也参与翼梁缘条的承弯作用。梁式机翼的不足之处是蒙皮较薄，桁条较少，因此，其机翼蒙皮的承弯作用不大。根据翼梁的数量不同，我们还可以进一步将梁式机翼分为单梁式、双梁式和多梁式机翼，如图 5-43 所示。

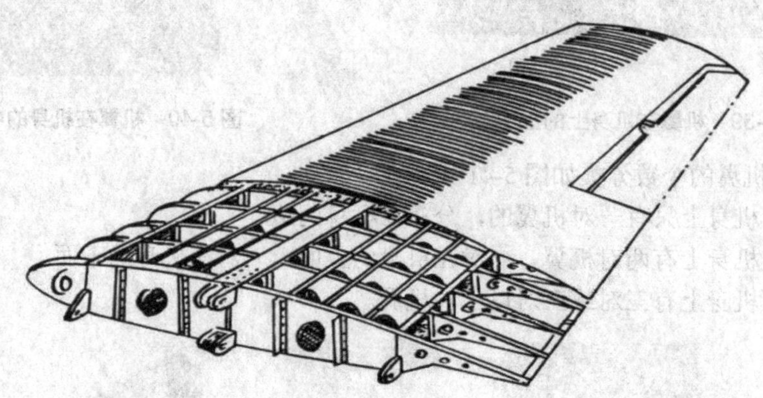

图 5-43　梁式机翼

单块式机翼：随着飞行速度的进一步增大，为保持机翼有足够的局部刚度和扭转刚度，需要加厚蒙皮并增多桁条。这样，由厚蒙皮和桁条组成的壁板已经能够承受大部分弯矩，因而梁的凸缘就可以减弱，直至变为纵樯，于是就发展成为没有翼梁的单块式机翼。单块式机翼的维形构件和受力构件已经完全合并，如图 5-44 所示。

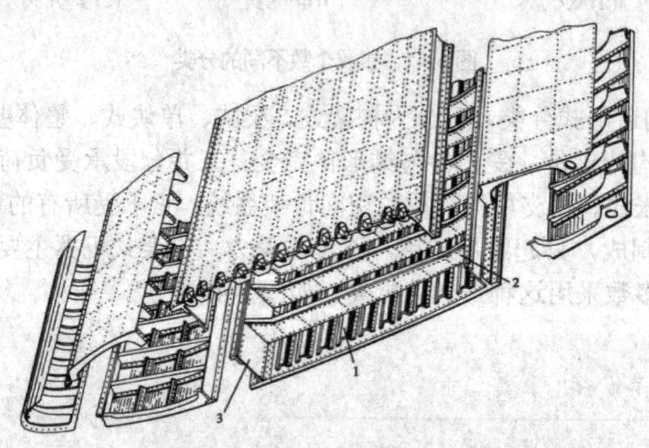


图 5-44　单块式机翼

1—长桁；2—翼肋；3—樯(或梁的腹板)

整体壁板式机翼：单块式机翼的壁板是铆接的，其零件数量较多，而且表面质量较差，高速飞行时阻力较大。因此，又发展出了由若干块整体壁板组合而成的整体壁板式机翼。整体壁板式机翼的结构强度根据各部分的实际受力情况而设计，同时减少了连接的铆钉孔和螺栓孔，因此其重量减少，而强度、刚度及抗疲劳度都增加，如图 5-45 所示。

图 5-45　整体壁板式机翼

### 2. 机身

机身的主要功用是装载乘员、旅客、武器、货物和各种设备，将飞机的其他部件如：机翼、尾翼及发动机等连接成一个整体，如图 5-46 所示。

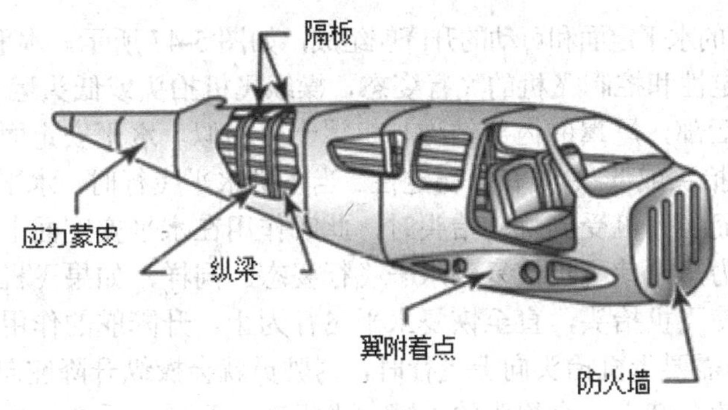


图 5-46　机身

飞机机身的型式一般有机身型、船身型和短舱型。

机身型是陆上飞机的机体，水上飞机机体一般采用船身型，至于短舱型则是没有尾翼的机体，它包括双机身和双尾撑。

机身的外形和发动机的类型、数目及安装位置有关。例如活塞发动机螺旋桨式飞机的机身，就与喷气式发动机飞机的机身有所不同。

从机身外形来看，不外乎侧面形状和剖面形状两种。侧面形状一般为拉长的流线体。现代飞机的侧面形状受到驾驶舱的很大影响。有的驾驶舱平滑地露于气流之中，有的则埋藏在机身之内，前者多用于中小型飞机，后者多用于大型飞机。现代超音速战斗机根据跨音速飞行的阻力特点。首先采用了跨音速面积律，即安装机翼部位的机身截面适当缩小，形成蜂腰机身。其次它的机头往往做得很尖，或者在头部用空速管作为激波杆，远远地伸出在迎面气流之中。这也有助于削弱激波的强度，减小波阻。第三是随着速度的不断增长，飞机机身的“长细比”不断增大，即用细而长的旋转体作机身。现代超音速飞机机身的长细比已超过 10。所谓长细比即是机身长度与机身剖面的最大直径的比值，这一比值越大，则机身越细越长。而且随着速度的提高，飞机机身相对于机翼尺寸也越来越大。

### 3. 尾翼

尾翼包括水平尾翼和垂直尾翼，如图 5-47 所示。

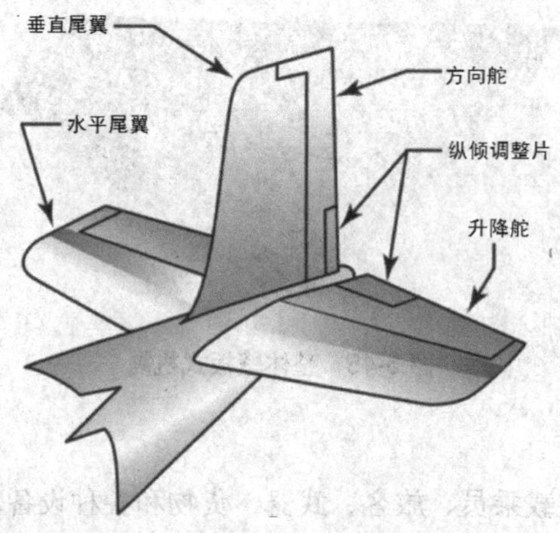


图 5-47　尾翼

水平尾翼由固定的水平定面和可动的升降舵组成，如图 5-47 所示。水平尾翼的功用：保持飞机在飞行中的稳定性和控制飞机的飞行姿态，操纵飞机抬头或低头运动。 水平尾翼简称平尾，安装在机身后部，尾翼的内部结构与机翼十分相似。水平安定面的作用是使飞机在俯仰方向上(即飞机抬头或低头)具有静稳定性。当飞机水平飞行时，水平安定面不会对飞机产生额外的力矩；而当飞机受到扰动抬头时，此时作用在水平安定面上的气动力就会产生一个使飞机低头的力矩，使飞机恢复到水平飞行姿态。同样，如果飞机低头，则水平安定面产生的力矩就会使飞机抬头，直至恢复水平飞行为止。升降舵的作用是操纵飞机抬头或低头(俯仰操纵)，当需要飞机抬头向上飞行时，驾驶员就会操纵升降舵向上偏转，此时升降舵所受到的气动力就会产生一个抬头的力矩，飞机就抬头了。反之，如果驾驶员操纵升降舵向下偏转，飞机就会气动力矩的作用下低头。垂直尾翼简称垂尾，也叫作立尾，安装在机身后部，其功能与水平尾翼类似，也是用来保持飞机在飞行中的稳定性和控制飞机的飞行姿态。不同的是垂直尾翼是使飞机在左右(偏航)方向具有一定的静稳定性，并控制飞机在左右(偏航)方向的运动。垂直尾翼由固定的垂直安定面和可偏转的方向舵组成。

**4. 起落装置**

起落装置包括飞机的起落架和相关的收放系统。飞机下部用于起飞降落或地面滑行时支撑飞机并用于地面移动的附件装置，叫作起落架。起落架是飞机起飞、着陆、滑跑、地面移动和停放所必需的支撑系统，是飞机的重要部件之一，其工作性能的好坏及可靠性直接影响飞机的使用和安全。通常起落架的质量约占飞机正常起飞总重量的 4%～6%，占结构质量的 10%～15%。飞机上安装起落架要达到两个目的：一是吸收并耗散飞机与地面的冲击能量和飞机水平能力；二是保证飞机能够自如而又稳定地完成在地面上的各种动作。为适应飞机在起飞、着陆滑跑和地面滑行的过程中支撑飞机重力，同时吸收飞机在滑行和着陆时震动和冲击载荷，并且承受相应的载荷，起落架的最下端装有带充气轮胎的机轮。为了缩短着陆滑跑距离，机轮上装有刹车或自动刹车装置。此外还包括承力支柱、减震器(常用承力支柱作为减震器外筒)、收放机构、前轮减摆器和转弯操纵机构等。承力支柱将机轮和减震器连接在机体上，并将着陆和滑行中的撞击载荷传递给机体。减震器用于飞机在着陆和在机场地面运动时吸收并消耗冲击能量，前轮减摆器用于消除高速滑行中前轮的摆振。前轮转弯操纵机构可以增加飞机地面转弯的灵活性。对于在雪地和冰上起落的飞机，起落架上的机轮用滑橇代替，如图 5-48 所示。

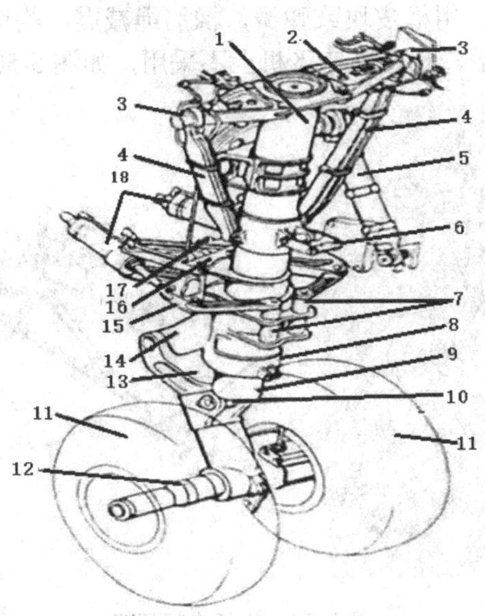


图 5-48　起落架机构结构图

1—减震支柱；2—横梁；3—接头；4—斜撑杆；5—收放作动筒；6—下位锁；
7—减摆器；8—回转下箍；9—活塞杆；10—支柱下接头；11—机轮；12—轮轴；13—摇臂；
14—支臂；15—下曲柄；16—上曲柄；17—上位锁；18—转弯作动筒

飞机起落架的功用可分为以下四点。

(1) 起落架是供给飞机起飞、着陆时在地面上滑跑、滑行和移动、停放使用的。

(2) 承受飞机在地面停放、滑行、起飞着陆滑跑时的重力。

(3) 承受、消耗和吸收飞机在着陆与地面运动时的撞击能量、颠簸能量和水平动能。

(4) 飞机在滑跑与滑行时的制动和操作，自如而稳定地完成地面的各种动作。

按照飞机起降场地分类，起落架可分为轮式起落架、滑橇式起落架和水上起落架。

(1) 轮式起落架着陆场所：飞机场。如图 5-49(a)所示。

(2) 雪橇式起落架着陆场所：冰雪机场、松软土质跑道、草坪。(如图 5-49(b)图所示)

(3) 水上飞机起落架着陆场所：水上，用于船身式飞机。(如图 5-49(c)图所示)

(a)　　(b)　　(c)

图 5-49　飞机起降场地分类

按起落架结构不同可分为三种：构架式起落架、支柱式起落架、摇臂式起落架。

(1) 构架式起落架。其主要特点是：由支柱、撑杆、减震器、机轮等部分组成。只能承受轴向力，不能承受弯矩，用橡皮块或弹簧，橡筋绳减震。构造简单，质量小，早期小型飞机采用，但由于难以收放，现代高速飞机上不采用，如图 5-50 所示。

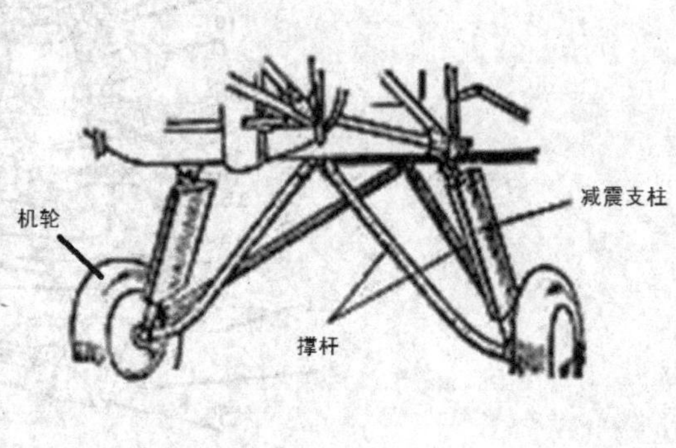


图 5-50　构架式起落架

(2) 支柱式起落架。其主要特点是：现代飞机普遍采用的结构型式，由减震支柱、收放作动筒，轮轴、扭力臂、刹车装置及机轮等部分组成。减震支柱是起落架的主体部分，起到停放支撑，滑跑及着陆减震等作用。减震支柱(或减震器)内的工作介质为液压油与压缩空气。收放作动筒起到收上和放下的作用。轮轴上安装机轮和刹车装置。主要缺点是：活塞杆不但承受轴向力，而且承受弯矩，因而容易磨损及出现卡滞现象，使减震器的密封性能变差，如图 5-51 所示。

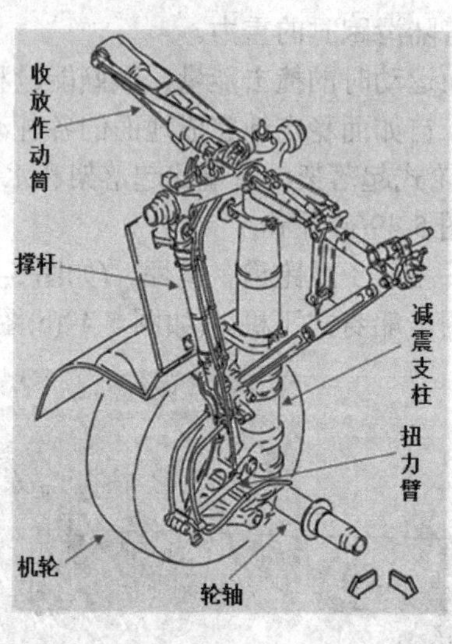

图 5-51　支柱式起落架

(3) 摇臂式起落架。其主要特点是：支柱与减震器分开，相互单独起作用，在支柱的下端与摇臂相铰接，摇臂的下部有轮轴，用以安装机轮和刹车装置，发机轮在着陆或滑行中受到撞击时，带动摇臂围绕铰接点转动，从而压缩减震器(上端与支柱连接，下端与摇臂相连)，起到减震作用，减震效果优于支柱式。缺点是由于结构高度较低，构造较复杂，接头受力较大，因此它在使用过程中的磨损亦较大。多为喷气式战斗机采用，如图 5-52 所示。

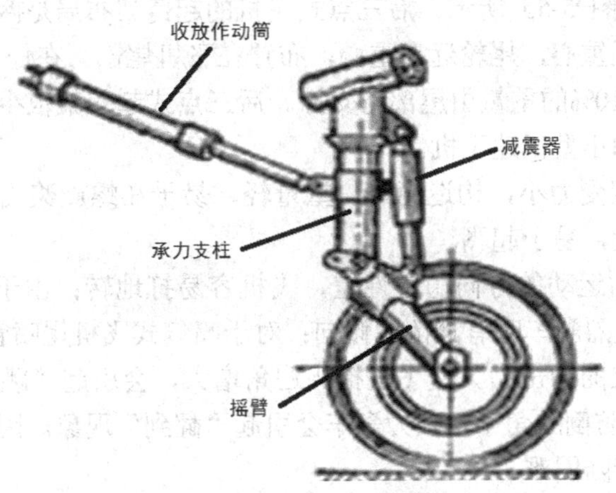


图 5-52　摇臂式起落架

按照起落装置能否收放可分为：固定式和可收放式。

固定式起落架：起落架是固定的，飞机起飞后不能收起，如图 5-53(a)所示。

可收放式起落架：飞机起飞后可以把起落架收起，如图 5-53(b)所示。

(a)　　(b)

图 5-53　起落装置能否收放分类

起落架的布置有四种形式：后三点式——飞机重心在两个主轮之后；前三点式——飞机重心在两个主轮之前；自行车式——飞机的两组主轮分别安置在机身下，另外有两个辅助护翼轮；多支点式 (多轮多支柱)，如图 5-54 所示。

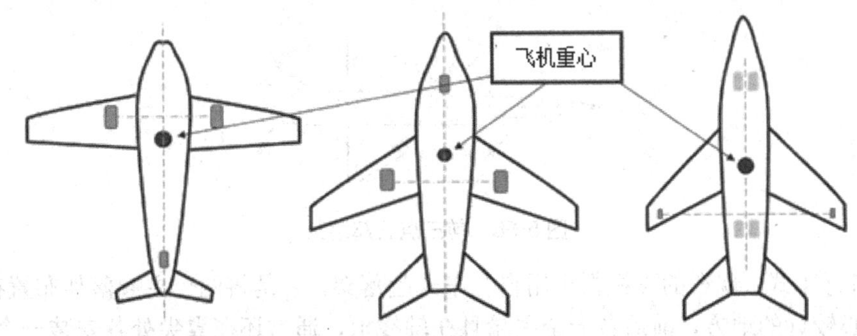


图 5-54　飞机重心位置

(1) 后三点式，如图 5-55 所示。后三点式飞机的起落架布局是两个主起落架布置在飞机的重心之前，并靠近重心，尾轮远离重心，布置在飞机尾部。在停放时，约 90%的重量落在主起落架上，约 10%的重量由尾部轮支撑。后三点式起落架很少用，现在多用于农用飞机、体育运动飞机和小型低速飞机。

优点：尾部起落架受力小，构造简单，重量轻，易于在螺旋桨飞机上布置，飞机停机角与最佳起飞迎角接近，易于起飞。

缺点主要有：地面运动的方向稳定性差，飞机容易打地转；由于重心离前轮(或主轮)较近，防倒立角小，猛烈刹车时有翻倒的倾向；对于喷气式飞机尾喷管的气流易损伤跑道；着陆速度大，主起落架的冲击力大使飞机抬头迎角增大，会引起“跳跃”现象；由于重心离前轮(或主轮)较近，防倒立角小，强力刹车会引起“翻到”现象。因此滑跑距离较大，在着陆时前视线界差，着陆困难。

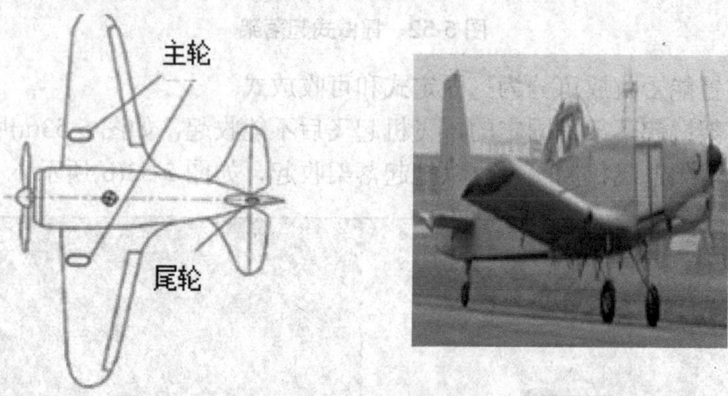


图 5-55　后三点式起落架

(2) 前三点式。现在大多数飞机都采用前三点式起落架，其两个主轮布置在飞机重心稍后，前轮布置在飞机头部的下方，具有滑跑方向稳定性，着陆时，大力刹车不会出现翻到现象，缩短了着陆滑跑距离，当在大速度小迎角着陆时，不会出现跳跃现象。其优点是飞机起飞滑跑的阻力小，起降滑行距离短，视界好，乘坐舒适，避免了发动机喷发出的燃气损坏跑道。缺点是前起落架较大，受力大，质量大，抬头难，布置困难，前轮易摆振，如果轮距不够大，则可能出现侧翻，其结构如图 5-56 所示。

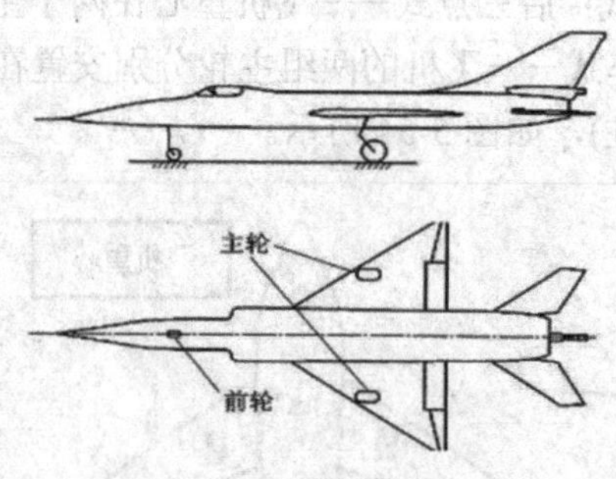


图 5-56　前三点式起落架

(3) 自行车式。现在的飞机很少用自行车式起落架，它是将两个主起落架布置在机身轴线下离重心较远的地方，前后各一个主轮且在轴线上，通常还在翼尖处各安装一个辅助轮，为了防止飞机在滑行中和停放时倾斜。由于翼尖较薄，使辅助轮收放时可能突出机翼表面，增大阻力，并且构造复杂，质量大，结构如图 5-57 所示。

缺点：前起落架载荷很大(约承担 40%的总载荷)抬头困难；要求前后机轮同时着地难度很大；前轮需安装转弯机构；起落架收藏所需开口使结构增重很大。

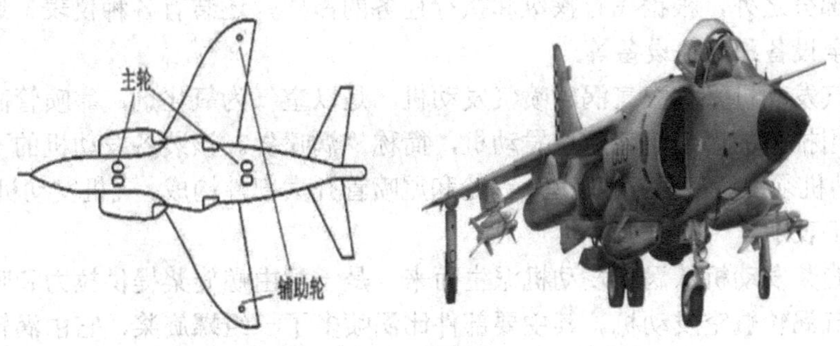


图 5-57　自行车式起落架

(4) 多支点式 (多轮多支柱)。常用于起飞重量超过 200t 的重型运输机和客机上。2 个以上主起落架，主起可双轮可小车式，飞机重心位于前后主起落架支柱之间，结构布局类似前三点式，如图 5-58 所示。

优点：分散过大的载荷减小局部载荷；起落架生存性好；刹车效能较好，刹车机构分散在各机轮上；散热性较好。

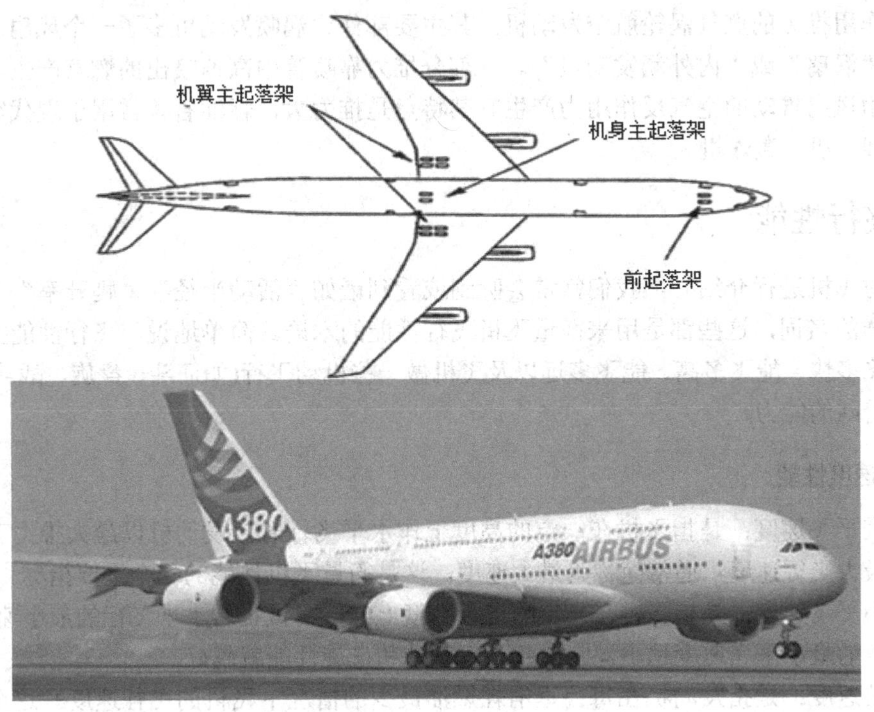


图 5-58　多支点式起落架

### 5. 动力装置

动力装置主要用来产生拉力或推力，使飞机前进。其次还可为飞机上的其他用电设备提供电源等。现代飞机的动力装置，应用较广泛的有四种：一是航空活塞式发动机加螺旋

桨推进器；二是涡轮喷气发动机；三是涡轮螺旋桨发动机；四是涡轮风扇发动机。随着航空技术的发展，火箭发动机、冲压发动机、原子能航空发动机等将逐渐被采用。动力装置除发动机外，还包括一系列保证发动机正常工作的系统，如燃油供应系统等。飞机除了上述五个主要部分之外，根据飞行操纵和执行任务的需要，还装有各种仪表、通信设备、领航设备、安全设备和其他设备等。

涡轮喷气发动机又称空气涡轮喷气发动机，是以空气为氧化剂，靠喷管高速喷出的燃气产生反作用推力的燃气涡轮航空发动机，简称“涡喷”。该装备发动机的飞机即为喷气飞机。该发动机须由压气机、燃烧室、涡轮和尾喷管几大部件构成。飞机发动机推力用牛(N)或千克力(kgf)表示。

涡轮螺旋桨发动机从涡喷发动机派生而来，是一种由螺旋桨提供拉力和喷气反作用提供推力的燃气涡轮航空发动机。其主要部件比涡喷多了一组螺旋桨，它由涡轮驱动。该发动机简称“涡桨”。其特点是推力大、耗油省，大多用于运输机，海上巡逻机等机种。功率用当量马力表示。

涡轮轴发动机从涡喷发动机派生而来，是一种将燃气通过动力涡轮输出轴功率的燃气涡轮航空发动机。其工作特点是几乎将全部可用能量转变为轴功率输出，高速旋转轴通过减速器用来驱动直升机的旋翼及尾桨。其功率用轴马力来表示。是当代直升机的主要动力装置。

涡轮风扇发动机从涡喷发动机派生而来，是一种由喷管排出燃气和风扇排出空气共同产生反作用推力的燃气涡轮航空发动机。其主要部件比涡喷发动机多了一个风扇。该发动机简称“涡扇”或“内外涵发动机”。一部分推力靠喷管中高速喷出的燃气产生，另一部分推力由风扇推动的空气反作用力产生。其特点是推力大，耗油省。常用于现代客机、运输机、战斗机、轰炸机。

## 四、飞行性能

在对飞机进行介绍时，我们常常会听到或看到诸如“活动半径”“爬升率”“巡航速度”这样的名词，这些都是用来衡量飞机飞行性能的术语。简单地说，飞行性能主要是看飞机能飞多快、能飞多高、能飞多远以及飞机做一些机动飞行(如筋斗、盘旋、战斗转弯等)和起飞着陆的能力。

### 1. 速度性能

最大平飞速度：是指飞机在一定的高度上作水平飞行时，发动机以最大推力工作所能达到的最大飞行速度，通常简称为最大速度。这是衡量飞机性能的一个重要指标。

最小平飞速度：是指飞机在一定的飞行高度上维持飞机正常水平飞行的最小速度。

飞机的最小平飞速度越小，它的起飞、着陆和盘旋性能就越好。

巡航速度：是指发动机在每公里消耗燃油最少的情况下飞机的飞行速度。这个速度一般为飞机最大平飞速度的70%～80%，巡航速度状态的飞行最经济而且飞机的航程最大。

这是衡量远程轰炸机和运输机性能的一个重要指标。

当飞机以最大平飞速度飞行时，此时发动机的油门开到最大，若飞行时间太长就会导致发动机的损坏，而且消耗的燃油太多，所以一般只是在战斗中使用，而飞机作长途飞行时都是使用巡航速度。

### 2. 高度性能

最大爬升率：是指飞机在单位时间内所能上升的最大高度。爬升率的大小主要取决于发动机推力的大小。当歼击机的最大爬升率较高时，就可以在战斗中迅速提升到有利的高度，对敌机实施攻击，因此最大爬升率是衡量歼击机性能的重要指标之一。

理论升限：是指飞机能进行平飞的最大飞行高度，此时爬升率为零。由于达到这一高度所需的时间为无穷大，故称为理论升限。

实用升限：是指飞机在爬升率为5m/s时所对应的飞行高度。升限对于轰炸机和侦察机来说有相当重要的意义，飞得越高就越安全。

### 3. 飞行距离

航程：是指飞机在不加油的情况下所能达到的最远水平飞行距离，发动机的耗油率是决定飞机航程的主要因素。在一定的装载条件下，飞机的航程越大，经济性就越好(对民用飞机)，作战性能就更优越(对军用飞机)。

起飞滑跑距离：飞机从起飞线开始，加速滑跑到离地所经过的水平距离。

着陆滑跑距离：飞机从接地后减速至完全停止所经过的水平距离。

飞机起飞着陆的性能优劣主要是看飞机在起飞和着陆时滑跑距离的长短，距离越短则性能优越。

活动半径：对军用飞机也叫作战半径，是指飞机由机场起飞，到达某一空中位置，并完成一定任务(如空战、投弹等)后返回原机场所能达到的最远单程距离。飞机的活动半径略小于其航程的一半，这一指标直接构成了歼击机的战斗性能。

续航时间：是指飞机耗尽其可用燃料所能持续飞行的时间。这一性能指标对于海上巡逻机和反潜机十分重要，飞得越久就意味着能更好地完成巡逻和搜索任务。

## 五、飞机基本参数

### 1. 尺寸参数

飞机机长：机长或称全长，指飞机机头最前端至飞机机尾翼最后端之间的距离。值得注意的是机长与机身长是不同的，机身长的概念较少使用，一般指机身段的长度。

机高：指飞机停放地面时，飞机外形的最高点(尾翼最高点)的离地距离。

翼展：指飞机左翼翼尖到右翼翼尖的距离(长度)。这个参数在实际运作中较为重要，要确定飞机滑行路线停放的位置、安全距离时均以它作为重要指标。

机翼面积：是单纯机翼的投影面积，一般不包括机身。

舱门数：飞机舱门的总数，包括员工通道，货物运输口。

舱内高度：机舱内最大竖直高度。

舱内宽度：机舱内最大宽度，一般以中心线为准。

舱内长度：飞机舱内最大长度。

### 2. 重量参数

1) 空机重量

飞机的空机重量是指除去有效载荷、耗消性载荷及各种在飞机前后需进行拆卸的装备

和设施以后的飞机重量。

这里所说的有效载荷是指飞机的乘客、需要运送货物、农业机的农药和种子、军用机的武器弹药等。

耗消性载荷是指燃油、滑油等。

需拆卸的设施包括：各种工具、备用件、专用外挂架、救生包、卫生箱以及餐具等。

2) 起飞重量

飞机起飞重量包括正常起飞重量和最大起飞重量。

(1) 正常起飞重量根据飞机的设计要求，能够达到最大技术航程的飞机质量，通常不包括外挂的副邮箱。

(2) 最大起飞重量是根据飞机结构强度和发动机、起飞安全条件等因素而规定的飞机在以起飞推力开始滑跑并达到抬前轮速度时全部重量的最大限额，通常包括副邮箱等外挂物的质量。

3) 着陆重量

着陆重量包括正常着陆重量和最大着陆重量。

(1) 正常着陆重量通常是指飞机在有 20%的余油、50%的弹药时的质量。

(2) 最大着陆重量是飞机在安全着陆时允许的最大重量，它要考虑着陆时的冲击对起落架和飞机结构的影响，大型飞机的最大着陆重量小于最大起飞重量，中小飞机两者差别不大。由飞机制造厂和民航当局所规定。

### 3. 推力重量比

推力重量比：表示发动机单位重量所产生的推力，简称为推重比，是衡量发动机性能优劣的一个重要指标，推重比越大，发动机的性能越优良。当前先进战斗机的发动机推重比一般都在 10 以上。

### 4. 机翼后掠角

后掠角是指从飞机的俯仰方向看，机翼平均气动弦长连线自翼根到翼尖向后歪斜的角度。如果是机翼前缘线的歪斜角，则称前缘后掠角。高速飞机的后掠角一般很大。

### 5. 翼载

翼载是飞机重量与机翼参考面积的比值。其中飞机的重量多选择正常起飞重量。而机翼的面积则选择包含部分机身的机翼参考面积。翼载是决定飞机机动性能、爬升性能和起降性能的关键参数。也是设计一架固定翼飞机时，最开始需要确定的参数之一。一般来说较小的翼载有利于提高机动性，而较大的翼载则有利于高速飞行和降低阻力。

## 练　习　题

### 一、单项选择题

1. 船体结构通常可以分为(　　)和上层建筑与甲板室两大部分。

　A. 主船体　　B. 首部　　C. 尾部　　D. 船体

2. 为便于散装货物装卸，散货船货舱区结构设置有(　　)。

A．货舱口　　B．甲板

C．底边舱和顶边舱　　D．双层舷侧

3. 油船机舱通常布置在船(　　)。

A．尾部　　B．首部　　C．中部　　D．任意部位

4. 船舶受外力作用离开平衡位置而倾斜，当外力消除后能自动回复到原平衡位置的性能称(　　)。

A．平行性　　B．平衡性　　C．平稳性　　D．稳性

5. 在船体中站面处自龙骨线量至设计吃水的型直距离叫(　　)。

A. 型宽　　B. 型深　　C. 型吃水　　D. 干弦

6. 挖泥船属于哪类船舶(　　)。

A. 运输　　B. 港务　　C. 工程　　D. 渔业

7. 汽车按总体构造可划分为发动机、底盘、(　　)四大部分。

A. 车身和电气设备　　B. 车架和电气设备

C. 大箱和驾驶室　　D. 车架和驾驶室

8. 载货汽车按(　　)可分为微型、轻型、中型和重型货车。

A. 发动机排量　　B. 最大总质量

C. 货厢容积　　D. 车辆长度

9. 载货汽车最大总质量大于6t且小于或等于14t的货车为(　　)。

A. 微型货车　　B. 轻型货车　　C. 中型货车　　D. 重型货车

10. 在国产汽车型号的编排方式中，首部两个汉语拼音字母依次表示(　　)。

A. 企业代号、生产城市　　B. 企业代号、生产厂家

C. 产品代号、生产厂家　　D. 产品代号、生产城市

11. 国产汽车型号一般用两个字母和一组数字表示，EQ1090东风牌汽车的型号中“1”表示(　　)。

A. 越野汽车　　B. 专用汽车　　C. 载货汽车　　D. 客运汽车

12. 涡轮喷气发动机的推重比是指(　　)。

A. 地面最大工作状态下发动机推力与其结构重量之比

B. 地面最大工作状态下发动机推力与飞机重量之比

C. 飞行状态下发动机最大推力与其结构重量之比

D. 飞行状态下发动机最大推力与飞机重量之比

## 二、多项选择题

1. 按船舶的用处分类(　　)。

A. 航空母舰　　B. 训练舰和补给舰

C. 渔业船　　D. 海洋调查船及深潜器　　E. 海洋钻井平台

2. 船舶的上层建筑物包括(　　)。

A. 船楼　　B. 甲板室　　C. 机舱　　D. 货舱　　E. 空调室

3. 船体结构形式(　　)。

A. 横骨架式船体结构　　B. 纵骨架式船体结构

C. 混合骨架式船体结构　　D. 圆形　　E. 长方形

4. 船舶的主要技术特征(　　)。

A. 船舶主尺度　　B. 船舶吨位　　C. 船体系数

D. 船体型线图　　E. 船舶主要性能等

5. 汽车的组成(　　)。

A. 发动机　　B. 底盘　　C. 车身　　D. 电器设备　　E. 方向盘

6. $C_{62A}$ 型敞车含义是(　　)。

A. C 为敞车的车种编码　　B. 62 表示重量系列　　C. A 表示结构

D. 62 表示顺序系列　　E. C 为平车车种编码

7. 按飞机的航程远近划分(　　)。

A. 远程飞机　　B. 中程飞机　　C. 近程飞机　　D. 支线飞机　　E. 干线飞机

8. 按机翼的构造形式分类(　　)。

A. 构架式　　B. 梁式　　C. 单块式　　D. 整体壁板式　E. 桥式

9. 飞机起落架的功用(　　)。

A. 起落架是供给飞机起飞、着陆时在地面上滑跑、滑行和移动、停放使用的。

B. 承受飞机在地面停放、滑行、起飞着陆滑跑时的重力。

C. 承受、消耗和吸收飞机在着陆与地面运动时的撞击能量、颠簸能量和水平动能。

D. 飞机在滑跑与滑行时的制动和操作，自如而稳定地完成地面上各种动作。

E. 用于飞机在地面上的运动防滑刹车系统、收放机构、电液系统等。

10. 飞机上广泛应用的动力装置有(　　)。

A. 航空活塞式发动机加螺旋桨推进器

B. 涡轮喷气发动机

C. 涡轮螺旋桨发动机

D. 涡轮风扇发动机

E. 火箭发动机

## 三、简答题

1. 船舶的主要尺度有哪些？船舶有哪些尺度比？
2. 分析客船、货船、集装箱船、散货船、油船的特点。
3. 船舶吨位的概念及类型，解释不同类型之间的区别？
4. 船体骨架有哪些结构形式？
5. 一般船舶有哪几部分组成？各有什么特点？
6. 车辆按用途不同可分为哪几类？
7. 转向架的作用是什么？它由哪几部分组成？
8. 汽车底盘由几部分组成，各有哪些作用？
9. 飞机分为哪些类型？
10. 飞机有哪几部分组成？各有什么特点？
11. 飞机的飞行性能有哪些？各有哪些作用和特点？

# 项目六

## 机电设备的经济管理

### 知识目标

- 了解机电设备管理的概念和内容
- 掌握设备磨损的类型和度量，了解设备磨损的补偿方式
- 掌握设备维修的经济管理分析
- 了解设备报废的概念、条件

### 技能目标

- 能熟练运用寿命周期费用评价
- 能熟练进行设备更新、设备改造的经济分析并作出决策
- 能熟练进行设备管理主要技术经济指标的计算

# 任务一　设备经济管理概念

## 【任务导读】

小张是一家制造业公司的设备管理部门的新人，上班第一天接受公司的集体培训，该部门的王经理向他介绍部门的主要职责和任务，其中很重要的一部分是对设备进行经济管理。那么什么是设备的经济管理？设备的经济管理包括哪些内容呢？

## 【任务提出】

- 了解设备的经济管理的概念。
- 熟悉设备的经济管理的内容。

## 【知识导航】

机电设备是企业的重要固定资产，在企业资产价值中占很大比例，特别是制造业企业。设备管理的目的是获取最佳的设备投资效果，充分发挥设备效能，谋求寿命周期费用最经济。

设备的经济管理是从经济效益角度研究设备价值活动，即设备的研制、投资及设备运行中的投资回收，运行中的损耗补偿、维修、技术改造的经济性评价等经济业务，其目的就是使设备的寿命周期费用最经济。

设备经济管理贯穿于设备的一生，内容包括对设备一生各个环节所发生费用的计划、预测、控制的研究。具体地说，设备经济管理的主要内容包括以下几点。

(1) 在设备的前期管理方面，通过开展设备投资的技术经济论证，提高设备投资决策的科学性。

(2) 研究、应用寿命周期费用的理论和方法，改变传统的设备管理观念。

(3) 开展成本分析活动，采取有效措施，降低设备的维持费用。

(4) 制定先进的设备管理与维修定额标准，建立设备的考核指标体系。

(5) 加强设备的全面经济核算，提高设备的综合效率。

# 任务二　设备寿命周期费用

## 【任务导读】

小张现在要对公司的生产设备进行采购，现有甲、乙两种设备更新方案。其中，甲设备的购置费用为 100 万元，乙设备的购置费用为 150 万元，寿命周期均为 20 年；甲设备每年的维持费用为 50 万元，乙设备每年的维持费用为 38 万元，资金年利率为 10%，那么小张应该选择哪个方案呢？

## 【任务提出】

- 理解并掌握寿命周期费用的概念及组成。
- 熟悉寿命周期费用评价。

【知识导航】

## 一、寿命周期费用的概念

寿命周期费用是指设备“一生”的总费用，即从设备取得到报废的过程中一共发生的支出费用，是设置费与维持费二者之和。设置费包括研究开发费、设计费、制造费、购置费、安装费以及试运行费等。设置费是为了取得该设备而一次性支付的费用。维持费包括运行费、维修费、后勤支援费以及报废费用等。维持费是指在设备的使用过程中分期投入的费用。

一般情况下，设备设计、制造过程中的费用是递增的，到安装阶段费用开始下降，其后的运行阶段基本上维持一定的费用水平，而这一阶段的持续时间要比设计、制造阶段长得多。在设备运行后期，当费用再度急剧上升时，就是设备需要更新的时期。

(1) 不考虑资金的时间价值，寿命周期费用(静态寿命周期费用)$P$ 可用以下公式表示：

$$P = A + \sum_{i}^{n} F_t \tag{6-1}$$

式中：$A$——设备的设置费；

$F_t$——第 $t$ 年的维持费用；

$n$——寿命周期。

(2) 考虑时间价值，寿命周期费用现值的计算公式如下：

$$P = A + \sum_{i=1}^{n} F_t \cdot \frac{1}{(1+i)^t} \tag{6-2}$$

式中：$i$——折现率；

$\frac{1}{(1+i)^t}$——现值系数，可以通过查现值系数表得到。

**【例 6-1】**表 6-1 列出了三台设备的寿命周期费用，试计算这三台设备的静态寿命周期费用。

表 6-1　寿命周期费用比较表　　单位：万元

| 费用项目 | 设备 A | 设备 B | 设备 C |
|---|---|---|---|
| 原始价格 | 12.6 | 18.0 | 14.1 |
| 维修费 | 37.8 | 34.8 | 25.2 |
| 备件费 | 32.0 | 28.5 | 15.0 |
| 运行费 | 70.5 | 67.5 | 73.5 |
| 管理费 | 3.6 | 5.4 | 3.6 |
| 训练费 | 2.4 | 2.4 | 2.4 |
| 停歇费 | 24.0 | 30.0 | 21.0 |

不考虑资金的时间价值时，三台设备 A、B、C 的静态寿命周期费用分别为 182.9 万元、186.6 万元和 154.8 万元。相比而言，设备 C 的经济性最好。

**【例 6-2】**现在可以帮助小张解决问题。回顾案例引导，甲设备的购置费用为 100 万元，

乙设备的购置费用为150万元，寿命周期均为20年；甲设备每年的维持费用为50万元，乙设备每年的维持费用为38万元，资金年利率为10%，试对甲、乙两方案的经济性进行比较。

解：(1) 甲方案的寿命周期费用现值为

$$P = A + \sum_{i=1}^{n} F_t \cdot \frac{1}{(1+i)^t}$$

$$= 100 + \sum_{t=1}^{20} 50 \times \frac{1}{(1+10\%)^t}$$

$$= 525.7(\text{万元})$$

(2) 乙方案的寿命周期费用现值为

$$P = A + \sum_{i=1}^{n} F_t \cdot \frac{1}{(1+i)^t}$$

$$= 150 + \sum_{t=1}^{20} 38 \times \frac{1}{(1+10\%)^t}$$

$$= 473.5(\text{万元})$$

由以上计算可知，甲方案的寿命周期费用现值为525.7万元，乙方案的寿命周期费用现值为473.5万元。虽然甲方案的一次性投资额比乙方案低，但是从整个寿命周期来看，乙方案更经济。所以，选择乙方案更为合理。

## 二、寿命周期费用评价

在进行投资决策过程中，不仅要考虑寿命周期费用最经济，同时还应当考虑该设备的功能效果。例如寿命周期费用为1000万元的A设备可以达到年产量1000t，而寿命周期费用为800万元的B设备年产量为600t。虽然B设备的寿命周期费用比较经济，但是年产量不及A设备。由此，需要通过计算费用效率指标对设备的寿命周期费用进行评价。

$$\text{费用效率} = \frac{\text{系统效率}}{\text{寿命周期费用}} \tag{6-3}$$

系统效率是指投入寿命周期费用后，再考虑生产性、可靠性、安全性、节能性、环保性等因素后的综合效果。通常用有关经济效果、价值、效率等方面的定量指标来表示，如年产量、可靠性、维修费用、能源消耗量等。

费用效率是一个综合程度很高的指标，它将设备一生的总费用同所获得的一系列效益进行全面的、系统的比较，从而得出经济性评价。

判断标准为：设备的费用效率最高，则设备最优或方案最优。

【例6-3】现有四种设备A、B、C、D可供选择，其寿命周期费用依次分别为240万元、220万元、200万元、180万元。生产率依次分别为800t/d、765t/d、710t/d、600t/d。从系统效率中的生产率这一项来比较，选择费用效率最好的。

解：$\text{费用效率} = \frac{\text{系统效率}}{\text{寿命周期费用}}$

A：费用效率=800/240=3.33(t/d · 万元)；

B：费用效率=765/220=3.48(t/d · 万元)；

C：费用效率=710/200=3.55(t/d·万元)；

D：费用效率=600/180=3.33(t/d·万元)。

选择C方案，因为其费用效率最高。

# 任务三　设备磨损与补偿

**【任务导读】**

设备使用中期，小张要对该公司各种设备的磨损情况进行分类并计算设备的磨损量，从而了解企业设备的使用情况。

**【任务提出】**

- 理解设备磨损的类型、概念及磨损原因。
- 熟悉磨损的计算方法。

**【知识导航】**

## 一、设备的磨损

机电设备在使用或闲置过程中，由于物理的原因或技术进步的原因会逐渐发生磨损而降低其价值。磨损有两种形式：无形磨损和有形磨损。

无形磨损是指由于科学技术进步而不断出现性能更加完善、生产效率更高的设备，致使原有设备价值降低；或者是生产相同结构的设备，由于工艺改进或生产规模扩大等原因，使得其重置价值不断降低，导致原有设备贬值。

有形磨损是指设备在实物形态上的磨损，这种磨损又称物质磨损。磨损的类型如表6-2所示。

表6-2　磨损的类型

| | | 概　念 | 磨损原因 |
|---|---|---|---|
| 无形磨损 | 第1种 | 相同结构设备重置价值的降低，原有设备价值的贬值 | 在第1种无形磨损的情况下，设备的技术结构和经济性能并未改变，但由于技术进步的影响，生产工艺不断改进，成本不断降低，劳动生产率不断提高，使生产这种设备的社会必要劳动耗费相应降低，从而使原有设备发生贬值。设备尚可继续使用，可以不进行更新 |
| | 第2种 | 由于出现性能更加完善、效率更高的设备而使原有设备在技术上显得陈旧和落后所产生的无形磨损(功能性磨损) | 不仅原有设备价值降低，而且继续使用将导致生产经济效率下降，设备的使用价值局部或全部丧失 |

续表

| | | 概　念 | 磨损原因 |
|---|---|---|---|
| 有形磨损 | 第1种 | 摩擦、振动、腐蚀和疲劳等现象而产生的磨损过程，表现是零部件尺寸、形状发生变化，公差配合性质改变，精度降低以及零部件损坏等 | 与使用时间及使用强度有关 |
| | 第2种 | 闲置过程中，由于自然力，例如风吹日晒雨淋，或由于管理不善、缺乏必要的维护，导致丧失精度和工作能力 | 与闲置时间及保管条件有关 |

设备的有形磨损，一部分可以通过修理消除，属于可消除的有形磨损；另一部分不可以通过修理消除，属于不可消除的有形磨损。

## 二、设备磨损程度的度量

### 1. 无形磨损的度量

1) 第1种无形磨损

设备的第1种无形磨损是相对设备的原始价值而言的，表现为设备的原始价值与设备重置价值之差额：

$$\varDelta_1 = K_0 - K_n \tag{6-4}$$

式中：$\varDelta_1$——第1种无形磨损；

$K_0$——设备的原始价值；

$K_n$——设备的重置价值。

2) 第2种无形磨损

在某些情况下，被评估对象的替代产品除了重置成本降低外，在技术性能上与老产品相比也有一定改进，如：替代产品的能源消耗水平比老产品降低，作业效率比老产品提高等，从而使得使用老产品的使用成本比替代产品高，由此引起的贬值为第2种无形磨损，用$\Delta_2$表示。

$$\begin{aligned}\varDelta_2 &= \varDelta_F \times (P/A,i,n)\\ &= \varDelta_F \times \frac{(1+i)^n - 1}{i(1+i)^n}\end{aligned} \tag{6-5}$$

式中：$i$——折现率；

$n$——使用年限；

$\varDelta_F$——净超额运营成本，$\varDelta_F$=(老产品年运营成本-新产品年运营成本)×(1-所得税税率)

### 2. 有形磨损的度量

对于可以通过修理消除的有形磨损，其价值损失 $R$ 等于修复费用；对于不能通过修理消除的有形磨损，其价值损失($\varDelta_P$)一般反映为价值的降低，评估师一般采用年限法和观察法来确定损失率$\alpha_P$，然后用$\alpha_P$计算有形磨损引起的价值损失$\varDelta_P$。

当只存在第1种无形磨损，不存在第2种无形磨损时：

$$\Delta_P = K_n \times \alpha_P \tag{6-6}$$

当同时存在第 1 种无形磨损和第 2 种无形磨损时：

$$\Delta_P = (K_n - \Delta_x) \times \alpha_P \tag{6-7}$$

### 3. 综合磨损后的设备现值

设备在购置安装后，不论其使用与否都同时存在有形磨损和无形磨损，这两种磨损同时作用于现有机电设备上而使其发生的实体磨损和贬值称为综合磨损。综合考虑磨损后的设备现值，可用公式表示为

$$K = K_0 - \Delta_1 - \Delta_2 - \Delta_P \tag{6-8}$$

**【例 6-4】**某电焊机原始购置成本为 50000 元，目前功能相同的替代品的价格为 45000 元，并且替代产品与老产品相比每年可以节约电能 5000 度，如老电焊机的总使用寿命为 20 年，剩余使用寿命为 10 年，采用年限法计算的不可修复性磨损引起的损失率为 50%，不存在的可修复性有形磨损，每度电 0.5 元，折现率为 10%，所得税税率为 25%。试分别计算该电焊机的第 1 种无形磨损、第 2 种无形磨损及有形磨损，并估算该电焊机的现值为多少？

解：

(1) 计算第 1 种无形磨损引起的贬值

第 1 种无形磨损引起的贬值=50000−45000=5000(元)

(2) 计算第 2 种无形磨损引起的贬值

与替代产品相比，老电焊机每年的超额运营成本为

税前年超额运营成本=5000×0.5=2500(元)

扣除所得税后每年的净超额运营成本为

税后年超额运营成本=税前年超额运营成本×(1−所得税税率)

=2500×0.75=1875(元)

折现率为 10%，所对应的 10 年剩余使用寿命的折现系数为 6.145。

第 2 种无形磨损引起的贬值=每年净超额运营成本×折现系数

=1875×6.145

=11521.88(元)

(3) 计算有形磨损产生的贬值

$$\Delta_P = (K_n - \Delta_x) \times \alpha_p$$

=(45000－11521.88)×50%

=16739.06(元)

(4) 该电焊机的现值估算

该电焊机的现值等于其重置价值扣除第 2 种无形磨损引起的贬值及有形磨损引起的贬值。

现值=45000−11521.88−16739.06

=16739.06(元)

## 三、设备磨损的补偿

机电设备遭受磨损以后，应当进行补偿，设备磨损的形式不同，补偿的方式也不一样。机电设备的有形磨损是由零件磨损造成的。由于各零件的材质不同，在机器运转过程中的受力情况和工作条件不同，因此它们的磨损情况也不一样。在一台设备中，总是有些零件

已经失去了原有功能，而另一些零件则可以正常使用。这种局部的有形磨损，一般可以通过修理和更换磨损零件，使磨损得到补偿；当设备产生了不可修复的磨损时，则需要进行更新；设备遭受第 2 种无形磨损时，可采用更新更先进的设备或对原有设备进行技术改造的办法加以补偿。图 6-1 表示设备的各种磨损形式及其补偿方式间的相互关系。

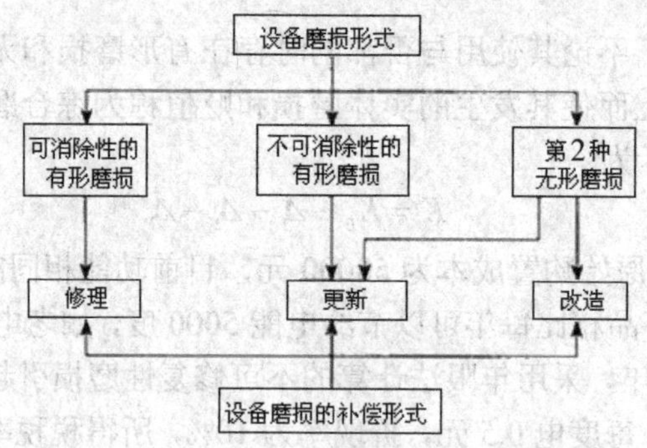


图 6-1　设备的各种磨损形式及其补偿方式

设备的磨损可以进行补偿的有可消除的有形磨损、不可消除的有形磨损、第 2 中无形磨损。

可消除的有形磨损可以通过更换零部件和修理进行补偿；若设备产生了不可修复的磨损，则需要进行更新；设备遭受第 2 种无形磨损时，可采用更新更先进的设备或对原有设备进行技术改造的办法加以补偿。

# 任务四　设备维修的经济管理与分析

## 【任务导读】

目前小张开始统计企业全年发生的实际大修理费用：材料备件消耗费用 $F_c$ 为 4550 元，燃料动力消耗费用 $F_r$ 为 6750 元，工时消耗费用 $F_g$ 为 5600 元，劳务消耗费用 $F_l$ 为 7880 元，应摊车间经费 $F_k$ 为 3000 元。该企业全年的机电设备大修理费用定额如下：材料备件消耗费用定额 $f_c$ 为 20 元/日，燃料动力消耗费用定额 $f_r$ 为 30 元/日，工时消耗定额 $f_g$ 为 25 元/日，劳务消耗费用定额 $f_l$ 为 35 元/日，应摊车间经费定额 $f_k$ 为 15 元/日，企业的机械修理复杂系数为 $R_j$ 为 130，修理次数修正系数 $F_{xj}$ 为 1.05；电气修理复杂系数为 $R_d$ 为 80，修理次数修正系数 $F_{xd}$ 为 1.1；管道修理复杂系数 $R_g$ 为 15，修理次数修正系数 $F_{xg}$ 为 1.0；

小张需要根据上面的数据进行经济性分析。

## 【任务提出】

- 理解设备维修的类型、概念。
- 熟悉设备维修经济分析。

【知识导航】

## 一、设备维修

设备维修是对设备进行维护和修理的简称，内容包括设备的维护、价差和修理等活动，其目的是保持和恢复设备的良好工作状态。

### 1. 设备维护

维护是指为了保持设备处于良好工作状态，延长其使用寿命所进行的日常工作，包括清理擦拭、润滑涂油、检查调校以及补充能源、燃料等消耗品等工作。

设备维护分为日常维护和定期维护。

### 2. 设备修理

修理按照内容、要求和修理的作业量，可以分为如下几类：

(1) 小修理(简称小修)：小修工作量最小，但次数多，结合日常维护与检查进行。通常只需修复、更换部分磨损较快和使用期限等于或小于修理间隔期的零件，调整设备的局部机构，以保证设备能正常运转到下一次计划修理。

(2) 中修理(中修)：部分解体，修理、更换主要零部件。中修后的技术性能应与大修基本相同。根据修理内容，中修的大部分项目由车间的专职维护工在生产车间现场进行，个别要求高的项目可由机修车间承担。设备修理后，质量管理部门和设备管理部门要组织车间人员、主修工人和操作者根据中修技术任务书的规定和有关要求，共同检查验收。中修费用由生产费用支出。

(3) 大修理(大修)：全部拆卸调整，全面恢复设备的原有精度、性能、效率，达到出厂水平。设备大修后，质量管理部门和设备管理部门应组织有关部门和人员共同验收。大修费用由专提的大修基金支付。

(4) 项目修理(项修)：按照实际需要，有针对性地修理，部分解体。由于只对其中某些丧失精度的项目进行恢复性修理，或是提高性的改善修理，因而既节约了人力、物力和修理费用，又能缩短停机时间。一般来说，项修所花的费用为大修的40%～60%，而达到的效果仍能满足生产要求。因此，在我国项修已逐渐取代中修，而且在某种程度上还可以代替大修。

## 二、设备修理的经济管理分析

设备的修理费用包括日常维护保养费用、小修理费用、中修理费用和大修理费用等。小修理和日常维护保养所发生的费用小，一般列入设备所属车间的车间经费。设备的大修理所需时间长、耗费高，各设备之间的修理消耗一般差异很大，需以单台设备为单位进行核算。

### 1. 设备小修与维护保养费用的确定

维修费用主要由材料备件费用和劳务费用构成。材料备件费用主要是指设备维修用的原材料、辅助材料、润滑油脂、自制配件和领用备件等的费用。劳务费用是指委托其他部门或单位维修设备所支出的费用。设备小修与维护保养费用的确定主要应从维修费用定额的确定及维修费用的核算这两方面来考虑。

确定维修费用定额有三种方法：

(1) 按照设备拥有量确定。

(2) 按照工业产值确定。

(3) 按照设备计划开动台时确定。

维修费用的核算是指定期对维修费用进行整理、统计与核算，对单机、生产线或生产班组等进行核算，并对维修费用的发生情况进行经济分析，找出设备开动台时与维修费用的关系，综合评价设备的可靠性、维修性、经济性，为制定合理的维修费用定额指标以及为设备维修费用的控制和设备信息反馈提供依据。

**2. 设备大修理成本及经济分析**

1) 设备大修理的条件

设备大修理，一般应满足以下两个条件：

(1) 大修理费用与旧设备的残值之和应小于新设备的价值，即满足：

$$R + L_0 < K$$

式中：$R$——大修理费用；

$L_0$——旧设备的残值；

$K$——新设备的价值。

(2) 大修理后的单位产品成本小于新设备的单位产品成本，即满足：

$$C_0 < C_1$$

式中：$C_0$——旧设备修理后的单位产品成本；

$C_1$——新设备的单位产品成本。

至少满足上述两个条件中的一个，大修理才有其合理性。

【注意】第一个条件成立的前提是，设备大修理之后在生产技术特性上与同种新设备基本无差别。但实际上，大修理后的机电设备的综合性能都会下降，可能导致单位产品的生产成本比同种新设备的要求高，因此在判断设备大修理能否在经济上合理时必须结合第二个条件。

2) 设备大修理的成本

设备的大修理成本包括：材料与备件费用、燃料与动力费用、工人工资、协作费、车间经费、企业管理费等。如果是对外承接的设备修理，还包括销售过程中所发生的费用，如广告费、运输费等。设备的大修理费用一般使用设备的单位大修理成本这一指标。

单位大修理成本是指在大修理过程中，修理复杂系数等于 1 的设备所要耗费的各种费用。设备的修理复杂系数是表示设备修理复杂程度的计量单位。修理复杂系数主要由设备的结构复杂程度、加工精度、规格尺寸、转速和变速级数以及可维修性等因素决定。一般而言，设备结构越复杂，尺寸越大，加工精度越高，其修理复杂系数也就越大。它是一个可比单位，在国际上通常用 $R$ 表示。$R$ 又可细分为机械修理复杂系数($R_j$)、电气修理复杂系数($R_d$)、热工修理复杂系数($R_g$)等。对于机床类的机械修理复杂系数通常以 CA6140 车床为标准，将它的复杂系数规定为 10，其他设备则根据与它比较来确定，例如牛头刨床的复杂系数为 12，而单柱坐标镗床的复杂系数为 34。电气复杂系数以 0.6kW 的防护式三相感应鼠笼式电动机为标准，将它的修理复杂系数规定为 1。

相关衡量指标，如表 6-3 所示。

**表 6-3　设备修理称量指标**

| | | |
|---|---|---|
| 计划费用 | 设备单位大修理费用计划定额 | $$C_j = f_c + f_r + f_g + f_l + f_k \tag{6-9}$$<br>修理复杂系数为 1 的设备，其计划大修理费用<br>$C_j$——单台设备大修理费用定额；<br>$f_c$——单台修理复杂系数设备的大修理材料备件消耗费用定额；<br>$f_r$——单台修理复杂系数设备的大修理燃料动力消耗费用定额；<br>$f_g$——单台修理复杂系数设备的大修理工时消耗费用定额；<br>$f_l$——单台修理复杂系数设备的大修理劳务消耗费用定额；<br>$f_k$——单台修理复杂系数设备的大修理应摊车间经费定额 |
| | 单台设备的计划大修理费用 | $$F_j = C_j \times R \times F_x \tag{6-10}$$<br>$C_j$——单台修理复杂系数的设备计划大修理成本；<br>$F_x$——设备的修理次数修正系数：第一次大修 1.0；第二次大修 1.05～1.15；第三次大修取值 1.2～1.3 |
| | 企业全年的计划大修理费用 | $$F_j = C_i \times \sum R \times K_x \tag{6-11}$$<br>$K_x$— 企业计划大修理设备的综合修理次数修正系数 |
| 实际费用 | 单台设备的实际大修理费用 | $$K=F_c+F_r+F_g+F_t+F_k \tag{6-12}$$<br>$K$ ——单台设备的实际大修费用；<br>$F_c$——单台设备大修理实际发生的材料备件消耗费用；<br>$F_r$——单台设备大修理实际发生的燃料动力消耗费用；<br>$F_g$——单台设备大修理实际发生的工时消耗费用；<br>$F_t$——单台设备大修理实际发生的劳务消耗费用；<br>$F_k$——单台设备大修理实际发生的应摊车间经费 |
| | 企业全年实际大修理费用 | $$F_s = F_c+F_r+F_g+F_l+F_k \tag{6-13}$$ |

**【例 6-5】**　某企业上年全年大修理设备实际发生的材料备件消耗费用 $F_c$ 为 12000 元、燃料动力消耗费用 $F_r$ 为 9000 元、工时消耗费用 $F_g$ 为 11000 元、劳务消耗费用 $F_l$ 为 5000 元、应摊车间经费 $F_k$ 为 8000 元。维修设备的机械修理复杂系数 $R_j$=50、电气修理复杂系数 $R_d$=70、管道修理复杂系数 $R_g$=30。企业当年计划大修理设备的综合修理次数修正系数 $K_x$ 为 1.1，设备单位修理复杂系数大修理费用定额为：材料备件消耗费用定额 $f_c$ 为 100 元/$R$，燃料动力消耗费用定额 $f_r$ 为 80 元/$R$，工时消耗费用定额 $f_g$ 为 50 元/R，劳务消耗费用定额 $f_l$ 为 30 元/$R$；应摊车间经费定额 $f_k$ 为 50 元/$R$，求企业上年全年实际单位大修理费用及全年计划大修理费用。

解：

(1) 企业全年实际大修理费用为

$$\begin{aligned}F_s&=F_c+F_r+F_g+F_l+F_k\\&=12000+9000+11000+5000+8000\\&=45000(\text{元})\end{aligned}$$

(2) 企业全年实际单位大修理费用为

$$C_s = \frac{F_s}{\sum R} = 45000/(50+70+30) = 300(元/日)$$

(3) 设备单位大修理费用定额：

$$C_j=f_c+f_r+f_g+f_l+f_k=100+80+50+30+50=310(元/日)$$

(4) 企业全年计划大修理费用：

$$F_j=C_j\times\sum R\times K_x=310\times(50+70+30)\times1.1=51150(元)$$

计算可得，企业实际大修理费用比计划大修理费用节约了 6150 元(51150−45000)。

设备的维修费用是反映设备维修的工作质量和效率的最敏感、最全面的经济指标。因此，分析设备维修费用的变动情况及其原因，是维修经济管理最重要的工作内容之一。设备维修费用是设备寿命周期费用的重要组成部分，设备维修费用中设备的大修理成本表现得最为突出。设备大修理成本的核算与分析是企业对设备实行经济管理的中心环节，用有限的人力、物力、财力和时间等资源，修理好更多的设备是设备经济管理的重要目标。设备大修理成本越低，说明维修的经济活动水平越高。设备大修理成本的主要经济分析指标，如表 6-4 所示。

**表 6-4　设备大修理成本的主要经济分析指标**

| | | |
|---|---|---|
| 和基期实际数比 | 相对比率 | $$Z_{cb}=\frac{\sum_{i=1}^{n}C_{bi}\cdot R_i}{\sum_{i=1}^{n}C_{ji}\cdot R_i} \quad (6\text{-}14)$$ 式中：$Z_{cb}$—— 设备大修理成本的相对比率；<br>$C_{bi}$—— 报告期设备 $i$ 的单位大修理成本；<br>$C_{ji}$—— 基期(上期或上年同期)设备 $i$ 的单位大修理成本；<br>$R_i$—— 设备 $i$ 的修理复杂系数。<br>如果 $Z_{cb}<1$，表明大修理成本比基期有所降低；如果 $Z_{cb}>1$，大修理成本比基期有所升高 |
| | 绝对数 | $$F_c=\sum_{i=1}^{n}C_{ji}\cdot R_i-\sum_{i=1}^{n}C_{bi}\cdot R_i \quad (6\text{-}15)$$ $F_c$——报告期与基期相比设备大修理费用的节约额；其值为负时，为超支额 |
| 和本期计划数比 | 相对比率 | $$Z_{ck}=\frac{\sum_{i=1}^{n}C_{bi}\cdot R_i}{\sum_{i=1}^{n}C_{ki}\cdot R_i} \quad (6\text{-}16)$$ 式中：$Z_{ck}$——设备大修理成本与计划大修理成本的相对比率；<br>$C_{ki}$——设备 $i$ 的计划单位大修理成本 |
| | 绝对数 | $$F_{ck}=\sum_{i=1}^{n}C_{ki}\cdot R_i-\sum_{i=1}^{n}C_{bi}\cdot R_i \quad (6\text{-}17)$$ 式中：$F_{ck}$——设备实际大修理费用比计划大修理费用的节约额；其值为负时，为超支额 |

【例 6-6】　某部门 2006 年上半年机电设备大修理成本如下：机械设备 $C_{j1}$=200 元/日，电气设备 $C_{j2}$=300 元/日；下半年机电设备大修理成本为：机械设备 $C_{b1}$=180 元/日，电气设备 $C_{b2}$=305 元/日。完成的修理复杂系数如下：机械设备 $R_1$=60，电气设备 $R_2$=80，试对该机电设备修理成本进行分析(以上半年为基期)。

解：

(1) 机械设备大修理成本相对比率

$$Z_{cb}=\frac{C_{b1}\cdot R_1}{C_{j1}\cdot R_1}=\frac{C_{b1}}{C_{j1}}=\frac{180}{200}=0.9$$

(2) 电气设备大修理成本相对比率

$$Z_{cb}=\frac{C_{b2}\cdot R_2}{C_{j2}\cdot R_2}=\frac{C_{b2}}{C_{j2}}=\frac{305}{300}=1.017$$

(3) 机电设备大修理成本相对比率

$$Z_{ck}=\frac{\sum_{i=1}^{n}C_{bi}\cdot R_i}{\sum_{i=1}^{n}C_{ki}\cdot R_i}=\frac{180\times 60+305\times 80}{200\times 60+300\times 80}=97.8\%$$

计算表明：设备大修理成本下半年比上半年降低了 2.2%。其中，机械设备大修理成本下降 10%；电气设备大修理成本升高 1.7%，下半年比较上半年大修理成本节约额为 $F_c$=36000−35200=800 元。

### 3. 降低维修费用的主要途径

降低维修费用的主要途径如下：

(1) 提高劳动生产率。

(2) 节约材料物资消耗。

(3) 加强设备的前期管理。

(4) 提高修理和技术改造质量。

(5) 降低维护保养费用。

(6) 提高设备维修的经济管理水平。

## 任务五　设备更新的经济分析

### 【任务导读】

目前小张的企业有部分设备需要进行更新，更新的方案比较多，小张开始有点发愁。那么设备更新时需要考虑哪些问题，如何帮助他进行决策呢？

### 【任务提出】

- 理解设备更新的概念。
- 熟悉设备更新的经济分析。

【知识导航】

设备更新是指用技术性能更高、经济性更好的新型设备来代替原有的落后设备。一般来说，继续使用旧设备，每年的维护费用较高；更换新设备，需要较大的一次性投资，但新设备每年的维护费用比较低。因此，在设备的更新管理中，首先通过新、旧设备年度使用费的比较，来确定是继续使用旧设备还是购置新设备。另外，如果决定购置新设备，还需要对不同类型的新设备进行比较，确定最佳的更新方案。

## 一、设备的更新原则

(1) 不计沉没成本，即在进行方案比较时，原设备按其重置价值计算，不考虑设备原值和目前的净残值。

(2) 现金流的客观原则。考虑在设备更新决策时所发生的现金流入和现金流出。

## 二、有形磨损导致设备更新的经济分析

采用的方法为最小年度费用法。

年度费用的比较有两种方法：一是以设备更新改造的时点作为比较时点，即将未来发生的费用折算为现值进行比较。二是以实际发生年度为比较时点，将一次性的投资(如更新、修理费等)折算为未来年金，计算公式为

$$C_s=P(A/P,I,n)+C_w-F_n(A/F,I,n)$$

$$C_s=(P-F_n)\times(A/P,I,n)+F_n\times i+C_w \tag{6-18}$$

式中：$C_s$—— 年度费用；

$P$—— 方案原始费用；

$F_n$—— 设备使用 $n$ 年后的残值；

$C_w$—— 设备年度维护费用；

$i$—— 折现率；

$n$—— 使用年限。

【例 6-7】某公司在用设备需要进行大修理，预计大修理费用为 35000 元，修理之后能够使用 2 年，每年维护费用为 5000 元。如果更新设备，购置费用为 90000 元，10 年内无须大修理，年维护费用 2000 元。折现率为 10%，残值忽略不计。试比较使用旧设备和更新设备哪个方案更经济合理？

解：

以实际发生年度为比较时点，将一次性的投资(如更新、修理费等)折算为未来年金，计算公式为

$$C_s=(P-F_n)\times(A/P,I,n)+F_n\times i+C_w$$

(1) 使用旧设备(A 方案)

$$\begin{aligned}C_{SA}&=(P-F_n)\times(A/P,i,n)+F_n\times i+C_w\\&=35000\times(A/P,10\%,2)+5000\\&=25167(\text{元})\end{aligned}$$

(2) 购买新设备(B 方案)

$$C_{SB}=(P-F_n)\times(A/P,i,n)+F_n\times i+C_w$$
$$=90000\times(A/P,10\%,10)+2000$$
$$=16647(元)$$

购买新设备比使用旧设备每年可节约资金

$$C_{SA}-C_{SB}=25167-16647=8520(元)$$

所以，应该更新。

## 三、无形磨损导致设备更新的经济分析

采用方法仍为年度费用法，以实际发生年度为比较时点，将一次性的投资(如更新、修理费等)折算为未来年金，计算公式仍为

$$C_s=(P-F_n)\times(A/P,\ i,\ n)+F_n\times i+C_w \tag{6-19}$$

**【例 6-8】**某机床预计使用 10 年，现在已经使用 7 年，年维护费用为 9500 元。新机床售价 60000 元，年维护费用 2000 元。若旧机床现值为 30000 元，3 年以后残值为 3000 元；新机床可使用 10 年，10 年以后残值预计为 1800 元。折现率为 9%。不考虑其他因素，分析现在更新是否合适？

解：

(1) 使用旧机床

$$C_{SA}=(P-F_n)\times(A/P,\ i,\ n)+F_n\times i+C_w$$
$$=(30000-3000)\times(A/P,9\%,3)+3000\times9\%+9500$$
$$=20436(元)$$

(2) 使用新机床

$$C_{SB}=(P-F_n)\times(A/P,\ i,\ n)+F_n\times i+C_w$$
$$=(60000-1800)\times(A/P,9\%,10)+1800\times9\%+2000$$
$$=11231(元)$$

使用新机床比使用旧机床每年可节约资金

$$C_{SA}-C_{SB}=20436-11123=9205(元)$$

所以，应该更新机床。

# 任务六　设备技术改造的经济分析

### 【任务导读】

小张的企业有一台设备需要进行改造，更新的方案比较多，小张不知道如何选择。那么设备改造时需要考虑哪些问题，如何帮助他进行决策呢？

### 【任务提出】

理解设备技术改造的经济分析的方法。

【知识导航】

设备技术改造，是补偿第 2 种无形磨损的重要方法。投资少，一般仅占同类新设备购置费用的 40%～60%。

## 一、设备技术改造的经济分析

对设备进行技术改造包括一次性的改造费用和年度维修费用。设备技术改造一般有两个或两个以上的方案，各方案的投资额不同，年度维护费用不同，改造后产量、质量以及设备寿命等不一定相同。所以，在比较设备改造的方案时，必须综合考虑影响因素。

## 二、设备技术改造方案经济分析方法

对改造效果相同的技术方案进行比较应当采用总费用现值法，即计算各种方案在相同的使用时间内、在相同的劳动生产率水平时，其总费用的现值最低者即为最佳方案。

若改造费用和改造效果不同，还需比较费用效率的高低，才能确定最佳方案。

### 1. 总费用现值

将采用不同方案时，用技术改造费用、设备残值和折算为现值的年度维护费用计算得到的寿命周期费用进行比较，得到最佳方案。

$$\begin{aligned} C_{\mathrm{p}} &= P_{\mathrm{y}} + P_{\mathrm{g}} + C_{\mathrm{w}} \times (P/A,i,n) - F_{\mathrm{n}} \times (P/F,i,n) \\ &= P_{\mathrm{y}} + P_{\mathrm{g}} + C_{\mathrm{w}} \times \frac{(1+i)^n - 1}{i(1+i)^n} - F_n \times \frac{1}{(1+i)^n} \end{aligned} \tag{6-20}$$

式中：$C_{\mathrm{p}}$—— 设备总费用现值；

$P_{\mathrm{y}}$—— 旧设备的剩余价值；

$P_{\mathrm{g}}$—— 技术改造费用；

$C_{\mathrm{w}}$—— 设备年度维护费用；

$F_n$—— 设备使用 $n$ 年后的残值；

$i$——折现率；

$n$——设备经技术改造后的计划使用年限。

年度维护费用是未来每一年实际要发生的，现在要将它折算为现值，即开始时的值，所以要乘以等额系列现值系数；而设备使用 $n$ 年后的残值是 $n$ 年后发生的，所以要乘以一次支付现值系数，即相当于开始支付一笔钱，然后每年都要支取相等的数目，因为是残值，相当于回收，所以是减掉。

### 2. 费用效率分析

对于改造效果不同的方案，需要在计算出寿命周期费用的基础上，计算出每个方案的费用效率，再进行方案比较。

$$V = \frac{E_{\mathrm{s}}}{C_{\mathrm{p}}} \tag{6-21}$$

式中：$V$—— 费用效率；

$E_s$—— 系统效率；

$C_p$—— 总费用现值。

【例 6-9】某工厂一台机床，拟对其进行技术改造。要求改造后经济寿命为 8 年。若寿命少于 8 年，则需在寿命周期内再次改造；若寿命大于 8 年，则会因生产产品已无市场需求而使机床的多余寿命无意义。目前设备净值为 15000 元；报废后设备残值为 0；年利率为 10%。

A 方案：加装靠模装置，预计一次性投资 2500 元，靠模寿命周期为 4 年，年均维护费用为 20000 元，每小时加工 44 件产品。

B 方案：加装数显装置，预计一次性投资 15000 元，数显装置寿命周期为 9 年，年均维护费用为 14000 元，每小时加工 65 件产品。

C 方案：加装微机装置，预计一次性投资 40000 元，微机寿命周期为 8 年，年均维护费用为 10000 元，每小时加工 83 件产品。

试比较三个技术方案的优劣。

解：

这三种方案的相同之处：

用三种方案改造设备后都能够满足所生产产品的要求及技术经济使用寿命。

不同之处在于：

(1) 三种方案的投资额不同；

(2) 三个改造装置的经济使用寿命不同。

① A 方案靠模装置的寿命周期为 4 年，所以在第 5 年时还需进行第二次相同的技术改造。

寿命周期总费用的现值计算公式为

$$C_{pA}=P_y+P_{gA}+P_{gA}\times(P/F,\ 10\%,\ 4)+C_{wA}\times(P/A,\ 10\%,\ 8)$$

② B 方案数显装置的寿命周期为 9 年，多余的 1 年寿命无使用价值。

寿命周期总费用的现值计算公式为

$$C_{pB}=P_y+P_{gB}+P_{gB}\times(P/A,\ 10\%,\ 8)$$

③ C 方案微机装置的寿命周期为 8 年。寿命周期总费用的现值计算公式为

$$C_{pC}=P_y+P_{gC}+P_{gC}\times(P/A,10\%,8)$$

技术经济使用寿命为 8 年的等额系列现值系数

$$(P/A,10\%,8)=5.3349$$

4 年时的一次性支付现值系数

$$(P/F,\ 10\%,\ 4)=0.6830$$

$$\begin{aligned}C_{pA}&=P_y+P_{gA}+P_{gA}\times(P/F,\ 10\%,\ 4)+C_{wA}\times(P/A,\ 10\%,\ 8)\\&=15000+2500+2500\times0.6830+20000\times5.3349\\&=125906(元)\end{aligned}$$

$$\begin{aligned}C_{pB}&=P_y+P_{gB}+P_{gB}\times(P/A,\ 10\%,\ 8)\\&=15000+15000+14000\times5.3349\\&=104689(元)\end{aligned}$$

$$C_{pC}=P_y+P_{gC}+P_{gC}\times(P/A,\ 10\%,\ 8)$$
$$=15000+40000+10000\times5.3349$$
$$=108349(元)$$

各方案的系统效率和寿命费用列表如表 6-5 所示。

表 6-5 各方案的系统效率和寿命费用列表

| 方 案 | 系统效率/(件/h)① | 寿命周期费用/(万元)② | 费用效率③=①/② |
|---|---|---|---|
| A | 44 | 12.5906 | 3.49 |
| B | 65 | 10.4689 | 6.21 |
| C | 83 | 10.8349 | 7.66 |

比较表明：方案 C 费用效率最高，因此采用微机改造设备的方案经济效益最好。

# 任务七 设备的报废

【任务导读】

目前小张的企业有生产部门要求报废已经使用很久的设备，小张对于是否报废设备感到很困惑。那么什么是设备报废呢，报废的条件有哪些？报废时回收的钱怎么来记呢？

【任务提出】

了解设备报废的概念及条件。

【知识导航】

## 一、设备报废的概念

设备由于有形磨损、无形磨损或其他原因，不能继续使用者，称为设备的报废。

凡属报废的设备，均表示无修理价值或无技术改造的可能，或即使修理或改造，但在经济上不合算。

## 二、设备报废的条件

凡符合下述条件之一者，即应申请报废：

(1) 超过经济寿命和规定的使用年限，由于严重磨损，已达不到最低的工艺要求，且无修理或技术改造价值。

(2) 设备虽然没有超过规定的使用年限，但由于严重损坏，不具备使用条件，而又无修复价值。

(3) 影响安全，严重污染环境，虽然通过采取一定措施能够得到解决，但在经济上很不合算。

(4) 设备老化、技术性能落后、耗能高、效率低、经济效益差或由于新设备的出现，若继续使用可能会严重影响企业经济效益的设备。

(5) 国家强制淘汰的高耗能设备。

(6) 因为其他原因而不能继续使用，也不宜转让给其他企业，又无保留价值的设备。

## 三、报废价值和残余价值

设备报废后，可回收利用的金属价值，称为报废价值。

整机报废，但零部件有回收价值，整机拆卸后，将可以利用的部件按旧零件的形式利用或出售，称为残余价值。

一般情况下，报废设备只能拆除后利用其部分零部件，不应再向外转让，以免落后、陈旧、淘汰的设备再次投入社会使用。

# 任务八　设备管理的主要技术经济指标

**【任务导读】**

年末，小张的企业管理人员需要了解设备的使用情况，要求小张计算相应的指标并写一份设备分析报告交上去。那么怎么帮助小张完成任务呢？

**【任务提出】**

了解设备管理的主要经济技术指标。

**【知识导航】**

## 一、设备完好指标

考核设备完好程度的指标为完好率。按规定，企业一般只计算主要生产设备的完好率，不包括封存和未投产的设备。正在修理的设备，按修前技术状态统计。

$$\text{主要设备完好率}=\frac{\text{主要生产设备完好台数}}{\text{主要生产设备总台数}}\times 100\% \tag{6-22}$$

完好设备：

(1) 设备性能良好；

(2) 运转正常零部件齐全有形磨损不超过规定值；

(3) 设备的原材料、能源等消耗正常。

## 二、设备数量利用指标

### 1. 设备的数量

(1) 实有设备数：企业实际拥有，可调配的全部设备。它包括企业自有、租用、借用、已安装和尚未安装的设备，但不包括经上级主管部门批准报废和已订购但尚未运抵本企业，以及出租、借用给其他企业的设备。

(2) 已安装设备数：已安装在生产现场，经过验收合格可以投产的设备。

(3) 实际使用设备数：已安装实际使用的设备，包括实际运转的设备，备用设备，保养、修理暂停运转的设备，由于管理上安排不善或临时发生故障、事故等非计划停止运转的设备。

### 2. 设备数量利用程度指标

(1) 现有设备实际利用率。该指标说明企业的全部实有设备中，实际使用的设备所占的比重。它综合反映了未安装设备、不能使用设备、停开设备等方面的潜力。

$$现有设备实际利用率=\frac{实际使用设备数}{实有设备数}\times 100\% \tag{6-23}$$

(2) 实有设备安装率。该指标说明已安装的设备占实有设备的比重。

$$实有设备安装率=\frac{已安装设备数}{实有设备数}\times 100\% \tag{6-24}$$

(3) 已安装设备利用率。该指标说明实际使用的设备数与安装设备数的比重。

$$已安装设备利用率=\frac{实际使用设备数}{已安装设备数}\times 100\% \tag{6-25}$$

以上三个指标的关系：

$$现有设备实际利用率=实有设备安装率\times 已安装设备利用率\times 100\% \tag{6-26}$$

## 三、设备时间利用指标

日历时间：按日历日数计算的时间。

制度时间：当采用连续工作制时，制度时间就是日历时间；当采用间断工作制时，制度时间是从日历时间扣除节假日、公休日及不工作的轮班时间后，设备应工作的时间。

计划工作时间：是从制度时间中扣除计划停工后的工作时间。

$$计划时间利用率=\frac{实际工作时间}{计划工作时间}\times 100\% \tag{6-27}$$

$$日历时间利用率=\frac{实际工作时间}{日历时间}\times 100\% \tag{6-28}$$

## 四、设备能力利用指标

设备的数量和时间利用指标从不同的角度反映了设备的利用。但是，有时可能出现设备的数量和时间虽得到充分利用，而产品的实际生产量却并不高的情况。其原因是设备能力没有全部发挥出来。通常可以用设备能力利用率来反映生产设备能力的利用。

$$设备能力利用率=\frac{单位时间内平均实际产量}{单位时间内最大可能产量}\times 100\% \tag{6-29}$$

$$设备能力利用率=\frac{一定时期的实际产量}{此期间最大可能产量} \tag{6-30}$$

提示：只要分子分母的时间区间一致即可，所以以上两个公式是统一的。

## 五、设备的综合利用率指标

设备的综合利用率是设备的实际总产量与设备的最大可能产量之比。

设备的综合利用率=设备的时间利用率×设备的能力利用率

**【例 6-10】** 某设备的计划工作时间为 1500h，实际工作时间为 1250h，该设备的实际产量为 5000 件，而 1250h 的最大可能产量为 6500 件。试计算该设备的综合利用率。

解：

$$时间利用率=\frac{实际工作时间}{计划工作时间}=\frac{1250}{1500}=83.3\%$$

$$设备能力利用率=\frac{一定时期的实际产量}{此期间最大可能产量}=\frac{5000}{6500}=76.9\%$$

设备的综合利用率=设备的时间利用率×设备的能力利用率=83.3%×76.9%=64%

# 练 习 题

## 一、单项选择题

1. 企业实有设备数是指(　　)。
   A. 企业实际拥有可调配的全部设备，包括企业自有、租用、借用、已安装和尚未安装设备
   B. 企业实际拥有设备，但不包括企业租用、借用和尚未安装设备
   C. 已安装在生产现场经过验收合格可以投产的设备
   D. 企业实际使用的设备
2. 以下关于设备报废的说法中，正确的是(　　)。
   A. 设备由于有形磨损、无形磨损或其他原因，不能继续使用者，称为设备的报废
   B. 凡属报废的设备，均表示无修理价值或无技术改造的可能
   C. 设备报废后，可回收利用的金属价值，称为残余价值
   D. 整机报废，但零部件有回收价值，称为报废价值
3. 关于设备寿命周期费用的说法中，正确的是(　　)。
   A. 设置费用高的设备，寿命周期费用必然高于设置费用低的设备
   B. 维持费用高的设备，寿命费用必然高于维持费用低的设备
   C. 设置费用与寿命周期费用无关
   D. 设置费用高，维持费用不一定高

4. 现有甲、乙两种设备方案。其中，甲设备的购置费用为 180 万元，乙设备的购置费用为 260 万元，寿命周期均为 10 年；甲设备每年的维持费用为 90 万元，乙设备每年的维持费用为 80 万元，资金年利率为 10%，那么(　　)。

   A. 甲设备方案好　　　　B. 乙设备方案好
   C. 两个方案一样　　　　D. 无法判定

5. 某公司投资购买设备有 A、B、C、D 四个方案可以选择，其寿命周期费用分别为 300 万元、300 万元、285 万元、275 万元，系统效率分别为 375t/d、330t/d、350t/d、330t/d。该公司每日 350t 材料即可满足所有需要，通过费用效率分析后得出最佳方案是(　　)。

   A. 方案 A　　B. 方案 B　　C. 方案 C　　D. 方案 D

6. 下列关于设备的无形磨损及设备更新的说法中，错误的是(　　)。

A. 技术进步可以导致设备的无形磨损

B. 对设备的技术改造是补偿第 1 种无形磨损的重要方法

C. 对改造效果相同的技术方案进行比较应当采用总费用现值比较法

D. 对改造效果不同的技术方案进行比较所使用的费用效率等于系统效率除以总费用现值

7. ( )指通过修复或更换磨损零件，调整精度，排除故障，恢复设备原有功能而进行的技术活动。

A. 设备检查 B. 设备修理 C. 设备改造 D. 设备维护

8. 某设备已是第三次大修理，其修理复杂系数为 34，单位修理复杂系数的设备计划大修理成本为 700 元/日，该设备单台设备的计划大修理费用至少为( )。

A. 23800 元 B. 28560 元 C. 24990 元 D. 28730 元

9. 经济寿命是指设备从投入使用到因继续使用不经济而退出使用所经历的时间。下列关于经济寿命的说法中，正确的是( )。

A. 所有的有形磨损和无形磨损对经济寿命都产生影响

B. 第 1 种无形磨损不会对设备的经济寿命产生影响

C. 仅仅第 2 种无形磨损不会对设备的经济寿命产生影响

D. 仅仅有形磨损对设备的经济寿命产生影响

10. 对设备的技术改造方案进行分析比较时，如果采用不同的改造方案改造后设备的生产效率、使用寿命不同，一般应使用( )进行分析比较。

A. 总费用现值法 B. 低劣化数值法

C. 费用效率分析法 D. 最小平均费用法

## 二、多项选择题

1. 设备维持费用主要包括( )。

A. 试运行费 B. 报废费用 C. 修理费用 D. 后勤支援费用 E. 设计费用

2. 下列费用中可列入设置费的有( )。

A. 研究开发费 B. 设计费 C. 制造费 D. 试运行费 E. 管理费

3. 设备的费用效率要用( )等指标来计算。

A. 设备的残值 B. 系统效率 C. 寿命周期费用

D. 设备的维修费用 E. 设备的研究开发费用

4. 下列关于磨损的说法中，正确的是( )。

A. 设备的所有有形磨损都可以通过修理消除，而无形磨损则不尽然

B. 由于市场上出现性能更好效率更高的新设备而使原有设备在技术上显得陈旧和落后而产生的磨损，称为第 1 种无形磨损

C. 设备的有形磨损会导致设备使用价值的降低，但不一定马上引发事故

D. 并不是所有的无形磨损都会影响设备的技术性能和功能

E. 设备的无形磨损是由外部因素引起的，而不是由于自身的使用造成的

5. 某设备是二次大修，其修理复杂系数为 15，单位修理复杂系数的设备计划大修理成本为 500 元/日，该设备单台设备的计划大修理费用可能为( )元。

A. 6400 B. 9560 C. 7910 D. 7480 E. 8100

### 三. 简答题

1. 什么是设备报废？报废价值和残余价值的区别是什么？
2. 什么是费用效率？什么是系统效率？
3. 简述设备磨损的不同形式与其补偿方式的关系。

### 四. 计算题

1. 某电焊机原始购置成本为 50000 元，目前功能相同的替代品的价格为 45000 元，并且替代产品与老产品相比每年可以节约电能 5000 度，如老电焊机的总使用寿命为 20 年，剩余使用寿命为 10 年，采用年限法计算的不可修复性磨损引起的损失率为 50%，不存在的可修复性有形磨损，每度电为 0.5 元，折现率为 10%，所得税税率为 25%。分别计算该电焊机的第 1 种无形磨损、第 2 种无形磨损及有形磨损，并估算该电焊机的现值为多少？

2. 某设备目前现值为 10 万元，将投入大修理费用 1 万元，大修理后预计设备还能运行 10 年，每年需投入维持费 0.45 万元，预计残值 0.5 万元，若折现率为 10%，那么该设备的年度费用是多少？

3. 甲公司欲购买一台 A 设备，其当前购置费用为 1000 万元，预计寿命周期为 10 年，残值为 0，每年维持费用为 10 万元，若资金年利率为 10%。计算 A 设备的寿命周期费用现值。

# 项目七

## 机电设备的寿命估算

### 知识目标

- 理解机电设备的自然寿命、经济寿命和技术寿命的概念
- 了解机电设备磨损的过程及特点
- 掌握机电设备磨损率和剩余磨损寿命的计算方法
- 熟悉应力及循环应力的特征
- 理解并熟悉疲劳寿命的计算方法

### 技能目标

- 能熟练运用磨损率、剩余磨损寿命及疲劳寿命公式，算出机电设备的剩余磨损寿命及疲劳寿命

# 任务一　磨损寿命

【任务导读】

对起重机进行评估时，一般需要对起重机的主要部件进行检查，以确定其损伤情况；并根据了解到的技术参数做必要的分析计算。评估师评估一台普通桥式起重机，通过查阅起重机的技术档案及现场调查了解到：

该起重机卷筒原始壁厚为1.2mm，已使用10年，壁厚磨损至0.9mm，已知起重机卷筒最大磨损允许极限是原始厚度的60%。

试问：

(1) 说一说起重机卷筒的磨损过程经过几个阶段。每个阶段有哪些特点？

(2) 估算该起重机卷筒的剩余寿命和磨损率。

同学们想一想该案例第一问应该怎么回答呢？需要知道哪些公式才能算出剩余寿命和磨损率？

【任务提出】

- 机电设备寿命的一般定义及类型。
- 机电设备磨损寿命的分析及计算过程。

【知识导航】

## 一、概述

机电设备的寿命是指机电设备从开始使用到被淘汰所经历的时间期限，是机电设备评估的重要参数。导致设备淘汰的原因，可能是由于自然磨损使得设备不能正常工作，或技术进步使得设备功能落后，或经济上不合算等。因此，设备的寿命可分为自然寿命、技术寿命和经济寿命。

自然寿命也叫物理寿命、使用寿命，设备在规定的使用条件下，从投入使用到因物质损耗而报废所经历的时间，受有形磨损的影响。

技术寿命，设备从投入使用到因为技术落后而被淘汰所经历的时间。第2种无形磨损可以缩短设备的技术寿命，而对设备进行技术改造可以延长其技术寿命。

经济寿命，设备从投入使用到因继续使用不经济而退出使用所经历的时间。受到有形磨损和无形磨损的共同影响。

## 二、磨损

磨损主要发生在具有相对运动的零部件上，如轴承、齿轮、机床轨道等，其后果是破坏零部件的配合尺寸和强度，当磨损量超过允许的极限时，将导致设备失效。它是机电设备实体性损耗的主要形式之一。据统计，世界上1/3以上的能源消耗在各种摩擦损耗上，80%的机器零部件是由于磨损而报废的。

1. 磨损的基本概念

磨损是指固体相对运动时，在摩擦的作用下，摩擦面上的物质不断耗损的现象。它是诸多因素相互影响的复杂过程，是伴随摩擦而产生的必然结果。其主要表现形式为物体尺寸或几何形状的改变、表面质量的变化。它使机器零件丧失精度，并影响其使用寿命和可靠性。

2. 典型的磨损过程

正常的磨损过程分为三个阶段，如图 7-1 所示，即初期磨损阶段(第 I 阶段)、正常磨损阶段(第 II 阶段)和急剧磨损阶段(第III阶段)。

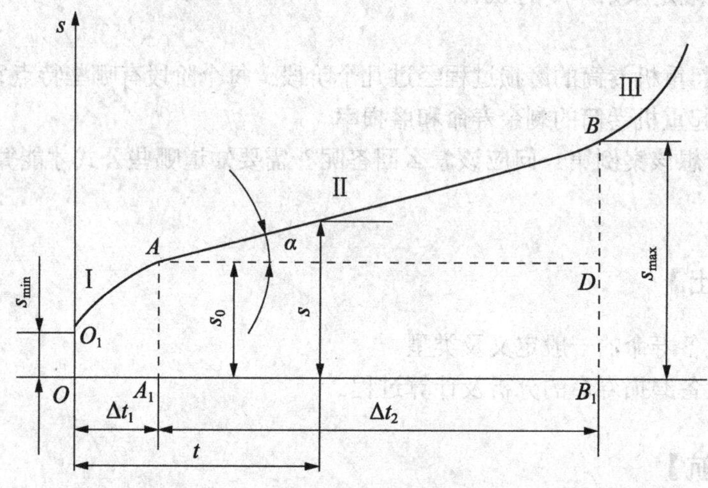


图 7-1 典型磨损曲线

在初期磨损阶段，设备各零部件表面的宏观几何形状和微观几何形状都发生了明显变化。原因是零件在加工制造过程中，其表面不可避免地具有一定的粗糙度。用放大镜观察可发现在表面上有许多“凸峰”，当相互配合做相对运动时，表面上的凸峰由于摩擦很快被磨平，因而此阶段磨损速度很快，一般发生在设备调试和初期使用阶段。处于正常磨损阶段的零部件表面上的高低不平及不耐磨的表层组织已被磨去，故磨损速度较以前缓慢，磨损情况较稳定，磨损量基本随着时间的推移均匀增加。急剧磨损阶段的出现往往是由于零部件已达到它的使用寿命(自然寿命)而仍继续使用，破坏了正常磨损关系，使磨损加剧，磨损量急剧上升，造成机电设备的精度、技术性能和生产效率明显下降。

由设备磨损规律的分析可知：

(1) 如果设备使用合理，同时加强维护可以延长设备正常使用阶段的期限，从而可保证加工质量并提高经济效益。

(2) 对设备要定期检查。在进入急剧磨损阶段之前就进行修理，以免使设备遭到破坏。

(3) 机电设备在正常磨损阶段的磨损与时间或加工数量成正比，因此设备的磨损可通过试验或统计分析方法计算出正常条件下的磨损率和使用期限。

总结：磨损的不同阶段及特点如表 7-1 所示。

表 7-1　磨损的不同阶段及特点

| 阶　段 | 范　围 | 特　点 |
|---|---|---|
| 初期磨损阶段(第Ⅰ阶段) | $O_1$ 到 $A$，对应的时间是$\Delta t_1$ | 零部件表面的宏观几何形状和微观几何尺寸都发生明显变化，时间很短，磨损速度很快 |
| 正常磨损阶段(第Ⅱ阶段) | $A$ 点到 $B$ 点，对应的时间是$\Delta t_2$ | 磨损进入正常期，磨损速度缓慢，情况稳定，磨损量随时间均匀地增加，二者成为线性关系，曲线中的 $AB$ 段是一条倾斜的直线 |
| 急剧磨损阶段(第Ⅲ阶段) | $B$ 点以后的阶段 | 磨损速度加快，磨损量急剧上升，造成机电设备的精度、技术性能和生产效率明显下降 |

磨损方程如下。

(1) 第Ⅰ阶段磨损方程。从典型磨损曲线可以看出，第Ⅰ阶段的磨损时间 $\Delta t_1$ 与整个磨损寿命相比，所占时间较短，而磨损速度较快；当磨损曲线到达 $A$ 点以后，磨损速度趋缓。第Ⅰ阶段的磨损量为 $S_0-S_{min}$。如果将 $O_1A$ 曲线简化为直线处理，这一阶段的磨损曲线方程可简化为

$$S=S_{min}+t\cdot(S_0-S_{min})/\Delta t_1 \qquad (0\leqslant t\leqslant \Delta t_1) \tag{7-1}$$

式中：$S$——配合间隙；

$S_{min}$ ——最小配合间隙；

$S_0$——第Ⅰ阶段结束时的配合间隙；

$\Delta t_1$——第Ⅰ阶段磨损时间。

(2) 第Ⅱ阶段磨损方程。第Ⅱ阶段所对应的磨损曲线 $AB$ 段基本上为一条直线，磨损强度 $\tan\alpha$ 的数值决定了磨损速度：材料的耐磨性差，则 $\tan\alpha$ 大，磨损速度也快。这一阶段的磨损曲线方程为

$$\begin{aligned}S&=S_0+(\mathrm{t}-\Delta t_1)\cdot\tan\alpha\\&=S_0+(t-\Delta t_1)\cdot(S_{max}-S_0)/\Delta t_2 \quad (\Delta t_1\leqslant t\leqslant \Delta t_1+\Delta t_2)\end{aligned} \tag{7-2}$$

式中：$S_{max}$ —— 最大磨损极限；

$\Delta t_2$—— 第Ⅱ阶段磨损时间。

$\tan\alpha$ ——表示直线斜率，叫磨损强度(单位时间磨损的厚度)，磨损强度越大，材料耐磨性越差。

$$\tan\alpha=\frac{\Delta S}{\Delta t}=\frac{(S_{max}-S_0)}{\Delta t_2} \tag{7-3}$$

零件进入急剧磨损阶段(第Ⅲ阶段)后，必须进行修复或更换，当曲线到达 $B$ 点时，则标志着设备磨损寿命的终结。

(3) 简化的磨损方程。在实际的工程计算中，经常采用简化的磨损方程。如图 7-1 所示，在正常使用情况下，零件大部分时间工作在第Ⅱ阶段。如果将第Ⅰ阶段忽略不计，即 $\Delta t_1\approx 0$，$S_0\approx S_{min}$ 简化磨损方程：

$$S=S_0+t\cdot\tan\alpha=S_0+t\cdot(S_{max}-S_0)/\Delta t_2 \tag{7-4}$$

3. 磨损寿命

由图 7-1 可见，设备的正常磨损寿命 $T$ 应该为第Ⅰ阶段和第Ⅱ阶段之和，即

$$T = \Delta t_1 + \Delta t_2 \tag{7-5}$$

根据简化的磨损方程(7-4)，磨损寿命可由下式计算：

$$T \approx \Delta t_2 = \frac{(S_{\max} - S_0)}{\tan\alpha} = \frac{\Delta S_{\max}}{\tan\alpha} \tag{7-6}$$

式中：$\Delta S_{\max}$——最大允许磨损量。

由公式(7-6)可见，材料的抗磨强度越大，$\tan\alpha$ 越小，零件的工作时间就越长。

4. 磨损率

磨损率是指零件的实际磨损量与极限磨损量之比，若第Ⅰ阶段忽略不计，按简化的磨损方程则磨损率的计算公式为

$$\alpha_m = \frac{(S - S_0)}{(S_{\max} - S_0)} = \frac{\Delta S}{\Delta S_{\max}} \tag{7-7}$$

式中：$\alpha_m$——磨损率；

$\Delta S$——实际磨损量。

5. 剩余磨损寿命的计算

对以磨损为主的机器或零部件，可以根据磨损曲线计算其剩余磨损寿命或磨损率。对新机器或零部件磨损寿命的估算，首先要确定材料的磨损强度 $\tan\alpha$ 和最大磨损极限 $S_{\max}$，由公式(7-6)可得设备总的磨损寿命为

$$T = \frac{(S_{\max} - S_0)}{\tan\alpha} = \frac{\Delta S_{\max}}{\tan\alpha}$$

对在用机电设备的磨损强度可以根据历史数据估算，首先应确定实际磨损量 $\Delta S$ 和已运行时间 $\Delta t$，根据上述参数估算磨损强度为

$$\tan\alpha = \frac{\Delta S}{\Delta t}$$

然后根据磨损方程计算剩余磨损寿命 $T_s$：

$$T_s = \frac{(\Delta S_{\max} - \Delta S)}{\tan\alpha} \tag{7-8}$$

【例 7-1】已知某设备的磨损强度为 0.5mm/年，设备运行 3 年后，磨损率为 1/4，求设备的剩余寿命和极限磨损量。

解：以题意知 $\tan\alpha = 0.5$，$\alpha_m = \frac{1}{4}$，$\Delta t = 3$

(1) 实际磨损量为

$$\mathrm{tg}\alpha = \frac{\Delta S}{\Delta t} \Rightarrow \Delta S = \tan\alpha \times \Delta t = 0.5 \times 3 = 1.5(\text{mm})$$

(2) 极限磨损量为

$$\alpha_m = \frac{\Delta S}{\Delta S_{\max}} \Rightarrow \Delta S_{\max} = \frac{\Delta S}{\alpha_m} = \frac{1.5}{\frac{1}{4}} = 6(\text{mm})$$

(3) 剩余磨损寿命 $T_s$ 为

$$T_s=\frac{(\Delta S_{max}-\Delta S)}{\tan\alpha}=\frac{(6-1.5)}{0.5}=9(年)$$

【例 7-2】某起重机卷筒的主要损耗形式是钢丝绳与卷筒摩擦对卷筒的磨损。该卷筒原始壁厚为 20mm，现在壁厚为 18.5mm。根据起重机卷筒的报废标准，筒壁的最大磨损允许极限是原筒壁厚度的 20%。该起重机已运行 4 年，估算卷筒的剩余磨损寿命和磨损率。

解：

(1) 确定该卷筒的极限磨损量 $\Delta S_{max}$ 为

$$\Delta S_{max}=20\times 20\%=4(mm)$$

(2) 卷筒的实际磨损量 $\Delta S$ 为

$$\Delta S=20-18.5=1.5(mm)$$

(3) 磨损强度 $\tan\alpha$ 为

$$\tan\alpha=\frac{\Delta S}{\Delta t}=\frac{1.5}{4}=0.375(mm/年)$$

(4) 剩余磨损寿命 $T_s$ 为

$$T_s=\frac{(\Delta S_{max}-\Delta S)}{\tan\alpha}=\frac{(4-1.5)}{0.375}=6.67(年)$$

(5) 磨损率

$$\alpha_m=\frac{\Delta S}{\Delta S_{max}}=\frac{1.5}{4}=37.5\%$$

# 任务二　疲劳寿命理论及应用

## 【任务导读】

什么叫疲劳寿命？它与哪些因素有关？疲劳寿命的大小用什么表示？通过本节内容的学习，你就会知道这些问题了。

## 【任务提出】

- 理解应力、应变、疲劳寿命的一般含义。
- 熟悉低碳钢拉伸过程的特点。
- 熟悉许用应力与应力之间的关系。
- 理解并掌握疲劳损伤积累理论的含义及应用。

## 【知识导航】

## 一、基本概念

### 1. 应力

内力：物体的一部分对另一部分的机械作用。

应力：应力就是单位面积上的内力。

正应力：也叫法向应力，与截面垂直，正应力表示零件内部相邻两截面间拉伸和压缩

的作用。

切应力：也叫剪应力，与截面平行，切应力表示相互错动的作用，正应力和切应力的向量和称为总应力。

正应力和切应力是度量零件强度的两个物理量，常用单位是兆帕(MPa)。

静应力：应力的大小和方向不随时间而改变。

交变应力：应力的大小和方向随时间呈周期性的变化。

### 2. 应变

应变是机械零件材料内部任一点因外力作用引起的形状和尺寸的相对改变。与正应力和切应力相对应，应变分为线应变和角应变。当外力卸除后，物体能够全部恢复到原来状态的应变，称为弹性应变；如只能部分地恢复到原来状态，其残留下来的那一部分称为塑性应变。

**提示**：与正应力对应的是线应变，与切应力对应的是角应变。

### 3. 材料强度

低碳钢试棒受轴向静拉力拉伸的过程如图 7-2 所示。

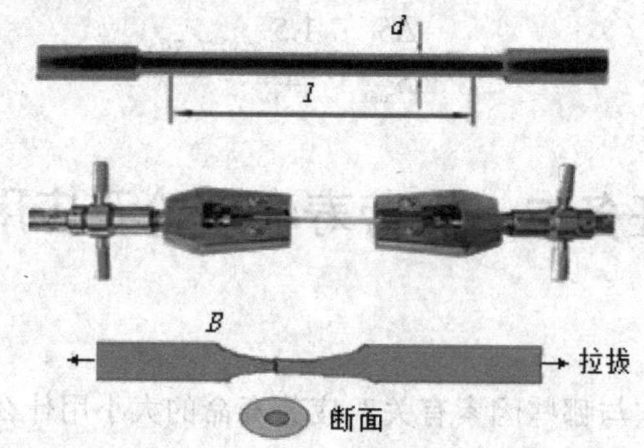


图 7-2 低碳钢试棒受轴向静拉力拉伸的过程

低碳钢试棒在受轴向静拉力时，轴向负荷 $P$ 与绝对轴向变形 $\Delta l$ 的关系曲线，如图 7-3 所示。

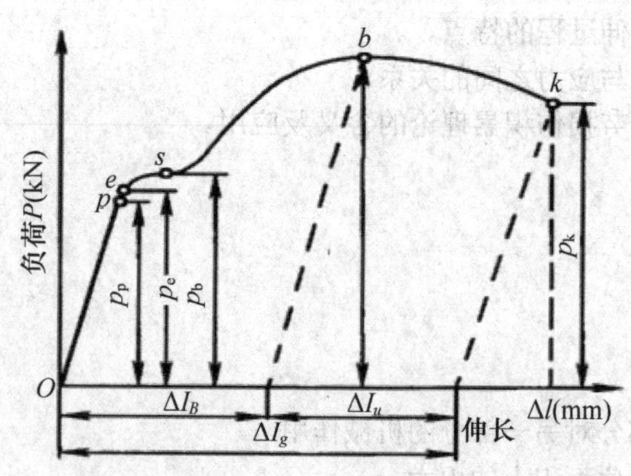


图 7-3 低碳钢的轴向负荷 $P$ 与绝对轴向变形 $\Delta l$ 的关系曲线

比例极限$\sigma_p$：负荷较小时，材料的轴向变形与负荷呈正线性关系；负荷超过$P_p$后，呈非线性关系；保持线性关系的最大负荷为比例极限负荷$p_p$。与$p$点相对应的应力称为比例极限，也就是应力与应变为线性关系的最大应力，用$\sigma_p$表示。

弹性极限$\sigma_e$：负荷小于$p_e$时，材料的变形为弹性变形，大于$p_e$时则产生塑性变形，与$e$点相对应的应力称为弹性极限，即保持弹性变形的最大应力，用$\sigma_e$表示。

屈服极限$\sigma_s$：当负荷增大到一定值时，在负荷不增加或减小的情况下，试样还继续伸长，这种现象叫屈服。屈服阶段的最小负荷是屈服点$s$对应的负荷$p_s$，与$s$点相对应的应力称为屈服极限，用$\sigma_s$表示。

**提示：**对没有出现明显屈服现象的材料，用产生0.2%残余变形的应力作为条件屈服极限。

强度极限或抗拉强度$\sigma_b$：当负荷达到一个最大值$p_b$时，试样的某一截面开始急剧缩小，致使负荷下降，则该负荷为强度极限负荷。与之相对应的应力称为强度极限或抗拉强度，用$\sigma_b$表示。它是材料拉断前的最大应力。

断裂负荷：当负荷达到$p_k$时，试样断裂。试件断裂处的负荷称为断裂负荷，用$p_k$表示。

**提示：**屈服极限$\sigma_s$、强度极限$\sigma_b$是评价材料静强度的重要指标。

### 4. 许用应力

许用应力是机械设计中允许零件或构件承受的最大应力值。要判定零件或构件受载后的工作应力是过高或是过低，需要预先确定一个衡量的标准，这个标准就是许用应力。零件或构件的工作应力如果不超过许用应力，这个零件或构件在工作中就是安全的，否则就是不安全的。许用应力是机械设计中的基本数据。在实际应用中，许用应力值一般由国家有关部门根据安全性和经济性的原则，按材料的强度、载荷、环境情况、加工质量、计算精确度和零件或构件的重要性等加以规定。许用应力等于考虑各种影响因素后经适当修正的材料失效应力除以安全系数。

静强度设计中的失效应力用屈服极限或强度极限表示。塑性材料(如大多数结构钢、铝合金等)以屈服极限除以安全系数得到许用应力，用$[\sigma]$表示。公式为

$$[\sigma]=\frac{\sigma_s}{n_s} \tag{7-9}$$

式中：$\sigma_s$——材料的屈服极限；

$n_s$——安全系数。

脆性材料(如铸铁、高强钢等)以强度极限除以安全系数得到许用应力，公式为

$$[\sigma]=\frac{\sigma_b}{n_b} \tag{7-10}$$

式中：$\sigma_b$——材料的强度极限；

$n_b$——安全系数。

**【例 7-3】**45号钢制圆杆承受拉伸载荷$Q=5\times10^4\text{N}$，材料的屈服极限$\sigma_s=300\text{MPa}$，安全系数$n_s=4$，计算该圆杆的直径。

解：根据力的平衡原则，圆杆承受拉伸载荷等于圆杆承受的内力，又根据应力的概念即应力是单位面积上的内力，得出本题的应力的计算公式：

$$\sigma=\frac{Q}{\frac{1}{4}\pi d^2}\leqslant[\sigma]=\frac{\sigma_s}{n_s}\Rightarrow\frac{Q}{\frac{1}{4}\pi d^2}=\frac{\sigma_s}{n_s}$$

$$\Rightarrow d\geqslant\sqrt{\frac{4Qn_s}{\pi\sigma_s}}=\sqrt{\frac{4\times5\times10^4\times4}{\pi\times300}}=29.1(\text{mm})$$

可取圆杆的直径为 30mm。

**提示**：疲劳强度设计中用疲劳极限。一般用安全系数表示的强度判据进行疲劳强度的验算，公式为

$$n=\frac{\sigma_{rk}}{\sigma_{max}}\geqslant[n] \tag{7-11}$$

式中：$[n]$——许用安全系数；

$\sigma_{max}$——最大应力；

$\sigma_{rk}$——零件的疲劳极限。

## 二、疲劳及疲劳寿命

疲劳损伤发生在受交变应力(或应变)作用的零件和构件上，如起重机的桥架和其他结构件、压力容器、机器的轴和齿轮等，将导致零件或构件的过大变形或断裂。零件和构件在低于材料屈服极限的交变应力(或应变)的反复作用下，经过一定的循环次数以后，在应力集中部位萌生裂纹。裂纹在一定条件下扩展，最终突然断裂，这一失效过程称为疲劳破坏。材料在疲劳破坏前所经历的应力循环数称为疲劳寿命。

**提示**：根据应力循环次数分为高周疲劳和低周疲劳，在机械工程中最常见的疲劳是高周疲劳。锅炉受到的是低周疲劳。

## 三、疲劳寿命曲线

常规疲劳强度的计算是以名义应力为基础的，可分为无限寿命计算和有限寿命计算。零件的疲劳寿命与零件的应力和应变水平有关，它们之间的关系可以用应力—寿命曲线($\sigma-N$ 曲线)和应变—寿命曲线($\delta-N$ 曲线)表示。应力—寿命曲线和应变—寿命曲线统称为 $S-N$ 曲线。图 7-4 所示为以最大应力 $\sigma_{max}$ 的对数为纵坐标，疲劳寿命 $N$(应力循环数)的对数为横坐标，根据试验数据得到的 $S-N$ 曲线，其数学表达式为：

$$\sigma^m N=C \tag{7-12}$$

式中：$m$、$C$——材料常数。

从 $S$—$N$ 曲线可知：大多数结构钢当 $\sigma$ 降低到一定程度时不再发生疲劳破坏，这时 $S-N$ 曲线右侧出现一条水平渐近线。

水平线起始点 $M$ 对应的应力值 $\sigma$ 称为疲劳极限。这个值比材料的静强度极限低得多。对称循环条件下材料的疲劳极限用 $\sigma_{-1}$ 表示。

对应 $M$ 点的横坐标叫作循环基数，用符号 $N_0$ 表示，疲劳极限所对应的应力循环次数即为循环基数，$N_0$ 一般是 $10^7$。但是对于具体的材料、具体的循环特征，$N_0$ 有所不同，$N_0$ 将 $S-N$ 曲线分成两部分。

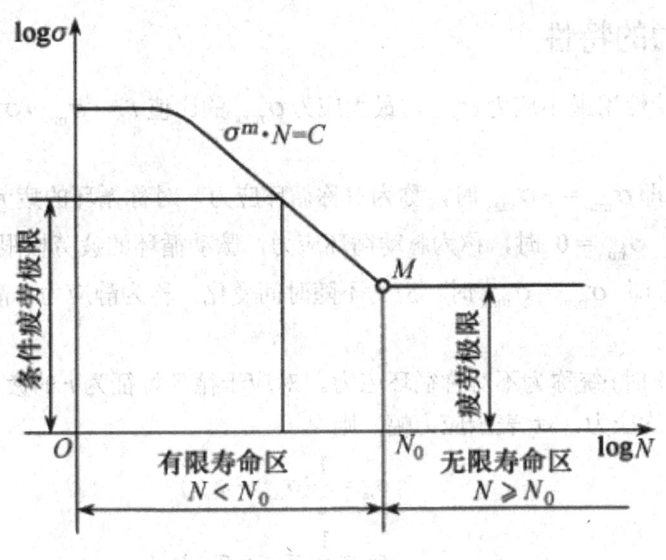


图 7-4　S—N 曲线

① $N_0$ 点右边的部分，是无限寿命区，如果承受的应力小于疲劳极限，试件就可以承受无限次应力循环而不发生疲劳破坏。

② $N_0$ 点左边的区域为有限寿命区，又称为条件疲劳极限，即当材料所承受的最大应力大于它的疲劳极限时，只能承受有限次应力循环，而不能是无限次。

③ $N$ 低于 $10^4$～$10^5$ 时对应的有限寿命区称为低周疲劳区。

④ 在有限寿命区，应力和循环次数的关系用方程 $\sigma^m N = C$ 表示。

**提示：** S－N 曲线是由疲劳实验获得的。在疲劳试验中，除少数试件与实际零件相同外，一般使用小直径(5～10mm)、规定表面粗糙度的光滑标准试件。实际零件尺寸和表面状态与试件有差异，常存在由圆角、键槽等引起的应力集中，所以，在使用时必须引入应力集中系数 $K$、尺寸系数 $\varepsilon$ 和表面系数 $\beta$ 。

**【例 7-4】** 某标准试件，已知 $\sigma_{-1}$=300MPa，$N_0 = 10^7$，$m$=9。计算在对称循环交变应力 $\sigma_1$=500MPa 和 $\sigma_2$=260MPa 作用下的疲劳寿命。

解：

(1) 对于该试件，其疲劳极限 $\sigma_{-1}$=300MPa，零件在高于疲劳极限的交变应力作用下将产生疲劳破坏，对应于 $S-N$ 曲线的有限寿命区。

由公式(7-12)，首先可以计算出材料常数 $C$：

$$C = \sigma_{-1}{}^{m} N_0 = 300^9 \times 10^7 = 19683 \times 10^{25}$$

则在应力 $\sigma_1$=500MPa 作用下的疲劳循环次数为

$$N_1 = \frac{C}{\sigma_1{}^{m}} = \frac{19683 \times 10^{25}}{500^9} = 1.01 \times 10^5$$

(2) 应力 $\sigma_2$=260MPa，低于疲劳极限，在 $S$—$N$ 曲线的无限寿命区，不产生疲劳破坏，零件为无限寿命。

## 四、循环应力的特性

循环应力的特性用最小应力$\sigma_{min}$与最大应力$\sigma_{max}$的比值$r=\sigma_{min}/\sigma_{max}$表示，$r$称为循环特征。

当 $r=-1$， 即$\sigma_{min}=-\sigma_{max}$时，称为对称循环应力，对称循环的疲劳极限用$\sigma_{-1}$表示；

当 $r=0$，即 $\sigma_{min}=0$ 时，称为脉动循环应力，脉动循环的疲劳极限用$\sigma_0$表示；

当 $r=+1$ ，即 $\sigma_{min}=\sigma_{max}$时，应力不随时间变化，称为静应力，静应力的疲劳极限用$\sigma_{+1}$表示；

当 $+1>r>-1$时，统称为不对称循环应力。对应于循环特征为$r$的疲劳极限用$\sigma_r$表示。

以$\sigma_m$表示平均应力，$\sigma_a$表示应力幅，则

$$\sigma_m=\frac{1}{2}(\sigma_{max}+\alpha_{min}) \tag{7-13}$$

$$\sigma_a=\frac{1}{2}(\sigma_{max}-\sigma_{min}) \tag{7-14}$$

式中：$\sigma_m$——循环应力的静力成分；

$\sigma_a$——循环应力的动力成分。

对于静应力，$\sigma_a=0$，$\sigma_m=\sigma_{max}$；对于对称循环应力，$\sigma_m=0$，$\sigma_a=\sigma_{max}$；不对称循环应力的$\sigma_m$和$\sigma_a$都不等于零，既有静力成分，又有动力成分。

## 五、疲劳极限

材料的疲劳极限可从有关设计手册和材料手册中查出。缺乏疲劳极限数据时，可用经验方法根据材料的屈服极限$\sigma_s$和强度极限$\sigma_b$计算。零件的疲劳极限$\sigma_{rk}$和$\tau_{rk}$是根据所使用材料的疲劳极限。考虑零件的应力循环特征、尺寸效应、表面状态应力集中等因素按表7-2计算。

**表 7-2　零件疲劳极限$\sigma_{rk}$和$\tau_{rk}$的计算公式**

| 应力循环情况 | 弯曲或拉压时的$\sigma_{rk}$ | 扭转时的$\tau_{rk}$ |
|---|---|---|
| 恒幅对称循环 ($r=-1$) | $\sigma_{rk}=\frac{\varepsilon_\sigma\cdot\beta}{K_\sigma}\sigma_{-1}$ | $\tau_{rk}=\frac{\varepsilon_\sigma\cdot\beta}{K_\tau}\tau_{-1}$ |
| 恒幅脉动循环 ($r=0$) | $\sigma_{rk}=\frac{2\sigma_{-1}}{\frac{K_\sigma}{\varepsilon_\sigma\cdot\beta}+\psi_\sigma}$ | $\tau_{rk}=\frac{2\tau_{-1}}{\frac{K_\tau}{\varepsilon_\tau\cdot\beta}+\psi_\tau}$ |
| 恒幅不对称循环 | $\sigma_{rk}=\frac{2\sigma_{-1}\cdot r}{(1-r)\frac{K_\sigma}{\varepsilon_\sigma\cdot\beta}+(1+r)\psi_\sigma}$ | $\tau_{rk}=\frac{2\tau_{-1}\cdot r}{(1-r)\frac{K_\tau}{\varepsilon_\tau\cdot\beta}+(1+r)\psi_\tau}$ |

注：$K_\sigma$、$K_\tau$为有效应力集中系数；$\varepsilon_\sigma$、$\varepsilon_\tau$为尺寸系数；$\beta$为表面状态系数；$\psi_\sigma$、$\psi_\tau$为不对称循环系数；$r$为最小应力$\sigma_{min}$与最大应力$\sigma_{max}$的比值。

1. 有效应力集中系数 $K$

有效应力集中系数是指在相同试验条件下，光滑试件与有应力集中的试件的疲劳极限之比(其确定方法有实验法和计算法两种)。

2. 尺寸系数 $\varepsilon$

尺寸系数是指在相同情况下，尺寸为 $d$ 的零件的疲劳极限与标准试件的疲劳极限之比。

3. 表面状态系数 $\beta$

表面状态系数是经过某种加工的零件的疲劳极限与标准试件的疲劳极限之比。表面粗糙度的值高于标准试件时 $\beta < 1.0$；用表面强化方法，如表面热处理和表面冷加工硬化等，可使 $\beta$ 大于 1.0。

4. 不对称循环度系数 $\psi$

不对称循环系数是指应力循环特征对疲劳极限的影响系数，$\psi_\sigma$、$\psi_\tau$ 分别表示弯曲和扭转时的情况。

【例 7-5】某机器中使用的轴，其危险截面上承受的最大弯曲应力 $\sigma_{max}$ =80MPa，最小弯曲应力 $\sigma_{min}=-80$MPa，该截面的尺寸系数 $\varepsilon_\sigma$ =0.84，表面状态系数 $\beta$ =0.93，有效应力集中系数 $K_\sigma=1.88$，轴所使用的材料的弯曲疲劳极限 $\sigma_{-1}$ =245MPa，若规定安全系数 $[n]=2$，试校核该轴是否安全？

解：

因为 $\sigma_{max}=-\alpha_{min}$

所以 $r=-1$

即该轴承受对称循环交变弯曲应力。

考虑尺寸系数、表面状态系数以及应力集中系数后，该轴的对称循环疲劳极限为

$$\sigma_{-1k}=\frac{\varepsilon_\sigma\cdot\beta}{K_\sigma}\sigma_{-1}=\frac{0.84\times0.93}{1.88}\times245=101.8(\text{MPa})$$

该轴段的安全系数：

$$n=\frac{\sigma_{-1k}}{\sigma_{max}}=\frac{101.8}{80}=1.27<[n]=2$$

结论：该轴不安全。

## 六、疲劳损伤积累理论

疲劳损伤积累理论认为：当零件所受应力高于疲劳极限时，每一次载荷循环都会对零件造成一定量的损伤，并且这种损伤是可以积累的，当损伤积累到临界值时，零件将发生疲劳破坏。疲劳损伤积累理论和计算方法很多，较重要的有线性和非线性疲劳损伤积累理论。线性疲劳损伤积累理论认为，每一次循环载荷所产生的疲劳损伤是相互独立的，总损伤是每一次疲劳损伤的线性累加，最具代表性的理论是帕姆格伦-迈因纳(Palmgren-Miner)定理。非线性疲劳损伤积累理论认为，每一次损伤是非独立的，每一次循环载荷形成的损伤与已发生的载荷大小及次数有关，其代表性的理论有柯尔顿(CorTen)理论、多兰 (Dolan)

理论。另外还有其他损伤积累理论，但大多数是通过实验推导的经验或半经验公式。目前，应用最多的是线性疲劳损伤积累理论。

帕姆格伦-迈因纳(Palmgren - Miner)定理设在载荷谱中，有应力幅为$\sigma_1, \sigma_2, \cdots, \sigma_i$等各级应力，其循环数分别为$n_1, n_2, \cdots, n_i$，根据材料的$S$—$N$曲线，可以查到对应于各级应力的达到疲劳破坏的循环数$N_1, N_2, \cdots, N_i$。根据疲劳损伤积累为线性关系的理论，比值$\dfrac{n_i}{N_i}$为材料受到应力$\sigma_i$的损伤率。发生疲劳破坏，即损伤率达到100%的条件为

$$\sum \frac{n_i}{N_i} = 1 \tag{7-15}$$

这就是线性损伤积累理论(帕姆格伦-迈因纳定理)的表达式。令$N$为以循环数表示的疲劳寿命，则上式可改写为

$$N = \frac{1}{\sum\left(\frac{1}{N_1} \cdot \frac{n_i}{N}\right)} \tag{7-16}$$

式中的$\dfrac{n_i}{N}$代表应力为$\sigma_i$的循环数在载荷谱的总循环数中所占的比例，可以从载荷谱中求得；$N_i$是对应于$\sigma_i$的循环次数，可以从$\sigma - N$曲线求得。线性损伤积累理论与实际情况并不完全符合，当发生疲劳破坏时，$\sum \dfrac{n_i}{N_i}$并不恰好等于1。但该理论简单、比较接近实际，故得到了广泛应用。

**【例 7-6】**某零件的载荷谱中，有三种交变载荷，对应的应力幅分别为$\sigma_1$、$\sigma_2$、$\sigma_3$，其出现的频度分别为10%、60%、30%，如果已查到对应于三个应力达到疲劳破坏的循环次数分别为$10^3$、$10^4$和$10^6$，试计算该零件在上述载荷谱作用下达到疲劳破坏的循环次数。

解：根据帕姆格伦-迈因纳定理：

$$\begin{aligned} N &= \frac{1}{\sum\left(\frac{1}{N_1} \cdot \frac{n_i}{N}\right)} \\ &= \frac{1}{\left(\frac{1}{10^3} \times 10\% + \frac{1}{10^4} \times 60\% + \frac{1}{10^6} \times 30\%\right)} \\ &= 6.238 \times 10^3 \end{aligned}$$

该零件在给定载荷谱的作用下，可以承受$6.238 \times 10^3$次循环。

## 七、疲劳寿命理论的应用

在机电设备中，几乎所有机电设备的结构部分都承受疲劳载荷，它们的主要失效形式是疲劳破坏，如起重机的主梁、飞机的机体等的失效。一般来讲，设备的结构寿命是决定整个设备自然使用寿命的基础，如起重机报废标准中规定：主梁报废即标志着安全使用寿命的终结，可申请整车报废。在机电设备评估中，疲劳寿命理论主要用于估算疲劳寿命和疲劳损伤。

20世纪90年代以后生产的新设备，其主要结构件一般都已进行过疲劳寿命设计，这些

设备在设计时就确定了设备的设计使用寿命。这个设计寿命是根据设备可能承受载荷的强度和频度来确定的。但在实际使用中，机电设备所承受的实际载荷可能与设计时考虑的情况有很大的不同。因此，在评估中，重要设备的实际疲劳损伤程度和剩余寿命，需要根据设备所承受的实际载荷使用疲劳寿命理论进行计算确定。

早期生产的机电设备，设计时一般只进行强度计算，未进行疲劳寿命计算。这些设备的安全系数较大，很多已超过服役年龄仍在继续使用。疲劳寿命理论可以用来估算这些设备的剩余物理寿命，这无论对于评估还是企业的安全生产都是非常重要的。

### 1. 起重机桥架的疲劳寿命计算

桥架是桥式起重机的主要受力部件，桥架上的主要载荷是由起吊重物引起的，其损伤形式主要为疲劳损伤。反复起升载荷引起的交变应力作用在桥架上，逐渐形成的线性累积损伤，导致桥架产生下挠或局部产生疲劳裂纹。起重机桥架的下挠变形和局部裂纹可以通过大修复，两次下挠修复后又严重下挠或多次产生裂纹，就标志着桥架安全使用寿命的终结。目前，起重机桥架一般采用疲劳寿命设计。一般而言，桥式起重机工作级别 A1～A2 的寿命为 30 年，A3～A5 寿命为 25 年，A6～A7 寿命为 20 年。

起重机的设计工况和实际使用工况一般不可能完全相同，实际使用年限取决于具体的使用工况，即起重机在实际使用时的工作繁忙程度和载荷的轻重程度。如果设计工况和实际使用工况相差较大，需要根据实际载荷，使用疲劳寿命理论计算实际使用寿命。

**【例 7-7】**某起重机，设计工况为每天以额定载重量吊运 200 包铁水，对应额定载荷的疲劳寿命为$1.2\times10^6$次。若每年工作 300 天，其使用寿命为 20 年。该起重机投入使用后，工艺环境发生变化，每天吊运次数仍为 200 次，其中以额定载荷吊运铁水包 100 次，另外 100 次的起重量为额定载荷的 50%，对应 50%额定载荷的疲劳寿命为$9\times10^7$次，试按实际工作负荷计算该起重机的使用寿命有多少年？

解：根据帕姆格伦-迈因纳定理：

$$N=\frac{1}{\sum\left(\frac{1}{N_1}\cdot\frac{n_i}{N}\right)}$$

$$=\frac{1}{\left(\frac{1}{1.2\times10^6}\times50\%+\frac{1}{9\times10^7}\times50\%\right)}$$

$$=2.368\times10^6(\text{次})$$

实际工作负荷条件下起重机的使用寿命：

$$Y=\frac{N}{\text{每年负荷循环次数}}$$

$$=\frac{2.368\times10^6(\text{次})}{200(\text{次/天})\times/300(\text{天/年})}$$

$$\approx39.5\text{年}$$

### 2. 锅炉锅筒疲劳寿命估算

锅炉在起动、停炉或负荷变化时，锅筒上下壁、内外壁承受的是热循环交变热应力。在这种交变热应力的作用下，经过一定周次的循环，就会在金属表面尤其是应力集中部位出现疲劳裂纹并逐渐扩展。锅筒壁承受的这种交变应力的特点是交变周期长、频率低、导

致疲劳裂纹萌生的循环次数少。

锅炉的设计疲劳寿命是根据特定的条件确定的，如一台设计使用寿命为30年的锅炉，其设计寿命的分配，一般规定了每年冷态起动次数、热态起动次数、负荷调峰次数等条件。在实际使用过程中，由于种种原因的故障停炉、调峰及负荷变化，锅炉的起停次数与设计工况会有不同，有时差异很大。为了合理利用确定锅炉的疲劳寿命，评估师需要根据实际使用工况，对锅炉的疲劳损耗进行复核计算。

**【例7-8】**表7-3为某锅炉对应冷态起动、热态起动、负荷调峰及水压试验等载荷状态的疲劳寿命以及设计时考虑的载荷分配情况，锅炉设计的使用寿命为30年。目前锅炉已经使用20年，如果仅从使用年限考虑，该锅炉还可以使用10年，锅炉的寿命损耗率为66.67%。锅炉在运行过程中实际发生的冷热起动及负荷调峰的次数与设计时考虑的工况条件有较大差别，要较为准确地计算锅炉的寿命损耗率应根据迈因纳定理，分别计算各种载荷工况的寿命损耗率，求和即可计算出锅炉的实际寿命损耗率。

解：计算过程如表7-3所示，该锅炉的实际寿命损耗率为87.85%。

表7-3　锅炉的实际寿命损耗率的计算过程

| 名　称 | 实际允许循环次数($N$) | 设计时考虑的载荷发生次数($n$) | $n/N$ | 实际已发生循环载荷次数 | 实际寿命损耗率 |
|---|---|---|---|---|---|
| 冷态起动 | 2200 | 300 | 13.64% | 490 | 22.27% |
| 热态起动 | 4000 | 1200 | 30% | 1300 | 32.5% |
| 变负荷运行 | 8450 | 4210 | 49.8% | 2350 | 27.8% |
| 安全门校验 | 1850 | 60 | 3.24% | 52 | 2.81% |
| 水压试验 | 2600 | 60 | 2.31% | 45 | 1.73% |
| 超水压试验 | 1400 | 5 | 0.36% | 3 | 0.21% |
| 出厂水压试验 | 950 | 5 | 0.53% | 3 | 0.53% |
| 累计 | | | 99.88% | | 87.85% |

# 任务三　机电设备经济寿命的估算

## 【任务导读】

机电设备有经济寿命吗？它与哪些因素有关？经济寿命的大小能计算出来吗？

## 【任务提出】

- 机电设备经济寿命的定义。
- 机电设备经济寿命的计算方法。

## 【知识导航】

对于机电设备经济寿命的基本观点有两种：一种认为设备的经济寿命是指设备从开始使用到其年均费用最小的年限。使用年限超过设备经济寿命，设备的年均费用又将上升，

所以设备使用到其经济寿命的年限更新最为经济。另一种则认为，对生产设备来说，设备经济寿命的长短不能单看年均费用的高低，而是要以使用设备时所获得总收益的大小来定。即，要在经济寿命这段很有限的时间内获得最大的收益。根据这两种观点，均可求出设备的经济寿命，应根据不同类型用各种方法求得。常用的方法有最大收益法、最小平均费用法和低劣化数值法。最大收益法在计算上较为复杂，为实用起见，现介绍最小平均费用法和低劣化数值法。

## 一、最小平均费用法

平均费用(即年均使用成本)由年均运行维护费和年均折旧费组成。可由下式表示：

$$C_i = \frac{\sum V + \sum B}{T} \tag{7-17}$$

式中：$C_i$——$i$ 年的平均费用(平均使用成本)；

$\sum V$——设备累计运行维护费；

$\sum B$—— 设备累计折旧费；

$T$——使用年份。

计算设备每年的平均使用成本，观察各种费用的变化，一般情况下，随设备使用年限的增长，年平均折旧费逐渐减少，而年均运行维护费用增加。年均费用值最小的年份即为最佳更新期，也即设备的经济寿命。

图 7-5 中的曲线反映了年均运行维护费用和年均折旧损耗的变化，最小的年均费用所对应的年份即为其经济寿命。服务年限超过设备经济寿命，其年均费用又将上升，因此，设备使用到其经济寿命的年限更新最为经济。

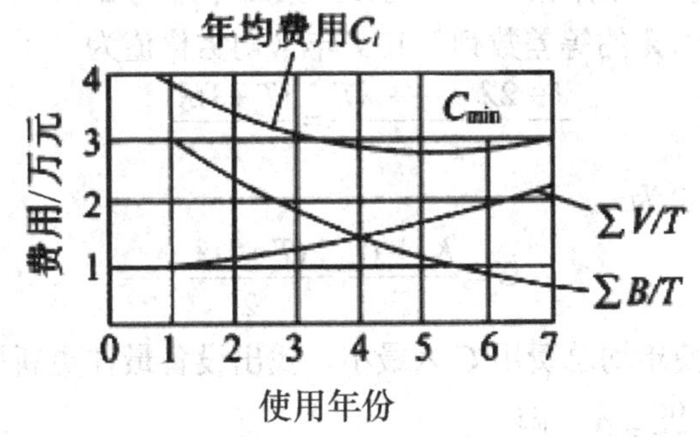


图 7-5　年均费用曲线

【例 7-9】某台设备原值 30000 元，每年的运行维护费用和折旧后的每年残余价值如表 7-4 所示，求最佳更新期。

表 7-4　每年的运行维护费和折旧后的残余价值

| 费用/元 \ 使用年数 | 1 | 2 | 3 | 4 | 5 | 6 | 7 |
|---|---|---|---|---|---|---|---|
| 运行维护费用 | 6000 | 7000 | 8000 | 9000 | 10000 | 12000 | 15000 |
| 残余价值 | 20000 | 13330 | 10000 | 7500 | 5000 | 3000 | 3000 |

解：根据表 7-4 中的数据按最小平均法进行计算，结果如表 7-5 所示。

表 7-5 计算结果

| 使用年数<br>费用/元 | 1 | 2 | 3 | 4 | 5 | 6 | 7 |
|---|---|---|---|---|---|---|---|
| 累计运行维护费 $\sum V$ | 6000 | 13000 | 21000 | 30000 | 40000 | 52000 | 67000 |
| 累计折旧费用 $\sum B$ | 10000 | 16670 | 20000 | 22500 | 25000 | 27000 | 27000 |
| 总使用成本 $\sum V+\sum B$ | 16000 | 29670 | 41000 | 52500 | 65000 | 79000 | 94000 |
| 年均费用 $C_T$ | 16000 | 14830 | 13660 | 13120 | 13000 | 13170 | 13430 |

由表 7-5 中的结果可以清楚地看出，年均费用最低的是 13000 元，故最佳更新期是第五年，再使用下去就不合算了。这里假定该设备每年创造的价值相同，实际上如果设备使用期太长，其效率一般都要降低。

## 二、低劣化数值法

机电设备随着使用年限的增长，有形磨损和无形磨损不断加剧，设备的运行维修费用相应增大，这就是设备的低劣化现象。如果能按照统计资料预测这种劣化程度每年以 $\lambda$ 的数值呈线性递增，那么在设备使用早期即可测定设备的最佳更新期。

假定设备原始价值为 $K_0$，设备使用年数为 $T_0$，则每年设备费用为 $K_0/T_0$。由于设备性能逐年低劣化而使设备运转费用每年以 $\lambda$ 的数值增加，$T$ 年后设备的残余价值为 $Q_T$，则设备最佳使用期的计算如下：

因设备低劣化值在设备使用第一年末为 $\lambda$，第二年末为 $2\lambda$，……，第 $T$ 年末为 $T\lambda$，逐年低劣化值为一差值为 $\lambda$ 的等差数列，其 $T$ 年平均劣化值为

$$\frac{\lambda+2\lambda+\cdots+\lambda T}{T}=\frac{(T+1)\lambda}{2} \tag{7-18}$$

则年均设备总费用 $C$ 为

$$C=\frac{K_0-Q_t}{T}+\frac{(T+1)\lambda}{2}$$

可用求极值的方法使年均总费用 $C$ 为最小，找出设备最佳更新期，亦即经济寿命。

设 $Q_T$ 为一常数，令 $\frac{\mathrm{d}c}{\mathrm{d}t}=0$，则

$$-\frac{K_0-Q_t}{T^2}+\frac{\lambda}{2}=0$$

$$T_0=\sqrt{\frac{2(K_0-Q_t)}{\lambda}} \tag{7-19}$$

式中：$T_0$—— 设备最佳使用年数；

$K_0$—— 设备原始价值；

$\lambda$—— 低劣化值；

$Q_t$—— 设备使用 $t$ 年后残余价值。

在忽略设备残余价值时，

$$T_0 = \sqrt{\frac{2K_0}{\lambda}} \tag{7-20}$$

【例 7-10】设备原始价值为 50000 元，预计残值 $Q_t$ 为零，每年设备运转费用增加值为 1000 元，求设备经济寿命。

解：设备经济寿命为

$$T_0 = \sqrt{\frac{2K_0}{\lambda}} = \sqrt{\frac{2\times 50000}{1000}} = 10(\text{年})$$

本例中，不同使用期的使用成本也可列表求出，如表 7-6 所示。

表 7-6　不同使用期的使用成本　　单位：元

| 使用年限 | 设备费 $\left(\frac{K_0}{T}\right)$ | 年均低劣化值 $\left[\frac{(T+1)\lambda}{2}\right]$ | 年均总费用 |
|---|---|---|---|
| 1 | 50000 | 1000 | 51000.0 |
| 2 | 25000 | 1500 | 26500.0 |
| 3 | 16667 | 2000 | 18666.0 |
| 4 | 42500 | 2500 | 15000.0 |
| 5 | 10000 | 3000 | 13000.0 |
| 6 | 8333.3 | 3500 | 11833.3 |
| 7 | 7142 | 4000 | 11142.8 |
| 8 | 6250 | 4500 | 10750.0 |
| 9 | 5555.5 | 5000 | 10555.5 |
| 10 | 5000 | 5500 | 10500.0 |
| 11 | 4545.4 | 6000 | 10545.4 |

根据表中数据也可找出最佳使用期和最低年度使用成本，从表 7-6 中可看出第 10 年的年均费用最小，亦即为设备的经济寿命。

以上例题计算，没有考虑各年费用的时间价值，而实际运算应用中，还应该将费用的时间因素计算进去。如果考虑资金时间价值，假定年利率 $i = 10\%$，则计算结果如表 7-7 所示。

表 7-7　设备最佳使用期计算(考虑时间因素)

| 使用年限 | 当年劣化值 | 现值系数 | 年低劣化数值现值 | 累计劣化值现值 | 投资回收系数 | 年均劣化现值 | 年均设备费用 | 年均总费用 |
|---|---|---|---|---|---|---|---|---|
| | $=\lambda T$ | ② | ③=①×② | ④=Σ③ | ⑤ | ⑥=④×⑤ | ⑦=50000×⑤ | ⑧=⑥+⑦ |
| 1 | 1000 | 0.9091 | 909.1 | 909.1 | 1.10000 | 1000.01 | 55000.0 | 56000.01 |
| 2 | 2000 | 0.8264 | 1652.8 | 2561.9 | 0.57619 | 1476.14 | 28809.5 | 30285.64 |
| 3 | 3000 | 0.7513 | 2253.9 | 4815.8 | 0.40211 | 1936.48 | 20105.5 | 22041.98 |
| 4 | 4000 | 0.6830 | 2732.0 | 7547.8 | 0.31547 | 2381.10 | 15773.5 | 18154.60 |
| 5 | 5000 | 0.6209 | 3104.5 | 10652.3 | 0.26780 | 2852.69 | 13390.0 | 16242.69 |
| 6 | 6000 | 0.5645 | 3387.0 | 14039.3 | 0.22961 | 3223.56 | 11480.5 | 14704.06 |

续表

| 使用年限 | 当年劣化值 | 现值系数 | 年低劣化数值现值 | 累计劣化值现值 | 投资回收系数 | 年均劣化现值 | 年均设备费用 | 年均总费用 |
|---|---|---|---|---|---|---|---|---|
| | $=\lambda T$ | ② | ③=①×② | ④=Σ③ | ⑤ | ⑥=④×⑤ | ⑦=50000×⑤ | ⑧=⑥+⑦ |
| 7 | 7000 | 0.5132 | 3592.4 | 17631.7 | 0.20541 | 3621.73 | 10270.5 | 13892.23 |
| 8 | 8000 | 0.4665 | 3732.0 | 21363.7 | 0.18744 | 4004.41 | 9372.0 | 13376.41 |
| 9 | 9000 | 0.4241 | 3816.9 | 25180.6 | 0.17364 | 4371.36 | 8682.0 | 13054.36 |
| 10 | 10000 | 0.3855 | 3855.0 | 29035.6 | 0.16275 | 4724.54 | 8137.5 | 12863.04 |
| 11 | 11000 | 0.3505 | 3855.5 | 32891.1 | 0.15396 | 5063.91 | 7698.0 | 12761.91 |
| 12 | 12000 | 0.3186 | 3823.2 | 36714.3 | 0.14676 | 5388.19 | 7338.0 | 12726.19 |
| 13 | 13000 | 0.2897 | 3766.1 | 40480.4 | 0.14078 | 5698.83 | 7039.0 | 12737.83 |
| 14 | 14000 | 0.2633 | 3686.2 | 44166.6 | 0.13575 | 5995.62 | 6787.5 | 12783.12 |

# 练　习　题

## 一、单项选择题

1. (　　)是机电设备实体性损耗的主要形式之一。

A. 腐蚀　　B. 疲劳损伤　　C. 氧化　　D. 磨损

2. 典型的磨损过程中，磨损量和时间之间基本上成直线关系的阶段是(　　)。

A. 初期磨损阶段　　B. 正常磨损阶段

C. 急剧磨损阶段　　D. 全部磨损阶段

3. 下列关于设备磨损的说法中，正确的是(　　)。

A. 设备在使用初期，零部件表面的粗糙度比较小，在使用过程中随着磨损而逐渐增大

B. 设备的正常磨损寿命是指正常磨损阶段的磨损寿命，即第Ⅱ阶段的磨损寿命

C. 设备在进入急剧磨损阶段后，应开始考虑安排修理

D. 材料的磨损强度数值越大，材料的耐磨性越差

4. 设备的正常磨损寿命指(　　)。

A. 初期磨损阶段设备的磨损时间　　B. 正常磨损阶段设备的磨损时间

C. 设备整个磨损寿命期　　D. 磨损Ⅰ阶段与Ⅱ阶段之和

5. 已知磨损强度为0.3mm/年，且设备运行3年后，磨损率为1/4，则该设备的剩余寿命为(　　)年，极限磨损量为(　　)mm。

A. 15；7.2　　B. 12；7.2　　C. 12；3.6　　D. 10；3.6

6. 某轴类零件原始直径为150mm，允许最大磨损量为5mm，目前该轴已经使用了3年，测得轴的直径为147mm，由此可知该轴的剩余寿命为(　　)年。

A. 2　　B. 4　　C. 6　　D. 8

7. 下列关于低碳钢试棒在受轴向静拉力时，轴向负荷与绝对轴向变形之间关系的说

法中，正确的是(　　)。

A. 在负荷较小时材料发生弹性变形，当负荷增大到一定程度则会发生塑性变形，该负荷点所对应的应力为比例极限

B. 弹性极限为应力与应变保持线性关系的最大应力

C. 材料发生塑性变形后，当负荷继续增大到一定值，会出现在负荷不增加甚至减少的情况下，试样还继续伸长，出现这种现象叫屈服

D. 当负荷达到一定值时，试样发生断裂，这个负荷为极限负荷

8. 下列关于疲劳寿命曲线的说法中，错误的是(　　)。

A. “应力—寿命”曲线和“应变—寿命”曲线统称为“*S—N*”曲线

B. “*S—N*”曲线是由疲劳试验获得的

C. 条件疲劳极限小于疲劳极限

D. 当 *N* 小于循环基数时，根据该区域的疲劳寿命曲线所做的疲劳强度计算称为有限寿命计算

9. 下列关于疲劳寿命理论的表述中，正确的是(　　)。

A. 与给定的循环数相对应的应力为有限寿命疲劳极限

B. 应力循环次数小于循环基数的称为低周疲劳

C. 条件疲劳极限小于疲劳极限

D. 有限寿命疲劳极限小于疲劳极限

10. 设备原始价值为 20 万元，预计残值为 0，低劣化值为 0.4 万元，其最佳使用年限是(　　)年。

A. 10　　B. 11　　C. 15　　D. 20

## 二. 多项选择题

1. 机电设备的磨损可以导致(　　)。

A. 零部件尺寸、形状变化　　B. 表面质量变化

C. 精度下降　　D. 寿命下降

E. 改善技术性能

2. 典型的磨损过程，包括(　　)。

A. 初期磨损阶段　　B. 正常磨损阶段　　C. 急剧磨损阶段

D. 稳定磨损阶段　　E. 经济磨损阶段

3. 设备的寿命可以分为(　　)。

A. 自然寿命　　B. 经济寿命　　C. 技术寿命　　D. 磨损寿命　　E. 损伤寿命

## 三. 简答题

1. 某大型设备轴承镀层原始壁厚 1.2mm，在使用 5 年后，壁厚磨损至 0.9mm，已知该镀层的最大磨损允许极限是原始厚度的 60%，请计算该轴承镀层的磨损强度和磨损率。

2. 某零件设计使用寿命 10 年，设计时考虑两种交变载荷 $P_1$ 和 $P_2$，对应的疲劳极限分别为 $10^3$ 和 $10^5$，$P_1$ 出现的频度为 30%，$P_2$ 出现的频度为 70%。而实际使用时，$P_1$ 出现的频度为 70%，$P_2$ 出现的频度为 30%。若每天总使用次数不变，估计零件的实际使用寿命为多少年?

3. 某起重机只有两种交变载荷状态 $P_1$ 和 $P_2$ ($P_1>P_2$)，所对应的应力幅分别为 $\sigma_1$ 和 $\sigma_2$，已知对应上述两个应力的疲劳破坏循环次数分别为 $10^4$ 和 $10^6$。设计时考虑载荷 $P_1$ 和 $P_2$ 出现的频率分别为 20%和 80%。每年的载荷循环总次数按 2400 次/年考虑。

问:

(1) 该起重机的设计寿命为多少年?

(2) 该起重机投入使用后，由于工作条件发生变化，年载荷循环总次数比设计时考虑的增加了 20%，起吊大载荷的频率也由原来的 20% 提高到 40%。目前该起重机已使用 4 年。按实际工况，该起重机的总使用寿命为多少年？剩余使用寿命为多少年？

4. 某高强度钢，材料的屈服极限为 400MPa，强度极限为 500MPa，断裂极限为 480MPa，比例极限为 320MPa，设计安全系数为 5，若用此材质的圆钢承受 $Q = 6.5\times10^4$N 的拉伸载荷，问圆钢的直径至少要多少才能满足使用要求？

# 项目八

## 机电设备的故障诊断与质量评定

### 知识目标

- 了解机电设备故障的分类及维修方式
- 理解并熟悉设备故障诊断技术的分类及诊断技术的三个阶段
- 掌握设备故障诊断的常用方法
- 熟悉机电设备质量评定的内容
- 了解机电设备评估中的技术鉴定的主要内容和要求

### 技能目标

- 能够运用设备故障诊断方法诊断出机电设备的故障

# 任务一　机电设备的故障诊断

【任务导读】

小王开车回老家看望爷爷，他刚上高速不久，就看到前面有一辆车后面在冒白烟，小王以为是自己眼睛有问题，没有在意，继续跟着那辆车往前走。不一会儿那辆车冒起了黑烟，小王吓了一身冷汗，不知道那辆车发生了什么故障，害怕那辆车着火了会发生爆炸。这时前面那辆车上的司机发现了，急忙对车子进行了应急处理。才避免可怕的事情发生。同学们你们知道小王看到的那辆汽车发生了什么故障吗？设备故障发生前有什么样的先兆呢？怎么对故障进行诊断？我们能不能提前通过某种仪器把机电设备潜在故障诊断出来呢？答案就在本节，请认真学习吧。

【任务提出】

- 机电设备的故障的定义及类型。
- 设备故障诊断技术及其实施过程。

【知识导航】

在现代化生产中，机电设备的状态监测与故障诊断技术越来越受到重视。建立以状态监测为基础的预防维修体制，企业不但能及时、正确地对各种异常状态或故障作出诊断，预防或消除故障，而且能保证设备发挥最大的设计能力，延长服役期限，降低设备寿命周期费用，获得更大的经济效益和社会效益。故我国政府的有关部门已把设备状态监测与故障诊断技术列入了企业管理法规明确规定：“要根据生产需要逐步采用现代故障诊断和状态监测技术，发展以状态监测为基础的预防维修体制。”

## 一、概述

### 1. 设备状态和故障含义

机电设备的状态可分为正常状态和异常状态。

正常状态指机器的整体或其局部没有缺陷，或虽有缺陷但其性能仍在允许的限度内。异常状态指缺陷已有一定程度的扩展，使机器状态发生一定程度的变化，机器性能已劣化。

故障是指机电设备(元件、零件、部件、产品或系统)因某种原因丧失规定功能的现象。出现故障的机电设备一定处于异常状态。

### 2. 设备故障类型

(1) 按部件损坏程度分类。按部件损坏程度分为功能停止型故障、功能降低型故障和商品质量降低型故障三类。

功能停止型故障是指机器零件或机器损坏，丧失了工作能力。如机器不能启动，无法运转；汽车发动机不能发动、无法开车；工作机构不能工作等。

功能降低型故障是指机器虽能工作，但运行过程中机器功率降低或油耗增加。如发动机工作过程中功率降低，燃油、润滑油油耗增加；工作机构工作能力降低，工作无力等。

商品质量降低型故障是指机器虽能工作，但在工作中出现漏水、漏油、漏电、异常噪

声、喘振、不规则跳动、传动系失去平稳等。

(2) 按故障持续时间分类。按故障持续时间分为临时性故障和持久性故障。

临时性故障是机器在很短时间内发生的丧失某些局部功能的故障。这种故障发生后不需要修复或更换零部件，只需对故障部位进行调整即可恢复其丧失的功能。

持久性故障是造成机器功能丧失的一直持续到需更换或修复故障零部件后才能恢复机器工作能力的故障。

(3) 按故障是否发生分类。按故障是否发生分为实际故障和潜在故障。

实际故障是指机器已经发生的故障。

潜在故障是指机器自身可能存在故障隐患，在生产过程中，如果严格执行机器的使用和维修规程，采取有效的监测和预防措施，将能防止潜在故障发展成为实际故障。

(4) 按故障发生时间分类。按故障发生时间分为突发性故障和渐进性故障两类。

突发性故障的发生与机器的状态变化及机器已使用过的时间无关，一般是在无明显故障预兆的情况下突然发生。突发性故障的发生具有偶然性和突发性。这类故障一般在实际工作中难以预测，故又称不可监测故障。

渐进性故障是指设备中某些零件的技术指标逐渐恶化，最终超出允许范围(或极限)而引发的故障为渐进性故障，如磨损、腐蚀、疲劳、老化等逐渐发展而成，其特点是：①故障发生的时间一般在零部件、元器件有效寿命的后期；②故障发生的概率与机器的使用时间有关；③有规律，可以预防。这类故障一般是可以预测的，因此常称为可检测故障。

### 3. 设备维修方式

(1) 事后维修。事后维修即故障发生后再修理，也称坏了再修 ，它是最早最常用的维修方式。由于零件坏了无法再利用，因此事后维修的维修费用高。另外 ，若某些重要机器的关键零部件损坏会产生重大事故，因此使用这种维修方式要承担一定的风险。

(2) 定期维修。定期维修是按一定的时间间隔定期检修，如汽车的大修、小修等。它是为了预防机器损坏而进行的维修，故又称预防维修。采用定期维修方式时，不管机器有无故障，一到规定的时间都要进行定期检修、更换关键零部件。因此这种维修方式一方面可能存在过剩维修，另一方面又可能出现提前失效而具有一定的危险性。

(3) 状态维修。状态维修是对机器进行状态监测，根据机器有无故障及机器性能的劣化程度决定是否进行维修，故又称预测维修或视情维修。它克服了以上两种维修方式的不足，具有许多优点。多年来人们习惯使用的维修方式是事后维修和定期维修，目前生产中大多采用的也是这两种维修方式。随着科学技术的不断发展，状态监测的优点将越来越为人们所共识。因此加快进行维修体制的改革，由事后维修、定期维修向状态维修过渡。

### 4. 描述故障的特征参量

设备状态在演变过程中所出现的各种迹象都表明设备内部存在着故障隐患。故障诊断技术就是根据各种故障迹象，采用相应的故障特征参量所提供的信息来判断设备技术状态，以对其存在的故障做出诊断。虽然设备运行状态千差万别，故障迹象多种多样，但描述故障的特征参量可归纳为两大类，即直接特征参量和间接特征参量。

直接特征参量包括设备或部件的输出参数和设备零、部件的损伤量。

(1) 设备或部件的输出参数。包括设备的输出(如机床加工精度的变化、机械生产率的变化、油泵效率的变化等)，输入与输出的关系(如柴油发电机组的耗油量与输出关系的变化等)以及设备两个输出变量之间的关系(如热交换器的温差与流量的关系、泵的流量与压力的关系等)。利用设备或部件的输出参数可以判断设备所处的运行状态，并可预示故障的存在。

一般来说，设备或部件的输出参数是比较容易检测的，但各种输出参数指标对于设备早期故障的反应往往不很灵敏。如一些主要零件在影响设备性能之前可能就存在缺陷，但不一定反映到输出参数上。因此以设备或部件输出参数作为故障特征参量一般难以发现早期故障。另外，这类故障特征参量用以判断设备工作能力的强弱，只表明有无故障，而无法判断故障部位、故障形式及故障原因。

(2) 设备零、部件的损伤量。引起设备故障的各种损伤量，如变形量、磨损量、裂纹大小、锈蚀程度等都是判断设备技术状态的特征参量。这类特征参量都是引起故障的直接原因，它们不仅可以表示故障的存在、发生故障的原因及部位，而且其数量值可以表示故障的严重程度及发展趋势。虽然这类特征参量能对故障做出较全面的描述，但由于这类特征在复杂设备里大量存在，不可能同时对它们逐个加以测量，所以，通常是在故障诊断的第二阶段，利用这类特征参量来判断设备故障。即在检测了设备输出参数或其他故障信息以后，认为有必要进一步查明设备工作能力降低或故障发生的直接原因时，才进行损伤量的测量。

间接特征参量即二次效应参数。在故障诊断技术中，作为设备故障信号的二次效应主要有设备在运转过程中产生的振动、噪声、温度、电量等。另外，即使对于同一类二次效应，描述它的特征参量也有多个。如振动可用位移、速度、加速度描述；声音可用噪声、超声、声发射描述；温度可用温差、热象、温度场描述；电量可用电压、电流、功率、频率、相位、电阻、电感、电容描述等。可见，作为故障信号的二次效应参数较多，而且对于不同的故障和频率范围，二次效应参数与故障判断之间的灵敏度和有效性也不完全相同。因而在故障诊断中，就存在一个合理选择特征参量的问题。用间接特征参量进行故障诊断的主要优点是可以在设备运行中以及不做任何拆卸的条件下进行诊断。其缺点是间接特征参量与故障间常存在某种随机性。

## 二、设备故障诊断技术及其实施过程

测取设备在运行中或相对静止条件下的状态信息，对所测信号进行处理和分析，并结合设备的历史状况，定量识别设备及其零、部件的实时技术状态，预知有关异常、故障和预测未来技术状态，从而确定必要对策的技术即为设备故障诊断技术。按照上面关于设备故障诊断技术的表述，设备故障诊断通常包括状态信息的提取、状态的识别、对未来的预测及确定必要的对策等。诊断过程分为三个阶段，即状态监测、分析诊断和治理预防，如图 8-1 所示。

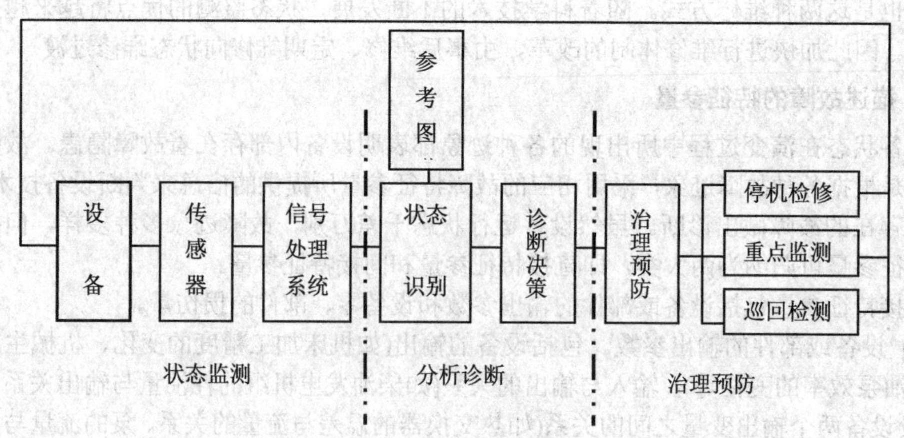


图 8-1　诊断技术的三个阶段

(1) 状态监测。对设备故障进行诊断，首先要通过传感器采集设备(零部件或机组等)在运行中的各种信息，将其变为电信号，再将获取的信号输入到信号处理系统进行处理，以便得到能反映设备运行状态的参数。在传感器采集到的信号中，除了含有能反映设备故障部位症状的有用信号(称为征兆或故障征兆)外，往往还含有不是诊断所需要的无用信号(或干扰信号)。如何将征兆信号提取出来，获得诊断决策的可靠依据是信号处理系统要完成的一项重要工作。

(2) 分析诊断。分析诊断包括状态识别和诊断决策，即根据状态监测得到的能反映设备运行状态的征兆(或特征参数)的变化情况，将征兆(或特征参数)与某故障状态参数(模式)进行比较，来识别设备是否存在故障，判断故障的性质和程度及产生的原因、发生的部位，并预测设备的性能和故障发展趋势。

(3) 治理预防。根据分析诊断得出的结论来确定治理修正和预防的办法，包括调度、改变操作、更换、停机检修等。如果认定设备尚可继续运行一段时间，那么需对故障的发展情况做重点监视或巡回监视，以保证设备运行的可靠性。

设备故障诊断技术的分类方法比较多，下面主要叙述三种分类方法。

按诊断的目的、要求和条件的不同分类。

(1) 功能诊断和运行诊断。对于新安装的或刚维修的设备及部件，需要判断它们的运行工况和功能是否正常，并根据检测与判断的结果对其进行调整，这就是功能诊断。而运行诊断是对正在运行中的设备或系统进行状态监测，以便对异常的发生和发展进行早期诊断。

(2) 定期诊断和连续监测。间隔一定时间对服役中的设备或系统进行一次常规检查和诊断即为定期诊断。而连续监测则是采用仪器仪表和计算机信号处理系统对设备或系统的运行状态进行连续监视和检测。这两种方法的选用需根据诊断对象的关键程度、其故障的严重程度、运行中设备或系统性能下降的快慢程度及其故障发生和发展的可预测性来决定。

(3) 直接诊断和间接诊断。直接诊断是直接根据关键零部件的状态信息来确定其所处的状态，例如轴承间隙、齿面磨损、轴或叶片的裂纹以及在腐蚀条件下管道的壁厚等。直接诊断迅速可靠，但往往受到机械结构和工作条件的限制而无法实现。间接诊断是通过设备运行中的二次效应参数来间接判断关键零部件的状态变化。由于多数二次效应参数属于综合信息，因此在间接诊断中出现伪警或漏检的可能性会增加。

(4) 在线诊断和离线诊断。在线诊断一般是指对现场正在运行中的设备进行的自动实时诊断。而离线诊断则是通过存储设备将现场测量的状态信号记录下来，带回实验室后再结合诊断对象的历史档案进行进一步的分析诊断。

(5) 常规诊断和特殊诊断。常规诊断是在设备正常服役条件下进行的诊断，大多数诊断属于这一类型诊断。但在个别情况下，需要创造特殊的服役条件来采集信号，例如，动力机组的起动和停机过程要通过转子的扭振、弯曲振动的几个临界转速采集起动、停机过程中的振动信号，停车对诊断其故障是必需的，所要求的振动信号在常规诊断中是采集不到的，因而需要采用特殊诊断。

(6) 简易诊断和精密诊断。简易诊断一般由现场作业人员进行。凭着听、摸 、看、闻来检查、判断设备是否出现故障，也可通过便携式简单诊断仪器，如测振仪、声级计、工业内窥镜、红外测温仪等对设备进行人工监测，根据设定的标准或凭人的经验确定设备是否处于正常状态。若发现异常，则通过监测数据进一步确定其发展趋势。精密诊断一般要由从事精密诊断的专业人员来实施。采用先进的传感器采集现场信号，然后采用精密诊断

仪器和各种先进分析手段(包括计算机辅助方法、人工智能技术等)进行综合分析，确定故障类型、程度、部位和产生故障的原因，了解故障的发展趋势。

从研究故障诊断技术的角度，常按诊断的物理参数分类。具体的分类方法如表 8-1 所示。

表 8-1　按诊断的物理参数划分诊断技术

| 诊断技术名称 | 状态检测参数 |
|---|---|
| 振动诊断技术 | 平衡振动、瞬态振动、机械导纳及模态参数 |
| 声学诊断技术 | 噪声、声阻、超声以及声发射等 |
| 温度诊断技术 | 温度、温差、温度场以及热象等 |
| 污染诊断技术 | 气、液、固体的成分变化,泄漏及残留物等 |
| 无损诊断技术 | 裂纹、变形、斑点及色泽等 |
| 压力诊断技术 | 压差、压力及压力脉动等 |
| 强度诊断技术 | 力、扭矩、应力及应变等 |
| 电参数诊断技术 | 电信号、功率及磁特性等 |
| 趋向诊断技术 | 设备的各种技术性能指标 |
| 综合诊断技术 | 各种物理参数的组合与交叉 |

从学科的工程应用角度，多按诊断的直接对象分类。具体的分类方法如表 8-2 所示。

表 8-2　按直接诊断对象划分诊断技术

| 诊断技术名称 | 直接诊断对象 |
|---|---|
| 机械零件诊断技术 | 齿轮、轴承、转轴、钢丝绳、连接件等 |
| 液压系统诊断技术 | 泵、阀、液压元件及液压系统等 |
| 旋转机械诊断技术 | 转子、轴系、叶轮、风机、泵、离心机、汽轮发电机组及水轮发电机组等 |
| 往复机械诊断技术 | 内燃机、压气机、活塞及曲柄连杆机构等 |
| 工程结构诊断技术 | 金属结构、框架、桥梁、容器、建筑物、静止电气设备等 |
| 工艺流程诊断技术 | 各种生产工艺过程 |
| 生产系统诊断技术 | 各种生产系统、生产线 |
| 电器设备诊断技术 | 发电机、电动机、变压器、开关电器 |

## 三、设备故障诊断的常用方法

这里主要介绍应用比较广泛的基础性故障诊断方法。在进行设备故障诊断时，应结合设备故障的特点及获取故障征兆的有效性，进行正确的选用。

### 1. 振动测量法

振动测量通常采用机械方法、光学方法和电测方法。机械方法常用于振动频率低、振幅大、精度要求不高的场合。光学方法主要用于精密测量和测振传感器的标定。电测方法是应用范围最广的一种方法。不管采用哪种测量方法，都要采用相应的测振传感器。采用电测法测量振动，传感器的作用是感受被测振动参数，将其转换为电量。按所测振动参数

的不同，分别有测量振动加速度的加速度传感器，测量振动速度的速度传感器和测量振动位移的位移传感器。可用于振动测量的传感器比较多，下面只介绍广泛应用的几种典型传感器。

(1) 压电式加速度计。

压电式加速度计是基于压电晶体的压电效应工作的。其中，压电晶片是加速度计的核心。常见的结构形式为中心压缩式，分为正置压缩型、倒置压缩型、环形剪切型、三角形剪切型等，测量时，将加速计基座与被测对象刚性固定在一起。当随被测对象一起振动时，加速度计把被测加速度变换成作用在压电晶片上的力，通过压电晶片的力一电转换把加速度变成电量输出。

振动加速度计属于能量转换型传感器，亦即发电型传感器，它直接将被测振动加速度转换为电量输出，而不需要电源供电。振动加速度计的可测频率范围宽(0.1Hz～20kHz)，灵敏度高而且稳定，有比较理想的线性。这种传感器体积小，重量轻，可以安装在任何方位，而且无移动元件，不易造成磨损。其输出信号通过积分电路能很容易地转换成振动速度信号和振动位移信号。

(2) 磁电式速度传感器。这种传感器是利用电磁感应原理，将振动速度转换为线圈中的感应电动势输出。如同压电加速度计，它的工作也不需要外加电源，而是直接从被测对象吸取机械能量，并将其转换成电量输出。因此，它也是一种典型的能量转换型传感器，即发电型传感器。

(3) 电涡流位移传感器。这是一种非接触式位移传感器，它基于金属体在交变磁场中的电涡流效应工作。电涡流位移传感器属于能量控制型传感器，它必须借助于电源才能将位移转换为电信号。这种传感器具有结构简单、线性范围宽(300μm～1000μm)灵敏度高、频率范围宽(零至几百 kHz)、抗干扰能力强、不受油污等介质影响以及非接触测量等特点。电涡流位移传感器可以无接触地测量各种振动的幅值。常用它监控汽轮机、空气压缩机主轴的径向振动，测量发动机涡轮叶片的振幅；还常用于汽轮机主轴轴向位移测量及旋转体转速的测量。在工况监测与故障诊断中应用甚广。

### 2. 噪声测量法

任何设备不是处在空气中，就是处在其他介质中，机械振动将使介质振动，形成波。设备噪声就是不规则的机械振动在空气中引起的振动波。设备噪声也能在不同程度上反映出设备所处的工作状态。因此，利用噪声测量及对测量结果的分析来识别设备故障是设备故障诊断的又一种常用方法。

噪声测量中，最常使用的仪器是传声器和声级计。

(1) 传声器。传声器的作用如同人的耳膜，由它将声能(声信号)转换成电能(电信号)。其转换过程是：首先由接收器将声能转换成机械能，然后由机电转换器把机械能转换成电能。通常用膜片作为接收器来感受声压，将声压的变化变成膜片的振动。根据膜片感受声压情况的不同，传声器可分为三类：压强式传声器，其膜片的一面感受声压；压差式传声器，其膜片的两面均感受声压，引起膜片振动的力取决于膜片两面压差的大小；压强和压差组合式传声器。在噪声测量中常用压强式传声器。

根据膜片振动转换成电能的方式，传声器也可分为三类：动圈式传声器，它利用磁场耦合的方式将膜片的振动转换成电量；压电式传声器，它通过声压使压电晶体产生电荷；

电容式传声器，它利用电场耦合方式将膜片的振动转换成电量。电容式传声器具有较多优点，因此广泛应用于精密和标准声级计中。而普通声级计一般采用压电式传声器。现在动圈式传声器已很少使用。

(2) 声级计。声级计是噪声测量中使用最为广泛、最简便的仪器。它不仅用来测量声级，还能与各种辅助仪器配合进行频谱分析、记录噪声的时间特性和测量振动等。

声级计按其用途分为一般声级计、脉冲声级计、积分声级计和噪声暴露计(噪声剂量计)等。

声级计按其精度分为：

0 型声级计(实验室用标准声级计)。

1 型声级计(一般用途的精密声级计)：如国产的 ND1 型、ND2 型精密声级计；国产 ND6 型脉冲精密声级计；丹麦 B&K 公司生产的 2203 型精密声级计及 2209 型脉冲精密声级计等。这种声级计选用电容传声器，指示精度高，可配用带通滤波器进行频谱分析，其输出可直接送入记录器。

2 型声计(一般用途声级计)：如国产 ND10 型和 SJ-1 型、SJ-2 型普通声级计。

3 型声级计(普及型声级计)：这种声级计对传声器的要求不高，全机动态范围较窄，一般不与带通滤波器连用，适用于测量精度要求不高的场合。

声级计按其体积分为台式声级计、便携式声级计和袖珍式声级计。

由于环境的影响，声级计的读数会产生偏差，另外声级计的关键部件传声器有时也会出现不稳定。为减小偏差，保证噪声的测量精度和测量数据的可靠性，按规定每次测量开始和结束都要进行校准，两次差值不应大于 ldB。有多种校准方法，活塞发生器校准法、扬声器校准法、互易校准法、静电激励校准法、置换法等。

(3) 故障的噪声识别方法。设备通常包括很多运动零部件，这些运动着的零部件都可能产生振动，发出声波。这些不同声强。不同频率的声波无规律的混合便形成噪声。噪声是设备的固有信息，它的存在不等于存在故障。只有描述其特性的特征参数发生变化，而且这种变化越过一定的范围，才能判断可能发生了故障。因此，可以根据噪声信号的特征量制定一定限值作为有无故障的标准，来对是否存在故障进行判断。但要识别故障的性质，确定故障的部位及故障程度，就需对提取的噪声信号做频谱分析。利用噪声(或振动)信号特征参数的变异及其程度进行故障判断有三种标准，即绝对标准、相对标准和类比标准。在绝对标准中，利用测取的噪声信号的特征量值与标准特征量值进行比较；在相对标准中，利用测取的噪声信号的特征量值与正常运行时的特征量值进行比较；在类比标准中，利用同类设备在相同工况条件下的噪声信号的特征量值进行比较。具体的故障分析方法 照“异常振动分析方法”部分。

### 3. 温度测量法

温度测量可以找出机件的缺陷并能诊断出各种由热应力引起的故障。不仅如此，温度测量法还可以弥补射线、超声、涡流等 无损探测法(后面有述)的不足，用来探测机件内部的各种故障隐患。研究和应用实例表明，温度测量法是目前故障诊断中的一项十分实用而有效的诊断方法。

1) 测温仪表

测量温度的仪表通常称为温度计，分为接触式和非接触式两大类。温度计的分类如图 8-2 所示。

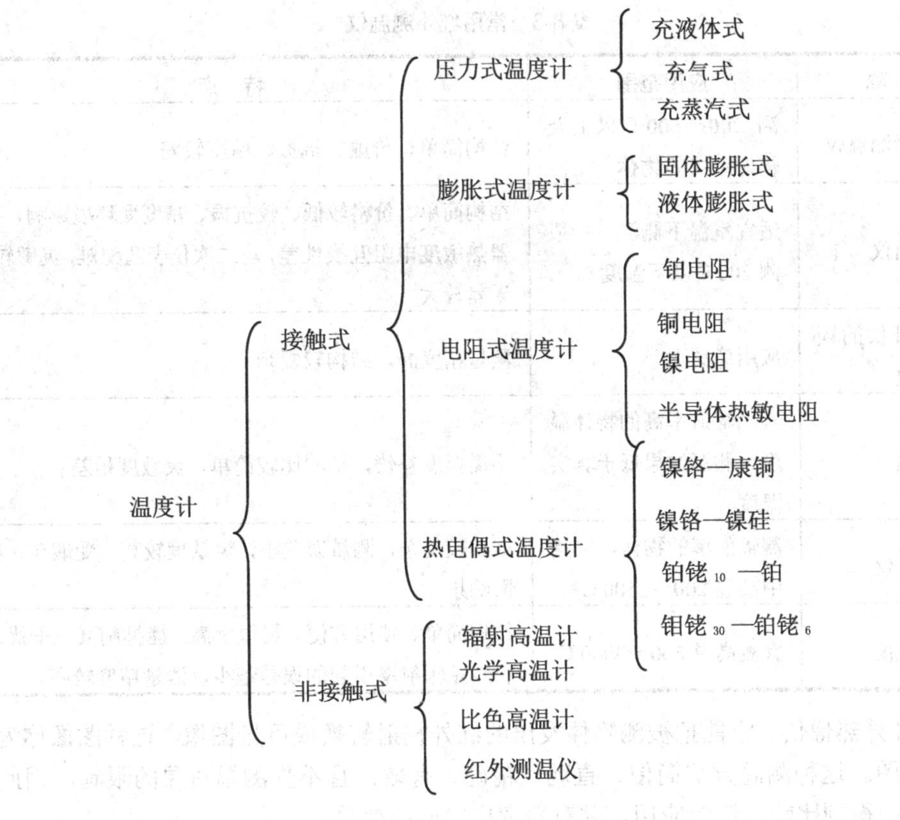


图 8-2　温度计的分类图

(1) 热电偶。热电偶是广泛应用于各种设备温度测量的一种传统温度传感器。热电偶与后续仪表配套可以直接测量出 0～1800T 范围内液体、气体内部以及固体表面的温度。热电偶具有精度高，测量范围宽，便于远距离和多点测量等优点。热电偶是基于热电效应进行测量的。常用热电偶分为标准化热电偶和非标准化热电偶两类。标准化热电偶制造工艺比较成熟，性能优良且稳定，同一型号热电偶具有互换性。非标准化热电偶多用在一些特殊场合，虽然在使用范围和数量上均不及标准化热电偶，但它们的一些特别良好的性能是标准化热电偶所不及的。实际使用的热电偶有普通热电偶、铠装热电偶和薄膜热电偶等。

(2) 热电阻温度计。在设备的温度测量中，还经常使用热电阻温度计。热电阻温度计利用材料的电阻率随温度变化而变化的特性，与电桥相配合，将温度按一定函数关系转换为电量。按敏感材料的不同，有金属热电阻温度计和半导体热敏电阻温度计两种。常用的金属热电阻有铂热电阻、铜热电阻、镍热电阻等。其结构有普通型热电阻和铠装热电阻。

(3) 红外测温仪器。红外测温仪器是利用红外辐射原理，采用非接触方式，对被测物体表面进行观测，并能记录其温度变化的设备。红外测温仪器的核心是红外探测器，它能把入射的红外辐射能转变为便于检测的电能。按对辐射响应方式的不同，将红外探测器分为光电探测器和热敏探测器两大类。

常用的红外测温仪器如下。

① 红外测温仪：是红外测温仪器中最简单的一种。品种多、用途广泛、价格低廉，用于测量物体“点”的温度。如表 8-3 所示。

表 8-3 常用红外测温仪

| 名 称 | 应用范围 | 特 点 |
| --- | --- | --- |
| 简易辐射测温仪 | 测 200～600℃以上及辐射率高的物体 | 结构简单、价廉、抗振、精度较差 |
| 辐射测温仪 | 适宜室温下测温，一般测 200℃以下温度 | 结构简单、价格较低、较抗振、精度受环境影响，探测器热敏度电阻互换性差，与二次仪表匹配难，灵敏较低，误差较大 |
| 有温度补偿的辐射测温仪 | 应用广泛 | 测量精度高，结构较复杂 |
| 亮度测温仪 | 宜测辐射率高的物体温度、测温结果低于真实温度 | 不需温度补偿，结构比较简单，灵敏度稍差 |
| 比色测温仪 | 测辐射率的物体，宜测中高温 200～3500℃ | 结构较复杂，测量误差小，灵敏度较高，受烟雾、灰尘影响小 |
| 单色测温仪 | 宜测高温 600～3000℃ | 结构简单、使用方便、灵敏度高，能抑制某些干扰，波长越短辐射率引起的误差越少，测量精度较高 |

② 红外热像仪。它能把被测物体发出的红外辐射转换成可见图像，这种图像称为热像图或温度图。这种测温方法简便、直观、精确、有效，且不受测温对象的限制，因此，在温度测量中得到比较广泛的应用，并有着宽广的应用前景。

现有的热成像系统主要分两类：一类是光机扫描成像系统，称为红外热像仪；另一类是热释电红外摄像管成像系统，称为红外热电视。

2) 通过测温测量所能发现的常见故障

通过温度测量不仅可以检查工艺过程中的温度变化，据此判断控制过程是否良好，是否存在故障外，还可以掌握机件的受热状况，据此判断机件各种热故障的部位和原因。通过温度测量所能发现的常见故障可归纳为以下几类：

(1) 轴承损坏。滚动轴承零件损坏，接触表面擦伤、烧伤，由磨损引起的面接触等原因引起故障时，将会使其内部发热量增加，而内部发热量的增加将使轴承座表面温度升高。因此通过轴承内部或外部的温度测量，便可发现轴承损坏故障。

(2) 流体系统故障。液压系统、润滑系统、冷却系统和燃油系统等流体系统，常常会因油泵故障，传动不良，管路、阀或滤清器阻塞，热交换器损坏等原因使相应机件的表面温度上升。通过温度测量很容易检查出流体系统中的这类故障。

(3) 发热量异常。当内燃机、加热炉内燃烧不正常时，其外壳表面将会出现不均匀的温度分布。如果在外壳适当部位安装一定数量的温度传感器，对其温度输出做扫描记录，便可了解温度分布的不均匀性或变化过程，从而发现发热量异常故障。采用红外热像仪可更方便地进行大面积快速温度测量。

(4) 污染物质积聚。当管道内有水垢，锅炉或烟道内结灰渣、积聚腐蚀性污染物等异常状况时，因隔热层厚度有了变化而改变了这些设备外表面的温度分布。这些异常可以采用热像仪扫描方法来检查。

(5) 保温材料的损坏。各种高温设备中耐火材料衬里的开裂和保温层的破坏，将会出现局部过热点。利用红外热像仪显示的图像很容易查出其损坏部位。

(6) 电气元件故障。电气元件接触不良会使接触电阻增加，当有电流通过时会因发热量增大而形成局部过热；与此相反，整流管、晶闸管等器件存在损伤时，将不再发热而出现冷点。这种局部过热及出现的冷点也可以用红外热像仪查出。例如，采用红外热像仪对高压输电线的电缆、接头、绝缘子、电容器、变压器以及输变 电网的电气元件和设备的故障进行探查。

(7) 非金属部件的故障。碳化硅陶瓷管热交换器的管壁存在分层缺陷时，其热传导率特性将发生变化，而热传导率又与温度梯 度有关，通常热传导率每变化10%，能获得大约1$T$的温差变化。利用快速红外热像仪显示的热图即能发现这类非金属部件热传导特性的异常，从而发现故障隐患。

(8) 机件内部缺陷。当机件内部存在缺陷时，由于缺陷部位阻挡或传导均匀热流，堆积热量而形成“热点”或疏散热量而 生“冷点”，使机件表面的温度场出现局部的微量温度变化，只要探测到这种温度变化，即可判断机件内部缺陷的存在，如常见的腐蚀、破裂、减薄、堵塞等各种缺陷。

(9) 裂纹探测。采用红外温度检测技术还可以检查裂纹和裂纹扩展，连续监测裂纹的发展过程，确定机件在使用中表面或近表面的裂纹及其位置。

#### 4. 裂纹的无损探测法

设备的零部件中最严重的缺陷是出现裂纹，裂纹产生的原因多种多样，主要有：在制造阶段原材料产生的裂纹；加工制造阶段产生的裂纹；设备在使用中产生的裂纹等。对设备零部件裂纹的检查，主要采用无损探测法。利用无损探测技术不仅能发现机件的裂纹以及腐蚀、机械性能超差等变化，而且还可以根据机件损伤的种类、形状、大小、产生部位、应力水平、应力方向等信息预测损伤或缺陷发展的趋势，以便及时采取措施，排除隐患。有多种无损探测法供选用，如目视一光学检测法、渗透探测法、磁粉探测法、射线探测法、超声波探测法、声发射探测法、涡流探测法等。

1) 目视—光学检测法

对于封闭结构内部不能直接观察的零件，主要使用工业内窥镜进行目视—光学检测。工业内窥镜按其壳体的形状和刚度分为软式和硬式两类。在故障诊断中，软式工业内窥镜应用更为广泛。利用工业内窥镜能够发现可达性很差部位零件的断裂、大裂纹，以及拉伤、烧损、变形等损伤或缺陷。但不能发现小的疲劳裂纹。

2) 渗透探测法

使着色渗透液或荧光渗透液渗入机件表面开口的裂纹内，然后清除表面的残液，用吸附剂吸出裂纹内的渗透液，从而显示出缺陷图像的一种检验方法。

采用荧光渗透液，需在紫外线照射下才能显示出缺陷的图像。因此，紫外灯是不可缺少的，而且必须在暗室操作。采用着色渗透液，在自然光下便可观察到缺陷的有色图像，所采用的设备比荧光渗透检验要少得多。

3) 磁粉探测法

利用铁磁材料的磁性变化所建立的探测方法称为磁性探测法。磁性探测法分为磁粉探测法、探测线圈法、磁场测定法和磁带记录法。由于磁粉探测法所用设备简单，操作方便，检测灵敏度较高，所显示的磁粉痕迹与缺陷的实际形式十分类似，而且适用于各种形状的

钢铁机件，这种探测法可以发现铁磁材料表面和近表面的裂纹，以及气孔、夹杂等缺陷。因此，四种磁性探测方法中，磁粉探测法应用最为广泛，其理论研究及检测装置都比较成熟。其缺点是这种探测法不能探测缺陷的深度。

4) 射线探测法

在设备故障诊断中，常用易于穿透物质的：$\chi$ 射线和 $\gamma$ 射线。

主要用来探测机件内部的气孔、夹渣、铸造孔洞等立体缺陷，当裂纹方向与射线平行时也能被探测出来。

优点是探测的图像较直观，对缺陷尺寸和性质的判断比较容易，而且探测结果可以记录下来作为诊断档案资料长期保存。缺点是，当裂纹面与射线近于垂直时就难以探测出来，对微小裂纹的探测灵敏度低，探测费用较高，射线对人体有害。

5) 超声波探测法

此法是利用发射的高频超声波(1～10MHz)射入到被检测物体的内部，如遇到内部缺陷则一部分射入的超声波在缺陷处被反射或衰减，然后经探头接收后再放大，由显示的波形来确定缺陷的部位及其大小，再根据相应的标准来评定缺陷的危害程度。该方法可以探测垂直于超声波的金属和非金属材料的平面状缺陷。可探测的厚度大、检测灵敏度高、仪器轻便便于携带、成本低，可实现自动检测，并且超声波对人体无害。其缺点是探测时有一定的近场盲区、探测结果不能记录、探测中采用的耦合剂易污染产品等。另外，超声波探测还需使用成套的标准试块和对比试块调整仪器本身的性能和灵敏度。

6) 声发射探测法

基本原理是物体在外部条件(如力、热、电、磁等)作用下会发声，根据物体的发声推断物体的状态或内部结构的变化。物体发射出来的每一个声信号都包含着反映物体内部缺 陷性质和状态变化的信息，声发射探测就是接收这些信号，加以处理、分析和研究，从而推断材料内部的状态变化。

和常规的无损探测相比较，声发射探测还具有如下特点：

(1) 声发射探测时需对设备外加应力。它是一种动态检测，提供的是加载状态下缺陷活动的信息，因此，声发射探测法可更客观地评价运行中设备的安全性和可靠性；

(2) 声发射探测灵敏度高，检查覆盖面积大，不会漏检，可以远距离监测；

(3) 声发射探测可在设备运行状态中进行；

(4) 声发射探测不能反映静态缺陷情况。

7) 涡流探测法

涡流探测法是指利用电磁线圈产生交变磁场作用于被检机件，由于电磁感应使被检机件表层产生电涡流，利用机件中缺陷的存在会改变电涡流的强弱，从而使形成的涡流磁场也变化来探测机件缺陷的方法。该方法能探测钢铁、有色金属机件表面的裂纹、凹坑等缺陷。

与其他无损探测法相比，涡流探测法的特点是：

(1) 涡流探测适用范围广，尤其适用导电材料表面(或近表面)探伤。灵敏度高，可自动显示、报警、标记、记录。

(2) 涡流探测使用电磁场信号，探头可以不接触零件，因此可以实现高速度、高效率、非接触自动探伤。

(3) 由于电磁场传播不受材料温度变化的影响，因此，涡流探测可用于高温探伤。而且探头可以设计成多种形状，以满足特殊场合要求。

(4) 涡流探测还可以根据显示器或记录器的指示，估算出缺陷的位置和大小，有的还可以记录成像。检测结果可以保存备查。

(5) 由于涡流的趋肤效应，距表面较深的缺陷难以查出。

(6) 影响涡流的因素较多，如材质的变化、传送装置的振动等，因此必须采取措施对干扰信号加以抑制，才能正确地显示缺陷。

(7) 要准确判断缺陷的种类、形状和大小比较困难，需做模拟试验或做标准试块加以对比。

(8) 涡流对形状复杂零件存在边界效应，探测比较困难。

**5. 磨损的油液污染监测法**

油液污染监测法是通过对设备中循环流动的油液污染状况进行监测，获取机件运行状态的有关信息，从而判断设备的污染性故障和预测机件的剩余寿命。

根据监测和分析油液中污染物的元素成分、数量、尺寸、形态等物理化学性质的变化，便可以判断是否发生了磨损及磨损程度。

油液光谱分析法：利用原子发射光谱或原子吸收光谱分析油液中金属磨损产物的化学成分和含量，从而判断机件磨损的部位和磨损严重程度的一种污染诊断法。光谱分析法对分析油液中有色金属磨损产物比较适用。用于早期、精密的磨损诊断。

油液铁谱分析法：从油样中将微粒分离出来，并按照微粒的大小排列在基片上，通过光学或电子显微镜读出大小微粒的相对浓度，并对微粒的物理性能做出进一步分析。油液铁谱分析能提供磨损产物的数量、粒度、形态和成分四种参数，通过研究即可掌握有关的磨损情况。

磁塞检查法：指用带磁性的塞头插入润滑系统的管道内，收集润滑油中的磨粒残留物，用肉眼直接观察其大小、数量和形状，判断机器零件的磨损状态的方法。用于检查磨损后期磨粒尺寸大于 70μm 的情况。

# 任务二　机电设备的质量评定

**【任务导读】**

机电设备评估过程中，设备质量的好坏与那些因素有关呢？如何对设备的质量进行评定呢？

**【任务提出】**

机电设备的质量优劣如何评定。

**【知识导航】**

## 一、金属切削机床质量评定

金属切削机床的质量优劣主要表现在其技术性能、精度及可靠性上。一台机器的质量除设计水平外，主要取决于组成机器的各个零件的加工质量和产品的装配质量。如在装配车床中，车床主轴轴线对溜板移动的平刻度较差，则加工出工件外圆的圆柱度必然差。随着机床的使用，由于机床某些运动部件的磨损或由于变形及振动，使机床的精度逐渐降低，机床的精度在一定程度上反映了机床的综合技术状态。因此对金属切削机床的质量评定应对其精度进行考察。

### 1. 机床的可靠性

可靠性是机床重要的质量属性，机床可靠性是指机床在规定时间内和规定使用条件下完成其规定功能的能力。

机床的可靠性一般可用平均无故障时间、故障率、精度保持时间等指标来评定。

平均无故障时间也称平均故障间隔时间，是指机床发生相邻两次故障间工作时间的平均值。平均无故障时间已成为评定数控机床工作可靠度的一个重要的质量指标。

表 8-4 列出了一些有代表性的机床的平均无故障时间值。

表 8-4　机床的平均无故障时间　　单位：小时

| 产品类型 | 数控机床 | | 数控系统 | 非数控的卧式车床 |
|---|---|---|---|---|
| | 加工中心 | 数控车床 | | |
| 平均水平 | 500～800 | 550～800 | 5000～20000 | 4000～5000 |
| 先进水平 | 1500～2500 | 1500～2500 | 30000～60000 | ≥10000 |

故障率是指机床工作到某一时刻 $T$ 尚未失效的产品在其后单位时间内发生故障的概率，即故障率函数 $\lambda(T)$。其单位可用 1/h、1/月、1/km 或 1/次等表示。机床的故障率一般为($10^{-2}$～$10^{-4}$)/h, 机床的关键部件和数控装置的故障率通常在($10^{-3}$～$10^{-5}$)/h。

精度保持时间是指机床在两班工作制和正常使用条件下，其精度保持在机床精度标准规定范围内的时间。机床作为一种工艺装备对加工精度及其精度保持性有很高的要求。精度保持时间与机床类型、精度等级和载荷、速度等工况因素有关。通常对普通精度机床其值可取 5～10 年，而精密机床或大型、重型机床则可取 10～20 年。

### 2. 机床的精度

由于机床工作的性质，决定了机床精度及保持精度性非常重要，机床的寿命就是保持其应具有的加工精度的时间。机床的精度可以分为静态精度、动态精度。

静态精度是指机床在空载条件下检测的精度，包括几何精度、运动精度、传动精度、定位精度。静态精度不能完全反映机床的加工精度，尚需要结合机床的动态精度来综合评价。其中，几何精度是指机床在未受外载荷、静止或运动速度很低时的原始精度，它包括各主要零部件间相互位置与相对运动轨迹的精度和主要零件的形位精度，如工作台面的平面度、主轴的轴向窜动和径向圆跳动、工作台移动的直线度等。几何精度主要取决于机床零部件的加工和装配质量。

运动精度是指机床在以工作速度运行时主要工作部件的几何位置精度，包括主轴的回转精度、直线移动部件的位移精度及低速运动时速度的不均匀性(低速运动稳定性)等。

传动精度是指机床内联系传动链两端件之间的相对运动的准确性。传动精度主要取决于传动链各元件特别是末端件(如蜗轮或丝杠)的加工和装配精度，以及传动链设计的合理性。

定位精度也称为位置精度，是指机床有关部件在所有坐标中定位的准确性，即实际位置与要求的目标位置的准确性。定位精度是数控机床的一个重要精度指标，它决定了工件的加工精度。位置精度的评定项目包括定位精度(位置不确定度)、重复定位精度和反向差值。

动态精度是指机床在受载荷状态下工作时，在重力、夹紧力、切削力、各种激振力和

温升作用下，主要零部件的形状位置精度，它反映机床的动态质量，也可称为工作精度。影响机床工作精度的主要因素。机床在进行切削加工中，由于各种因素的影响，会产生变形和振动，从而破坏机床原有的装配精度、稳定的速度以及已被调整好的刀具与工件间的相对位置，使加工过程的稳定性遭受破坏，导致被加工工件质量下降。

机床出厂时、大修理后、要判断机床精度状态时均需要进行精度检验。机床精度的检验包括几何精度检验、工作精度检验、运动的不均匀性检验、振动试验、刚度试验、热变形试验等。其中几何精度检验、工作精度检验用得比较多。

(1) 几何精度检验。机床的几何精度检验可在机床静态下进行，或在机床空运转时进行，当制造厂有加载规定时(如对重型机床)，机床应装载一件或多件试件进行。几何精度检验需要对机床规定的线和面的形状特征、位置或位移等进行检验，包括直线度检验、平面度检验、垂直度检验、平行度、等距度和重合度检验以及旋转的检验。

(2) 工作精度检验。机床的工作精度检验应在标准试件或由用户提供的试件上进行，并在受检机床所具有的精加工条件下加工试件后，进行测量评定。机床工作精度的检验不需要多种工序，应来用机床具有的精加工工序。

机床的精度项目颇多，只要有一项超差，就会牵涉到整个机床精度的评价。在设备资产评估工作中，可采用计算机床精度指数的方法来考核机床精度，如下述例题。

**【例 8-1】**某高精度卧式车床，床身上最大回转径为500mm，加工长度为1000mm，对其进行精度检测，分别测量几何精度、工作精度，其主要项目的测量情况如表 8-5 所示，计算其精度指数。

**表 8-5　测量情况表**　　单位：mm

| 类　别 | 项目名称 | 公　差 | 实测值 |
|---|---|---|---|
| 几何精度 | 主轴锥孔轴线的径向跳动(靠近主轴端部) | 0.003 | 0.003 |
| | 主轴锥孔轴线的径向跳动(靠距主轴断面 300mm 处) | 0.01 | 0.015 |
| | 主轴轴线对溜板移动的平行度(在垂直平面内) | 0.01 | 0.015 |
| | 主轴轴线对溜板移动的平行度(在水平平面内) | 0.006 | 0.006 |
| | 主轴端部的跳动(主轴的轴向窜动) | 0.002 | 0.001 |
| | 主轴端部的跳动(主轴轴肩支撑面的跳动) | 0.003 | 0.0035 |
| | 尾座套筒锥孔轴线对溜板移动的平行度(在垂直平面内) | 0.015 | 0.015 |
| | 尾座套筒锥孔轴线对溜板移动的平行度(在水平平面内) | 0.015 | 0.015 |
| | 主轴和尾座两顶尖的等高度 | 0.02 | 0.025 |
| 工作精度 | 精车外圆的圆度 | 0.0012 | 0.0012 |
| | 精车外圆的圆柱度 | 0.0035 | 0.0035 |
| | 精车端面的平面度 | 0.0035 | 0.004 |
| | 精车 300mm 长螺纹的螺距误差 | 0.018 | 0.019 |

解：在计算机床精度指数时，首先应分别计算几何精度和工作精度，以两者的算术平均值作为机床的精度指数 $T$。

几何精度指数：

$$T_{几}=\sqrt{\frac{\sum\left(\frac{设备单项实测值}{设备单项允许值}\right)^2}{n}}$$

$$=\sqrt{\frac{\left(\frac{0.003}{0.003}\right)^2+\left(\frac{0.015}{0.01}\right)^2+\left(\frac{0.015}{0.01}\right)^2+\left(\frac{0.006}{0.006}\right)^2+\left(\frac{0.001}{0.002}\right)^2+\left(\frac{0.0035}{0.003}\right)^2+\left(\frac{0.015}{0.015}\right)^2+\left(\frac{0.015}{0.015}\right)^2+\left(\frac{0.025}{0.02}\right)^2}{9}}$$

$$=1.14$$

工作精度指数：

$$T_{工}=\sqrt{\frac{\left(\frac{0.0012}{0.0012}\right)^2+\left(\frac{0.0035}{0.0035}\right)^2+\left(\frac{0.004}{0.0035}\right)^2+\left(\frac{0.019}{0.018}\right)^2}{4}}$$

$$=1.05$$

精度指数：$T=\frac{T_{几}+T_{工}}{2}=\frac{1.14+1.05}{2}=1.10$

由于 $T$ 值为 1.10，故可判断该车床可继续使用，但须注意调整。

### 3. 金属切削机床的质量评定

金属切削机床在使用或闲置过程中，会因摩擦磨损、变形、冲击、振动、疲劳断裂、腐蚀等使其实物形态变化，精度降低，性能变差，甚至失去使用价值。因此机床的质量评定对确定机床成新率具有重要意义。在金属切削机床的质量评定中，机床精度的检查最为重要，除此之外，尚需检查传动系统、操作系统、润滑系统、电气系统、运动系统等。

对金属切削机床质量评定的方法有仪器测定法和观察判断法两种。

机床几何精度和工作精度的检验属于仪器测定法，机床运动系统的发热、振动、磨损和机件的裂纹也可通过仪器测定，以取得有关数据。

观察判断法是评定机床质量的常用方法，它是借用简单工具，通过人眼、口、耳、鼻、手的直接感知和大脑的分析、综合来对机床质量进行定性分析判断的方法。采用观察判断法来评定机床质量，主要是通过查、问、看、听、摸、闻的手段来进行。

(1) 查。在对机床质量进行评定中，首先要查看机床维护、检查 、维修的记录，从中找规律、查原因、作判断。

(2) 问。一般操作者熟知机床性能，如有故障发生，又应在现场耳闻目睹，所提供的情况对机床质量判断很有帮助。通常可询问下列情况：

① 机床开动时有无异常现象，现象情况？

② 机床是否发生过故障，故障原因，故障前、修复后工件的精度及表面粗糙度。

③ 机床的各个系统是否运行正常，精度是否下降。

④ 机床何时进行过保养检修、机床的利用率等。

(3) 看。观察机床各种真实现象，重点观看以下内容：

① 看变形。主要观察机床的传动轴、滚珠丝杠是否变形，主传动系统的齿轮、飞轮、主轴是否跳动或摆动。

② 看伤痕。观察机床零部件是否有碰伤损坏情况，特别要注意是否有裂纹，各滑动部位及工作台面是否有明显的拉、研、碰 伤，是否经过修复。

③ 看工件。从机床加工的工件可判断机床的质量好坏，如观察被加工的表面粗糙度及加工表面的波纹等，可知机床结合面是否有松动、传动环节间隙是否过大等。

④ 看颜色。如果机床转动部位，特别是主轴的轴承运转不正常就会发热。长时间升温会使机床的外表颜色发生变化，大多呈黄色，油箱的油也会因温升过高而黏度变小、变稀、颜色变样。有时也会因久不换油、杂质过多或油变质而变成深墨色。

⑤ 看油路。看油箱、油池及液压箱内是否清洁，油路是否畅通，是否有漏油现象，游标、油窗应清晰醒目地显示出油位。

⑥ 看电气。主要看电气系统装置是否配置齐全、管线完整，电气元件是否完整无损、接触良好、动作灵敏可靠，各种仪表误差是否在允许范围内。

(4) 听。机床在运行中发出均匀、连续而轻微的声音，一般认为是正常的。若声音过大，或伴有金属的敲击声、摩擦声等，则表明机床运转声音不正常。容易出现的异常声响主要有以下几种：

① 摩擦声。声尖锐而短，常常是两个接触面相对移动的研磨，如传动带打滑或主轴轴承及传动丝杠副之间的摩擦等。

② 泄漏声。声小而长，连续不断，如漏风、漏气、漏液等。

③ 冲击声。音低而沉闷，表明联结件有松动或其他异物碰击。

④ 敲击声。用手锤轻轻敲击来鉴别零件是否有缺损。有裂纹的零件敲击后发出的声音就不够清脆。

(5) 摸。用手触摸机床，用手感来判别温升、振动等。

① 温升。用手指触摸主轴承等易发热的部位，可相当可靠 地判断各种异常温升，其误差小于 3～5℃。如主轴承在最高速度下运转 10 分钟后，滑动轴承温度不超过 60℃(手感很烫，但可忍受 10 秒左右)，滚动轴承不超过 70℃ (手感有灼痛感，且手的接触部位很快红肿)。

② 振动。轻微振动即可用手感鉴别，机床运转时应无异常振动。

③ 伤痕或波纹。肉眼看不清的伤痕或波纹，若用手指轻轻在被测表面触摸，则很容易感觉出来。

④ 松紧程度。用手转动主轴或各操作、变速手柄，即可感到接触部位松紧程度是否均匀适当，转动手轮所需操纵力和反向空行程量是否符合要求。

(6) 闻。由于剧烈摩擦或电器元件绝缘破损短路，使附着的油脂或其他可燃物质发生氧化蒸发或燃烧产生油烟气、焦糊气等异味，可以用嗅觉诊断的方法加以判断。

## 二、内燃机质量评定

一台运行良好的内燃机应该是容易起动，运行平稳，油、水、气各路温度和压力正常，不泄漏，油耗量及输出功率等性能指标正常，且在运行中没有异常振动、异常声音和其他不正常现象。

内燃机作为一种热能动力机械，应当在满足其动力性和经济性要求的前提下，必须保证具有足够的可靠性。内燃机的可靠性是内燃机重要的质量指标，可靠性对内燃机的经济性和安全性具有头等重要的意义。内燃机可靠性问题涉及的领域很广，核心问题是故障和失效分析。故障与零件固有的可靠性有关，也与使用环境、工作条件和维修质量等有关。

### 1. 内燃机的损伤

#### 1) 内燃机磨损损伤

内燃机的损伤和故障的表现形式多种多样，其中最主要的是磨损。磨损是指由于机械等作用而造成的物体表面材料的逐渐损耗。磨损可分为黏着磨损、磨粒磨损、疲劳磨损、腐蚀磨损、微动磨损等主要磨损类型。磨损是限制内燃机及零件使用寿命的一个主要因素。曲轴、轴承、气缸套的磨损对内燃机的寿命有很大影响。

#### 2) 内燃机疲劳损伤

疲劳损伤也是影响内燃机可靠性和耐久性的重要因素。内燃机受交变的机械负荷和热负荷作用，导致机械损伤，如曲轴断裂、活塞断裂、缸套裂纹、机架断裂、传动齿轮损坏等。这些损伤是以疲劳破坏为特征的损伤。

#### 3) 内燃机热损伤

内燃机热损伤是指由于热负荷(温度与热应力)的作用，直接或间接引起的内燃机零部件工作的故障或失效。

由于内燃机单位体积功率的不断增加，由热负荷引起的故障也越来越多，因而严重影响了内燃机的可靠性。

内撚机热损伤主要有烧蚀、热变形、热疲劳、高温蠕变与松弛、温度影响下的摩擦与磨损、温度引起的材料特性甚至材质的变化等。热损伤涉及的学科非常广。在零件的实际工作中，诸多热损伤因素是共同作用、互相影响的。热损伤的机理非常复杂，至今还有许多理论和实际问题未能解决。

### 2. 内燃机主要故障分析

内燃机主要故障症状常常反映在功率、燃油和润滑油消耗、漏水、漏油、漏气，起动、电控系统及排烟异常等方面。

#### 1) 功率下降，燃油消耗增加

对带有故障的内燃机，操作人员会明显地察觉到机器克服超负荷的能力差、工作乏力等功率下降现象，且伴有油耗量显著增加的情况。

导致该故障的原因是，机件磨损使进气量不足，工作压力降低，这表明机器已进入耗损故障期，应进行大修。在正常使用寿命期内，也会引发上述故障，如气缸与活塞环之间窜气，或压缩时漏气；气门密封不严，使压缩压力太低；喷油压力、雾化状况、供油定时等，均可影响燃烧状况，致使功率下降，油耗增加。

#### 2) 曲轴箱窜气量大，机油消耗增加

在内燃机工作中，燃烧室内的气体会在活塞与气缸套之间和排气门与导管之间泄漏(窜气)。窜气量增加的主要原因是活塞环与气缸套的严重磨损造成的。活塞环及环槽的磨损增加了环与环槽之间的间隙，使气缸壁上的润滑油进入气缸被燃烧；窜入曲轴箱的气体使曲轴箱温度升高，机油变稀，泄漏量和蒸发量增加，这些均会增加机油消耗量。

#### 3) 异常振动加剧

内燃机的异常振动主要发生在运动副之间，如活塞与气缸、轴径与轴承、气门与气门导杆间等。由于磨损量增加，间隙增大，机构在运动过程中会引起机械振动。严重时，还会引起整机的振动。同样，轴承与相配轴颈的过量磨损，也会引起机油压力的明显降低。

4) 排烟量增大，烟色异常

柴油机排烟比汽油机约多 50 倍，尤其是在全负荷及加速工况时，排烟量更大。因此，排烟量与烟色是考察柴油机工作状况的一个非常有效的途径。一台技术状态良好的柴油机，在稳定工况下几乎不带有明显的烟色。加速时看到的也仅是淡灰色烟气，待转速稳定后应不再有明显的烟色。技术状态不良的柴油机，通常会伴有大量的白色、蓝色或黑色排烟。

排气冒白烟，可能是燃油中含有水分，工作温度低，喷油雾化不良，有滴油现象或喷油压力不足等。

排气冒蓝烟，可能是润滑油进入气缸，受热后蒸发为蓝色油气；机油上窜，机油沿气缸与活塞之间间隙进入气缸；燃油中混入润滑油或油底壳内机油过多等。

排气冒黑烟，可能是柴油机在高负荷时，高温、缺氧、燃料燃烧不完全的表现。黑烟形成的因素是多方面的，主要是压缩压力不足，供油提前角小，喷油器质量低劣，供油量过大，燃油质量低等。

排气烟度是评价柴油机工作性能极其重要的参数，同时对环境保护有较大影响，因此，各国都制定了柴油机烟度限制标准及测量方法，只有通过试验才能准确地测定烟度值。

### 3. 内燃机排放

内燃机排出的废气，既关系到内燃机的做功能力、经济性能及工作可靠性，又对环境保护和人类健康产生很大影响，所以，废气排放也是内燃机质量评定的一个重要指标。在欧美等工业发达的国家和地区，均制定了严格的内燃机排放限制法规及试验方法，我国也颁布了严格的相应法规，对内燃机排放污染物进行限制。执行国家严格的排放标准，促进生产厂家及用户使用能够减少排放污染物的新技术和新产品，达到净化环境的目的。

减少排放污染物的主要方法有：提高燃油质量；内燃机内部采取措施，如采用新技术、优化结构、控制燃烧过程等；内燃机外部净化措施，如采用各种除尘滤清器净化装置、催化反应装置及排气再循环等控制排放。由于各种排放污染物生成的机理不同，很难用单一的方法达到降低内燃机排气污染的目的，必须采取综合措施。但采用这些措施将加大排放成本，对内燃机的经济性、动力性和寿命带来不利影响。

### 4. 内燃机质量评定

内燃机由于各种损伤，会使整机的性能恶化，引起故障或失效。为保证内燃机的正常运行，应对内燃机的技术状态进行监测，及时采取措施，保证内燃机安全可靠地运行。常用的质量评定方法有以下几种：

1) 内燃机故障人工判断法

内燃机故障人工判断法是使用、修理和检验人员凭实际经验及一定的理论知识，在内燃机不解体或部分解体的情况下，借用简单工具，通过眼、耳、鼻、手的直接感知，即用“看、听、摸”的方法和大脑的判断，对内燃机技术状态进行定性分析、判断的方法。

(1) 看。观察水、油、气的温度表、压力表的数值是否出现异常现象；查看排气烟色，可以判断内燃机的工作状态。

(2) 听。直接用耳朵或金属棒在内燃机外表面“听诊”运动部件的声音及变化情况。技术状态正常的内燃机，在转速、负荷稳定的工况下，凭人耳听觉反应的是圆滑的轰鸣声。若工况迅速转换时，能明显地听出异常振动的声音。待转速平稳后，振动声音又恢复正常。

(3) 摸。凭手的直接感觉来检查配气机构等零件的工作和振动情况，感受机器各部分温度状态。

人工判断法具有独特的实用价值，即使在科学技术高度发展的今天及将来相当长的时间内，人工判断法仍会被普遍采用。虽然这种方法的判断速度、准确性与专业人员的技术水平密切相关，且无法定量分析，但它不需用仪器设备，不需投资，方法十分便捷，从而受到欢迎。

2) 内燃机状态监测

对于内燃机外部零件的故障，一般比较容易辨别，但对内部零件故障识别的难度很大，一般采用状态监测和故障诊断技术。内燃机状态监测技术主要采用以下检测方法。

(1) 铁谱检测。它是通过对润滑油中的磨屑和污染物进行采样，从尺寸、数量、形貌和成分等方面来判断有关零件的磨损和故障发展情况。

(2) 油液光谱检测。它用光谱对润滑油中磨屑成分进行分析，根据元素的类别、组成和数量来判断磨损部位和严重程度。

(3) 振动检测。它通过对内燃机的振动信号进行采集和分析，对故障进行判断。

(4) 磁塞检查法。磁塞检查法是利用磁性原理来监测润滑油中铁性材料的磨粒，以此判断零件磨损状况。

(5) 参数检测。它通过对内燃机的介质如空气、燃料、润滑油、冷却水等参数分析，以评定内燃机的状态。

3) 内燃机台架试验

在专用的试验台架上对内燃机进行试验测试，可准确地获得内燃机的多种性能指标和有价值的信息，为内燃机的质量评定提供重要依据。

4) 内燃机质量评定主要内容

在评定内燃机质量时，除要求内燃机动力性能良好，怠速运转稳定，各部分润滑良好，附件工作正常，燃油消耗经济外，还要考查下列内容：

(1) 气缸压力、机油压力应符合规定；

(2) 启动性能好；

(3) 在任何转速下，尤其是怠速工况，应运转均匀、稳定，且不过热；

(4) 高低速变换不熄火；

(5) 不允许存在异常声响(如活塞敲缸声)；

(6) 在各种转速下，不允许有过热、窜油和冒黑烟等现象；

(7) 不允许漏油、漏水、漏气、漏电。

## 三、压力容器、锅炉的检验

### 1. 压力容器质量检验

对在用压力容器进行检验的目的是为了发现其缺陷，对其进行安全性分析，确定其安全状况等级，以便判断其能否继续使用和确定下次检验的日期，从而保证压力容器的安全运行。

对在用压力容器的检验可分为常规检验和缺陷评定两类。

常规检验主要适用于缺陷不严重的在用压力容器，是以设计、制造和使用经验为主要

依据，除了做强度校核外，一般不需要做复杂的应力计算，只需要材料常规力学性能数据，对缺陷在壁厚方向尺寸的探伤精度要求较低，使用和掌握较容易。缺陷评定对缺陷的允许程度比常规检验要严，需要较复杂的应力分析，对缺陷在壁厚方向尺寸的探伤精度要求较高。需要具有丰富的断裂力学和压力容器专业知识的工程技术人员及相应的仪器设备，操作执行有一定的难度。

缺陷评定主要是针对埋藏缺陷和几何缺陷。对于表面缺陷，只有在不便修复的少数情况下，才对其进行评定。这里主要介绍压力容器的常规检验。根据《固定式压力容器安全技术监察规程》(TSG　R0004—2009)、《压力容器定期检验规则》(TSG　R7001—2004)，压力容器检验分为年度检查、定期检验两种。

1) 年度检查

年度检查，是指为了确保压力容器在检验周期内的安全而实施的运行过程中的在线检查，每年至少一次。固定式压力容器的年度检查可以由使用单位的压力容器专业人员进行，也可以由国家质量监督检验检疫总局核准的检验检测机构持证的压力容器检验人员进行。

压力容器的年度检查包括使用单位压力容器安全管理情况检查、压力容器本体及运行状况检查和压力容器安全附件检查等。检查方法以宏观检查为主，必要时进行测厚、壁温检查和腐蚀介质含量测定、真空度测试等。

压力容器本体及运行状况的检查主要包括以下内容：

(1) 压力容器的铭牌、漆色、标志及喷涂的使用证号码是否符合有关规定；

(2) 压力容器的本体、接口(阀门、管路)部位、焊接接头等是否有裂纹、过热、变形、泄漏、损伤等；

(3) 外表面有无腐蚀，有无异常结霜、结露等；

(4) 保温层有无破损、脱落、潮湿、跑冷；

(5) 检漏孔、信号孔有无漏液、漏气，检漏孔是否畅通；

(6) 压力容器与相邻管道或者构件有无异常振动、响声或者相互摩擦；

(7) 支承或者支座有无损坏，基础有无下沉、倾斜、开裂，紧固螺栓是否齐全、完好；

(8) 排放(疏水、排污)装置是否完好；

(9) 运行期间是否有超压、超温、超量等现象；

(10) 检查罐体接地装置(如有)是否符合要求；

(11) 安全状况等级为 4 级的压力容器的监控措施执行情况和有无异常情况；

(12) 快开门式压力容器安全联锁装置是否符合要求。

2) 定期检验

压力容器定期检验包括全面检验和耐压试验。

(1) 定期检验周期。压力容器一般应当于投用 3 年内进行首次定期检验。下次的检验周期，由检验机构根据压力容器的安全状况等级，按照以下要求确定：

① 安全状况等级为 1、2 级的，一般每 6 年一次；

② 全状况等级为 3 级的，一般 3～6 年一次；

③ 全状况等级为 4 级的，应当监控使用，其检验周期由检验机构确定，累计监控使用时间不得超过 3 年；在监控使用期间，应当对缺陷进行处理提高其安全状况等级，否则不得继续使用；

④ 安全状况等级为 5 级的，应当对缺陷进行处理，否则不得继续使用；

⑤ 压力容器安全状况等级的评定按照《压力容器定期检验规则》(TSG R7001—2004)进行，符合其规定条件的，可以适当缩短或者延长检验周期；

⑥ 应用基于风险的检验(RBI)技术的压力容器，检验周期的确定有两种方法，一是可以参照《压力容器定期检验规则》(TSG R7001—2004)的规定，确定压力容器的安全状况等级和检验周期，可以根据压力容器风险水平延长或者缩短检验周期，但最长不得超过 9 年；二是以压力容器的剩余使用年限为依据，检验周期最长不超过压力容器剩余使用年限的一半，并且不得超过 9 年。

(2) 全面检验。全面检验是指压力容器停机时检验。全面检验应当由检验机构进行。全面检验的目的是为了全面检查出压力容器经长期运行中可能产生的一切缺陷，常见的缺陷是腐蚀、裂纹和变形。

腐蚀是由于金属材料与周围介质发生化学和电化学反应的结果。检查压力容器易被腐蚀的部位，包括容器的内壁面、外壁面、防腐层和镀层等。

裂纹是压力容器中最危险的一种缺陷，因为它是导致容器发生脆性破裂的主要因素，同时又会促进疲劳破裂和腐蚀断裂的产生。在国内外发生的许多压力容器事故中，大部分都与裂纹有关。

压力容器中的裂纹，按其生成的过程，大致可以分为两大类，即原材料或设备制造中产生的裂纹和使用过程中产生或扩展的裂纹。虽然裂纹在压力容器内外表面都可能存在，但一般最容易产生裂纹的地方是焊缝和焊接热影响区以及局部应力过高处。变形是指容器在使用以后整体或局部发生几何形状的改变。容器的变形一般可以表现为局部凹陷、鼓包、整体扁瘪和整体膨胀等几种形式。

全面检验包括宏观(外观、结构以及几何尺寸)、保温层隔热层衬里、壁厚、表面缺陷、埋藏缺陷、材质、紧固件、强度、安全附件、气密性以及其他必要的项目。

其中外观检查主要检查容器本体、对接焊缝、接管角焊缝等部位的裂纹、过热、变形、泄漏等，焊缝表面(包括近缝区)，以肉眼或者 5～10 倍放大镜检查裂纹；内外表面的腐蚀和机械损伤；紧固螺栓；支承或者支座，大型容器基础的下沉、倾斜、开裂；排放(疏水、排污)装置；快开门式压力容器的安全联锁装置；多层包扎、热套容器的泄放孔。结构检查主要检查筒体与封头的连接、开孔及补强、角接、搭接、布置不合理的焊缝、封头(端盖)、支座或者支承、法兰、排污口。几何尺寸检查主要检查纵、环焊缝对口错边量、棱角度；焊缝余高、角焊缝的焊缝厚度和焊脚尺寸；同一断面最大直径与最小直径；封头表面凹凸量、直边高度和直边部位的纵向皱折；不等厚板(锻)件对接接头未进行削薄或者堆焊过渡的两侧厚度差；直立压力容器和球形压力容器支柱的铅垂度。结构、几何尺寸检查仅在首次全面检验时进行，以后的检验只对运行中可能发生变化的内容进行复查。

(3) 耐压试验。耐压试验是指压力容器停机检验时，所进行的超过最高工作压力的液压试验或者气压试验。应在全面检验合格后进行。主要用来检验容器的整体承载能力，还可发现一些潜在的危险缺陷，有时还可以起到降低缺陷疲劳扩展速率的作用。对固定式压力容器，每两次全面检验期间内，原则上应当进行一次耐压试验；对于移动式压力容器，每 6 年至少进行一次耐压试验。下列压力容器必须进行耐压试验。

① 用焊接方法更换受压元件的；

② 压元件焊补深度大于 1/2 壁厚的；

③ 变使用条件，超过原设计参数并且经过强度校核合格的；

④ 要更换衬里的(耐压试验应当于更换衬里前进行)；

⑤ 停止使用 2 年后重新复用的；

⑥ 外单位移装或者本单位移装的；

⑦ 使用单位或者检验机构对压力容器的安全状况有怀疑的。

耐压试验优先选择液压试验。液压试验后，符合以下条件为合格：

① 无渗漏；

② 无可见的变形；

③ 验过程中无异常的响声；

④ 标准抗拉强度下限大于等于 540MPa 钢制压力容器，试验后经过表面无损检测未发现裂纹。

气压试验过程中，符合以下条件为合格：

① 力容器无异常响声；

② 经过肥皂液或者其他检漏液检查无漏气；

③ 无可见的变形。

3) 压力容器安全状况等级

根据压力容器的安全状况，将新压力容器划分为 1、2、3 级三个等级，在用压力容器划分为 2、3、4、5 四个等级，每个等级划分原则如下。

1 级：

压力容器出厂技术资料齐全；设计、制造质量符合有关 法规和标准的要求；在规定的定期检验周期内在设计条件下能安全使用。

2 级：

(1) 新压力容器：出厂技术资料齐全；设计、制造质量基本符合有关法规和要求，但存在某些不危及安全且难以纠正的缺陷，出厂时已取得设计单位、使用单位和使用单位所在地安全监察机构同意；在规定的定期检验周期内，在设计规定的操作条件下能安全使用。

(2) 在用压力容器：技术资料基本齐全；设计制造质量基本符合有关法规和标准的要求；根据检验报告，存在某些不危及安全且不易修复的一般性缺陷：在规定的定期检验周期内在规定的操作条件下能安全使用。

3 级：

(1) 新压力容器：出厂技术资料基本齐全；主体材料、强度、结构基本符合有关法规和标准的要求；但制造时存在的某些不符合法规和标准的问题或缺陷，出厂时已取得设计单位、使用单位和使用单位所在地安全监察机构同意；在规定的定期检验周期内，在设计规定的操作条件下能安全使用。

(2) 在用压力容器：技术资料不够齐全；主体材料、强度、结构基本符合有关法规和标准的要求；制造时存在的某些不符合法 规和标准的问题或缺陷，焊缝存在超标的体积性缺陷，根据检验报告，未发现缺陷发展或扩大；其检验报告确定在规定的定期检验周期内，在规定的操作条件下能安全使用。

4 级：

主体材料不符合有关规定，或材料不明，或虽属选用正确，但已有老化倾向；主体结构有较严重的不符合有关法规和标准的缺陷，强度经校核尚能满足要求；焊接质量存在线性缺陷；根据检验报告，未发现缺陷由于使用因素而发展或扩大；使用过程中产生了腐蚀、

磨损、损伤、变形等缺陷，其检验报告确定为不能在规定的操作条件下或在正常的检验周期内安全使用。必须采取相应措施进行修复和处理，提高安全状况等级，否则只能在限定的条件下短期监控使用。

5级：

无制造许可证的企业或无法证明原制造单位具备制造许可证的企业制造的压力容器；缺陷严重、无法修复或难于修复、无返修价值或修复后仍不能保证安全使用的压力容器，应予以判废，不得继续作承压设备使用。

说明：(1) 安全状况等级中所述缺陷，是制造该压力容器最终存在的状态。如缺陷已消除，则以消除后的状态，确定该压力容器的安全状况等级。

(2) 技术资料不全的，按有关规定由原制造单位或检验单位经过检验验证后补全技术资料，并能在检验报告中作出结论的，则可按技术资料基本齐全对待。无法确定原制造单位具备制造资格的，不得通过检验验证补充技术资料。

(3) 安全状况等级中所述问题与缺陷，只要确认其具备最严重之一者，即可按其性质确定该压力容器的安全状况等级。在实际检验中，检验人员会根据《压力容器定期检验规则》(TSG R7001—2004)，对于压力容器用材、结构、内外表面是否有裂纹、焊缝情况、腐蚀程度、使用过程中产生的鼓包、夹层的情况等作出检验判断，给出安全状况等级。

### 2. 锅炉质量检验

锅炉检验是按照国家颁布的有关法规和技术标准，对锅炉在设计、制造、安装、运行、修理、改造等各个环节中的质量进行全面检验，做出鉴定性的结论。

锅炉检验的目的：及时发现、弥补缺陷，延长锅炉使用寿命；及时发现、监护或消除事故隐患，保证锅炉连续、安全地运行；减少损失，保证锅炉经济地运行。

新设计的锅炉，要审查其结构的合理性、强度的可靠性、经济指标的先进行、制造工艺是否合理、加工尺寸是否符合图纸要求、制造质量是否符合规定等。

锅炉出厂要检验与安全有关的技术资料是否安全可靠。锅炉安装质量检验是检验胀接质量、焊接质量是否符合规定要求，锅炉构架、锅筒、集箱、各受热面的组合安装是否符合图纸和规定要求，国墙砌筑是否合格，安全附件是否齐全和完备等。

除锅炉出厂要检验外，一般所说的锅炉检验是指对运行使用中的锅炉进行检验，按照《蒸汽锅炉安全技术监察规程》(TSG G0001—2012)、《热水锅炉安全技术监察规程》(TSG G0001—2012)、《锅炉定期检验规则》(TSG G7002—2015)的规定，经专职检验人员对锅炉的安全状况进行必要的检查和试验。在用锅炉定期检查包括外部检查、内部检查、水压试验，主要检验锅炉运行后内外部的各种缺陷和安全附件的可靠性。

外部检验是对运行状况下的锅炉进行的检验。检验的主要内容：安全附件、锅炉本体、自控仪表、保护装置是否灵敏、可靠，人孔、手孔、检查孔以及汽、水阀门、法兰和管道是否漏水、漏气、辅助设备(风机、水泵)的运行情况，锅炉可见部位的受热面是否有变形、严重结焦、结渣等现象。外部检验每年至少进行一次。对于移装锅炉开始投运时、锅炉停止运行一年以上恢复运行时、锅炉的燃烧方式和安全自控系统有改动后均应进行外部检验。

内部检验即定期停炉检验，是在锅炉停止运行的状态下对锅炉内外部进行全面的检查。通过内部检验，可以查出锅炉运行中无法查到的缺陷和隐患。根据规程要求，内部检验应每两年进行一次。当内部检验与外部检验在同一年进行时，应首先进行内部检验，然后再

进行外部检验。

水压试验：一是检查锅炉受压部件的严密性，即检查焊口、胀口、铆钉、铆缝及金属表面有无渗漏；二是检查受压部件在试验压力下是否产生了肉眼可见的塑性变形。

在用锅炉一般 6 年进行一次水压试验，移装锅炉投运前、锅炉受压元件经重大修理或改造后也需要进行水压试验，无法进行内部检验的锅炉，应每 3 年进行一次水压试验。水压试验前应对锅炉进行内部检查，必要时还应进行强度核算。不能以水压试验的压力决定锅炉的工作压力。

新安装的锅炉在运行 1 年后、移装锅炉投运前、锅炉停止运行 1 年以上恢复运行前、受压元件经重大修理或改造后及重新运行 1 年后、根据上次内部检验结果和锅炉运行情况，对设备安全可靠性有怀疑时、根据外部检验结果和锅炉运行情况，对设备安全可靠性有怀疑时均应进行内部检验。

对于工业锅炉而言，内部检查主要是检验锅炉承压部件是否在运行中出现裂纹、起槽、过热、变形、泄漏、腐蚀、磨损、水垢等影响安全的缺陷。内部检验的承压部件包括锅筒(壳)、封头、管板、炉胆、回燃室、水冷壁、烟管、对流管束、集箱、过热器、省煤器、外置式汽水分离器、导汽管、下降管、下脚圈、冲天管和锅炉范围内的管道等部件。分汽(水)缸原则上应跟随一台锅炉进行同周期的检验。

各级安全监察机构对检验计划的执行情况和检验质量进行监督和检查。

水冷壁、过热器及再热器、空气预热器、省煤器等受热面的内外部腐蚀，以及省煤器受热面的磨损，锅筒缺陷的检验是锅炉检验的重要内容。

锅炉受热面的主要腐蚀部位及腐蚀类型如表 8-6 所示。

**表 8-6　锅炉受热面的主要腐蚀部位及腐蚀类型**

| 部件名称 | 易发生腐蚀的部位 | 腐蚀类型 |
|---|---|---|
| 水冷壁 | 烟气侧 | 高温腐蚀 |
|  | 管内水、汽侧 | 垢下腐蚀、氧腐蚀 |
| 省煤器 | 烟气侧 | 外壁腐蚀 |
|  | 管内水侧 | 氧腐蚀、$CO_2$腐蚀等 |
| 过热器及再热器 | 烟气侧 | 高温腐蚀 |
|  | 管内水蒸气侧 | 氧化腐蚀 |
| 空气预热器 |  | 堵灰、低温腐蚀 |

1) 水冷壁管内壁腐蚀

锅炉水冷壁管的主要腐蚀形式是垢下腐蚀，任何锅炉尤其是大容量、高参数电站锅炉，都会发生这种腐蚀，它是锅炉运行的重大安全隐患。如果在运行中不严加防范，可能造成重大的设备损失。

(1) 造成水冷壁腐蚀的主要原因：

① 水 pH 值超标。炉水 pH 值若小于 7 或大于 10，就会使水冷壁内的表面磁性氧化铁保护膜被溶解或局部破坏，对水冷壁内壁产生酸腐蚀或碱腐蚀；

② 水含铁量、含铜量或溶解氧不合格；

③ 炉时间未采取有效的停炉保护措施。

(2) 水冷壁管内壁垢下腐蚀的特征：

① 冷壁向火侧内壁大量集结表面松软、内层坚硬的水垢，垢体的主要成分是氧化铁，最多可达 3000～3500g/$m^2$；

② 冷壁向火侧内壁的水垢下有明显腐蚀，使管壁变薄。严重的，腐蚀深度可达水冷壁壁管厚度的一半以上；

③ 冷壁外壁鼓疱，有些鼓疱处甚至出现裂纹。

2) 过热器管内壁腐蚀

过热器管内壁腐蚀会严重威胁锅炉的安全运行。

过热器管内壁腐蚀的特点是：立式过热器管内壁腐蚀往往较为严重；低温段过热器腐蚀较重，高温段稍轻：下弯头较重，直管部分较轻。

造成过热器管内壁腐蚀的主要原因是由于停炉保护不当和过热器管内积水在检修期间引起腐蚀。

为了防止过热器管内壁腐蚀，在锅炉安装过程中(特别是水压试验后的阶段)和停炉保护中，要加强防腐措施。

采用热炉带压力放水的同时配以抽真空或使用添加剂等停炉保养措施，对防止过热器管下弯头的腐蚀有明显作用。

3) 空气预热器低温腐蚀

燃料燃烧时释放的硫，大部分在燃烧产物中以 $SO_2$ 形式出现。一小部分被氧化成 $SO_3$，并在受冷却的烟气达到露点温度时，生成硫酸。

空气预热器的低温段，会因管壁温度低于露点而凝结酸液并黏附灰垢，腐蚀预热器管子，堵塞受热面通道。

腐蚀最严重的区域有两个：一个在露点温度附近；另一个在酸露点以下 10～40℃区域。

空气预热器腐蚀严重的锅炉，由于积灰堵灰严重，引起烟道阻力增加，锅炉排烟温度明显增高，锅炉被迫降负荷运行，甚至会导致轴流式引风机进入喘振区，造成被迫停炉。

4) 省煤器受热面磨损

燃煤锅炉的省煤器常因飞灰磨损而发生爆管。其中以高温段省煤器磨损较为严重，通常发生在靠后墙的几排、靠两侧墙的弯头和穿墙管等处，绝大部分为局部磨损。对省煤器磨损起作用的主要飞灰成分是二氧化硅($SiO_2$)和三氧化二铁($Fe_2O_3$)等坚硬、有磨削力的氧化物。飞灰中的 $SiO_2$ 含量一般高于 $Fe_2O_3$ 含量，但是 $Fe_2O_3$ 密度较大，其冲击作用大。

影响磨损的因素有：

(1) 烟气流速；

(2) 飞灰浓度；

(3) 灰粒的物理化学性质；

(4) 受热面布置与结构特性。

5) 锅筒缺陷

锅筒缺陷是锅炉检查的重点，锅筒缺陷会导致锅炉在运行中发生爆破，将造成灾难性后果。锅筒缺陷主要有焊缝裂纹、夹渣和未焊透以及钢板裂纹等，特别是大直径下降管的管座焊缝缺陷更为普遍。

锅筒缺陷的检验方法和检验内容主要有：

(1) 集中下降管管座角焊缝 100%超声波探伤；

(2) 锅筒筒体和封头内表面去锈后尽可能进行 100% 肉眼宏观检查，检查有无裂纹、腐蚀和焊接缺陷；

(3) 锅筒筒体和封头内表面主焊缝、人孔加强圈焊缝、预埋件焊缝去锈后，先尽可能进行 100%肉眼宏观检查，然后对主焊缝进行抽查，纵缝至少抽查 25%，环缝至少抽查 10%。

防止锅筒发生裂纹等缺陷，最根本的措施是提高制造工艺水平和钢板质量。同时，对于锅筒的安装、检验、修理和运行，也应予以充分重视。

6) 锅筒的低周疲劳

锅炉在起动、停炉或负荷变化时，锅筒上下壁、内外壁承受的是热循环交变热应力。在这种交变热应力的作用下，经过一定周次的循环，就会在金属表面尤其是应力集中部位出现疲劳裂纹并逐渐扩展。锅筒壁承受的这种交变应力的特点是交变周期长、频率低、导致疲劳裂纹萌生的循环次数少。

实践证明，运行中的锅筒裂纹多发生在下降管口内壁处，裂纹的扩展速度主要取决于应力水平。现代断裂力学理论计算表明，当应力小于 250MPa 时，裂纹的扩展速度很慢，即使裂纹不修复，仍能有相当长的寿命。对于已产生裂纹的锅筒，应严格控制起、停程序。

## 四、起重机的检验

起重机的零部件使用到一定程度后就要报废。起重机可以按用途和构造特征划分为多种类型，其中桥式起重机属于桥式类型起重机，在工业生产中被广泛应用，具有较强的普遍性和代表性。这里仅介绍桥式起重机的主要受力部件及专用零部件的检验。

### 1. 桥架的检验

桥架是桥式起重机的主要受力部件，它必须具有足够的强度、刚度和稳定性，确保大车和小车移动机构正常工作。桥架上的主要载荷是由起吊重物引起的，其损伤形式主要为疲劳损伤。反复起升载荷引起的交变应力作用在桥架上，逐渐形成的线性累积损伤，导致桥架产生下挠或局部产生疲劳裂纹。起重机桥架的下挠变形和局部裂纹可以通过大修修复，两次下挠修复后又严重下挠或多次产生裂纹，就标志着桥架安全使用寿命的终结。在报主管部门和安全技术部门鉴定后，可以申请整车报废。

目前，起重机桥架一般采用疲劳寿命设计。最繁重的夹钳起重机、抓斗起重机、电磁起重机等的设计安全使用寿命约为 20 年；装料起重机、料耙起重机等约为 25 年；锻造起重机、铸造起重机在 30 年以上，通用桥式起重机为 40～50 年。由于设计工况和实际使用工况一般不可能完全相同，实际使用年限取决于具体的使用工况，即起重机在实际使用时的工作繁忙程度和载荷的轻重程度，可能有长有短。如果设计工况和实际使用工况相差较大，需要根据实际载荷，使用疲劳寿命理论计算实际使用寿命。

桥架的疲劳损伤难以用肉眼直接观察到，下挠度是判断疲劳损伤的一个重要指标。

下挠是起重机空载时，主梁在垂直平面内所产生的整体变形，即主梁具有的原始上拱度向下产生了永久变形。但为了与习惯一致，我们把主梁上拱度低于原始上拱度而仍有部分上拱度称为“上拱度减小”，如图 8-3(c)所示；将空载时主梁低于水平线以下者称为“下挠”，如图 8-3(b)所示 ；将起重机承载后主梁所产生的拱度变化称为“弹性下挠”，如图 8-3(d)所示。

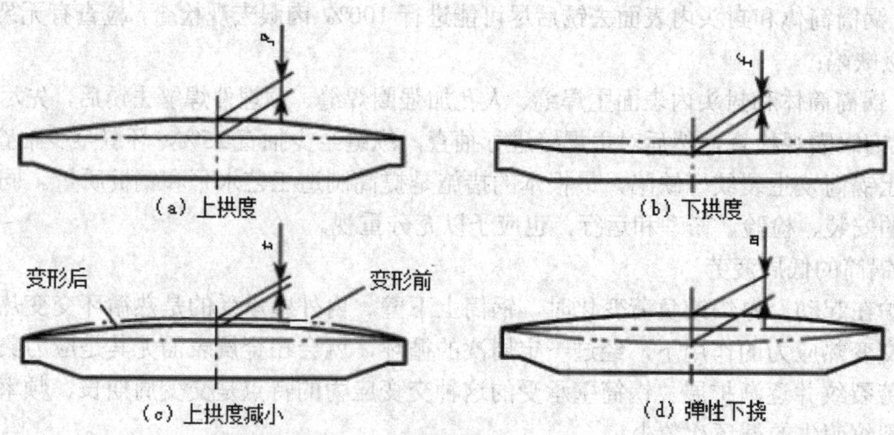


图 8-3　主梁变形图

主梁下挠有多种测量方法：

(1) 水准仪测量法。

测量主梁弹性下挠时可将一水准仪置于地面,距吊车 15～20m 远，在主梁内侧上盖板处自由悬挂一木条 (宽 10cm、厚 1cm)，长度根据起升高度而定，下端距地面 1.5m，在木条下端适当位置挂一支长 lm 的钢板尺，与水准仪目镜相对应。加载前后从水准仪目镜观察刻度值之差，即为主梁变形量。这种测量方法精度较高，测量人员离吊车较远，比较安全可靠。

(2) 连通器法。将水桶盛适当高度带颜色的水，固定在吊车主梁跨中附近处，把水管量尺置于主梁的不同位置，可以量出主梁的几何形状，如置于跨中，当主梁承载后水管量尺读数下降，而水平面相对上升，这一读数差即为主梁的变形量。

(3) 钢丝测量法。用 0.5mm 的钢丝，通过测拱器和撑杆，用 15kg 重锤把钢丝拉可测量，此方法比较简单。

### 2. 减速器齿轮检查及报废标准

减速器是桥式起重机的起升机构、大车运行机构、小车运行机构重要的传动部件。评估人员可以通过检查减速器齿轮磨损量、齿面的点蚀情况以及疲劳裂纹情况判断齿轮的剩余使用寿命。

判断标准如下：

(1) 减速器齿轮的磨损量许用极限：

① 在起升机构中第一根轴上的齿轮磨损量超过原齿厚的 10%，其余各轴上齿轮磨损量超过原齿厚的 20%；

② 大车(小车)运行机构减速器第一轴的齿轮磨损量超过原齿厚的 15%，其余各轴上的齿轮磨损量超过原齿厚的 25%；

③ 开式齿轮的磨损量大于原齿厚的 30%；

④ 吊运赤热或熔化金属、酸溶液、爆炸物、易燃及有毒物品等的起重机上的齿轮按以上报废标准相应减半。

(2) 因齿面点蚀而损坏的齿轮工作面面积大于 30%且深度超过齿厚的 10%。

(3) 齿根上有一处或数处疲劳裂纹(如图 8-4 所示)或断齿。

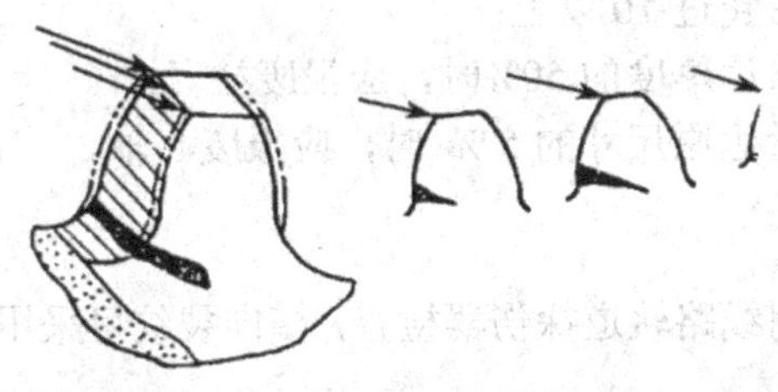

图 8-4　齿轮的折断过程

### 3. 车轮的检查及报废标准

车轮检查包括车轮踏面检查和车轮轮缘检查。

(1) 车轮踏面厚度磨损达原厚度的 15%，则应报废更换。

(2) 车轮轮缘磨损量超过原厚度的 50%时，则应报废更换，如图 8-5 所示。

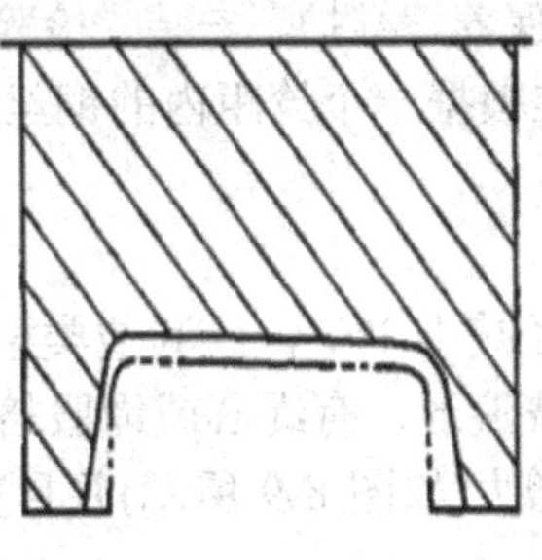

图 8-5　车轮磨损状况

### 4. 吊钩的检查及报废标准

(1) 用洗油洗净钩身，再用 20 倍放大镜(有条件的单位应做探伤)检查钩身，特别是危险断面和螺纹部分，发现表面有裂纹、破口或发裂者；

(2) 危险断面(图 8-6 中的 A—A 断面)的磨损量超过原高度的 10%；

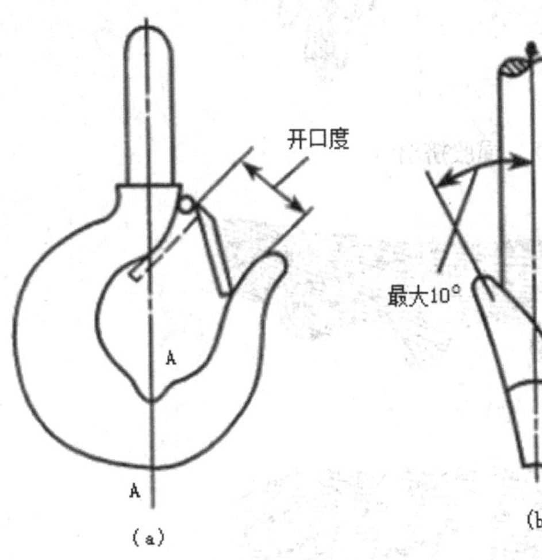

图 8-6　吊钩磨损

(3) 危险断面及钩颈部产生塑性变形；

(4) 开口度比原尺寸增加 15%；

21世纪高职高专经管类专业立体化规划教材

(5) 吊钩尖部扭转变形超过 10 以上；

(6) 板钩衬套的磨损量达厚度的 50%时，应报废衬套；

(7) 板钩心轴的磨损量达原尺寸的 5 % 时，应报废心轴。

#### 5. 轨道的报废标准

(1) 钢轨上的裂纹可用线路轨道探伤器检查，横向裂纹可采用鱼尾板连接，斜向或纵向裂纹则需换新轨道；

(2) 轨顶面和侧面磨损量(单侧)超过 3mm；

(3) 检查轨道夹板或鱼尾板有裂纹。

#### 6. 钢丝绳的报废标准

钢丝绳因弯曲疲劳、磨损、腐蚀、超负荷，以及打硬结、机械碰撞，连电打火和高温烘烤等原因或情形会损坏。当钢丝绳磨损断丝到一定程度后，就要报废。我国《起重机械安全规程》(GB 6067—2010)、《起重机钢丝绳保养、维护、安装、检验和报废》(GB/T 5972—2009/ISO 4309：2004)规定钢丝绳的报废标准根据一个捻距内的钢丝断丝数而定。

除此，出现下述情况的钢丝绳应立即报废：

(1) 整支绳股发生断裂；

(2) 阻旋钢丝绳实测直径比钢丝绳公称直径减小 3% ，或其他类型的钢丝绳减小 10%；

(3) 钢丝绳产生变形，如出现笼状畸变、波浪形、有绳芯或绳股挤出(如图 8-7 所示)或扭曲、有钢丝挤出(如图 8-8 所示)、绳径局部增大(如图 8-9 所示)并且实际直径增加 5% 以上的、有扭结的、局部被压扁并可能损坏滑轮；

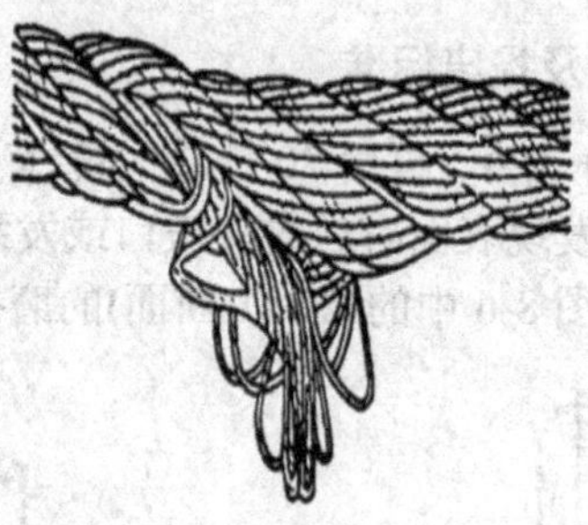

图 8-7　绳股挤出

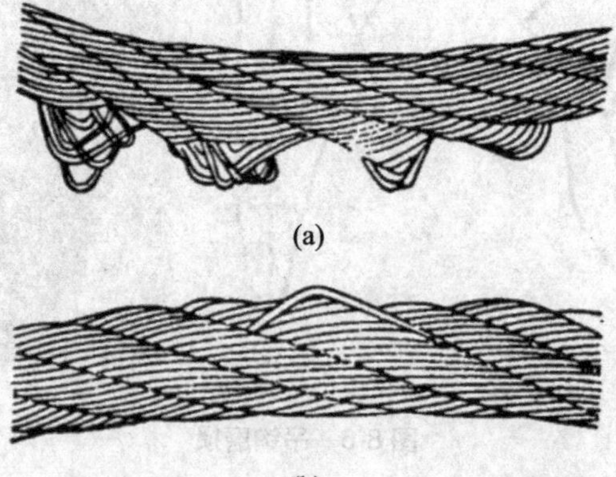

(a)

(b)

图 8-8　钢丝挤出

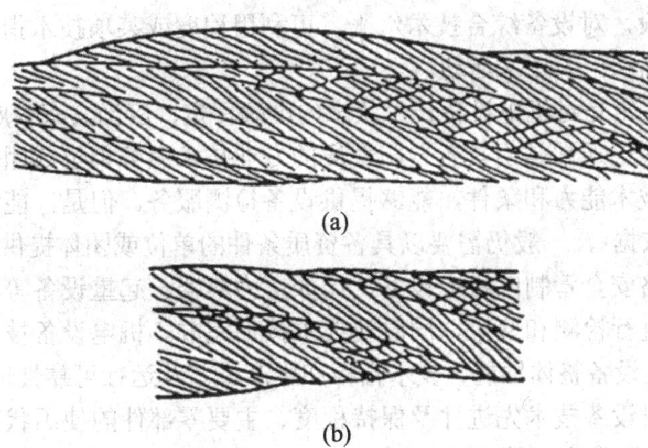


图 8-9　绳径局部增大

(4) 由于外部磨损使钢丝绳实际直径比其公称直径减少 7%或更多时(如图 8-10 所示)；

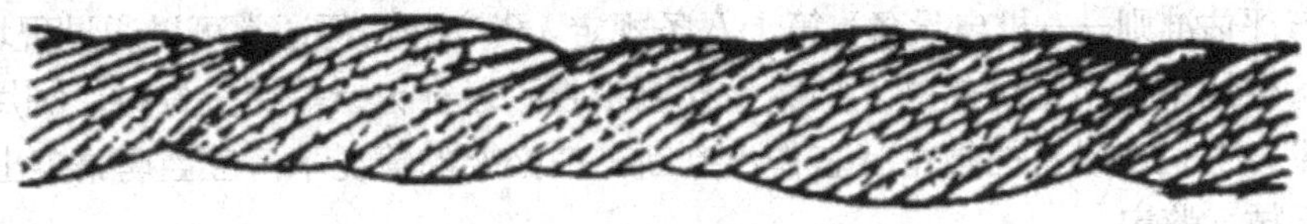

图 8-10　绳径局部减小

(5) 钢丝绳有严重的内部腐蚀；

(6) 钢丝绳因异常热影响作用在外表出现可识别的颜色变化。

起重机其他部件，如滑轮、卷筒、制动器、制动轮等，报废标准可参见《起重机械安全规程》(GB 6067—2010)相关内容。

# 任务三　机电设备评估的技术鉴定

【任务导读】

机电设备评估时需要对设备进行的技术鉴定，什么样的单位和个人才能进行技术鉴定呢？鉴定的依据是什么？鉴定过程中有什么样的具体要求吗？

【任务提出】

- 理解机电设备评估技术鉴定的含义。
- 熟悉机电设备评估技术鉴定的依据和要求。

【知识导航】

## 一、机电设备技术鉴定的主要内容

一般来讲，机电设备技术鉴定是指具备一定资质条件和资格水平的单位或个人，运用

符合要求的技术手段，对设备综合技术水平、可利用程度或某项技术指标、零部件等，进行检测，并形成明确结论的技术活动。

机电设备技术鉴定是对机电设备技术状态的准确评定，应当具有权威性和独立性。

机电设备技术鉴定通常是由具备专门资质的专业技术服务单位或团体完成的。有的企业自身具备一定的技术能力和条件，能够提供设备检测服务。但是，能够作为被第三方所依赖的独立的鉴定依据 ，一般仍需要以具备资质条件的单位或团体提供的鉴定文件。特别是对于国家实行严格安全管制的机电设备，比如压力容器、起重设备等，不仅要求具备专门资质的专业单位进行检测和鉴定，同时还要求按期完成。机电设备技术鉴定内容非常广泛，不仅可以对机电设备整体性能、技术指标和生产工艺及运行可靠性情况进行检测鉴定，还可以根据需要，对设备技术先进性及保持程度、主要零部件的使用状况、设备运行的安全性、能源消耗以及环保水平等进行检测和鉴定。

## 二、机电设备评估对技术鉴定的要求

《资产评估准则——机电设备》第十八条规定，资产评估师通常可以通过现场观察，利用机电设备使用单位所提供的技术档案、检测报告、运行记录等历史资料，利用专业机构的检测结果，对机电设备的技术状态作出判断。在必要的情况下，应当聘请专业机构对机电设备进行技术鉴定。

机电设备评估中，由于机电设备种类繁多，技术差异性大，涉及的专业领域比较广泛。机电设备状况是机电设备价值重要的自身条件，状况的了解与把握，不仅专业技术性强，而且容易形成争议。因此，通过各种技术手段，甚至是借助必要的技术检测来确定机电设备的实物和价值状况，考虑到不同机电设备的使用周期和使用情况各不相同，为确保评估的准确性，对被评估的机电设备进行逐一或分类鉴定是十分重要的。

评估人员对机电设备技术状态所作出的判断，通常是根据对设备所进行的现场观察、借鉴设备使用单位提供的技术档案、检测报告、运转记录等历史资料，或利用专业部门的检测结果及设备的运转记录对设备的技术状态作出判断。有时评估人员会使用一些简单的仪器，对评估对象进行必要的测试，但很少使用专业的测试仪器。比如：在评估时，评估人员需要对起重机的损伤程度或预期寿命作出判断，作为确定成新率的依据。准确地判断起重机零件的使用寿命是比较困难的，评估人员可利用专业机构的检测报告。

当评估人员认为使用上述手段不能确定设备技术状态的情况下，应考虑进行外部的技术鉴定，但是该工作已超出评估人员的能力范畴，需要聘请专业机构对评估对象进行技术鉴定。另外，许多设备的检测和鉴定需要国家有关部门核发的特殊资格，多数评估机构不具备此条件，如必须进行某些特殊鉴定则要聘请有资格的专业机构进行。《资产评估准则——机电设备》第十七条规定，资产评估师应当根据评估对象的具体情况合理确定现场调查内容。其要求评估人员应当根据评估对象的具体情况合理确定现场调查内容。资产评估师对评估对象所做的现场调查是评估人员赖以形成评估结论的基础，所调查的内容应该支持评估师形成评估结论。由于客观条件的限制，评估人员在执业过程中，对评估对象调查或勘测的程度、所获得信息的真实性、完整性等都会受到不同程度的影响。评估人员必须判断这些因素对评估结果的影响程度，并根据上述影响程度确定其工作范围及工作程度，不得以工作量或工作的难易程度作为确定调查内容的标准。

由于情况的复杂和客观条件的限制，存在一些无法查清的事项，评估人员可以在报告

中予以声明。但是，评估人员必须判断上述事项的重要性，并在报告中详细披露评估师为该事项所做的努力以及该事项对评估结论的影响，不可以声明的方式规避勤勉尽责的义务。评估人员要根据评估目的、影响评估对象价值的主要因素、采取技术鉴定的必要性和条件，以及评估委托人的意愿等多方面进行判断。但是，对于明显需要采取技术鉴定才能保证评估结论的合理性和有效性的情形下，评估机构和评估人员应当向评估项目委托人或评估对象产权持有人等提出要求。当然，并不是所有的机电设备评估都需要单独聘请有资格的专业机构进行鉴定。对于利用专业机构出具技术鉴定报告、检测报告等文件作为评估过程中重要的判断依据的情形，评估人员应当在评估报告中进行必要的说明或披露。

# 练　习　题

## 一、单项选择题

1. 故障程度尚不严重，可勉强“带病”运行的，称为(　　)。
   A. 早期故障　　B. 一般功能性故障
   C. 严重故障　　D. 晚期故障
2. (　　)是对机电设备进行状态监测，根据机器无故障及机器性能的劣化程度决定是否进行维修。
   A. 状态维修　B. 预防维修　C. 日常维修　D. 事后维修
3. 在对人耳有害的噪声测量中，一般采用(　　)作为评定标准。
   A. A 声级　B. B 声级　C. C 声级　D. D 声级
4. 红外测温仪器的核心是(　　)。
   A. 红外探测器　　B. 红外光学系统
   C. 信号处理系统　　D. 显示系统
5. 下列裂纹的无损探测法中，(　　)不适于有色金属制件表面裂纹的探测。
   A. 目视——光学检测法　　B. 渗透探测法
   C. 磁粉探测法　　D. 涡流探测法
6. 下列机件磨损油污检测法所用的装置中，(　　)更适于早期的、精密的磨损诊断。
   A. 铁谱分析仪　　B. 光谱分析仪
   C. 直读式铁谱仪　　D. 磁性塞头
7. 下列因素中，不影响机床工作精度的是(　　)。
   A. 机床的刚度　　B. 机床的热变形
   C. 机床的振动　　D. 机床的噪声
8. 造成内燃机损伤的原因是多方面的，其中最主要的是(　　)。
   A. 疲劳　B. 热损伤　C. 磨损　D. 腐蚀
9. 柴油机排气冒黑烟可能是因为(　　)。
   A. 高负荷时，高温、缺氧，燃料燃烧不完全　　B. 燃料中混入润滑油
   C. 燃料中含有水分　　D. 工作温度低，喷油雾化不良
10. 一般应当于投用后(　　)年内进行首次定期检验。
   A. 1　B. 2　C. 3　D. 5

## 二、多项选择题

1. 下列属于功能降低型故障的是(　　)。

A. 发动机不能发动　　B. 发动机功率降低

C. 燃油消耗量增加　　D. 工作时有漏油　　E. 传动失去平衡

2. 如果按部件损坏程度对设备故障进行分类，可以分为(　　)故障。

A. 设备停止型　　B. 功能降低型

C. 维修费用增加　　D. 功能停止型

E. 商品质量降低

3. 设备故障诊断通常分为状态监测、分析诊断和治理预防三个阶段，其中分析诊断包括状态识别和诊断决策。下列各项中，属于分析诊断阶段工作内容的包括(　　)。

A. 获得诊断决策的可靠依据——征兆

B. 将反映设备运行状态的征兆与故障状态参数进行比较，从而识别设备是否存在故障

C. 找出故障产生的原因及发生的部位

D. 预测设备的性能和故障发展的趋势

E. 确定治理修正的方法

4. 在振动测量中，可使用的测量装置有(　　)。

A. 压电式加速度传感器　　B. 铁谱分析技术

C. 磁电式速度传感器　　D. 涡流位移传感器　　E. 频谱分析仪

5. 进行噪声测量时常用(　　)表示噪声强弱。

A. 频率　　B. 频谱　　C. 声压级　　D. 声强级　　E. 声功率级

6. 下列属于非接触式温度计的有(　　)。

A. 辐射高温计　　B. 冲蒸汽式温度计

C. 比色高温计　　D. 红外测温仪　　E. 热电偶温度计

7. 下列关于故障诊断的常用方法，描述正确的有(　　)。

A. 振动脉冲测量法专门用于滚动轴承磨损和损伤的故障诊断

B. 噪声是设备的固有信息，它的存在不等于有故障，要根据噪声信号的特征量来判断是否存在故障

C. 当机件温度超过其额定工作温度且发生急剧变化时，预示着故障的存在和恶化

D. 物体内部裂纹的无损探测法包括射线探测法、超声探测法、涡流探测法、渗透探测法等

E. 油液污染监测法是通过对设备循环流动的油液污染状况进行监测，获取机件运行状态的有关信息

8. 机器零件内部裂纹可采用(　　)进行探测。

A. 渗透探测法　　B. 磁粉检查法　　C. 射线探测法

D. 超声波探测法　　E. 声发射探测法

9. 下列叙述正确的有(　　)。

A. 机床的刚度包括机床构件本身的刚度和构件之间的接触刚度

B. 机床几何精度主要取决于机床零部件的加工和装配质量

C. 机床上出现的振动从本质上可分为受迫振动与自激振动两种

D. 机床的热变形对机床精度没有太大影响

E. 定位精度也称为位置精度

10. 对内燃机内部零件故障识别一般采用状态检测和故障诊断技术，内燃机状态监测技术主要采用(　　)监测方法。

A. 铁谱检测　　B. 油液光谱检测

C. 射线法检测　　D. 振动检测　　E. 磁塞检查法

11. 水冷壁的主要腐蚀类型有(　　)。

A. 高温腐蚀　B. 低温腐蚀　C. 氧腐蚀　D. 堵灰　E. 垢下腐蚀

12. 出现下列情况(　　)的钢丝绳应立即报废。

A. 整支绳股发生断裂

B. 有疲劳裂纹

C. 钢丝绳有严重的内部腐蚀

D. 钢丝绳因异常热影响作用在外表出现可识别的颜色变化

E. 由于外部磨损使钢丝绳实际直径比公称直径减少 7%或更多

## 三、简答题

1. 何谓设备故障？何谓设备故障诊断技术？
2. 设备故障诊断的常用方法有哪些？各有哪些特点？
3. 设备质量好坏与哪些因素有关？

# 项目九

## 机电设备评估方法

### 知识目标

- 熟悉机电设备评估的三大原理
- 掌握机电设备评估的成本法
- 掌握机电设备评估的市场法
- 熟悉机电设备评估的收益法

### 技能目标

- 能熟练运用成本法对机电设备进行评估
- 能用市场法对机电设备进行评估
- 能理解机电设备组合的收益法和差值原理

# 任务一　机电设备评估的成本法

### 【任务导读】

某设备购建于 2006 年，账面价值为 100 万元，2010 年进行技术改造，追加技改投资 50 万元，2016 年对该设备进行评估。根据评估人员的调查、检查、对比分析，得到以下数据：①2006 至 2016 年每年的设备价格上升率为 10%；②该设备的月人工成本比其替代设备高 1 万元；③被评估设备所在企业的正常投资报酬率为 10%，规模效益指数为 0.7，所得税税率为 25%；④该设备在评估前使用期间的实际利用率仅为正常利用率的 50%，经技术检测，该设备尚可使用 5 年，在未来 5 年中，设备利用率能够达到设计要求。根据上述条件，估测该设备的有关参数和评估值。

如果该案例用成本法进行评估，具体应该做哪些工作才能估测该设备的有关参数和评估值？

### 【任务提出】

- 理解成本法的含义。
- 理解并掌握用成本法评估机电设备的步骤。

### 【知识导航】

## 一、成本法的基本公式

成本法是通过估算被评估机电设备的重置成本和各种贬值，用重置成本扣减各种贬值作为资产评估价值的一种方法，它是机电设备评估中最常用的方法。

成本法从成本的角度衡量资产价值，它首先估算重置与评估对象完全相同或功能相同的全新资产的成本，如果被评估对象是一台全新的设备或一个全新的工厂，则被评估对象的价值为它的重置成本。根据替代性原则，在进行资产交易时，购买者所愿意支付的价格不会超过按市场标准重新购置或构建该项资产所付出的成本。如果被评估资产已经使用过，则应该从重置成本中扣减在使用过程中因自然磨损、技术进步或外部经济环境导致的各种贬值。

成本法的计算公式为

$$P = RC - D_p - D_f - D_e$$

式中：$P$——评估值；

$RC$——重置成本；

$D_p$——实体性贬值；

$D_f$——功能性贬值；

$D_e$——经济性贬值。

## 二、重置成本

### 1. 重置成本的构成

机电设备的重置成本包括购置或购建设备所发生的必要的、合理的直接成本、间接成本和因资金占用所发生的资金成本、合理利润、相关税费等。

设备的直接成本一般包括：设备本体的重置成本，以及设备的运杂费、安装费、基础费及其他合理成本；间接成本一般包括管理费、设计费、工程监理费、保险费等。直接成本与每一台设备直接对应，间接成本和资金成本有时不能对应到每一台设备上，它们是为整个项目发生的，在计算每一台设备的重置成本时一般按比例摊入。

机电设备重置成本构成要素的具体内容与设备类型、安装方式等因素有关。例如，对于不需要安装的单台设备，其重置成本一般只包括购买设备的费用以及运杂费等；对于已安装在用的单台设备，它的重置成本除了购买设备的费用以及运杂费之外，还包括设备的安装费、基础费等；对于工厂、车间等整体资产，其重置成本还包括将单项资产组合成整体资产所发生的调试费、工厂设计费、管理费等；对于进口设备和车辆等特殊设备，根据国家的有关规定，在购买设备时还需要支付设备价以外的税金或费用，例如，进口设备的从属费用、车辆购置附加税等，这些费用也包括在设备的重置成本当中。机电设备重置成本构成要素也与评估目的、评估假设前提有关，机电设备在原地继续使用和异地使用时，其重置成本构成要素是不同的，原地继续使用时，机电设备的重置成本一般包括设备运杂费、安装费、基础费等；异地使用时，重置成本一般不包括上述费用。构成重置成本的费用必须是为购置或购建被评估的机电设备所发生的，包括直接费用和间接费用。但是一些非必然的费用不应包括在内，如根据客户特殊的工期要求因加班而发生的加班费。而这种工期要求并不是工程所必需的，这样的费用就不应当包括在设备重置成本当中。机电设备评估准则要求注册资产评估师应当根据评估对象的具体情况、评估目的等条件分析并合理确定重置成本的构成要素。

### 2. 设备本体重置成本

设备购置的重置成本不包括运输、安装等费用。对于通用设备一般按照现行市场销售价格确定，或者通过其他方法计算设备本体的重置成本；自制设备一般是指按照当前的价格标准计算的建造成本，包括直接材料费、燃料动力费、直接人工费、制造费用、期间费用分摊、利润、税金以及非标准设备的设计费。其计算方法如下。

1) 直接法

(1) 市场询价。有公开市场价格的机电设备。大多数可以通过市场询价来确定设备的现行价格。即评估师直接从市场了解相同产品的现行市场销售价格。机电设备的市场价格，制造商与销售商，或者不同销售商之间的售价可能是不同的。根据替代性原则，在同等条件下，评估人员应该选择可能获得的最低售价。一些专用设备和特殊设备，由于只有少数厂家生产，市场交易也很少，一般没有公开的市场价格。确定这些设备的现行市场价格需要向生产厂家直接询价，由于市场透明度较差甲生产厂家的报价和实际成交价往往存在较大的差异。评估人员应谨慎使用报价，一般应该向近期购买该厂同类产品的其他客户了解实际成交价。

(2) 使用价格资料。价格资料是获得机电设备市场价格的重要渠道，它们包括生产厂家提供的产品目录或价格表、经销商提供的价格目录、报纸杂志上的广告、出版的机电产品价格目录、机电产品价格数据库等，在使用上述价格资料时，数据的有效性和可靠性是至

关重要的。机电产品的价格是随时间而变化的，有些产品的价格相对比较稳定，其价格往往在几个月或者一年之内保持稳定；有些产品的价格变化比较快，如电子产品、计算机、汽车等，这些产品的价格每个月甚至每周都在变化。评估师要注意价格资料的时效性，所使用的价格资料应该反映评估基准日的价格水平。

2) 物价指数法

物价指数法是以设备的历史成本为基础，根据同类设备的价格上涨指数，来确定机电设备本体的重置成本的方法。对于二手设备，历史成本是最初使用者的账面原值，而非当前设备使用者的购置成本。物价指数可分为定基物价指数和环比物价指数。

**【例 9-1】**某项机电设备购于 2013 年，账面原值为 10 万元，于 2016 年评估，若以取得时定基物价指数为 100%，评估时定基物价指数为 140%，该资产最可能评估值为多少？

解：资产评估最可能评估值

=账面原值×评估时点的定基物价指数/取得时的定基物价指数

=10×140%÷100%

=14 万元

**【例 9-2】**被评估设备购于 2010 年，账面原值 100 万元，2016 年对该设备进行评估，已知 2010 年至 2016 年的环比物价指数分别为 105%、110%、108%、115%、120%、105%、108%，求该设备的评估值。

解：

$$\text{评估值}=\text{账面原值}\times\prod_{\substack{\text{从构建年度的次}\\\text{年起到评估年度}}}\text{环比物价指数}$$

$=100\times110\%\times108\%\times115\%\times120\%\times105\%\times108\%$

$=185.9$万元

在机电设备评估中，对于一些难以获得市场价格的机电设备，经常采用物价指数法。使用时，评估人员应注意以下问题：

(1) 选取的物价指数应与评估对象相配比，一般采用某一类产品的分类物价指数，不可采用综合物价指数。

(2) 应注意审查历史成本的真实性。因为在设备的使用过程中，其账面价值可能进行了调整，当前的账面价值已不能反映真实的历史成本。

(3) 企业账面的设备历史成本一般还包括运杂费、安装费、基础费以及其他费用。上述费用的物价变化指数与一般设备价格变化指数往往是不同的，应分别计算。特别是对运杂费、安装费、基础费所占比例很大的锅炉、锻压机械等设备。

(4) 物价指数法只能用于确定设备的复原重置成本、不能用于确定更新重置成本。在使用时应注意考虑设备的功能性贬值。特别是对于已经使用了很长时间的设备，由于技术进步的原因，复原重置成本和更新重置成本的差异会较大。

(5) 单台设备的价格变动与这类产品的分类物价指数之间可能存在一定的差异。因此，被评估设备的样本数量会影响评估值的准确度。

(6) 对于进口设备，应使用设备出口国的分类物价指数。

3) 重置核算法

机电设备本体的重置成本由生产成本、销售费用、利润、税金组成，常用于确定非标准、自制设备的重置成本的计算。

**【例 9-3】**重置购建设备一台，现行市场价格每台 1 万元，运杂费 4000 元，直接安装成本 2000 元，其中原材料 1500 元，人工成本 500 元。根据统计分析，计算求得安装成本中的间接成本为人工成本的 80%，该机电设备重置成本为

直接成本=10000+4000+2000=16000 元

其中：买价 10000 元

运杂费 4000 元

安装成本 2000 元

其中：原材料 1500 元

人工 500 元

间接成本(安装成本)=500×80%＝400 元

重置成本合计=16000+400=16400 元

4) 综合估价法

综合估价法是根据设备的主材费和主要外购件费用与设备成本费用有一定的比例关系，在不考虑税金的情况下，通过确定设备的主材费用和主要外购件费用，计算出设备的完全制造成本，并考虑企业利润和设计费用，确定设备的重置成本。

其计算公式为

$$RC=\left(\frac{M_{\mathrm{rm}}}{K_{\mathrm{m}}}+M_{\mathrm{pm}}\right)\times(1+K_{\mathrm{p}})\times\left(1+\frac{K_{\mathrm{d}}}{n}\right)$$

$RC$——设备本体重置成本；

$M_{\mathrm{rm}}$——主材费；

$K_{\mathrm{m}}$——成本主材费率；

$M_{\mathrm{pm}}$——主要外购件费；

$K_{\mathrm{p}}$——成本利润率；

$K_{\mathrm{d}}$——非标准设备设计费率；

$n$——非标准设备的生产数量。

公式分析：

$M_{\mathrm{rm}}$——实际被消耗掉的主材费＝主材净用量÷主材费利用率(不含增值税)；

$M_{\mathrm{rm}}\div K_{\mathrm{m}}$——本企业生产该设备的成本费用(不包含外购材料费)；

$M_{\mathrm{rm}}\div K_{\mathrm{m}}+M_{\mathrm{pm}}$——该设备使用的全部成本费用(包含外购材料费，不含增值税)。

(1) 主材费 $M_{rm}$(不含增值税成本)计算。

主要材料是在设备中所占的重量和价值比例大的一种或几种。主材费可按图纸分别计算出各种主材的净消耗量，然后根据各种主材的利用率求它们的总消耗量，并按材料的市场价格计算每一种主材的材料费用。计算公式为

$$M_{rm}=\sum\left(\frac{\text{某主材净消耗量}}{\text{该主材利用率}}\times\frac{\text{含税市场价}}{1+\text{增值税税率}}\right)$$

**【例 9-4】**运用综合估价法评估某企业自制设备，其中该设备的主材为不锈钢，共消耗 15 吨，评估基准日该种不锈钢的市场含税价格为 2.8 万元/吨，在制造过程中该钢材的利用率约为 95%，该设备的主材费率为 80%，适用的增值税税率为 17%，则该设备的主材费用最接近于多少万元。

主材费用＝含税市场价÷(1+增值税税率)×数量

＝32.8÷(1＋17%)×15

＝35.897 万元

(2) 主要外购件费 $M_{pm}$(不含增值税成本)计算。

主要外购件如果价值比重很小，可以综合在成本主材费率 $K_m$ 中考虑，则不再单列为主要外购件。外购件的价格按不含税市场价格计算，计算公式为

$$M_{pm}=\left(\text{某主要外购件的数量}\times\frac{\text{含税市场价}}{1+\text{增值税税率}}\right)$$

$(M_{rm}\div K_m+M_{pm})\times(1+K_p)$——生产该设备的正常价格(成本加利润)。

$(M_{rm}\div K_m+M_{pm})\times(1+K_p)\times(1+K_d/n)$——在上一步的基础上加上应该承担的专用设备的设计费。

**【例 9-5】**被评估对象为一台自制大型模具，该模具净重 2 吨，评估基准日该模具的材料价格为 15 元/公斤，材料利用率为 75%，模具的冷加工费为 30000 元，热加工费按模具净重每公斤 15 元，其他费用 10000 元，行业平均成本利润率为 10%，在不考虑其他因素，则该模具的重置成本最接近于多少元。

解：重置成本=(主材费/成本主材费率+主要外购件费)×(1+成本利润率)

=(2000÷75%×15＋30000＋2000×15＋10000)×(1＋10%)

=121000 元

5) 重量估价法

重量估价法用设备的重量乘以综合费率，同时考虑利润来确定设备本体的重置成本(不考虑税金)，并根据设备的复杂系数进行适当调整。综合费率根据相似设备的统计资料确定。

其计算公式为

$$RC=W\times R_W\times K+P$$

或

$$RC=W\times RW\times K(1+r_p)$$

式中：$RC$——设备重置成本；

$W$——设备的净重；

$R$——综合费率；

$K$——调整系数；

$P$——合理利润；

$r_p$——利润率。

该方法简单，估价速度快，适用于材料单一、制造简单、技术含量低的设备重置成本的估算，如结构件和比较简单的大型冲压模具等。

### 3. 运杂费

1) 国产设备运杂费

国产设备的运杂费是从生产厂家到安装使用地点所发生的装卸、运输、采购、保管、保险及其他有关费用。设备运杂费的计算方法一种是根据设备的生产地点、使用地点以及重量、体积、运输方式，根据铁路、公路、船运、航空等部门的运输计费标准计算，如表 9-1 所示。另一种是按设备的原价的一定比率作为设备的运杂费率，以此来计算设备的运杂费。其计算公式为

$$\text{国产设备运费}=\text{国产设备原价}\times\text{国产设备运杂费率} \tag{9-1}$$

表 9-1 机械行业国产设备运杂费率表

| 地区类别 | 建设单位所在地 | 运杂费率(%) | 备 注 |
|---|---|---|---|
| 一类 | 北京、江苏、天津、上海、河北、浙江、山西、安徽、山东、辽宁 | 5 | 指标中包括建设单位仓库离车站或码头 50km 以内的短途运输费。当超过 50km 时按每超过 50km 增加 0.5%费率计算，不足 50km 时按 50km 计算 |
| 二类 | 湖南、湖北、福建、江西、广东、河南、陕西、四川、甘肃、吉林、黑龙江、海南 | 7 | |
| 三类 | 广西、贵州、青海、宁夏、内蒙古 | 8 | |
| 四类 | 云南、新疆、西藏 | 10 | |

2) 进口设备的国内运杂费

进口设备的国内运杂费是指进口设备从出口国运抵我国后，从所到达的港口、车站、机场等地，将设备运至使用的目的地现场所发生的港口费用、装卸费用、运输费用、保管费用、国内运输保险费用等各项运杂费，不包括在运输超限设备时发生的特殊措施费。其中，港口费用是指进口设备从卸货至运离港口所发生的各项费用，包括港口建设费、港务费、驳运费、倒垛费、堆放保管费、报关费、转单费、监卸费等。

进口设备国内运杂费的计算公式如下：

进口设备国内运杂费=进口设备到岸价×进口设备国内运杂费率 (9-2)

公式中的运杂费率分为海运方式和陆运方式两种。表 9-2 和表 9-3 分别为机械行业规定的进口设备海运方式和陆运方式运杂费率表。

表 9-2 机械行业进口设备海运方式国内运杂费率表

| 地区类别 | 建设单位所在地 | 运杂费率(%) | 备 注 |
|---|---|---|---|
| 一类 | 北京、天津、河北、山东、江苏、上海、浙江、广东、辽宁、福建、安徽、广西、海南 | 1～1.5 | 进口设备国内运杂费指标是以离港口距离划分指标上、下限：20km 以内为靠近港口取下限；20km 以上、50km 以内为邻近港口取中间值，50km 以上为远离港口取上限 |
| 二类 | 山西、河南、陕西、湖南、湖北、江西、吉林、黑龙江 | 1.5～2.5 | |
| 三类 | 甘肃、内蒙古、宁夏、云南、贵州、四川、青海、新疆、西藏 | 2.5～3.5 | |

表 9-3 机械行业进口设备陆运方式国内运杂费率表

| 地区类别 | 建设单位所在地 | 运杂费率(%) | 备 注 |
|---|---|---|---|
| 一类 | 内蒙古、新疆、黑龙江 | 1～2 | 进口设备国内运杂费指标是以离港口距离划分指标上、下限：100km 以内为靠近陆站取下限；100km 以上、300km 以内为邻近陆站取中间值，300km 以上为远离港口取上限 |
| 二类 | 青海、甘肃、宁夏、陕西、四川、山西、河北、河南、湖北、吉林、辽宁、天津、北京、山东 | 2～3 | |
| 三类 | 上海、江苏、浙江、广东、安徽、湖南、福建、江西、广西、云南、贵州、西藏 | 3～4 | |

4. 设备安装费

1) 国产设备安装费

设备的安装工程范围包括以下几部分：①所有机电设备、电子设备、电器设备的装配、安装工程；②锅炉及其他各种工业锅窑的砌筑工程；③设备附属设施的安装工程，如与设备相连的工作台、梯子的安装工程；④设备附属管线的敷设，如设备工作所需的电力线路、供水、供气管线等；⑤设备及附属设施、管线的绝缘、防腐、油漆、保温等工程；⑥为测定安装工作质量进行的单机试运转和系统联动无负荷试运转。设备的安装费包括上述工程所发生的所有人工费、材料费、机械费及全部取费设备安装费可以用设备的安装费率计算。

国产设备的安装费计算公式如下：

国产设备安装费=设备原价×设备安装费率

公式中，设备安装费率按所在行业概算指标中规定的费率计算。表 9-4 为机械行业规定的设备安装费率。

表 9-4　机械行业规定的设备安装费率

| 序　号 | 车间或项目名称 | 设备安装费率(%) | 备　注 |
|---|---|---|---|
| 1 | 机械加工车间 | 1～2 | |
| 2 | 装配车间 | 2～4 | |
| 3 | 焊接、冷作车间（金属结构车间) | 1.3～1.8　4～6 | |
| 4.1 | 铸铁车间 | 3～5 | |
| 4 | 铸钢车间 | 2.5～5 | |
| 5 | 精密铸造车间 | 1.5　～4 | |
| 6 | 有色铸造车间 | | |
| 7 | 锻造车间 | 7～9 | |
| 8 | 大件模锻 | 4～6 | 最大压力机 125MN |
| 8.1 | 小件模锻 | 2.5～3.5 | 最大压力机 25MN |
| 8.2 | 锻锤≤1*T* | 5～2.5 | |
| 8.3 | 锻锤≥1*T* | 1.5～2.5 | |
| 8.4 | 热处理车间 | 2.2～3.2 | |
| 9 | 冲压车间 | 7～9 | |
| 10 | 电镀车间 | 8～10 | |
| 11 | 油漆车间 | | |
| 12 | TNT 生产车间 | 34～36 | |
| 13 | 硝化工房 | 52～54 | 设备安装包括工艺管道 |
| 13.1 | 硝烟吸收工房 | 64～67 | 设备安装包括工艺管道 |
| 13.2 | 安全放料池酸性废水池及地下 | 50～52 | 设备安装包括工艺管道 |
| 13.3 | 槽棚 | 32～34 | 设备安装包括工艺管道 |
| 13.4 | 精制工房及红水池沉淀槽 | 24～26 | 设备安装包括工艺管道 |
| 13.5 | 制片包装工房 | 43～45 | 设备安装包括工艺管道 |
| 13.6 | 酸综合工房及废酸贮槽 | | 设备安装包括工艺管道 |

21世纪高职高专经管类专业立体化规划教材

续表

| 序　号 | 车间或项目名称 | 设备安装费率(%) | 备　注 |
|---|---|---|---|
| 13.7 | 甲苯转手库、甲苯泵房 | 25～27 | |
| 14 | 硝铵炸药生产车间 | 8～9 | 气流干燥工艺 |
| 14.1 | 硝铵粉碎干燥工房 | 13～14 | |
| 14.2 | TNT 粉碎工房 | 13～14 | |
| 14.3 | 混药工房 | 11～13 | |
| 14.4 | 装药包装工房 | 16～18 | |
| 14.5 | 油相配制工房 | 17～19 | |
| 14.6 | 卷纸管工房 | 2 | |
| 14.7 | 卷纸管输送带 | 2 | |
| 15 | 工具车间 | 2～2.5 | |
| 16 | 机修车间 | 4～5 | 不包括立体仓库 |
| 17 | 材料库 | 1.5～3 | |
| 18 | 汽车库 | 0.5～1 | |
| 19 | 木工车间 | 30～35 | |
| 20 | 中央实验室、计量室 | | |
| 21 | 变配电所 | 70～80 | |
| 22 | 锅炉房 | 75～85 | 计算基数为锅炉用辅机、热控设备原价 |
| 22.1 | 75 T/H 燃油锅炉房 | 45～50 | 计算基数为锅炉及辅助设备原价 |
| | 其中： | | 计算基数为锅炉及辅助设备原价 |
| | 锅炉本体及辅助设备 | 25～30 | 其中炉砌筑占设备原价的 15% |
| | | 80～90 | 计算基数为锅炉及辅助设备原价 |
| | 动力管道 | 60～65 | 计算基数为热控设备原价 |
| | 热工控制 | | 计算基数和锅炉房全部设备原价 |
| 22.2 | 35T/H 热水锅炉房 | 90～100 | |
| | 其中： | 50～55 | 计算基数为锅炉及辅助设备原价 |
| | 锅炉本体及辅助设备 | | 计算基数为锅炉及辅助设备原价 |
| | 动力管道 | 15～20 | 其中炉砌筑占设备原价 18% |
| | | 18～20 | 计算基数为锅炉及辅助设备原价 |
| | | 80～90 | 计算基数为输煤设备原价 |
| | 输煤 | 65～70 | 计算基数为除灰处理设备原价 |
| | 除灰 | 74～80 | 计算基数为水处理设备原价 |
| | 水处理 | 48～58 | 计算基数为热工控制设备原价 |
| | 热工控制 | 65～70 | 计算基数为锅炉房全部设备原价 |
| 22.3 | 20T/H 热水锅炉房 | 44～48 | 计算基数为锅炉及辅助设备原价 |
| | 其中： | | 计算基数为锅炉及辅助设备原价 |
| | 锅炉木体及辅助设备 | 13～18 | 其中炉砌筑占设备原价的 18% |
| | | 25～30 | 计算基数为锅炉及辅助设备原价 |
| | 动力管道 | 72～78 | 计算基数为输煤设备原价 |

续表

| 序　号 | 车间或项目名称 | 设备安装费率(%) | 备　注 |
|---|---|---|---|
| | 输煤 | 45～55 | 计算基数为热工控制设备原价 |
| | 热工控制 | 60～64 | 计算基数为锅炉房全部设备原价 |
| 22.4 | 6.5T/H，蒸汽锅炉房 | 40～45 | 计算基数为锅炉及辅助设备原价 |
| | 其中： | | 计算基数为锅炉及辅助设备原价 |
| | 锅炉本体及辅助设备 | 12～14 | 其中炉砌筑占设备原价的 19% |
| | | 35～40 | 计算基数为锅炉及辅助设备原价 |
| | 动力管道 | 50～56 | 计算基数为输煤设备原价 |
| | 输煤 | 70～75 | 计算基数为水处理设备原价 |
| | 水处理 | 30～32 | 计算基数为热工控制设备原价 |
| | 热工控制 | 32～34 | 计算基数为锅炉房全部设备原价 |
| 22.5 | 4T/H 快装锅炉房 | 28～30 | 计算基数为锅炉房全部设备原价 |
| 22.6 | 2T/H 快装锅炉房 | 12～15 | 计算基数为锅炉房全部设备原价 |
| 22.7 | 1T/H 快装锅炉房 | 26～30 | |
| 23 | 空压站 | 31～35 | |
| 24 | 乙炔站 | | |
| 25 | 热煤气站 | 7～8 | |
| 26 | 氧气站 | 25～27 | 设备原价不包括氧气瓶价 |
| | 氧气站 | | 设备原价不包括氧气瓶价 |
| | 氧气汇流排间 | | |

2) 进口设备安装费

计算公式：

进口设备安装费=相似国产设备原价×国产设备安装费率

或　进口设备安装费=进口设备到岸价×进口设备安装费率

由于进口设备原价较高，进口设备的安装费率一般低于国产设备的安装费率。机械行业建设项目概算指标中规定：进口设备的安装费率可按相同类型国产设备的 30%～70%选取，进口设备的机械化、自动化程度越高，取值越低；反之越高。特殊情况，如设备的价格很高，而安装很简单，应低于该指标；设备的价格很低，而安装较复杂时，应高于该指标。

### 5. 基础费

1) 国产设备基础费

设备的基础是为安装设备而建造的特殊构筑物。设备基础费，是指建造设备基础所发生的人工费、材料费、机械费及全部取费。有些特殊设备的基础列入构筑物范围，不按设备基础计算。国产设备基础费计算公式为

国产设备基础费=国产设备原价×国产设备基础费率

式中，设备的基础费率按所在行业颁布的概算指标中规定的标准取值，行业标准中没有包括的特殊设备的基础费率，应自行测算。表 9-5 为机械工业企业设备基础费率指标。

表 9-5　国内设备基础费率

| 序　号 | 车间或项目名称 | 设备安装费率(%) | 备　注 |
|---|---|---|---|
| 1 | 机械加工车间 | 1.4～3.4 | 重、大型设备较多的取上限 |
| 2 | 装配车间 | | |
| | (a)固定式装配 | 0.8～3.4 | |
| | (b)流水线装配 | | |
| | 地坑(沟)<1m(包括无地沟装配线) | 3.0～5.0 | |
| | 地坑(沟)>1m | 5.0～7.0 | |
| 3 | 焊接、冷作车间(金属结构车间) | 1.5～2.8 | 重、大型设备较多的取上限 |
| 4 | 冲压车间 | | |
| | 小型设备为主 | 0.8～1.3 | |
| | 大型设备为主 | 1.3～3.0 | 带形基础的取上限 |
| 5 | 油漆车间 | | |
| | 大型车间 | 8.0～12.0 | 产品等级高，有喷抛丸设备的车间取上限 |
| | 小型车间 | 2.0～4.0 | |
| 6 | 热处理车间 | 0.7～1.1 | 产品等级高车间规模大的车间取上限 |
| 7 | 电镀车间 | 0.8～1.2 | |
| 8 | 锻造车间 | | |
| | 以热模锻为主 | 4.0～6.0 | 大批量、流水线的取下限 |
| | 以锻锤为主 | 12.0～17 | 空气锤为主的取上限 |
| 9 | 铸钢车间 | 2.8～4.3 | 机械化程度低的取上限 |
| 10 | 铸铁车间 | 2.0～3.5 | 机械化程度低的取上限 |
| 11 | 精密铸造车间 | 2.5～3.5 | 车间规模较大的，有一定机械化程度的取上限 |
| 12 | 有色铸造车间 | 1.5～2.5 | 压铸车间取下限 |
| 13 | 机修车间 | 1.5～2.0 | |
| 14 | 工模具车间 | 0.8～1.4 | 模具车间取上限 |
| 15 | 中央试验室 | 0.4～0.6 | |
| 16 | 中央计量室 | 0.1～0.3 | |

2) 进口设备基础费

$$\text{进口设备基础费}=\text{相似国产设备原价}\times\text{国产设备基础费率} \tag{9-3}$$

或

$$\text{进口设备基础费}=\text{进口设备到岸价}\times\text{进口设备基础费率} \tag{9-4}$$

进口设备基础费率一般低于国产设备的基础费率，机械行业建设项目概算指标中规定：进口设备的基础费率可按国产设备基础费率的30%～70%选取，进口设备机械化、自动化程度越高，取值越低；反之越高。特殊情况，如进口设备的价格高而基础简单的，应低于标准；设备价格低而基础复杂的，应高于标准。

6. 进口设备从属费用

进口设备的从属费用包括国外运费、国外运输保险费、关税、消费税、增值税、银行手续费、公司代理手续费，对车辆还包括车辆购置附加费等。

1) 国外运费

国外运费可按设备的重量、体积及海运公司的收费标准计算，也可按一定比例计取，取费基数为设备离岸价(FOB)：其计算公式为

海运费=离岸价×海运费率

费率：远洋一般取 5%～8%，近洋一般取 3%～4%

2) 国外运输保险费

国外运输保险费的取费基数为设备离岸价+海运费。其计算公式为

国外运输保险费=(FOB+海运费)×保险费率

费率可根据保险公司费率表确定，一般在 0.4%左右。

3) 各种税费

(1) 关税。

关税=设备到岸价×关税税率

(2) 消费税。

$$消费税=\frac{(关税完税价+关税)\times消费税税率}{1-消费税税率}$$

(3) 增值税。

增值税=(关税完税价+关税+消费税)×增值税税率

(4) 车辆购置税。

车辆购置税=(到岸价人民币数+关税+消费税)×费率

4) 银行财务费

银行财务费=设备离岸价×费率

我国现行银行财务费率一般为 4‰～5‰。

5) 外贸手续费或公司手续费

外贸手续费=到岸价人民币数×外贸手续费率

目前，我国进出口公司的进口费率一般在 1%～1.5%。

为了方便大家的计算和理解，我们将设备到岸价(CIF)和设备离岸价(FOB)的关系表示，如图 9-1 所示。

设备到岸价=设备离岸价+海运费+保险费

设备到岸价＝设备离岸价×(1+海运费率)×(1+保险费率)　　(9-5)

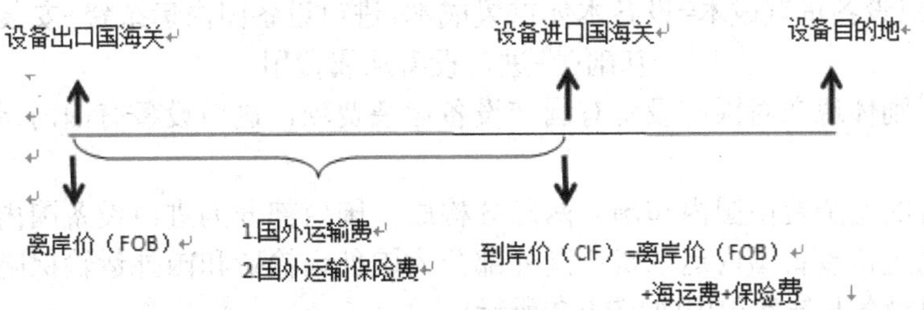


图 9-1　设备到岸价和设备离岸价的关系

21世纪高职高专经管类专业立体化规划教材

【例 9-6】某进口设备离岸价为 12000000 美元，关税税率为 16%，银行财务费率为 0.4%，公司代理费率为 1%，国内运杂费率为 1%，安装费率为 0.6%，基础费率为 1.7%。设备从订货到安装完毕投入使用需要 2 年时间，第一年投入的资金比例为 30%，第二年投入的资本比例为 70%。假设每年的资金投入是均匀的，银行贷款利率为 5%，美元兑人民币的汇率为 1∶6.8，试计算该设备的重置成本。

解：该设备的重置成本包括：①设备的货价；②海外运输费；③海运保险；④关税；⑤银行财务费用；⑥公司代理手续费；⑦国内运费；⑧安装费；⑨基础费；⑩资金成本。计算过程如表 9-6 所示。

表 9-6　设备重置成本的计算过程

| 序　号 | 项　目 | 计费基数 | 费　率 | 计算公式 | 金　额 |
|---|---|---|---|---|---|
| 1 | 设备离岸价 | | | | 12000000USD |
| 2 | 国外海运费 | 设备离岸价 | 5% | 计费基数×海运费率 | 600000USD |
| 3 | 国外运输保险费 | 设备离岸价+海运费 | 0.4% | 计费基数×保险费率 | 50400USD |
| | 到岸(CIF 价)外币合计 | | | | 12650400USD |
| | CIF 价人民币合计 | 外币额 | 6.8 | 计算基数×汇率 | 86022720 |
| 4 | 关税 | CIF 价 | 16% | CIF 价×16% | 13763635.2 |
| 5 | 银行手续费 | 设备离岸价 | 0.4% | 设备离岸价×0.4% | 326400 |
| 6 | 公司手续费 | CIF 价 | 1% | CIF 价×1% | 860227.2 |
| 7 | 国内运杂费 | CIF 价 | 1% | CIF 价×1% | 860227.2 |
| 8 | 安装费 | CIF 价 | 0.6% | CIF 价×0.6% | 516136.32 |
| 9 | 基础费 | CIF 价 | 1.7% | CIF 价×1.7% | 1462386.24 |
| | 合计 | | | | 103811732.16 |
| 10 | 资金成本 | | 5% | 资金合计×30%×5%×1.5＋资金合计×70%×5%×0.5 | 2059969.29 |
| | 重置成本总计 | | | | 105871701.45 |

### 7. 重置成本公式

国产设备重置成本=设备本体重置成本+国产设备运杂费+安装费+基础费　(9-6)

进口设备重置成本=设备本体重置成本+进口设备国内运杂费+安装费+基础费+进口设备从属费用　(9-7)

两者的区别体现在对国产设备有国产设备运杂费项，进口设备有国内运杂费和从属费用项目。

进口设备的运杂费由国内和国外两部分构成，国内部分为进口设备国内运杂费，体现为上述公式的进口设备国内运杂费；国外部分为国外运输费和国外运输保险费，体现在上述公式的进口设备从属费用中(如图 9-2 所示)。

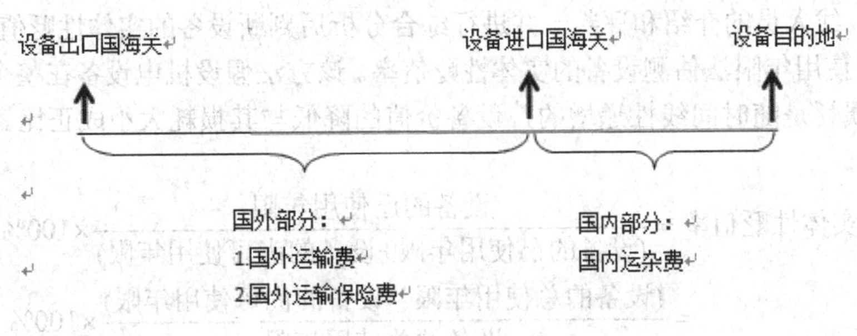


图 9-2　设备运费示意图

## 三、机电设备贬值的计算

### 1. 机电设备实体性贬值

机电设备的实体性贬值也就是有形损耗。它是由于使用磨损或受自然力侵蚀而产生的损耗。有形损耗属一般意义上的损耗。它用有形损耗率来表示，可以理解为机电设备实体损耗状况与全新状态的比率。

机电设备实体性贬值率的估测通常采用三种方法：使用年限法、观察法和修复费用法。

(1) 运用观察法估测设备的实体性贬值率。观察法是评估人员到评估现场对被评估机电设备进行现场观察和现场技术检测，并结合设备的实际使用情况，如使用时间、使用强度、技术状况、制造质量等经济技术参数，经综合分析估测设备的实体性贬值率的一种方法。

运用观测法观测分析的主要指标包括：设备的现时技术状态；设备的实际已使用时间；设备的正常负荷率及原始制造质量；设备的维修保养及技改情况；设备重大故障(事故)经历；设备的工作环境和条件；设备的外观和完整性等，如表 9-7 所示。

表 9-7　机电设备实体性贬值率评估参考表

| 类　别 | 新旧情况 | 实体性贬值率 | 技术参数标准参考说明 |
|---|---|---|---|
| 1 | 新设备及使用不久的设备 | 1～10 | 全新或刚使用不久的设备；在用状态良好，能按设计要求正常使用，无异常现象 |
| 2 | 较新设备 | 11～35 | 已使用一年以上或经过第一次大修恢复原设计性能使用不久的设备，在用状态良好，能满足设计要求，未出现过较大故障 |
| 3 | 半新设备 | 36～60 | 已使用两年以上或大修后已使用一段时间的设备，在用状态良好，基本上能达到设备设计要求，满足工艺要求，需经常维修以保证正常使用 |
| 4 | 旧设备 | 61～85 | 使用较长时间或几经大修，目前仍能维持使用的设备，在用状态一般，性能明显下降，使用中故障较多，经维护仍能满足工艺要求，可以安全使用 |
| 5 | 报废待处理设备 |  | 已超过规定使用年限或性能严重劣化，目前已不能正常使用或停用。即将报废待更新 |

上述机电设备实体性贬值率评估参考表中所给定的标准实为经验数据，在实际评估活动中只能作为参考，不可作为唯一的标准生搬硬套。评估人员进行评估时，还应广泛听取

各专家组及一线人员的介绍和评判，并进行综合分析后判断设备的实体性贬值率。

(2) 运用使用年限法估测设备的实体性贬值率。该方法假设机电设备在整个使用寿命期间，实体性损耗是随时间线性递增的，设备价值的降低与其损耗大小成正比。其计算公式如下：

$$\text{实体性贬值率}=\frac{\text{设备的已使用年限}}{(\text{设备的已使用年限}+\text{设备的尚可使用年限})}\times 100\%$$

$$=\frac{(\text{设备的总使用年限}-\text{设备的尚可使用年限})}{\text{设备的总使用年限}}\times 100\% \tag{9-8}$$

公式中涉及三个基本参数：设备的总使用年限、设备的尚可使用年限和设备的已使用年限。正确理解和确定这三个参数是运用使用年限法估测设备的实体性贬值率的关键。

机电设备的总使用年限也就是机电设备的使用寿命。一般来说，机电设备的使用寿命可分为物理寿命、技术寿命和经济寿命。设备的物理寿命是指机电设备从开始使用到报废为止所经历的时间，其大小取决于机电设备本身的质量、使用状况、保养和正常维修情况。设备的技术寿命是指机电设备从开始使用到技术过时所经历的时间。其大小取决于社会技术进步及更新的速度和周期。设备的经济寿命是指机电设备从开始使用到因经济上不合算而停止使用所经历的时间。评估中使用最多的是资产的经济寿命，它取决于维持机电设备继续使用所需费用与机电设备继续使用所带来的收益间的关系。

机电设备的已使用年限是指机电设备从开始使用到评估基准日所经历的时间。考虑机电设备在使用中负荷程度的影响，可以分为名义已使用年限和实际已使用年限。在运用使用年限法估测设备的实体性贬值率时，应特别注意机电设备的使用班次、使用强度和维修保养水平等因素的影响，据实估测其实际已使用年限。

机电设备的尚可使用年限，也可称为机电设备的剩余使用寿命，它是根据机电设备的有形损耗和可预见的各项无形损耗因素，预计机电设备继续使用的年限。机电设备的尚可使用年限是通过技术检测和专业技术鉴定来确定的。事实上，实际评估中难以对每一台机电设备进行技术检测和专业技术鉴定，故一般采用替代法计算，亦即尚可使用年限等于总使用年限减去实际已使用年限，但必须注意的是上述替代法有一定的局限性，它只适用于较新的机电设备的估算，对于使用时间过长或超期服役的老设备，应根据设备的实际状态和评估人员的专业经验，直接估算其尚可使用年限。对于国家明文规定限期淘汰、禁止超期使用的设备，不论设备的现时技术状态如何，其尚可使用年限不能超过国家规定禁止使用的日期。对于经过大修理、技术更新改造或追加投资的机电设备，应考虑计算其加权投资年限来确定其实体性贬值率。

其计算公式如：

实体性贬值率=加权投资年限÷(加权投资年限+尚可使用年限)

其中：加权投资年限=Σ(已投资年限×权重)

$$=\Sigma(\text{已投资年限}\times\text{原始投资的更新成本}\div\Sigma\text{更新成本}) \tag{9-9}$$

**【例 9-7】**某企业 2005 年购入一台设备，账面原值为 300000 元，2010 年和 2012 年进行两次更新改造，当年投资分别为 30000 元和 20000 元，2015 年对该设备进行评估。假定：从 2005 年至 2015 年年通货膨胀率为 10%，该设备的尚可使用年限经检测和鉴定为 7 年。计算设备的成新率。

解：第一步，调整计算更新成本，如表 9-8 所示。

表 9-8　原始投资的更新成本

| 投资日期 | 原始投资额(元) | 已投资年限 | 价格变动系数 | 原始投资的更新成本(元) |
|---|---|---|---|---|
| 2005 | 300000 | 10 | $(1+10\%)^{10}=2.60$ | 780000 |
| 2010 | 30000 | 5 | $(1+10\%)^{5}=1.61$ | 48300 |
| 2012 | 20000 | 3 | $(1+10\%)^{3}=1.33$ | 26600 |
| | | Σ更新成本 | | 854900 |

第二步，计算加权投资年限。

$$加权投资年限=10\times\frac{780000}{854900}+5\times\frac{48300}{854900}+3\times\frac{26600}{854900}\approx 9.5年$$

第三步，计算实体性贬位率。

$$实体性贬位率=\frac{9.5}{(9.5+7)}=57.8\%$$

(3) 运用修复费用法估算设备的实体性贬值率。修复费用法是指按修复磨损部件所需的开支，来确定机电设备有形损耗的一种方法，资产的有形磨损可分为可修复磨损和不可修复磨损。修复费用法只适用于可修复的有形损耗的确定。这是因为可修复的有形损耗不仅在技术上具有修复的可行性，并且这种修复在经济上也是合算的。运用修复费用法确定实体性贬值率的计算公式如下：

$$实体性贬值率=\frac{设备修复费用}{设备重置成本}$$

**【例 9-8】**某机器的原始价值为 10000 元，当修理后才能正常使用，这种修理在经济上是合算的。假设其修理费用为 3000 元，设备的重置成本为 7000 元。试计算实体性贬值率。

解：实体性贬值率=(3000÷7000)×100%=43%

在运用修复费用法估测机电设备的实体性贬值率时，必须注意该修复费用是否包括被评估机电设备的技术更新或改造支出，以便在考虑设备功能性贬值时，避免重复计算或漏评。

### 2. 机电设备功能性贬值

由于无形磨损而引起资产价值的损失称为机电设备的功能性贬值。设备的功能贬值主要体现在超额投资成本和超额运营成本两方面。

1) 第 I 种功能性贬值 (超额投资成本)

第 I 种功能性贬值反映在超额投资成本上，复原重置成本与更新重置成本之差即为第 I 种功能性贬值，也称为超额投资成本。

**【例 9-9】**某化工设备，1990 年建造，建筑成本项目及原始造价成本如表 9-9 所示。

表 9-9　原始成本表

| 序　号 | 成本项目 | 原始成本(元) | 备　注 |
|---|---|---|---|
| 1 | 主材 | 50160 | 钢材 22.8 吨 |
| 2 | 辅材 | 11200 | 铝、橡胶、聚乙烯、铜等 |
| 3 | 外购件 | 13800 | 电机、阀 |
| 4 | 人工费 | 29900 | 598 工时×50 元 |

续表

| 序　号 | 成本项目 | 原始成本(元) | 备　注 |
|---|---|---|---|
| 5 | 机械费 | 13650 | 136.5 小时×100 元 |
| | 成本小计 | 118710 | |
| 6 | 利润 | 17807＝118710×15% | 15% |
| 7 | 税金 | 25529＝118710(1＋15%)×18.7% | 18.7% |
| | 含税完全成本价 | 162046 | |

在评估基准日是 2015 年 12 月 5 日。

(1) 钢材价格上涨了 23%，人工费上涨了 39%，机械费上涨了 17%，辅材现行市场合计为 13 328 元，电机、阀等外购件现行市场价为 16 698 元，假设利润、税金水平不变。

(2) 由于制造工艺的进步，导致主材利用率提高，钢材的用量比过去节约了 20%，人工工时和机械工时也分别节约 15%和 8%。试计算该设备超额投资成本引起的功能性贬值。

解：① 该化工设备的完全复原重置成本计算如表 9-10 所示。

表 9-10　完全复原重置成本

| 序　号 | 成本项目 | 原始成本(元) | 复原重置成本 |
|---|---|---|---|
| 1 | 主材 | 50160 | 61697＝50160(1＋23%) |
| 2 | 辅材 | 11200 | 13328 |
| 3 | 外购件 | 13800 | 16698 |
| 4 | 人工费 | 29900 | 41561＝29900(1＋39%) |
| 5 | 机械费 | 13650 | 15971＝13650(1＋17%) |
| | 成本小计 | 118710 | 149255 |
| 6 | 利润 | 17807 | 22388＝149255×15% |
| 7 | 税金 | 25529 | 32097＝149255 (1＋15%)×18.7% |
| | 含税完全成本价 | 162046 | 203740 |

② 该设备的更新重置成本计算如表 9-11 所示。

表 9-11　更新重置成本

| 序　号 | 成本项目 | 计算过程 | 更新重置成本(元) |
|---|---|---|---|
| 1 | 主材 | 22.8×0.8×2200×1.23 | 49357 |
| 2 | 辅材 | 13328 | 13328 |
| 3 | 外购件 | 13800 | 16698 |
| 4 | 人工费 | 598×0.85×50×1.39 | 35327 |
| 5 | 机械费 | 136.5×0.92×100×1.17 | 14693 |
| | 成本小计 | 118710 | 129403 |
| 6 | 利润 | 17807 | 19410＝129403×15% |
| 7 | 税金 | 25529 | 27828＝129403(1＋15%)×18.7% |
| | 含税完全成本价 | 162046 | 176641 |

(3) 超额投资成本引起的功能性贬值。

超额投资成本引起的功能性贬值=复原重置成本−更新重置成本

=203740－176641＝27099 元

在评估中，如果可以直接确定设备的更新重置成本，则不需要再计算复原重置成本，超额投资成本引起的功能性贬值也不需要计算。

2) 第Ⅱ种功能性贬值(运营性功能性贬值)

计算超额运营成本引起的功能性贬值的步骤如下：

(1) 分析比较被评估机电设备的超额运营成本因素；

(2) 确定被评估设备的尚可使用寿命，计算每年的超额运营成本；

(3) 计算净超额运营成本；

(4) 确定折现率，计算超额运营成本的折现值。

**【例 9-10】**计算某电焊机超额运营成本引起的功能性贬值。

(1) 分析比较被评估机电设备的超额运营成本因素：经分析比较，被评估的电焊机与新型电焊机相比，引起超额运营成本的因素主要为老产品的能耗比新产品高。通过统计分析，按每天 8 小时工作，每年 300 个工作日，每台老电焊机比新电焊机多耗电 6000 度。

(2) 确定被评估设备的尚可使用寿命，计算每年的超额运营成本：根据设备的现状，评估人员预计该电焊机尚可使用 10 年，如每度电按 0.5 元计算，则：

每年的超额运营成本=6000×0.5=3000 元

(3) 计算净超额运营成本：所得税按 25%计算，则：

税后每年净超额运营成本=税前超额运营成本×(1−所得税)

=3000×(1−25%)=2250 元

(4) 确定折现率，计算超额运营成本的折现值：折现率为 10%，10 年的年金现值系数为 6.145，则：

净超额运营成本的折现值=净超额运营成本×年金折现系数

2250×6.145≈13826 元

该电焊机由于超额运营成本引起的功能性贬值为 13826 元。

### 3. 经济性贬值

引起机电设备经济性贬值的因素有：市场竞争加剧，导致产品需求减少，设备开工不足，生产能力相对过剩，而产品价格没有提高；国家能源、环保等法律实施，使得生产成本提高或者强制报废，缩短使用寿命。

1) 使用寿命缩短导致的经济性贬值

**【例 9-11】**某汽车已使用 10 年，按目前的技术状态还可以正常使用 10 年，按年限法，该汽车的贬值率为：

贬值率＝10÷(10＋10)＝50%

但由于环保、能源的要求，国家新出台的汽车报废政策规定该类汽车的最长年限为 15 年，因此该汽车 5 年后必需强制报废。在这种情况下，该汽车的贬值率为

贬值率＝10÷(10＋5)＝66.7%

由此引起的经济性贬值率为 16.7%。如果该汽车的重置成本为 20 万元，经济性贬值为

20×16.7%＝3.34 万元

2) 运营费用提高导致的经济型贬值

引起机电设备运营成本增加的外部因素包括能源成本增加等。其中，国家对超过排放标准排污的企业要征收高额的排污费，设备能耗超过限额的，按超限额浪费的能源量加价收费，导致高污染、高能耗设备运营费用的提高。

【例 9-12】某台车式电阻炉，政府规定的可比单耗指标为 650 千瓦小时/吨，该炉的实际可比单耗为 730 千瓦小时/吨。计算因政府对超限额耗能加价收费而增加的运营成本。

解：该电阻炉年产量为 1500 吨，电单价为 1.2 元/千瓦小时。

超限额的百分比=(实测单耗－限额单耗)÷限额单耗

=(730－650)÷650＝12%

根据政府规定超限额 10%～20%(含 20%)的加价 2 倍。

$$Y = Y_1 \times (\text{实测单耗} - \text{限额单耗}) \times G \times C$$

式中：$Y$——年加价收费总金额(单位：元)；

$Y_1$——电加价(元/千瓦小时)；

$G$——年产量(吨/年)；

$C$——加价倍数；

实测单耗和限额单耗的单位为千瓦小时/吨。

每年因政府对超限额耗能加价收费而增加运营成本为

$$Y = 1.2 \times (730 - 650) \times 1500 \times 2 = 288000\ \text{元}$$

由此计算该电阻炉未来 5 年的使用寿命期内，要多支出的运营成本为 109 万元(按折现率 10%考虑资金的时间价值，288000×(P/A,10%,5)＝109 万元。即为电阻炉因超限额加价收费引起的经济性贬值。

**提示：**有的同学注意到这里没有考虑增加的运营成本的所得税影响，原因主要是题目没有告诉所得税税率，视作忽略此因素。

3) 市场竞争加剧导致的经济性贬值

由于市场竞争的加剧、导致产品销售数量的减少。从而引起设备开工不足，生产能力相对过剩，也是引起经济性贬值的主要原因。贬值的计算可使用前面介绍的指数估价法计算，这种方法也称规模经济效益指数法。

【例 9-13】某产品生产线，根据购建时的市场需求，设计生产能力为年产 1000 万件，建成后由于市场发生不可逆转的变化，每年的产量只有 400 万件，60%的生产能力闲置。该生产线的重置成本为 160 万元，规模经济效益指数为 0.8，如不考虑实体性磨损，计算生产线的经济性贬值。

由于不可逆转的市场发生变化，该生产线的有效生产能力只有 400 万件/年。这种生产能力的生产线的重置成本为

400 万件/年生产线的重置成本＝$(400/1000)^{0.8} \times 160 \approx 77$ 万元

该生产线的经济性贬值＝160－77＝83 万元

## 四、机电设备成本法举例

【例 9-14】甲评估机构对进口成套设备 A 进行评估，评估基准日为 2008 年 12 月 31 日。A 设备由美国生产，于 1994 年进口，并于当年 12 月 31 日正式投入使用。A 设备账面原值为 8500 万元人民币，其中 64%以外汇支付，36%以人民币支付。支付的外汇部分由设

备离岸价、国外运费、国外运输保险费构成，其中国外运费(按体积及重量标准计算)为 30 万美元、国外运输保险费为 25 万美元。支付的人民币部分由关税、增值税、外贸及银行手续费、国内运输费、国内保险费、设备安装调试费等组成，其中运输费为 165 万元，保险费为 10 万元，设备安装调试费用 289 万元。在运输费用中由于企业人员失误，错填运输单致运输费用比正常运输费用多支出 50 万元，进口设备时美元对人民币的汇率为 1∶8。

经评估人员调查，在评估基准日时，美国已停止生产 A 设备，但获知美国同类设备的价格指数比进口时上升了 10%，国外运费仍为 30 万美元，国外运输保险费为 27.5 万美元，关税税率为 18%，增值税税率为 17%，外贸及银行手续费为设备到岸价的 2%，国内运输费用价格指数上升了 2%，国内保险费上升了 1%，同类设备安装调试费用价格上涨了 5%，美元对人民币的汇率 1∶6.8。

评估人员进一步调查得知，A 设备自投入使用时起至评估基准日一直按照设计标准满负荷运转。由于 A 设备生产的产品受市场替代产品的影响，要保证在价格不变的前提下不造成产品积压，自评估基准日后每年的产量只能保持在设计生产能力的 80%的水平上，并一直保持下去。经现场鉴定，A 设备如果按照设计生产能力生产尚可使用 8 年。

假设设备的价格与生产能力呈线性关系，设备的实体性贬值在重置成本扣除功能性贬值或经济性贬值后的基础上计算。求评估进口成套设备 A 的价值。

**解**：依题意得：

(1) 账面支付外汇部分 8 500×64%/8＝680 万美元

(2) 原设备的离岸价(F0B)＝680－30－25＝625 万美元

(3) 基准日离岸价(F0B)＝625×(1＋10%)＝687.5 万美元

(4) 到岸价(CIF)＝(687.5＋30＋27.5)＝745 万美元

(5) 合人民币 745×6.8＝5 066 万元

(6) 关税＝5 066×18%＝911.88 万元人民币

(7) 增值税＝(5 066＋911.88)×17%＝1 016.24 万元人民币

(8) 外贸及银行手续费＝5 066×2%＝101.32 万元人民币

(9) 国内运输费用＝115×(1＋2%)＝117.3 万元人民币

(10) 国内保险费＝10×(1＋1%)＝10.1 万元人民币

(11) 安装调试费＝289×(1＋5%)＝303.45 万元人民币

(12) 重置全价＝5 066＋911.88＋1 016.2396＋101.32＋117.3＋10.1＋303.45
＝7 526.29 万元人民币

(13) 经济性贬值率＝1－80%＝20%

(14) 扣除经济性贬值后的价值＝7526.29×(1－20%)＝6021.03

(15) 成新率＝8/(8＋14)＝36.36%

(16) 评估值＝6021.03×36.36%＝2189.25 万元

注：允许在小数点前一位有误差。

# 任务二 机电设备评估的市场法

【任务导读】

有一组 5 台刨床(设为 A)需评估其价值，经市场调查有基本相同的一组 10 台刨床(设为 B)，在近期已出售，全部售价(收货即付)为 20 万元。试运用市价法评估 A 的价值。

同学们想一想，应该具体做哪些工作才能评估出刨床 A 的价值？

确定市场法评估的步骤如下：

第一步：调查 B 组刨床销售情况：

第二步：确定现时零售价

第三步：计算 A 评估值。

【任务提出】

- 理解市场法的含义。
- 理解并掌握用市场法评估机电设备的步骤。

【知识导航】

## 一、市场法概述

### 1. 市场法思路

机电设备评估的市场法，也称为市场比较法，这种方法是根据市场上类似设备交易的价格资料，通过对评估对象和市场参照物各种因素的分析比较，确定评估对象价值的方法。

使用市场法的条件是必须存在具有可比性的市场参照物。

### 2. 市场法评估的基本步骤

1) 鉴定被评估对象

通过对待评估设备的性能结构、现时技术状况、预估尚可使用年限、新旧程度等进行必要的技术鉴定，并收集有关待评估设备的规格型号、生产厂家、出厂日期、安装情况等资料，为市场数据资料的收集及参照物的选择提供依据。

2) 选择参照物

在市场中选择参照物，最重要的是要具有可比性。机电设备的可比性因素具体包括：设备的规格型号，设备的生产厂家，设备的制造质量，设备的附件、配件情况，设备的实际使用年限，设备的实际技术状况，设备的出售目的和出售方式，设备的成交数量和成交时间，设备交易时的市场状况，设备的存放和使用地点。要认真分析上述可比因素，确认其成交价具有代表性和合理性，才可以将其作为参照物。

3) 对可比因素进行比较分析

通过对待评估设备与参照物之间，在各种可比因素方面的差异分析，判断其对价值的影响程度，确定价值差异的调整量。它们之间的差异调整因素主要表现为销售时间、结构及性能、新旧程度、付款方式等方面。

4) 计算确定评估结果

在分析比较的基础上，对参照物的市场交易价格进行调整，确定评估值。评估时所选择的参照物一般不只一个，因而就会出现若干个评估价值。这就需要估价师结合每个比准价值及其参照物的情况，并分析给出最终评估结论。

### 3. 比较因素

一般来讲，设备的比较因素可分为四大类，即个别因素、交易因素、时间因素、地域因素。

1) 个别因素

设备的个别因素一般指反映设备在结构、形状、尺寸、性能、生产能力、安装、质量、经济性等方面差异的因素。不同的设备，差异因素也不同。在评估中，常用于描述机电设备的指标一般包括：①名称；②型号规格；③生产能力；④制造厂家；⑤技术指标；⑥附件；⑦设备的出厂日期；⑧役龄；⑨安装方式；⑩实体状态。

2) 交易因素

设备的交易因素是指交易的动机、背景对价格的影响，不同的交易动机和交易背景都会对设备的出售价格产生影响。交易数量也是影响设备售价的一个重要因素，大批的购买价格一般要低于单台购买。

3) 时间因素

不同交易时间的市场供求关系、物价水平等都会不同，评估人员应选择与评估基准日最接近的交易案例，并对参照物的时间影响因素做出调整。

4) 地域因素

由于不同地区市场供求条件等因素的不同，设备的交易价格也受到影响，评估参照物应尽可能与评估对象在同一地区。如评估对象与参照物存在地区差异，则需要做出调整。

## 二、市场法评估机电设备的具体方法

### 1. 直接匹配法

使用前提：

评估对象与市场参照物基本相同，需要调整项目相对较少，差异不大，且差异对价值的影响可以直接确定。

公式：

$$V = V' \pm \Delta i \tag{9-10}$$

公式中：$V$——评估值；

$V'$——参照物的市场价值；

$\Delta i$——差异调整。

**【例 9-15】**在评估一辆轿车时，评估师从市场上获得的市场参照物在型号、购置年月、行驶里程、发动机、底盘及各主要系统的状况基本相同。区别之处在于：

(1) 参照物的右前大灯破损需要更换，更换费用约 200 元；

(2) 被评估车辆后加装 CD 音响一套，价值 1 200 元。若该参照物的市场售价为 72000 元，则：

$$V = V' \pm \Delta i = 72\,000 + 200 + 1\,200 = 73\,400\text{元}$$

使用直接比较法的前提是评估对象与市场参照物基本相同，需要调整的项目较大，差异不大，并且差异对价值的影响可以直接确定。

2. 因素调整法

【例 9-16】使用市场比较法对某车床进行评估。

(1) 评估人员首先对被评估对象进行鉴定，基本情况如下：

设备名称：普通车床

规格型号：CA6140×1500

制造三家：A 机床厂

出厂日期：2006 年 2 月

投入使用时间：2006 年 2 月

安装方式：未安装

附件：齐全(包括：仿形车削装置、后刀架、快速换刀架、快速移动机构)

实体状态：评估人员通过对车床的传动系统、导轨、进给箱、溜板箱、刀架、尾座等部位进行检查、打分，确定其综合分值为 6.1 分。

(2) 评估人员对二手设备市场进行调研，确定与被评估对象较接近的三个市场参照物，如表 9-12 所示。

表 9-12　机电设备状况一览表

| | 评估对象 | 参照物 A | 参照物 B | 参照物 C |
|---|---|---|---|---|
| 名称 | 普通车床 | 普通车床 | 普通车床 | 普通车床 |
| 规格型号 | CA6140×1500 | CA6140×1 500 | CA6140×1 500 | CA6140×1 500 |
| 制造厂家 | A 机床厂 | A 机床厂 | B 机床厂 | B 机床厂 |
| 出厂日期 /役龄 | 1996 年/8 年 | 1996 年/8 年 | 1996 年/8 年 | 1996 年/8 年 |
| 安装方式 | 未安装 | 未安装 | 未安装 | 未安装 |
| 附件 | 仿形车削装置、后刀架、快速换刀架、快速移动机构 | 仿形车削装置、后刀架、快速换刀架、快速移动机构 | 仿形车削装置、后刀架、快速换刀架、快速移动机构 | 仿形车削装置、后刀架、快速刀架、快速移动机构 |
| 状况 | 良好 | 良好 | 良好 | 良好 |
| 实体状态描述 | 传动系统、导轨、进给箱、溜板箱、刀架、尾座等各部位工作正常，无过度磨损现象，状态综合分值为 6.1 分 | 传动系统、导轨、进给箱、溜板箱、刀架、尾座等各部位工作正常，无过度磨损现象，状态综合分值为 5.7 分 | 传动系统、导轨、进给箱、溜板箱、刀架、尾座等各部位工作正常，无过度磨损现象，状态综合分值为 6.0 分 | 传动系统、导轨、进给箱、溜板箱、刀架、尾座等各部位工作正常，无过度磨损现象，状态综合分值为 6.6 分 |
| 交易市场 | | 评估对象所在地 | 评估对象所在地 | 评估对象所在地 |

续表

| | 评估对象 | 参照物 A | 参照物 B | 参照物 C |
|---|---|---|---|---|
| 市场状况 | | 二手设备市场 | 二手设备市场 | 二手设备市场 |
| 交易背景及动机 | 正常交易 | 正常交易 | 正常交易 | 正常交易 |
| 交易数量 | 单台交易 | 单台交易 | 单台交易 | 单台交易 |
| 交易日期 | 2014/3/31 | 2014/2/10 | 2014/1/25 | 2014/3/10 |
| 转让价格 | | 23 000 | 27 100 | 32 300 |

(3) 确定调整因素，进行差异调整。

① 制造厂家调整。所选择的 3 个参照物中，1 个与评估对象的生产厂家相同，另外 2 个为 B 厂家生产。在新设备交易市场 A、B 两个制造商生产某相同产品的价格分别为 4.0 万元和 4.44 万元。

$$\frac{被评估资产价值}{参照物B}=\frac{4}{4.44}=0.9$$

② 出厂年限调整。被评估对象出厂年限是 8 年，参照物 A、B、C 的出厂年限均为 8 年，故不需调整。

③ 实体状态调整。实体状态调整见表 9-13。

表 9-13　实体状态调整表

| 参 照 物 | 实体状态描述 | 调整比率 |
|---|---|---|
| A | 传动系统、导轨、进给箱、刀架、尾座等各部位工作正常，无过度磨损现象，状态综合值为 5.7 分 | +7% |
| B | 传动系统、导轨、进给箱、刀架、尾座等各部位工作正常，无过度磨损现象，状态综合值为 6.0 分 | +2% |
| C | 传动系统、导轨、进给箱、刀架、尾座等各部位工作正常，无过度磨损现象，状态综合值为 6.6 分 | −8% |

调整比率计算过程见表 9-14。

表 9-14　调整比率计算过程表

| 参 照 物 | 调整比率 |
|---|---|
| A | (6.1−5.7)/5.7×100%＝7% |
| B | (6.1−6.0)/6.0×100%＝2% |
| C | (6.1−6.6)/6.6×100%＝−8% |

(4) 计算评估值。计算评估值见表 9-15。

表 9-15　计算评估值表

| | 参照物 A | 参照物 B | 参照物 C |
|---|---|---|---|
| 交易价格 | 23000 | 27100 | 32300 |
| 制造厂家因素调整 | 1.0 | 0.90 | 0.90 |

续表

| | 参照物 A | 参照物 B | 参照物 C |
|---|---|---|---|
| 出厂年限因素调整 | 1.0 | 1.0 | 1.0 |
| 实体状态因素调整 | 1.07 | 1.02 | 0.92 |
| 调整后结果 | 24 610.00 | 24 878.80 | 26 744.40 |

被评估对象的评估值＝(24610＋24878.8＋26744.4)/3≈25411 元。

# 任务三　机电设备评估的收益法

## 【任务导读】

有一台机电设备用于出租，从 2017 年 1 月 1 日起，每年的租金为 10 万元，如果让你用收益法来评估该台设备的价值，请同学们思考一下，还需要哪些参数，应该怎样评估？

## 【任务提出】

- 理解收益法的含义。
- 理解并掌握用收益法评估机电设备的步骤。

## 【知识导航】

利用收益法评估机电设备是通过预测设备的获利能力，对未来资产带来的净利润或净现金流按一定的折现率折为现值，作为被评估机电设备的价值。

使用这种方法需要两个前提条件，一是要能够确定被评估机电设备的获利能力，如净利润或净现金流量；二是能够确定资产合理的折现率。大部分单项机电设备，一般不具有独立获利能力。因此，单项设备通常不采用收益法评估。对于生产线、成套设备等具有独立获利能力的机电设备可以使用收益法评估。另外，在使用成本法评估整体企业价值时，收益法也经常作为一种补充方法，用来判断机电设备是否存在功能性贬值和经济性贬值。本节主要介绍收益法在评估租赁机电设备中的应用。

对于租赁的设备，其租金收入就是收益，如果租金收入和资本化率是不变的，则设备的评估值为：

$$
\begin{aligned}
P &= \frac{A}{(1+r)} + \frac{A}{(1+r)^2} + \frac{A}{(1+r)^3} + K\frac{A}{(1+r)^n} \\
&= A\times\left[1-\frac{1}{(1+r)^n}\right]\times\frac{1}{r}
\end{aligned}
\tag{9-11}
$$

式中：$P$——评估值；

　　$A$——收益年金；

　　$n$——收益年限；

　　$r$——资本化率。

式中，$r\Big/\left[1-\dfrac{1}{(1+r)^n}\right]$称为投资回收系数，用 $r_A$ 表示。因此，公式可以表示为：

$$P = A / r_A \tag{9-12}$$

$$r_A = A / P \tag{9-13}$$

用收益法评估租赁设备的价值，首先，要对租赁市场上类似设备的租金水平进行市场调查，分析市场参照物设备的租金收入，经过比较调整后确定被评估机电设备的预期收益，调整的因素可能包括时间、地点、规格和役龄等；其次，根据被评估机器的设备状况，估计其剩余使用寿命，作为确定收益年限的依据；最后，根据类似设备的租金及市场售价确定折现率，并根据被评估设备的收益年限，用公式 9-11 计算评估值，或查表得到相应年限的投资回收系数，用公式 9-12 计算评估值。

**【例 9-17】**用收益法评估某租赁机电设备。

(1) 评估师根据市场调查，被评估机电设备的年租金净收入为 19200 元。

(2) 评估师根据被评估机电设备的现状，确定该租赁设备的收益期为 9 年。

(3) 评估师通过对类似设备交易市场和租赁市场的调查，得到市场数据如表 9-16 所示。

表 9-16　市场数据

| 市场参照物 | 设备的使用寿命(年) | 市场售价(元)$P$ | 年收入(元)$A$ |
|---|---|---|---|
| 1 | 10 | 44000 | 10500 |
| 2 | 10 | 63700 | 16700 |
| 3 | 8 | 67500 | 20000 |

解：

1) 计算被评估设备的折现率及对应的投资回收系数

(1) 根据公式(9-13)分别计算上述三个市场参照物的投资回收系数，分别为 23.86%、26.22%、29.63%。

参照物 1：$r_A=A\div P$=10500÷44000=23.86%；

参照物 2：$r_A=A\div P$=16700÷63700=23.86%；

参照物 3：$r_A=A\div P$=20000÷67500=23.86%；

(2) 三个参照物寿命不同，分别查对应年限复利系数表，并用内插法计算出对应的资本化率：根据投资回收系数

$$r\Big/\left[1-\frac{1}{(1+r)^n}\right]$$

① 对参照物 1，查 10 复利系数表得到——运用内插法得到资本化率为 20.01%；

② 对参照物 2，查 10 复利系数表得到——运用内插法得到资本化率为 22.85%；

③ 对参照物 3，查 8 复利系数表得到——运用内插法得到资本化率为 24.48%。

三个资本化率 20.01%、22.85%、24.48%的均值为 22.45%，从而得到被评估设备的资本化率为 22.45%。

2) 设备的评估值

$$P=A\times(P/A,r,9)=A\times(P/A,22.45\%,9)=19200\times3.73=71700\text{ 元}$$

# 练 习 题

## 一、单项选择题

1. 机械设备评估中最常用的方法是(　　)。

A. 成本法　　B. 直接法　　C. 价格指数法　D. 重置核算法

2. 下列费用中，属于设备的直接成本的是(　　)。

A. 管理费用　　B. 工程监理费

C. 设备的运杂费　　D. 合理利润

3. 采用成本法评估机电设备，首先要做的是(　　)。

A. 合理确定重置成本的设备类型　　B. 合理确定重置成本的安装方式

C. 合理确定重置成本的构成要素　　D. 合理确定重置成本的设备本体

4. 自制设备本体的重置成本一般按照(　　)计算的建造成本。

A. 现行市场销售价格　　B. 当前的价格标准

C. 其他方法　　D. 购买价

5. (　　)是根据市场交易数据直接确定设备本体重置成本的方法。

A. 成本法　　B. 直接法　　C. 价格指数法　　D. 重置核算法

6. 评估人员向近期购买该厂的同类产品的其他客户了解实际成交产品价格，这种方法属于(　　)。

A. 市场询价　　B. 使用价格资料

C. 重置核算　　D. 综合评估

7. 机电设备评估中，(　　)根据设备的主材费和主要外购件费与设备成本费用有一定的比例关系，一般通过确定设备的主材费用和主要外购件费用，计算出设备的完全制造成本，并考虑企业利润和设计费用来确定设备的重置成本。

A. 综合估价法　　B. 直接法

C. 价格指数法　　D. 重置核算法

8. 进口一台需缴纳消费税的设备，该设备的增值税应按(　　)计算。

A. 关税完税价×增值税税率

B. (关税完税价 + 消费税)×增值税税率

C. (关税完税价 + 进口关税)×增值税税率

D. (关税完税价 + 进口关税 + 消费税)×增值税税率

9. 在计算国外运费的过程中，近洋国外运费率一般取(　　)。

A. 3%～4%　　B. 4%～5%　　C. 5%～6%　　D. 5%～8%

10. 在确定化工设备的重置成本时，采用的方法是(　　)。

A. 类比估价法　　B. 直接法

C. 价格指数法　　D. 重置核算法

## 二、多项选择题

1. 在运用市场法评估机电设备时，常用的方法有(　　)。
   A. 观察法　　B. 使用年限法　　C. 成本比率调整法
   D. 因素调整法　　E. 直接匹配法
2. 在利用收益法评估机电设备时，需要满足的前提条件是(　　)。
   A. 有与被评估对象相似或可比的参照物
   B. 能够确定被评估机电设备的获利能力
   C. 机电设备的因素差异能够准确地找到
   D. 机电设备的贬值是由于外部因素引起的
   E. 能够确定资产合理的折现率
3. 在设备评估过程中，重置核算法常用于确定(　　)设备的重置成本。
   A. 进口　　B. 国产　　C. 非标准　　D. 自制　　E. 标准
4. 下列费用中，属于进口设备的从属费用的是(　　)。
   A. 国外运费　　B. 国外运输保险费
   C. 消费税　　D. 车辆购置附加税
   E. 进口设备基础费
5. 下列费用中，属于机电设备重置成本的直接费用的有(　　)。
   A. 设备本体的重置成本　　B. 安装费　　C. 运杂费
   D. 工程监理费　　E. 保险费
6. 在估测机器本体重置成本的过程中，常用的方法有(　　)。
   A. 直接法　　B. 价格指数法　　C. 重置核算法
   D. 综合估计法　　E. 直接匹配法
7. 设备实体性贬值常用的确定方法包括(　　)。
   A. 观察法　　B. 使用年限法　　C. 修复费用法
   D. 综合估价法　　E. 重量估价法

## 三、计算题

被评估设备购建于2004年，账面价值为100000元，1999年进行技术改造，追加技改投资50000元，2014年对该设备进行评估。根据评估人员的调查、检查、对比分析，得到以下数据：①2004年至2014年每年的设备价格上升率为10%；②该设备的月人工成本比其替代设备高1000元；③被评估设备所在企业的正常投资报酬率为10%，规模效益指数为0.7，所得税税率为25%；④该设备在评估前使用期间的实际利用率仅为正常利用率的50%。经技术检测，该设备尚可使用5年，在未来5年中，设备利用率能够达到设计要求。

根据上述条件，估测该设备的有关参数和评估值。

# 参考文献

[1] 杨家军，张卫国. 机械设计基础[M]. 2 版. 武汉：华中科技大学出版社，2014.
[2] 陈秀宁. 机械设计基础(高等院校机械工程工业工程系列教材)[M]. 浙江：浙江大学出版社，2007.
[3] 李葆文. 现代设备资产管理[M]. 北京：机械工业出版社，2006.
[4] 李舒燕. 公差与配合(21 世纪高职系列教材)[M]. 哈尔滨：哈尔滨工程大学，2010.
[5] 王先逵. 机械制造工艺学[M]. 3 版. 北京：机械工业出版社，2013.
[6] 张琦. 现代机电设备维修质量管理概论[M]. 北京：清华大学出版社，2004.
[7] 全国注册资产评估师考试用书编写组. 机电设备评估基础[M]. 北京：经济科学出版社，2010.
[8] 潘家轺. 现代生产管理学[M]. 北京：清华大学出版社，1994.
[9] 贾亚洲. 金属切削机床概论[M]. 2 版. 北京：机械工业出版社，2011.
[10] 全国注册资产评估师考试用书编写组. 机电设备评估基础[M]. 北京：经济科学出版社，2008.
[11] 中国资产评估协会. 机电设备评估基础[M]. 北京：中国财政经济出版社，2016.
[12] 魏春源. 高等内燃机学[M]. 北京：北京理工大学出版社，2001.
[13] 周龙保. 内燃机学[M]. 北京：机械工业出版社，1999.
[14] 全国数控培训网络天津分中心组编. 数控机床[M]. 3 版. 北京：机械工业出版社，2012.
[15] 朱晓春. 数控技术[M]. 北京：机械工业出版社，2011.
[16] 王全先. 机械设备故障诊断技术[M]. 武汉：华中科技大学出版社，2013.
[17] 徐敏. 设备故障诊断手册[M]. 西安：西安交通大学出版社，1998.
[18] 段性军. 机电设备使用与维护[M]. 北京：北京航空航天大学出版社，2009.
[19] 中国资产评估协会. 资产评估准则——机电设备(讲解) [M]. 北京：经济科学出版社，2007.
[20] 李丹明. 机电设备评估基础[M]. 北京：中国书籍出版社，2015.
[21] 余锋. 机电设备管理[M]. 北京：北京理工大学出版社，2013.
[22] 吴兆祥. 机电设备概论[M]. 北京：机械工业出版社，2011.
[23] 黄伟. 机电设备维护与管理[M]. 北京：国防工业出版社，2011.
[24] 郁君平. 设备管理[M]. 北京：机械工业出版社，2011.
[25] 刘玉平. 资产评估教程[M]. 3 版. 北京：中国财政经济出版社，2010.
[26] 邓维亮. 浅谈机电设备的运行管理和维修[J]. 科技与企业，2012(3).
[27] 吴春芳. 浅谈煤矿机电设备管理与维护[N]. 贵州政协报，2010(4).
[28] 杨士伟. 机电设备概论[M]. 北京：科学出版社，2014.
[29] 段性军. 机电设备使用与维护[M]. 北京：北京航空航天大学出版社，2009.
[30] 曹根基. 通用机械设备[M]. 北京：机械工业出版社，2011.
[31] 熊仕涛. 船舶概论(船舶工程专业)[M]. 哈尔滨：哈尔滨工程大学出版社，2008.
[32] 张德孝. 船舶概论[M]. 北京：化学工业出版社，2010.
[33] 邓召庭. 船舶概论[M]. 北京：人民交通出版社，2006.
[34] 谢永和，吴剑国，李俊来. 船舶结构设计[M]. 上海：上海交通大学出版社，2011.
[35] 周宏. 船舶设备[M]. 北京：人民交通出版社，2011.
[36] 龚昌奇等. 船体结构与制图[M]. 2 版. 北京：国防工业出版社，2013.
[37] 章健. 航空概论 [M]. 北京：国防工业出版社，2010.
[38] 麦格森. 飞机结构分析概论[M]. 北京：航空工业出版社，2016.

[39] 方从法，罗茜. 民用航空概论[M]. 上海：上海交通大学出版社，2012.
[40] 章健. 航空概论[M]. 北京：国防工业出版社，2010.
[41] 李宁洲. 轨道交通机车车辆概论[M]. 北京：机械工业出版社，2016.
[42] 华亮. 机车车辆概论[M].北京：北京交通大学出版社，2010.
[43] 李育锡. 汽车概论[M].北京：机械工业出版社，2010.
[44] 徐晓美，孙宁. 汽车概论[M].北京：国防工业出版社，2013.
[45] 吴国华. 金属切削机床[M]. 2 版. 北京：机械工业出版社，2011.